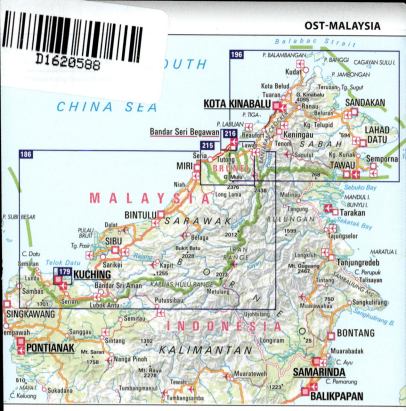

KARTENVERZEICHNIS

West-Malaysia 62	Taman Negara 147
Kuala Lumpur 66/67	Umgebung von Kota Bharu 152
Umgebung von Kuala Lumpur............ 78/79	Terengganu 154
Perak..................................... 88	Südliche Ostküste 160
Pangkor 97	Tioman 165
Kedah / Perlis............................ 104	Kuching 179
Langkawi 109	Sarawak 186/187
Georgetown......................... 116/117	Sabah 196
Penang 123	Brunei 215
Südlich von Kuala Lumpur 128	Bandar Seri Begawan 216
Melaka 133	Singapur City 228/229
Von Melaka nach Johor Bahru 140	Singapur............................ 234/235

IMPRESSUM / KARTENLEGENDE

Liebe Leserin, lieber Leser,

AKTUALITÄT wird in der Nelles-Reihe groß geschrieben. Unsere Korrespondenten dokumentieren laufend die Veränderungen der weltweiten Reiseszene, und unsere Kartografen berichtigen ständig die auf den Text abgestimmten Karten.
Wir freuen uns über jeden Korrekturhinweis! Unsere Adresse: Nelles Verlag, Machtlfinger Str. 26 Rgb., D-81379 München, Tel. +49 (0)89 3571940, Fax +49 (0)89 35719430, E-Mail: Info@Nelles.com, Internet: www.Nelles.com

Haftungsbeschränkung: Trotz sorgfältiger Bearbeitung können fehlerhafte Angaben nicht ausgeschlossen werden, der Verlag lehnt jegliche Produkthaftung ab. Alle Angaben ohne Gewähr. Firmen, Produkte und Objekte sind subjektiv ausgewählt und bewertet.

LEGENDE

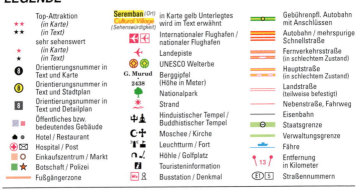

IMPRESSUM

MALAYSIA – SINGAPUR – BRUNEI
© Nelles® Verlag GmbH
  81379 München
  All rights reserved

Druck: Bayerlein, Germany
Einband durch DBGM geschützt

Reproduktionen, auch auszugsweise, sowie die Verbreitung durch Internet, fotomechanische Wiedergabe, Datenverarbeitungssysteme und Tonträger nur mit schriftlicher Genehmigung des Nelles Verlags - F2119 -

INHALTSVERZEICHNIS

Kartenverzeichnis 3
Impressum / Kartenlegende / Haftungsbeschränkung 4

1 FEATURES

Höhepunkte / Einstimmung. 10
Geschichte im Überblick 12
Pflanzen und Tiere in Malaysia 15
Essen in Malaysia. 18
Die Religionen 22
Feste und Feiertage 25

2 LAND UND LEUTE

Landeskunde 33
Geschichte. 35

3 KUALA LUMPUR

Landeskunde West-Malaysia 63
Kuala Lumpur 65
Die Umgebung von Kuala Lumpur. 76
INFO: Restaurants, Sehenswürdigkeiten 81-83

4 PERAK

Perak 87
Fraser's Hill. 89
Cameron Highlands 89
Ipoh 92
Insel Pangkor 95
Kuala Kangsar 97
Taiping 99
INFO: Restaurants, Sehenswürdigkeiten 101

5 KEDAH UND PERLIS

Kedah. 103
Perlis 107
Der Langkawi-Archipel 108
INFO: Restaurants, Sehenswürdigkeiten 111

6 PENANG

Penang 115
Georgetown. 116
Ausflüge auf Penang 122
INFO: Restaurants, Sehenswürdigkeiten 125

INHALTSVERZEICHNIS

7 DER SÜDEN

Negeri Sembilan / Seremban 128
Melaka (Malacca). 131
Die Umgebung von Melaka 138
Johor 139
Johor Bahru 140
INFO: Restaurants, Sehenswürdigkeiten 142-143

8 TAMAN NEGARA

Pahang Darul Makmur 145
Taman Negara 145
Orang Asli. 147
Von Küste zu Küste. 149
INFO: Restaurants, Sehenswürdigkeiten 149

9 NÖRDLICHE OSTKÜSTE

Kelantan 151
Kota Bharu. 151
Ausflüge von Kota Bharu. 153
Terengganu 155
INFO: Restaurants, Sehenswürdigkeiten 159

10 SÜDLICHE OSTKÜSTE

Kuantan 161
Umgebung von Kuantan. 162
Temerloh. 163
Pekan 164
Südliche Ostküste 164
Insel Tioman. 166
INFO: Restaurants, Sehenswürdigkeiten 169

11 SARAWAK

Landeskunde Ost-Malaysia 171
Sarawak. 178
Kuching. 178
Umgebung von Kuching. 180
Bako National Park. 182
Reisen in Sarawak 185
Die Höhlen von Niah 188
Gunung Mulu National Park. 190
INFO: Restaurants, Sehenswürdigkeiten 192

12 SABAH

Sabah 195
Kota Kinabalu. 197
Mount Kinabalu 199

INHALTSVERZEICHNIS

Südwesten. 203
Pulau Labuan 203
Sapulut und Long Pa Sia 204
Sandakan 204
Südosten. 207
INFO: Restaurants, Sehenswürdigkeiten 208

13 BRUNEI

Landeskunde Brunei 213
Bandar Seri Begawan 214
INFO: Restaurants, Sehenswürdigkeiten 220-221

14 SINGAPUR

Geschichte Singapur 225
Sehenswürdigkeiten 226
INFO: Restaurants, Sehenswürdigkeiten 238-241

15 REISE-INFORMATIONEN

Reisevorbereitungen 242
   Klima / Reisezeit. 242
   Bekleidung / Einreisebestimmungen 242
   Währung 243
   Gesundheitsvorsorge 243
   Anreise nach Malaysia und Brunei 244
Reisen im Land 244
   Mit dem Flugzeug 244
   Mit Eisenbahn und Bus 244
   Mit Taxi, Rikscha, Mietwagen. 245
Praktische Hinweise 246
   Alkohol 246
   Buchhandlungen. 246
   Einkaufen. 246
   Elektrizität 246
   Fotografieren 246
   Geschäftszeiten / Kaugummi 246
   Maße und Gewichte / Medien. 247
   Post, Telekom, Internet 247
   Sicherheit / Zeit 248
   Zoll 248
Adressen 248
   Botschaften in Kuala Lumpur 249
   Botschaften in Brunei und Singapur 249
   Tourismusbüros außerhalb Malaysias 249
Sprachführer. 249
Autoren 251
Register 252

Strandparadies auf der Insel Perhentian Besar

HÖHEPUNKTE

★★**Pulau Penang** (S. 115): Georgetown hat seine kolonialen Häuserzeilen und Gassen bewahrt. Quirlig geht es auf den Märkten, an Garküchen, vor Tempeln und Kirchen zu. Die historische Vielfalt ist so gut erhalten wie sonst kaum irgendwo in Südostasien.

★★**Melaka** (S. 131): Dort, wo die Kolonialisierung begann, rufen alte Festungsmauern, Kirchen, Moscheen und Tempel die bewegte Vergangenheit in Erinnerung – an der Schnittstelle zwischen Europa, Orient und Asien.

★★**Taman Negara Nationalpark** (S. 145): 4343 km² Regenwälder, im Tiefland und auf Hügeln – die ältesten der Erde. Viele Wandermöglichkeiten, auch am 2187 m hohen Gunung Tahan.

★★**Riesenschildkröten zwischen Rantau Abang und Dungun** (S. 158): Große Lederrückenschildkröten, zur Zeit der Eiablage am Sandstrand zu beobachten.

★★**Pulau Tioman** (S. 166): Klares Wasser über bunten Korallenriffen, weiße Strände, geheimnisvolle Regenwaldberge.

★★**Gunung Mulu National Park** (S. 190): Tropenkarstgebiet mit 295 km langem Höhlensystem und der größten Höhlenkammer der Erde, der Sarawak Chamber.

★★**Mount Kinabalu Nationalpark** (S. 199): Tropisches Tiefland, Bergregenwald und ein 4095 m hoher Gipfel – Aussichtsplattformen und „Canopy Walks" ermöglichen einen Überblick.

★★**Tauchen bei Layang Layang** (S. 202): Das Tauchrevier um Sabah, im u.a. von China beanspruchten Spratly-Archipel, zählt zu den besten der Welt.

★★**Sepilok Orang Utan Sanctuary** (S. 205): Hier werden Orang-Utan-Waisen auf ein Leben in der Wildnis vorbereitet. Auf Wanderungen im Regenwald lassen sich mit Glück auch Gibbons, Malaienbären und Krokodile entdecken.

★★**The Raffles** (S. 227): Das stilvolle Kolonialhotel war der Geburtsort des Longdrinks *Singapore Sling*, der hier nach wie vor am besten schmeckt.

★★**S.E.A. Aquarium** (S. 237): Das größte Aquarium der Welt toppt die anderen Attraktionen auf Singapurs Sentosa-Insel. In 43 Millionen Litern Wasser tummeln sich rund 100 000 Meerestiere.

★**Muzium Negara** (S. 73): Malaysias Nationalmuseum im traditionellen Minangkabau-Stil, in K. L., verbindet Vergangenheit und Gegenwart. Ganz in der Nähe liegen der Orchideengarten und der große Vogelpark.

★**Old Railway Station** (Kuala Lumpur Railway Station, S. 74): Ein Wahrzeichen von K. L. ist der 1911 im islamisch-indischen Moscheestil erbaute ehemalige Hauptbahnhof, mit Minaretten, Türmchen und Kuppeln.

★**Petronas Twin Towers** (S. 75): Die Aussichtsbrücke zwischen den markanten, 451,90 m hohen Zwillingstürmen in Kuala Lumpur ist ein Muss.

★**Cameron Highlands** (S. 89): Ex-„Hill Station" der Briten in 1500 m Höhe, mit Rosen- und Schmetterlingsgärten. Auch Reiten, Golf und Tennis sind möglich.

★**Auf dem Urwaldfluss zu den Langhäusern** der Dayak und Iban (S. 183): Einblicke in die heutige Lebensweise der Dayak und Iban.

Rechts: Nervenkitzel in Baumkronenhöhe beim Canopy Walk im Taman Negara.

EINSTIMMUNG

EINSTIMMUNG

Vor herrlichen Stränden über Korallengärten schweben, durch uralte Regenwälder streifen, im Langhaus bei den Nachfahren von Kopfjägern übernachten, einem Orang Utan in die Augen schauen – den Spagat zwischen Vergangenheit und gen Himmel strebender Zukunft wagen, vier Weltreligionen dicht an dicht erleben, das spannende Nebeneinander von Lebensarten und Kulturen, den Widerstreit zwischen Alt und Neu beobachten: All das hält Malaysia für seine Besucher bereit.

Wie das kleine, aber wirtschaftlich starke Singapur vor der Haustür und die mit dem schwarzen Gold reich gewordene Enklave Brunei mischt auch die junge Nation Malaysia nicht nur in Südostasien, sondern auch auf dem Weltmarkt kräftig mit. Die Geschichte dieser drei Länder, die Eroberer mehrerer europäischer Mächte – gierig nach Profiten im Gewürzhandel und Rohstoffen – kommen und gehen sahen, spiegelt sich wider in prachtvollen alten Bauten, die heutzutage mit hochmodernen Wolkenkratzern kontrastieren. Für Malaysia, das als „kleiner Tiger" an der Schwelle zum Industriestaat steht, sind sie Zeugen eines langen Werdeganges, der von den Epochen, als Rajas und Sultane sich bekriegten, über die Kolonialzeit bis zur parlamentarischen Monarchie führt.

Exotisch prickelnd wie die Bühne der Festlichkeiten mit malaiischen, indischen und chinesischen Akteuren ist auch die kulinarische Palette dieses Schmelztiegels Asiens. Dank der raffinierten Zutaten aus vieler Herren Länder, steht die Küche Malaysias und auch die Singapurs heute weltweit hoch im Kurs.

Das hoch entwickelte Verkehrs- und Kommunikationsnetz macht das Reisen angenehm. Gastfreundschaft und höfliche Neugierde empfangen den Fremden überall. Die englische Sprache ist weit verbreitet, doch wer ein bisschen Malaiisch kann, dem ist das Lächeln Südostasiens garantiert: *Selamat datang!* – Herzlich willkommen!

GESCHICHTE IM ÜBERBLICK

Vor über **40 000 Jahren** lebten in Sarawak bereits nomadisierende Vertreter des Homo Sapiens, wie Schädelfunde in den Niah-Höhlen annehmen lassen.

35 000 Jahre alte Gräber im Bundesstaat Perak belegen die vorzeitliche menschliche Besiedlung auf der malaiischen Halbinsel. Aus dieser Zeit könnten die Vorfahren der Orang Asli, der heutigen Ureinwohner, stammen.

Ab 2500 v. Chr. wandern Protomalaien (Altmalaien) aus Südchina im malaiischen Archipel ein und siedeln sich später als Bauern und Fischer an.

Um 300 v. Chr. kommen Deuteromalaien (Jungmalaien), die Vorfahren der heutigen Malaien, nach Südostasien. Nach und nach verdrängen sie die Protomalaien.

Ab ca. **200 n. Chr.** gelangen über Handelsverbindungen indische, arabische und buddhistische Kultureinflüsse (z. B. Sanskrit) nach Südostasien.

Von **600 bis 1100 n. Chr.** steht die malaiische Halbinsel unter der Macht des vorwiegend buddhistischen Seehandelsreichs Srivijaya.

Im **7. und 8. Jh.** wird die Insel Temasek („Stadt am Meer") besiedelt, erst später, im 14. Jh. erhält sie den Namen Singha Pura (Sanskrit: „Löwenstadt")

Um 1200 n. Chr. beherrscht das javanische Hindu-Großreich Majapahit weite Teile Südostasiens und so auch das heutige West-Malaysia.

Im **15. Jh.** wird Melaka wichtiges Handelszentrum und Ausgangspunkt der Islamisierung auf der malaiischen Halbinsel, nachdem der dortige Herrscher Parameswara **1414** die islamische Lehre übernimmt und sich fortan Sultan Megat Iskandar Schah nennt.

1511 Auf ihrer unersättlichen Suche nach Gewürzen und Gold erobern die Portugiesen Melaka.

1597 greifen die konkurrierenden Holländer erstmals die portugiesische Kolonie an.

1641 verlieren die Portugiesen nach mehrmonatiger Belagerung Melaka an die Holländer. Die Vereenigde Oostindische Companie (VOC) schließt einen Handelsvertrag mit dem Sultan von Johor.

1786 Für die britische East India Company kauft Francis Light dem Sultan von Kedah die Insel Penang ab, im Gegenzug bietet er dem Fürstentum Schutz vor Ansprüchen Siams. Ein Jahr später wird Penang zum Freihafen.

1819 Sir Stamford Raffles gründet Singapur, als eines der „Straits Settlements" neben Melaka und Penang

Ab **1820** Einwanderung von Chinesen über die „Straits Settlements" auf die malaiische Halbinsel.

100 Jahre später wird ihr Bevölkerungsanteil ca. 25 Prozent betragen.

1824 Im Vertrag von London überlässt Holland Großbritannien die malaiische Halbinsel einschließlich Singapur.

1841 James Brooke wird der erste „Weiße Raja" in Sarawak

1874 Mit dem Angriff auf Pangkor intervenieren die Briten erstmals in malaiische Belange. **1895** Die Sultanate von Selangor, Pahang, Negeri Sembilan und Perak bilden die Federation of Malay States

Erinnerung an die britische Kolonialzeit – im Fort von Georgetown auf Penang.

1941 – 1945 Die Japaner besetzen während des Zweiten Weltkriegs die malaiische Halbinsel, Singapur und Borneo; weiße Kolonialisten fliehen nun vor Asiaten, was den einheimischen Unabhängigkeitskämpfern Mut macht.

1948-1960 Kolonialkrieg gegen die zurückkehrenden Briten. Ein Friedensvertrag zwischen Malaysia, Thailand und der Guerillaführung beendet den Krieg offiziell erst 1989.

1949 Die Federation of Malaya wird gegründet.

1957 Tunku Abdul Rahman, der erste Premiermi-

GESCHICHTE IM ÜBERBLICK

nister, ruft am 31. August 1957 die Unabhängigkeit Malayas aus.
1959 Singapur erhält den Status einer autonom regierten Kronkolonie und wird von Lee Kuan Yew als erstem Premierminister regiert.
1963 Singapur, Sarawak und Sabah treten der Föderation „Malaysia" bei. 1965 verlässt Singapur als autonome Republik den Verbund. Das Sultanat Brunei lehnt einen Beitritt ab, weil es seinen Ölreichtum allein nutzen will.
1967 Malaysia wird Mitglied der ASEAN (Association of South-East Asian Nations). In Brunei übergibt Sultan Omar Ali Saifudien die Staatsführung seinem Sohn Hassanal Bolkiah.
13. Mai 1969 Blutige Zusammenstöße zwischen Bumiputra, den malaiischen „Söhnen der Erde" und den Nicht-Bumiputra, den Nachfahren der chinesischen und indischen Einwanderer. Ausnahmezustand bis 1971.
1981 Mahathir Mohamad wird vierter Premierminister Malaysias und er regiert, zunehmend autoritär, das Land 22 Jahre. Der bislang noch relativ liberale Islam der Malaiien wird zunehmend intoleranter.
1990 Goh Chok Tong wird Premierminister in Singapur
1993 Der populäre Finanzminister Anwar Ibrahim wird Stellvertreter Mahathirs.
1999 wird Anwar Ibrahim unter dubiosen Umständen wegen Korruption zu sechs Jahren Gefängnis verurteilt; die ebenfalls dubiose Anklage wegen Sodomie wird fallengelassen.
2000 Gipfeltreffen der APEC-Staaten in Bruneis Hauptstadt Bandar Seri Beganwan unter Vorsitz von Sultan Hassanal Bolkiah.
2003 Als Nachfolger von Mahathir übernimmt Mohammed Abdullah Badawi den Premierminsterposten in Malaysia.
2004 In Singapur tritt Lee Hsien Loong, Yews ältester Sohn, als neuer Premierminister in die Fußstapfen seines erfolgreichen Vaters.
2008 Bei den Wahlen in Malaysia verliert die regierende „Barisan Nasional" ihre 2/3-Mehrheit. Als Führer der Gerechtigkeitspartei kehrt Anwar Ibrahim auf die Politikbühne zurück.
2009 Najib Razak, Sohn des zweiten Premierministers Tun Abdul Razak (1970-1976), wird Regierungschef von Malaysia.
2010 Die offiziell beschworene Harmonie zwischen den Religionen erleidet wieder einmal Risse, als konservative Muslime in Malaysia christliche Kirchengebäude attackieren.
In Singapur wird das Glücksspielverbot aufgehoben, erste Casinohotels werden eröffnet,
2011 Der 10. Malaysia-Plan tritt in Kraft: Er soll bis 2015 den Ausbau der Wissensgesellschaft und des Dienstleistungssektors fördern. Der Sultan von Kedah, Tuanku Abdul Halim Mu'adzam Shah (84), wird für fünf Jahre zum – vorwiegend repräsentativen – König Malaysias bestimmt.
2013 Zum 60. Jubiläum der Malaysischen Föderation kommt es in Nordostsabah zu Gefechten zwischen Militärs und Kriegern eines südphilippinischen „Sultans", der „sein" Land zurückerobern will.
2016 Premier Razak, wegen Korruptionsverdacht (681 Mio. US $ auf dem Privatkonto) in Schwierigkeiten, befürwortet die landesweite Einführung von Scharia-Strafen für die malaysischen Muslime. Aus dem 2009 von Najib aufgelegten Staatsfonds 1MDB für Wirtschaftsförderung sollen mehr als 4,5 Milliarden Dollar veruntreut worden sein.
2018 Mahathir Mohamad wird mit 92 Jahren noch einmal Premierminister.

Die 14 Streifen der malaysischen Flagge symbolisieren die 13 Staaten und das Bundesterritorium.

PFLANZEN UND TIERE

PFLANZEN UND TIERE IN MALAYSIA

Auf der Halbinsel West-Malaysia sowie in Sarawak und Sabah finden sich rund 40 000 Blütenpflanzen. Rund 5000 Baumarten wachsen je zur Hälfte auf der Halbinsel und im Nordteil von Borneo. Allein am Mount Kinabalu gedeihen 800 Orchideen- und 400 Farngewächse. 200 Säugetierarten, fast 700 Vogel- und über 100 Schlangenarten haben ihren Lebensraum in dem Land.

An den Küsten dehnen sich Sumpf- und Moorflächen aus, vor allem in Borneo. Dort wechseln sich Mangrovengürtel hin und wieder ab mit Dickichten aus Rattan- und stammlosen Nipapalmen. Die die Strände säumenden Kasuarinen- und Kokospalmenhaine sind typisch für die Ostküste der Halbinsel. Vom Tiefland bis in etwa 2000 m Höhe herrschen in unberührter Landschaft die *Dipterocarpaceen*-Wälder vor. Von diesen bis zu 40 m hohen Baumriesen sind in Malaysia etwa 400 Spezies gezählt worden. In der nächsten „Etage" steht nebelverhangener Bergdschungel. Von hier an bis auf 3500 m Höhe ist das Reich der Moose und Flechten, Farne und Orchideen, endlos rankender Rhododendren und bizarr geformter Pandanuspalmen (Schraubenpalmen). Schließlich geht die Region der Zwergsträucher und Gräser in nackten Fels über, wie er den Gipfel des Mt. Kinabalu in 4000 m Höhe prägt.

Die Plantagenwirtschaft dominieren die Kautschukpflanze (*Hevea brasiliensis*, ein Federharzbaum aus der Gattung der Wolfsmilchgewächse), und die Ölpalme (*Elaeis guineensis*), aus deren Fruchtfleisch und Kernen Palmöl und Palmkernöl gewonnen wird. Malaysia ist einer der größten Kautschukproduzenten und einer der größten Palmölerzeuger. Dafür wird tragischerweise immer mehr Regenwald geopfert.

Links: Die Riesenblume Rafflesia kann einen Durchmesser von bis zu 1 m erreichen.

Riesenblumen und Insektenfallen

Einige Beispiele sollen verdeutlichen, welche einzigartigen Lebewesen durch Unvernunft, durch Bevölkerungsdruck und Raubbau bedroht sind.

Neben Epiphyten, Moosen, Farnen, Orchideen, Würgerfeigen, saprophytischen Pilzen und anderen Parasitengewächsen, die im lichtarmen Urwald leben, ist die bekannteste Schmarotzerpflanze die Riesenblume *Rafflesia*. Der Naturforscher Dr. Joseph Arnold entdeckte sie 1818 in Borneo und nannte sie nach Sir Stamford Raffles, dem Gründer Singapurs. Riesig ist die Blume in der Tat, denn ihre rot, braun und weiß gefleckte Blüte kann über 100 cm im Durchmesser erreichen. Die *Rafflesia* besitzt keine Blätter, ihre Energie holt sie aus einer am Boden rankenden Liane. Sie wiegt rund neun Kilogramm und verbringt den größten Teil ihres Lebens als Zellfädennetz im Stamm der Wirtspflanze, aus dem sie erst beim Blühen hervortritt. Fünf fleischige, dicke Lappen entfalten sich dann und machen einem 30 cm tiefen Becher Platz. Seine Stacheln sondern einen fauligen Geruch ab, der Insekten anzieht. Diese sorgen für die Bestäubung und Vermehrung der Dschungelblume.

Unauffälliger, aber häufiger anzutreffen ist das Kannengewächs *Nepenthes*. Allein am Kinabalu wurden mehr als 25 Arten dieser Gattung gezählt, die sich, bedingt durch den Nährstoffmangel im kargen Bergwaldboden, auf den Verzehr von Insekten spezialisiert hat. Zwar ist sie in ganz Südostasien heimisch, doch nur auf Borneo erreicht sie, wie die *Nepenthes rajah*, die eindrucksvolle Länge von 35 cm. Ihre Blätter sind wie ein Gefäß ausgebildet, dessen Boden mit einer Flüssigkeit gefüllt ist. Ihr Geruch lockt die Insekten an. Wenn sie sich auf dem wachsbedeckten Kannenrand niederlassen, rutschen sie ins Innere der Pflanzenfalle. Dort werden sie bald verdauungsgerecht aufgelöst.

Hugh Low, der britische Erstbesteiger

PFLANZEN UND TIERE

des Kinabalu, hat mehrere dieser Gewächse entdeckt. Die *Nepenthes lowii* ist nach ihm benannt. Sie stellt wahre Naturkunst dar; in barocker Form, eng tailliert und mit geschwungenem Rand, hängt sie von den Baumstämmen herab. Auch die *Nepenthes villosa* mit rosafarbenem Bauch und leuchtend gelbem Rand hat Low erstmals für die Wissenschaft registriert.

Faszinierende Tierwelt

Kaum ein asiatisches Land bietet noch eine solche Vielfalt an Tierarten wie Malaysia. Die am meisten bedrohten Säugetiere sind – neben dem Borneo-Orang-Utan (*Pongo pygmaeus*) – Tiger, Leoparden, Panther, Nebelparder, der Tapir, der Sundakoboldmaki (*Tarsius bancanus*), das Dugong (*Dugong dugong*, auch Seekuh genannt) und das Sumatra-Nashorn. Auf der malaysischen Halbinsel sind Schutzaktionen für das *Dicerorhinus sumatrensis* angelaufen, dem sein Horn, in Asien in pulverisierter Form als Aphrodisiakum und Fiebermittel geschätzt, zum Verhängnis wird. Selbst in den großen Reservaten wie Taman Negara und Endau-Rompin kann man nur mit sehr viel Glück die letzten, weniger als 100 Vertreter dieser Dickhäutergattung sehen. Das Java-Nashorn, früher in Malaysia heimisch, ist bereits ausgerottet.

Bessere Chancen hat man in den Naturparks auf der Suche nach Elefanten. Doch Tourismus kann auch eine Gefahr für wilde Tiere darstellen, wie sich am Beispiel der Strände an der Ostküste zeigt. Dort ist man immerhin streng gegen lärmende Schaulustige und Blitzlichtfotografen eingeschritten, die die Eiablage der Suppenschildkröte (*Chelonia mydas*), Karettschildkröte (*Eretmochelys imbricata*) und Lederschildkröte (*Dermochelys coriacea*) störten.

Die Schlangen Malaysias, unter ihnen 16 giftige Arten, können sich vor menschlicher Neugier, jedoch kaum vor der Vernichtung ihres Lebensraumes schützen. Manche Arten erfreuen sich sogar ausgesprochener Verehrung, wie die Grubenotter oder Wagler's Pit Viper (*Trimeresurus wagleri*), die im Snake Temple von Penang die Gläubigen erschaudern lässt. Sie ist eine der fünf Arten, deren Gift auch für den Menschen tödlich wirkt. Die Königskobra (*Opiophagus hannah*), die Indische Kobra (*Naja naja*), die Korallenotter (*Micrurus fulvius*) und die Gestreifte Krait (*Bungarus fasciatus*) sind weitere gefährliche Reptilien. Von den ungiftigen, jedoch würgestarken Riesenschlangen muß der Netzpython (*Python molurus*) erwähnt werden, der bis zu 10 m lang werden kann.

Echsen, wie Krokodile, Warane und Flugdrachen, leben überall im Land. Am vertrautesten und harmlosesten ist der Gecko, der in jedem Haus mit flinker Zunge Mücken und Schaben jagt.

Von den Affen – Gibbons, Makaken und Orang Utans – ist die in Malaysia *berok* genannte Art quasi zu einem Nutztier geworden: Die Männchen dieser rotbraunen Makakenart werden gezähmt, trainiert und dann zum Kokosnussernten eingesetzt. Wie Arbeiter klettern sie an der Leine in die Palmwipfel hinauf und drehen mit Händen und Füßen die Nüsse ab.

Für Insektenkundler nimmt Malaysia einen wichtigen Platz ein: Über 1000 Schmetterlingsarten sind hier bekannt. Ihr prächtigster Vertreter ist der Rajah Brooke-Vogelfalter (*Ornithoptera brookiana albescens*), den A. R. Wallace 1855 in Borneo entdeckte. Das männliche Tier fällt durch den leuchtenden metallisch-grünen Streifen auf, der sich über die Flügel zieht. Er kann eine Spannweite von 15 cm erreichen.

Der Grüne Drachenschwanz (*Lamprotera meges*) ist ein faszinierender, bis zu 5 cm großer Schmetterling, der bis in 1500 m Höhe zu finden ist. Seine durchsichtigen Brustflügel, die langen, gespreizten Schwanzflügel und vor al-

---

Rechts: Ein Orang Utan im Regenwald Borneos.

PFLANZEN UND TIERE

lem die schnelle Flattergeschwindigkeit lassen ihn aus der Entfernung wie eine Libelle erscheinen.

Weitere Schmetterlinge präsentieren sich mit originellen Namen wie Leopard (*Phalanta phalantha*), Kurtisane (*Euripus nyctelius*), Batikschnur-Flügler (*Cethosia biblis*), Königskrone (*Euploea phaenareta*), Dunkelblauer Tiger (*Tirumala septentriosis*) oder Schokoladenalbatross (*Appias lyncida*). Mit einer Spannweite von bis zu 30 cm ist der Atlas-Spinner, ein Nachtfalter, der größte Schmetterling Malaysias.

Außergewöhnlich ist die Bandbreite an Käfern, darunter der bis zu 13 cm große Riesennashornkäfer (*Chalcosoma caucasus*) oder der in Regenbogenfarben schillernde Juwelenkäfer (*Chrysochroa ephippigera*). Auch die Totes-Blatt-Gottesanbeterin (*Deroplatys desicata*) ist einzigartig, weil sie sich hervorragend tarnen kann.

Auch Skorpione leben in Malaysia, die giftige, aber für den Menschen nicht lebensgefährliche Stiche austeilen.

An der Ostküste der Halbinsel und an den Stränden Borneos kann man gelegentlich die ebenfalls mit den Spinnen verwandten und seit 250 Millionen Jahren unveränderten Pfeilschwanzkrebse (*Xiphosura*) sehen.

Die Unterwasserwelt Malaysias

Die große Zahl der geschützten Meeresgebiete macht den Grad der Bedrohung der Unterwasserwelt Malaysias deutlich. In den Marine Parks lässt sich noch der Reichtum der Korallenriffe erleben, der früher an den meisten Küsten vorherrschte. Taucher können hier bunte Korallenfische, Zackenbarsche, Kofferfische, Seegurken, Seesterne und Schalentiere beobachten. Harmlose Riffhaie suchen nach Nahrung, Delfine begleiten die Boote. In größeren Tiefen halten sich Wale, Walhaie, Mantarochen und die verschiedenen Schwarmfische, von kleinen Fliegenden Fischen bis zu meterlangen Thunfischen auf. Mit etwas Glück kann es Tauchern sogar passieren, dass sich neugierige Meeresschildkröten nähern.

ESSEN

ESSEN IN MALAYSIA

Der Vergleich mit einem Schmelztiegel trifft sicher zu, wenn man von Malaysias Küche spricht. Sind doch seit Jahrhunderten Gerichte, Geschmacksrichtungen und Zutaten aus vielen Ländern beteiligt: aus Portugal, Holland, England, aus Arabien und dem Orient, aus China und Indien, Sri Lanka und Türkei, aus Pakistan, Thailand und Persien, aus Japan und Korea. Essen in Malaysia kommt einer kulinarischen Weltreise gleich.

Die malaiische Küche

Wie es sich für ein südostasiatisches Volk gehört, ist Reis die Grundlage jeder Mahlzeit. Nicht zu trocken, nicht zu feucht, gerade richtig, um ihn auf traditionelle Weise mit den Fingerspitzen zum Mund führen zu können, wird er mit Rind- oder Hammelfleisch, Fisch, Huhn, Krabben oder anderem Seegetier, mit Gemüse oder Eiern serviert.

Gewürze fehlen nie, dennoch ist die malaiische Küche mäßig scharf. Je nach Region werden Chili, Knoblauch, Zwiebeln, Pfeffer, Ingwer, Curry, Nelken, Muskatblüte, Koriander, Kardamon, Kümmel, Tamarinde und Zimt unterschiedlich dosiert eingesetzt. In Penang, Kedah und Perlis allerdings kann es für den westlichen Gaumen richtig „hot" (*pedas*) werden. Dann schaffen bereitliegende Gurken Abhilfe. Winzige salzige Fische, die *ikan bilis*, sind häufig unerlässliche Zugabe.

Das bekannteste Gericht ist zweifellos *satay*. Kleine Spieße mit mariniertem Hühner-, Rind-, Ziegen- oder Krabbenfleisch werden auf dem Holzkohlenfeuer gegrillt und in würzige Erdnusssoße getunkt. Auch hierzu isst man Reis, den *ketupat*, der in einem Körbchen aus Palmblättern gegart wird.

Typisch für die Küche der Malaien ist *nasi padang*. Es ist ein sättigendes,

---

Oben: Eine Spezialität auf Borneo – Huhn im Bambusrohr gegart. Rechts: Das Imbisslokal Kimberly in Penang ist berühmt für seine leckere chinesische Kway-Chap-Entensuppe.

ESSEN

würziges Gericht, das aus Reis und verschiedenen Curries (*kare*) besteht. Eingeführt wurde es aus Indonesien, aus der Minangkabau-Region um die Stadt Padang in West-Sumatra. Perfekt ist die Mahlzeit aber erst mit *rendang*, dem mit Kokosnussmilch zubereiteten scharfen Rindercurry. *Udang sambal* heißen scharf gewürzte Krabben. *Nasi lemak* ist in Kokosmilch gesottener, fetter Reis, der gern zum Frühstück gegessen wird, zusammen mit *ikan bilis* oder Eiern sowie Hühner- oder Rindfleisch.

Nasi goreng, bei uns als exotische Speise beliebt, ist in Malaysia eher ein Alltagsgericht: gebratener Reis, der mit Paprika, Zwiebeln, Knoblauch, Hühnerfleisch und Krabben in Sojasoße zubereitet wird. Dazu gibt es verschiedene pikante Beilagen.

Mee goreng sind gebratene, dünne Nudeln. *Lakas Johor* sind Nudeln mit Fischcurry und frischem Gemüse. *Mee Java* heißt das Nudelgericht, das mit gegrillten Garnelen, *toufoo*, dem Sojabohnenmus, und einer scharfen Soße angereichert ist.

Soto Ayam, ein an den Essständen beliebtes Gericht, ist eine nahrhafte Hühnersuppe mit Reis und Gemüse.

Der Hauptmahlzeit folgt stets eine Nachspeise, wie *sago Melaka*, in Palmsirup (*gula Melaka*) gekochtes Sago – ein süßer Pudding à la Malaysia. Probieren sollte man auch *lopez*, Klebreis mit geraspelter Kokosnuss und süßem Sirup.

Die chinesische Küche

Der jahrhundertealte Einfluss der Chinesen begleitet den Reisenden in Malaysia auch in den Restaurants auf Schritt und Tritt. Dabei gibt es ausgiebig Gelegenheit, die verschiedenen Provenienzen der chinesischen Küche kennen zu lernen. Kanton-Gerichte sind eher mild und vorzugsweise mit Ingwer gewürzt. Ein paar Tropfen Erdnussöl geben ihnen dabei die besondere Note. Chinesen aus Peking und Nordchina kochen gern Teigwaren aus Weizenmehl.

Auch kräftige Fleischspeisen – hierbei kommt häufig Schwein in den *wok* – sind beliebt. Die bekannte Peking-Ente wird in Malaysia mit der gleichen Perfektion zubereitet wie im Reich der Mitte.

In Shanghai wird etwas süßer gespeist. Fischgerichte isst man auch sehr gern. Dagegen greift der Koch oder die Köchin aus Szechuan großzügiger zu den scharfen Gewürzen wie Pfefferschoten und Knoblauch. Die Ente wird bevorzugt geräuchert serviert.

Die Hokkien aus Chinas Süden kochen gern mit Sojasoße. Beliebte Gerichte sind Hühnerreis Hainan. Das gedünstete oder gegrillte Huhn wird mit in Hühnerbrühe gekochtem Reis gereicht. Die Köche aus Hainan lieben übrigens den Gegensatz zwischen milden Fleischspeisen und scharfen Soßen. Eine ihrer Delikatessen ist *chie pau kai*, Huhn in Papier. Dazu wird Hühnerfleisch in Ingwersaft und Reiswein mariniert, in Pergamentpapier gewickelt und in Öl gebacken. Mit Knoblauch und Chili gewürzte, in Butter gebrate-

ESSEN

ne Froschschenkel stehen als „Wasserhuhn" auf der Speisekarte. *Ngah poh fan* ist ein Gericht aus Hühnerfleisch, Würstchen und Gemüse. Der Reis wird im Lehmtopf gedünstet.

Besonders schätzen Chinesen die Vogelnest-Suppe aus den gelatineartigen Fäden der Salanganen-Nester Borneos – eingeweicht in Hühnerbrühe und mit Wachteleiern zubereitet.

Zu den großen Essvergnügen gehört das „Steamboat" (Dampfschiff). Damit ist eine Art Fondue-Topf mit köchelndem Wasser gemeint. Darin können die Gäste ihre rohen Fleisch-, Fisch-, Krabben- und Gemüseportionen selbst zubereiten und dann in Soßen tunken.

Chinesisch isst man am besten mit Essstäbchen. Das Üben lohnt sich, wenn man mehr als den aus unseren Chinarestaurants bekannten Menüverschnitt genießen will.

Oben: Malaiisches Nasi lemak – in Kokosmilch gesottener, fetter Reis mit Ikan bilis (Sardellen), Erdnüssen und Rindfleisch. Rechts: Verführerische Tropenfrüchte (Tanjung Aru Resort, Kota Kinabalu).

Die Nyonya-Küche

Die Nachkommen der schon vor dem 19. Jh. eingewanderten Chinesen – größtenteils Männer aus Hokkien – bildeten eine eigene ethnische Gruppe (*baba*), die einheimische Frauen (*nyonya* oder *nonya*) heiratete. Als „Straitsborne Chinese" wollten sie sich von den späteren Siedlern aus China unterscheiden. Die Baba- und Nyonya-Gesellschaft hat so auch ihre eigenen Gerichte kreiert, wobei großer Wert auf Gewürze und deren harmonisierende Verwendung gelegt wird.

Typisch für die Nyonya-Küche sind *laksa*-Nudeln. Beim *Curry laksa* sind die Reisnudeln mit Hühnercurry, kleinen Muscheln, Sojasprossen und anderen pikanten Beilagen verfeinert. *Assam laksa* stammt aus Penang. Hier bevorzugt man die Reisnudel zusammen mit einer Fischsoße, Gurkensalat, Garnelenmus und Ananas. *Blachan* ist eine weitere Spezialität, eine Paste aus getrockneten Garnelen. Sie reichert die Nyonya-, die malaiische und die chinesische Küche

ESSEN

an, ebenso wie *laos*, eine aromatische Wurzel oder *serai*, das Zitronengras.

Eigene Tischsitten ergänzen die Nyonya-Kochkunst. Die *nyonya* kann ohne weiteres mit den Fingern essen, während der *baba* zu Löffel und Gabel greift. Mit der Hand – stets der rechten – zu essen, will gelernt sein und soll besser schmecken. Reis und Zutaten werden zusammengerollt, gepresst, in Soßen getunkt und mit dem Daumen in den Mund geschoben. Ein völlig leergeputzter Teller bleibt zurück. Kindern erzählt man nämlich, dass sie Ausschlag bekommen, wenn sie die Reste nicht aufessen.

Indische Küche

Aufregend und vielfältig präsentiert sich auch die Speisekarte der Inder. Für Malaysia gilt die grobe Unterteilung in nord- und südindische Küche.

Nordinder würzen eher sparsam. Weizen wird als Grundnahrungsmittel dem Reis vorgezogen. International bekannt ist *tandoori chicken*, in Joghurt, Gewürzen und Limonensaft mariniertes Huhn, das in einem Tonofen gebacken wird. Lammkotteletts mit Chutney gehören ebenfalls zu den Spezialitäten Nordindiens.

Die südindische Küche basiert auf Reis und vielen scharfen Gewürzen, die auch vegetarische Gerichte pikant gestalten. Dazu wird Gemüse mit Senfkörnern, Bockshornklee, Curry und Mohnsamen gekocht. Serviert wird traditionell auf einem Bananenblatt mit Reis und Chutneys. Besteck fehlt, denn auch hier schmeckt es nur mit den Fingern. Weitere südindische Spezialitäten sind *prawn curry* (große Garnelen), *mutton mysore* (Hammel) oder *chicken beryani*.

Essen an den Garküchen

Wie in anderen Ländern Südostasiens sind auch überall in Malaysia die Essstände zu finden. Diese *Hawker*-Küche ist nicht einer bestimmten ethnischen Gruppe zugehörig, Chinesen essen deren Gerichte ebenso gerne wie Inder und Malaien, solange Nahrungstabus ihnen bestimmte Speisen nicht verbieten. Die Institution der Garküchen Malaysias geht auf die Masseneinwanderung zurück, als man mit so einem relativ einfachen Geschäft eine ganze Familie beschäftigen und ernähren konnte.

Ein *hawker* hat Erfolg, wenn er die Zutaten der einzelnen Volksgruppen im Angebot hat und sie der jeweiligen Region anpasst. So gibt es von der weißen Frühlingsrolle *poh piah*, eigentlich eine Hokkien-Spezialität, an den Essständen auch die indische Version. Ohne weiteres benutzt der indische *hawker* die chinesische Hokkien-Nudel, und in der chinesischen Garküche duftet die malaiische *laksa*.

In Malaysia gibt es Garküchen-Betreiber, die ebenso gerühmt werden wie woanders gute Restaurants. Wen wundert es, wenn sie sich mit ihrem Essstand schon eine komfortable Villa „erkocht" haben.

RELIGIONEN

DIE RELIGIONEN

Das enge religiöse Nebeneinander entspricht der multi-ethnischen Gesellschaft Malaysias. Buddhisten- und Taoisten-Tempel werden in direkter Nachbarschaft von Moscheen, christliche Kirchen neben Hindu- oder Sikh-Tempeln erbaut.

Malaysia ist außer Brunei das einzige Land Südostasiens, wo die Staatsreligion Islam orthodox praktiziert wird und fundamentalistische Ideen an Einfluss gewinnen. Andererseits ist laut Verfassung die Religionsfreiheit festgeschrieben, was aber Rivalitäten – meist sozialer und wirtschaftlicher Art – nicht verhindert.

Animistische Ureinwohner sind weiterhin die Zielgruppe von Missionaren. Christen und Muslime wetteifern um deren Seelen. Doch die islamisierten Orang Asli oder christlichen Dayak halten oft noch den Geistern die Treue. Auch die Malaien, die ja vor ihrer Islamisierung selbst Animisten waren, beherzigen teils heute noch Aberglauben und Tabus, was strenggläubigen Muslimen ein Dorn im Auge ist.

Der Islam

Bereits um 1250 sind arabische Händler nach Südostasien gekommen. Mit der Bekehrung des Sultans von Malakka im 15. Jh. fasste der Islam dann richtig Fuß und breitete sich in den folgenden 200 Jahren rasch aus. Außer im buddhistischen Thailand erhielt die neue Religion großen Zulauf. Sicher wirkte die Schlichtheit des Glaubens an Allah, den einen allmächtigen Gott, anziehend auf die Asiaten, die sich vom komplexen, hierarchisch aufgebauten Hinduismus abwenden wollten. Der tiefe Fatalismus mag ebenfalls bereitwillig aufgenommen worden sein von den Menschen einer Tropenwelt, die gegenwartsorientiert und von den Na-

Oben: Koranschulunterricht. Besonders schriftgläubig praktizieren den Islam die Bewohner der Ostküste Malaysias. Rechts: Ein Zentrum der Buddhisten ist der Kek-Lok-Si-Tempel auf Penang.

RELIGIONEN

turgewalten abhängig lebten. Die in hohem Maße Unterwerfung fordernde Ordnung des Islam, der außer Allah nur den Propheten Mohammed verehrt, ist einfach und deutlich. Weder Gott noch Prophet dürfen im Bild dargestellt werden. Lebewesen außer Pflanzen sollten ebenfalls nicht abgebildet werden. Das Verbot erklärt, warum sich die islamische Kunst auf die Ausarbeitung der arabischen Schrift und auf die Ornamentik der Arabesken konzentriert. Alte und moderne Moscheen in Malaysia bezeugen die Vielseitigkeit der islamischen Sakralarchitektur.

Ein unumstößliches Gesetz des Islams bestimmt den Koran zur einzig wahren Lehre. Die 114 Suren (Kapitel) des heiligen Buches wurden erst nach dem Tod des Propheten (571-632 n. Chr.) zusammengestellt und enthalten neben Aussagen zu Gott, Paradies und Hölle auch Gesetze und kulturelle Gebote. Weitere Richtlinien sind die Gebete zu Allah, die fünfmal am Tag zu erfolgen haben, die Armensteuer, das Fasten am Tage während des Fastenmonats *Ramadan*, den die Malaysier *Puasa* nennen. Schließlich krönt den Lebenslauf die Pilgerreise nach Mekka, mit der die Gläubigen den Titel *Haji* erwerben.

Zur Zeit neigt der im Rahmen der Reislamisierung verstärkt von Saudiarabien beeinflusste malaysische Islam zu weniger Toleranz und mehr Scharia-Rechtsprechung. Drei der 13 Bundesstaaten erlauben bereits die Auspeitschung nach den Regeln der Scharia.

Der Buddhismus

Lange vor dem Islam ist die buddhistische Weltanschauung auf die malaiische Halbinsel gelangt. Zunächst waren es nur sporadische Einflüsse, die von Indien und dem von Sumatra expandierenden Srivijaya-Reich zwischen dem 7. und 14. Jh. ausgingen. Dann breitete sich im 19. Jh. mit der massiven Einwanderung von Chinesen der Buddhismus auch im Süden der Halbinsel aus.

Foto: Alexander Verkhortsev (Dreamstime.com)

Grob unterteilt sich die Glaubenslehre in den Mahayana-, auch als großes Fahrzeug bezeichnet, und den Hinayana- (kleines Fahrzeug) oder Theravada-Buddhismus. Die Mahayana-Richtung, der der chinesische Buddhismus folgt, stellt Bodhisattvas (Menschen auf dem Wege zur Buddhaschaft) bereit, die das Erreichen des *Nirwana*, der Auslöschung der als illusionär verstandenen individuellen Existenz, erleichtern sollen. Der Hinayana- oder Theravada-Buddhismus kennt solche Erlösergestalten nicht, hier muss sich jeder selbst im Leben bemühen, die Größe Buddhas (der Erleuchtete) zu erreichen.

In Kedah, Perlis, Penang und Kelantan, früheren Einflussgebieten Thailands, ist die dem ursprünglichen Buddhismus verwandte Hinayana-Lehre verbreitet. Die chinesische Variante dagegen ist eine Mischung aus Buddhismus, Konfuzianismus und Taoismus.

Der Buddhismus ist eine flexible Religion. Die vielen Götter und Göttinnen, die in der Urlehre gar nicht vorgesehen waren, aber von den Menschen ge-

RELIGIONEN

und Erfolg vieler chinesischer Familien.

Mit über 3500 Tempeln manifestiert sich der malaysische Buddhismus. Die Gebetsstätten, die je nach Wohlstand der Tempelgemeinden einfach gezimmerte Schreine oder auch prachtvoll verzierte Paläste sein können, demonstrieren die mannigfaltige Sakralkunst.

Der Hinduismus

Bereits vor rund 2000 Jahren begann der Hinduismus, sich in Südostasien auszubreiten und den dortigen Bedürfnissen anzupassen. Obwohl sie die Götterwelt und die Verwaltung durch indische Brahmanen akzeptieren, übernahmen die Südostasiaten nie das starre Kastensystem Indiens. In Malaysia sind als früheste Hindu-Zeugnisse bislang nur die Ruinen im Bujang Valley und an der Mündung des Merbok in Kedah bekannt. Mit den Plantagenarbeitern, die ab 1850 bis etwa 1950 nach Malaysia kamen, wurde der südindische Hinduismus bestimmend. Die Tamilen verehren vorwiegend die Gottheiten Mariamman und Subramaniam (Lord Murugam), eine Inkarnation des sechsköpfigen Kriegsgottes Skanda.

braucht werden, sind nicht auf starre Eigenschaften festgelegt. Häufig werden sie regional unterschiedlich verehrt. So ist in Malaysia Kuan Ti, der Gott des Krieges, in Friedenszeiten für das Geschäftswesen zuständig und symbolisiert Wohlstand und Glück. Kuan Yin, die Göttin der Barmherzigkeit, ist aus dem männlichen Bodhisattwa Avalokitesvara hervorgegangen. Und der Geist des Admirals Cheng Ho, im frühen 15. Jh. als kaiserlicher Botschafter in Malakka einflussreich, wird als Sam Po Shan, Gott der Reisenden, verehrt. Der Götterwelt gehören neben guten Geistern böse Dämonen an, die beschwichtigt werden wollen. Guten oder schlechten Einfluss können auch die Seelen der Verstorbenen ausüben. Der chinesische Ahnenkult hat sich an dieser Vorstellung entwickelt und ist stark ausgeprägt. Nicht zuletzt bedingen die engen Familienbande den wirtschaftlichen Ehrgeiz

Im Glauben an die Seelenwanderung und in der Hoffnung, den Zyklus der Wiedergeburt einst beenden und sich mit *Brahman*, dem Grund allen Seins vereinen zu können, leben die Hindus in der vorbestimmten Daseinsordnung *dharma*. Gute und schlechte Taten werden nach dem Tod gewichtet und entscheiden als *karma* über die nächste Wiedergeburt. Göttliche Inkarnationen des *Brahman* sind Brahma, der Schöpfer, Vishnu, der Erhalter – oft als vierarmige, blauhäutige Figur dargestellt – und Shiva, der Zerstörer. Im Tempel der Südinder sind sie in der *Shikara*, Symbol des Götterberges *Meru*, repräsentiert. Missionierung und Dogmen gibt es nicht, nur die *Veden*, heilige Offenbarungen, die vor mehr als 3000 Jahren von indoarischen Einwanderern nach Indien gebracht worden sein sollen.

Oben: Beim großen Thaipusam-Fest der Hindus bei Kuala Lumpur. Rechts: Die Bisaya auf Borneo sind teils Muslime, teils Christen, teils Animisten.

FESTE

FESTE UND FEIERTAGE

Die Kulturenvielfalt Malaysias spiegelt sich in seinen Festen und Feiertagen wider. Jede Religionsgemeinschaft, jede ethnische Gruppe und außerdem jeder Staat begehen eigene Festlichkeiten. Für ein relativ junges nationalstaatliches Gebilde wie Malaysia ist deshalb der Nationalfeiertag am 31. August, begangen mit großen Paraden, besonders wichtig; so soll sich das Nationalgefühl des multikulturellen Volkes festigen.

Weil eine Reihe der Veranstaltungen an beweglichen Daten stattfinden, gibt Tourism Malaysia alljährlich einen aktuellen Zeitplan heraus. Einige der wichtigsten Feste werden nachfolgend vorgestellt.

Islamische Feiertage

Nach der islamischen Zeitrechnung, die mit Mohammeds Flucht aus Mekka am 16. Juli 622 n. Chr. ansetzt und sich am Zyklus der Mondphasen orientiert, besteht jedes Jahr aus 354 bis 355 Tagen. Die zwölf Mond-Monate haben jeweils 29 bis 30 Tage. Das islamische Neujahrsfest *Ma'al Hijrah* fällt dementsprechend mit dem Erscheinen des 13. neuen Mondes zusammen.

Als wichtigstes islamisches Fest – in Malaysia ist unter der Staatsreligion jeder ethnische Malaie ein Muslim – wird jedoch *Hari Raya Puasa Adil Fitri*, das Ende des Fastenmonats Ramadan, gefeiert. Es dauert im neunten Monat des Mondkalenders normalerweise drei Tage. Grund zur Freude haben die Gläubigen allemal: Während des Ramadan (*Puasa*) ist strenges Fasten zwischen Morgendämmerung und Sonnenuntergang angesagt. Das bedeutet Abstinenz bei Essen und Trinken, einschließlich Wasser. Böse Gedanken und Wünsche sind in dieser Zeit tabu, überhaupt sollte man sich in jeder Beziehung so muslimisch wie möglich verhalten. Der Prophet Mohammed, dessen Geburtstag am *Maulidin Nabi* gefeiert wird, soll den Ramadan als Übung zur Selbstdisziplin und Selbstreinigung eingeführt haben.

Am *Hari Raya Puasa* wird ausgiebig

FESTE

gespeist, jedes Familienmitglied erhält neue Kleidung, die erstmals zum Fest getragen werden darf. Daher sehen Händler und Geschäftsbesitzer diesem Tag auch mit berechneter Freude entgegen. Festtag ist auch *Hari Raya Haji*, wenn am 10. Tag des 12. Hedschra-Monats die Pilger per Flugzeug nach Mekka aufbrechen.

Die Feste der Chinesen

Auch die Zeitmessung der Chinesen richtet sich nach dem Mond. Die Monate zählen 29 und 30 Tage, alle 30 Monate kommt ein Tag hinzu. Ein Zyklus von fünf mal zwölf Jahren bestimmt den langfristigen Kalender. Jedes der zwölf Jahre ist einem Tier zugeordnet, dessen Charaktereigenschaften auf individuelle und gesellschaftliche Erwartungen übertragen werden. So galt das Jahr 2000, das im Zeichen des Drachens stand, als ganz besonderes Glücksjahr, was sich bei den Chinesen in Malaysia und Singapur in einem deutlichen Anstieg der Geburten bemerkbar machte. Beginnend mit dem Schwein-Jahr 2007 lauten die jährlich wechselnden zwölf Tierzeichen: Schwein, Ratte, Ochse (2009), Tiger (2010), Hase, Drache, Schlange, Pferd, Ziege, Affe, Hahn und Hund.

Das *Chinesische Neujahrsfest* beginnt am ersten Tag des ersten Mond-Monats. Nach dem westlichen Kalender fällt es in den Zeitraum zwischen dem 21. Januar und dem 19. Februar. Für Chinesen, die es sich leisten können, bedeutet das eine Woche Urlaub. Am Abend des Neujahrsfestes trifft sich die Familie zu einem üppigen Essen, dem *Reunion Dinner*. Kinder und unverheiratete Familienmitglieder erhalten kleine, rote Umschläge mit Geldgeschenken, die *ang pow*. Die Malaien haben den Brauch übernommen, bei ihnen sind die Umschläge oder Tütchen grün, die Farbe des Islams. Neue Kleidung zum Jahresbeginn ist zwingend. Vor Mitternacht

Oben: Chinesisches Neujahr in Singapur. Rechts: Chinesisch-stämmige Tänzerin in typischer Tracht beim Colours of Malaysia Festival.

FESTE

werden die Fenster geöffnet, um das Neue Jahr in Gestalt eines mindestens zwei Tage dauernden Feuerwerks zu empfangen. Am folgenden Tag finden Verwandtenbesuche statt, die häufig bei reichen Leuten in andere Städte und Länder führen können. Die Neujahrsreisen zielen auch in „familienneutrale" Gebiete, dorthin, wo keine *ang pow* anfallen, die zuweilen empfindlich ins Geld gehen. Ein spezielles Essen *yee sang* (roher Fisch mit Salat) wird am dritten oder vierten Tag nach Neujahr serviert. Es soll den Speisenden Glück und Erfolg bescheren.

Das *Tuan Wu Chieh* oder *Drachenbootfest*, das kein staatlicher Feiertag ist, findet am fünften Tag des fünften Monats statt. Man erinnert dabei an den Dichter Chu Yuan, der im 3. Jh. v. Chr. der Bestechlichkeit die Selbsttötung durch Ertrinken vorgezogen hatte. An verschiedenen Orten, beispielsweise auf Penang, werden zu seinen Ehren Wettrennen mit den kunstvoll verzierten Drachenbooten veranstaltet.

Das *Fest der hungrigen Geister* wird im 7. Monat gefeiert. An diesem Tag dürfen nach dem buddhistischen Glauben die hungrigen Geister das Jenseits verlassen, um auf der Erde nach Nahrung zu suchen. Die Gläubigen helfen ihnen dabei, indem sie Opfergaben ausbreiten und Räucherstäbchen anzünden.

Das *Mondkuchen Festival* in der 15. Nacht des achten Monats ist ebenfalls keine gesetzliche Feierlichkeit. Hierbei wird der siegreichen Rebellion gegen die Mongolen im 13. Jh. gedacht. Die nicht immer süßen, sondern auch herzhaften, mit Fleisch und Fett gefüllten Mondkuchen, die für diesen Tag gebacken werden, hatten die Chinesen damals benutzt, um darin geheime Nachrichten zu schmuggeln. Laternen und Lampions, die am Festtagsabend bei Umzügen zu Ehren der Mondgöttin von Kindern getragen werden, waren zum selben Zweck eingesetzt worden.

Vesak Day ist das Fest zur Erinnerung an Buddhas Geburt, an seinen Tod und seine Erleuchtung. Es wird am sechsten Vollmond zwischen April und Mai gefeiert. Lichterprozessionen ziehen durch

FESTE

die Straßen. Buddhistische Mönche singen den ganzen Tag heilige Verse, die Gläubigen beten und sind angehalten, Gutes zu tun. Vogelkäfige werden geöffnet, um den Tieren, Symbole für gefangene Seelen, die Freiheit zurückzugeben. Diesen Tag begeht man regional in unterschiedlicher Weise. In Melaka zum Beispiel paradieren geschmückte Wagen durch die Stadt.

Das *Ching Ming Festival* ist kein öffentlicher Feiertag. Man besucht am achten Tag des dritten Monats mit der Verwandtschaft die Verstorbenen auf dem Friedhof und reinigt deren Gräber. Nahrungsopfer werden ausgebreitet und Kerzen angezündet. Räucherstäbchen brennen, später auch Opfergeld. Schließlich verzehren die Hinterbliebenen die Opfergaben, an denen sich zuvor die Ahnen gestärkt haben.

Den neun Himmelsherrschern zu Ehren wird am neunten Tag des neunten Monats das *Festival of the Nine Emperor Gods* begangen. Chinesische Opern und Prozessionen sind das Rahmenprogramm. Neun Tage lang ist Beten angesagt. Für Gläubige, die zuvor bereits ebenso lang gefastet haben, ist es der Höhepunkt des Festes, wenn sie in einigen Tempeln in Trance über glühende Kohlen laufen.

Indische Feste

Alljährlich im Januar oder Februar treffen sich viele tausend Menschen an den Batu Caves außerhalb von Kuala Lumpur. Das *Thaipusam*, das spektakulärste aller malaysischen Feste, das in Indien nicht mehr erlaubt ist, hat begonnen. Für etwa 2000 Hindus bedeutet es Selbstkasteiung, Schmerzen und Trance. Wie zum Beispiel für Sundram, den tamilischen Taxifahrer, der am Vortag noch adrett gekleidet vor einem Luxushotel der Hauptstadt auf Kunden gewartet hat. Jetzt, in den frühen Morgenstunden, steht er, nackt bis auf die Badehose, am Ufer eines Flüsschens. Die Hände sind gefaltet, der Kopf ist gesenkt. Vor ihm singt ein weißgekleideter Guru zum Trommelrhythmus religiöse Formeln. Helfer und Musiker stimmen in den Gesang ein: „Vel, vel, vel...", was soviel wie „Speer, Speer, Speer..." bedeutet.

Sundram schwankt, Gesang und Trommelschläge werden schneller. Da reißt der junge Mann die Arme hoch und bleibt regungslos stehen. Eine Frau, ebenfalls in weißen Gewändern, tritt zum Guru und gibt ihm einen Speer. Der Priester nimmt ihn, holt kurz aus. Blitzschnell hat er das Eisen durch beide Wangen Sundrams gestoßen. Dieser verzieht keine Miene, auch nicht, als der Guru den gut zwei Meter langen Speer sorgfältig ins Gleichgewicht bringt.

Sundram hat seinem Lieblingsgott Subramaniam geschworen, den *kavadi* an drei *Thaipusam*-Festen hintereinander zu tragen. Diesen Speer, der ihm durch die Wangen gestoßen wurde und dazu einen schweren Altar, dessen Befestigungshaken tief in seine Haut am Körper drücken. Es ist Dankbarkeit, die den Mann zu der Selbstfolter motiviert: sein Frau hat erst vor wenigen Wochen einen gesunden Sohn zur Welt gebracht.

Das *Thaipusam*-Fest von Kuala Lumpur zieht außer den schmerzensbereiten Gläubigen rund 600 000 Zuschauer, Helfer und Verwandte an. Dazu nehmen 10 000 Musiker und Gurus teil, aber auch tausende von Medienvertretern und Touristen aus aller Welt wollen sich den aufsehenerregenden Bußgang der Hindus nicht entgehen lassen. In weniger aufwändigem Rahmen wird das Fest zu Ehren von Lord Subramaniam auf der Insel Penang, in Melaka, Ipoh und Singapur begangen.

Zum Verständnis der Andacht und alle Schmerzen verachtenden Ergebenheit, die viele Inder Subramaniam zollen, muss man wissen, dass der Angebetete eine ganz besondere Stellung in der Hierarchie der Hindu-Götter ein-

Rechts: Ein Hindu während des Thaipusam-Fests mit einem Speer in der Wange.

FESTE

Feste und Feiertage 1

nimmt. Im Gegensatz zu Christentum und Islam kennt der Hinduismus eine Vielzahl von Göttern. Außerdem verehren sie deren Frauen, Kinder und Enkel, aber auch Dämonen und Geister. Neben Brahma und Vishnu rangiert Shiva an der Spitze. Dieser zeugte mit seiner Frau Durga auf dramatische Weise Subramaniam: Als die Dämonen die Götter zu besiegen drohten, erschien das himmlische Paar. Dem Feuer, das aus Shivas drittem Auge flammte, entstieg der Sohn Subramaniam. Mit seiner Hilfe wurden die Dämonen im Nu geschlagen. Die Hindus rufen Subramaniam, der neben den zerstörerischen auch die guten Eigenschaften seines Vaters erbte, immer dann an, wenn es Schwierigkeiten zu bewältigen oder Wünsche zu erfüllen gilt. Der Gott soll bei Alltagsproblemen und bei Krankheit helfen, wenn eine Prüfung bevorsteht oder die Ehe kinderlos geblieben ist.

Die *kavadi*-Träger haben sich mindestens 16 Tage im Tempel auf die Tortur vorbereitet. Dazu gehören sexuelle Enthaltsamkeit, Verzicht auf Genussmittel und das Lesen heiliger Schriften unter Anleitung ihrer Gurus.

Ein Guru muss kein studierter Gelehrter sein. Oft sind es einfache, sogar der Religion gegenüber früher kritisch eingestellte Männer, die eines Tages die Götter als Medium auserwählt haben. Bald gelingt es dem Berufenen, Anhänger um sich zu scharen. In ihn, das Medium, kehrt in bestimmten Abständen Gott ein und versetzt ihn, nach Überzeugung seiner Gläubigen, in die Lage, Kranke zu heilen und andere Wunder zu vollbringen. Geld darf er dafür nicht verlangen. Eine der Aufgaben des Guru ist es, seine Anhänger zu begleiten und sie zu betreuen, wenn sie zum *Thaipusam*-Fest einen *kavadi* tragen wollen.

Mit einem hakenbewehrten Altar am Körper und einem Speer im Gesicht ist die Buße, ist das Gelübde bei manchen noch lange nicht erreicht. Der eine schneidet sich mit einem Schwert in die Zunge, die ein anderer mit einem zweiten Speer durchstechen lässt. Während diese Männer langsam tanzen, singen die Begleiter leise. Die Handlungen der

FESTE

Begleiter sind voller Symbolik. Eine Frau wirft Kampfer in einen kleinen Feuertopf und schüttet Salz in die Asche. Dem Hindu-Glauben nach werden durch die Kombination von Feuer und Salz alle Krankheiten verbrannt. Andere aus der Gruppe teilen eine Frucht und werfen die Stücke in alle vier Himmelsrichtungen. Böse Geister sollen dadurch verscheucht werden.

Der Guru zerhackt einen Kürbis. Dies Ritual steht für ein Ziegenopfer, das früher dargebracht wurde. Das Tierblut musste dabei über die Götterbildnisse fließen. Frauen und Mädchen brechen zusammen, sie sind in Trance geraten. Ein Mädchen springt den *kavadi*-Träger an, verkrallt sich in dessen Haaren. Nie würde es sonst wagen, einen unbekannten Mann auch nur anzusprechen. Bei *Thaipusam* sind alltägliche Tabus aufgehoben. Lord Subramaniam ist in den Menschen, er bestimmt die Art des Tanzes, ihre Ekstase und ihre Trance.

Oben: Beim farbenfrohen Holi-Fest der Hindus feiern alle mit. Rechts: Festschmuck eines Iban.

Bei Sonnenaufgang verlassen die *kavadi*-Träger ihre Plätze und bewegen sich zu der Straße, die zum fast 3 km entfernten Tempel in einer der Höhlen führt. Vor der Höhle muss die lange Prozession noch 272 Stufen am steilen Kalksteinmassiv überwinden, erst dann sind die Gelübde erfüllt. Während dieser außerordentlich kritischen Etappe verstärken die Gurus ihre Gebete und kontrollieren ihre Schützlinge mit festem Blick, die „vel, vel"-Rufe werden immer eindringlicher. Die *kavadi*-Träger, von denen viele während des Anstiegs Mut und Kraft zu verlieren schienen, kämpfen sich weiter.

Endlich haben sie die hinterste Ecke der riesigen Höhle erreicht. In einer Nische steht die vergoldete Statue des Lord Subramaniam. Taxifahrer Sundram hat es geschafft. Ein letztes Mal tanzt er vor dem Bildnis. Sein Guru blickt ihm tief in die Augen und zieht ruckartig den Speer aus den Wangen. Noch ein Gebet, dann verkündet der Priester, dass Lord Subramaniam den Bußgang angenommen hat. Mehr erleichtert als erschöpft wirken nun die *kavadi*-Träger. Zurück am Fuß des Berges, verteilen sie Geldmünzen an wartende Bettler. Blut ist kaum geflossen, und auch im Gesicht, wo der gut 1 cm dicke Speer stundenlang gesteckt hat, ist keine Wunde zu sehen.

Mit Zauberei hat das allerdings nichts zu tun, eher mit guten anatomischen Kenntnissen der Gurus. Die Priester durchstechen die Wangen direkt hinter den Mundwinkeln, dort, wo sich als so genannter „Bichat'scher Fettpropfen" ausschließlich Fettgewebe ohne Nerven und Adern befindet. Da sich das Gewebe nach dem Entfernen der Speere blitzschnell zusammenzieht, bleiben nicht einmal Narben zurück.

Das zweitwichtigste Fest der Hindus Malaysias ist *Deepavali*, das in der Zeit zwischen Oktober und November, im tamilischen Monat *aipassi* gefeiert wird. Wiederum bestimmen Astrologen den Zeitpunkt, der den Sieg des

FESTE

Feste und Feiertage

Lichts über die Dunkelheit, des Guten über das Böse symbolisiert. Gott Rama triumphiert über den Dämonenkönig Ravana. In einigen größeren Tempeln laufen Gläubige über Feuer. Der geistigen Reinigung verleiht man auch durch neue Kleidung Ausdruck, nachdem Gebete das Fest eingeleitet haben. Kinder, Arme und Bettler erhalten Geschenke. *Deepavali* ist auch ein Familienfest, bei dem die Hindus ein „Offenes Haus" veranstalten, Freunde und Nachbarn einladen und die Göttin Lakshimi preisen.

Holi ist das Hindu-Frühlingsfest zum Vollmond des Monats Phalgun (Februar/März) mit fröhlichen Farbschlachten.

Das *hinduistische Neujahrsfest* fällt nach westlichem Kalender meist in die Mitte des Monats April, wenn die Hindus den Monat *sitthirai* mit Gebeten zuhause und in den Tempeln beginnen.

Mit Gebeten und Hymnen wird auch *Maha Shiva Rathiri* gefeiert. Dieser nicht staatliche Feiertag zu Ehren Shivas fällt in die letzten Februartage.

Lord Subramaniam, dem Kämpfer gegen das Böse, ist noch ein anderes Fest gewidmet: *Kantha Shashti*, das am 6. Tag der hellen 14 Tage des Hindu-Monats *aipassi* beginnt, dauert 6 Tage. Am letzten Tag wird als Höhepunkt der Kampf zwischen Subramaniam und Sooran in den Tempeln dargestellt. Diese Pantomimen-Aufführung ist u. a. im Kandasamy-Tempel von Kuala Lumpur zu sehen.

Christliche Feiertage

Am 25.12. feiern die Christen Weihnachten. Karfreitag und *Festa São Pedro* am 29.6. sind Festtage vor allem für die Portugiesischstämmigen in Melaka.

Feste in Sarawak und Sabah

In den beiden Borneostaaten weitere Feste gefeiert. So beginnt Anfang Juni in Sarawak das traditionelle Erntedankfest *Gawai Dayak*. Bereits im Mai wird in Sabah das große *Erntedankfest der Kadazan* begangen. Beide Feste werden mit Märkten, Tänzen und jeder Menge Reisschnaps begangen.

LANDESKUNDE

LANDESKUNDE

Ein Land mit vielen Gesichtern

Es ist das Land, wo bunte Papierdrachen in die Lüfte steigen und Gummimilch aus Bäumen fließt. Wo sich Moscheen und Tempel in den gläsernen Fassaden der Wolkenkratzer spiegeln. Wo ganze Dörfer unter einem einzigen Dach Schutz und Zusammenhalt finden, und wo sich Macht und Wohlstand der Sultane in prachtvollen Palästen inmitten riesiger Ländereien manifestiert. Wo sich Autobahnen durch endlose Plantagen schlängeln und glitzernde Einkaufszentren die Verlockungen der Hitech-Welt anbieten.

In Malaysias modernen, multikulturellen Großstädten schwärmt die Jugend für Pop und Technosound, während im Bundesstaat Terengganu an der Ostküste der züchtige Schleier der muslimischen Malaiinnen und korangemäßes Verhalten demonstrieren. In traditionsreichen Festen wetteifern die Gläubigen von vier Weltreligionen; auf Borneo hingegen werden noch Naturgeister angerufen. Besucher finden lächelnde Gastfreundschaft – wer sich indes zu sehr für die Umweltprobleme des Landes engagiert, wird ausgewiesen; wer mit Drogen handelt, dem droht die Todesstrafe.

An den Stränden glaubt man manchmal, im Paradies zu sein. Steht man auf dem höchsten Berg Südostasiens, dem Mount Kinabalu in Sabah, scheinen Himmel und Götter ein gutes Stück näher. Noch turnen Orang Utans durch den Dschungel, können Nashörner und Elefanten hoffentlich im dritten Jahrtausend überleben, und die Kinder der Orang Asli, der Ureinwohner, jagen noch mit dem Blasrohr.

Doch die uralten Regenwälder sind der empfindlichste Teil des Landes. Täglich werden die Baumriesen weniger, wegen Holzeinschlags und Brandrodung: Tropenholz, Kautschuk- und Palmölplantagenprodukte sind wichtig für den Außenhandel. Aber auch der Naturtourismus soll Devisen bringen.

Das geografisch gespaltene Malaysia offenbart auch sozialpolitisch wenig Homogenität. Die (heute durchweg muslimischen) Malaien sehen sich stolz als Elite der *Bumiputra* (Sanskrit für „Söhne der Erde") und beanspruchen per Gesetz Heimvorteile. Und diese dürfen ihnen weder die wahren Ureinwohner – die Orang Asli in West-Malaysia, die Kadazan-Dusun und die Dayak auf Borneo – oder die von Fremdarbeitern abstammenden Chinesen und Inder streitig machen.

Die Frage nach der gemeinsamen nationalen Identität des ethnisch gemischten 31-Millionen-Volks ist offiziell kein Thema. Tatsächlich aber wandern zunehmend gebildete junge Indisch- und Chinesischstämmige aus.

Das Ziel „Einheit" symbolisiert die Nationalflagge der Föderation Malaysia. Sie zeigt 14 waagrechte, rot-weiße Streifen, die im oberen linken Viertel einem blauen Feld Platz lassen. Hierin strahlen ein gelber Sichelmond und ein Stern mit 14 Zacken. Die Streifen und die Sternspitzen repräsentieren die gleichberechtigten 13 Staaten und das Bundesterritorium von Kuala Lumpur, der Hauptstadt. Die Einheit der malaysischen Völker stellt das blaue Feld dar, der Mond steht für die Staatsreligion, den Islam. Mit der gelben Farbe von Mond und Stern werden die traditionellen Herrscher, die derzeit neun Sultane, geehrt, von denen alle fünf Jahre einer der ihren als repräsentatives Staatsoberhaupt gewählt wird.

Wo sich die Monsune treffen

Eindrucksvoll ist die Ausdehnung Malaysias. In Nord-Süd-Richtung erstreckt es sich zwischen dem achten und ersten Breitengrad nördlich des Äquators, von West nach Ost markie-

---

Links: Ein Orang Asli, Nachfahre der Ureinwohner.

LANDESKUNDE

ren es der 100. und der 120. Meridian. 329 847 km², etwas mehr als die Fläche von Polen, umfassen die Landmassen des malaysischen Halbinselanteils und die beiden Teilstaaten auf Borneo, Sarawak und Sabah. Dazwischen liegt auf fast 700 km Breite das Südchinesische Meer, über das seit altersher die Wanderungs- und Handelsrouten führten. Im Westen begrenzt das Staatsgebiet die Seestraße von Malakka, Nadelöhr für die Schifffahrt, immer wieder Zankapfel fremder Mächte, die über ihre Stützpunkte auf der Malaiischen Halbinsel den Rest des verlockenden Südostasiens beherrschen wollten.

Reich bedacht von der Natur ist Malaysia dank der wetterbestimmenden Monsunwinde. Der Nordostmonsun und der Südwestmonsun begegnen sich hier. Beide beeinflussen die Region in unterschiedlicher Stärke durch feucht-heißes Klima und Niederschläge.

So schaffen sie einmal ideale Voraussetzungen für die tropischen Regenwälder und deren einzigartige Lebewesen. Ebenso versetzen sie seit Jahrtausenden die Menschen in die Lage, trotz Überschwemmungen und Stürmen den Nassreisfeldbau zu betreiben. Auf dieses autarke Wirtschaftssystem begründen die Völker Südostasiens ihre Kultur und Zivilisation. Wenn heute auch Kautschukbaum und Ölpalme Malaysias Stellenwert auf dem internationalen Agrarmarkt anheben, so ist es doch der Reis, dessen intensive Anbauweise seit Jahrhunderten das Rückgrat der dörflichen Gemeinschaft bildet.

Besucht der Reisende hingegen das Sultanat Brunei, kann er als Tourist dort selbst zum Exoten werden: In dem von Reichtum gesegneten Staat zwischen Sarawak und Sabah kommt der Wohlstand in Form von Öl und Gas aus der Erde; produziert wird er durch hart arbeitende Ausländer, während die verwöhnten Bruneier sich zurücklehnen und Allah bitten, die Ölquellen möglichst lange sprudeln zu lassen.

Oben: Reisanbau ist seit langer Zeit Lebensgrundlage der Malaysier. Rechts: Ein Krieger der Iban im Regenwald von Sarawak.

GESCHICHTE

GESCHICHTE

Orang Asli, die Ureinwohner

Wenn auch die frühe Besiedlung Malaysias weit zurückliegt, ermöglicht doch die Lebensweise der Nachfahren der Ureinwohner einen Blick in das Dämmerlicht der Vorgeschichte. Die Lebensweise mancher *Orang Asli* („ursprüngliche Menschen"), kleinwüchsiger, dunkelhäutiger Dschungelnomaden, erinnert noch an die Jungsteinzeit, auch wenn sie das Steinwerkzeug durch Metall- oder gar Plastikgerät ersetzt haben. Ihren Lebensunterhalt bestreiten manche Semang-Negritos und ihnen ähnliche Senoi noch durch die Jagd mit dem Blasrohr und das Sammeln von Waldprodukten. Ihre typische Behausung war früher der Windschirm.

Von den Menschen, die vor den Semang und der Senoi auf der malaiischen Halbinsel lebten, finden sich Zeugnisse verschiedener Steinzeitabschnitte. Im Bundesstaat Perak wurden 35 000 Jahre alte Gräber gefunden. In den Niah-Höhlen von Sarawak hat man Schädelknochen eines *Homo sapiens* entdeckt, der vor 40 000 Jahren gelebt haben dürfte. Die ersten Werkzeuge weisen auf die Tätigkeit von nomadisierenden Jägern und Sammlern hin.

Altmalaiische Einwanderer

Vor rund 4000 Jahren sind vom südchinesischen Yünnan die *Proto-Malaien* (Vor-Malaien oder Altmalaien) zu ihrer Wanderung über den Festlandskeil nach Inselindien aufgebrochen. Gestützt auf die überlegenere Wirtschaftsform des Brandrodungsfeldbaus konnten sie die ansässigen Dschungelnomaden in die Berge und entlegenen Regionen des Regenwaldes verdrängen. Feldfrüchte wie Yams, Bergreis, Bananen und andere Nutzpflanzen wurden angebaut, die Flüsse mit Einbäumen befahren. Die sesshaften Proto-Malaien lebten in rechteckigen Pfahlbauten in kleinen Dorfgemeinschaften.

Auf der Insel Borneo, in den heutigen

GESCHICHTE

Bundesstaaten Sarawak und Sabah sowie in Brunei leben heute noch große altmalaiische Volksgruppen: die Dayak, die Kadazan. Die Vorfahren der Punan, die heute noch im Regenwald nomadisieren, jagen und sammeln, kamen als erste Altmalaien nach Borneo.

Die jungmalaiische Einwanderung

Die oft pauschal ethnisch als *Malaien* bezeichneten Bewohner der Küstensäume der zwischen Malaysia und Indonesien aufgeteilten Inselwelt gehen hauptsächlich auf eine spätere Einwanderungswelle zurück, die der *Deutero-Malaien* (Jungmalaien). Diese kamen um 300 v. Chr. aus aus Südchina und siedelten sich als Bauern und Fischer zunächst an den Küsten an. Sie brachten Werkzeuge und Waffen aus Eisen mit, organisierten ihre Dörfer in Schutzverbänden und gaben sich eine funktionierende Autoritätsstruktur mit den *datos* an der Spitze, einer erblichen Adelsklasse. Die Nachfahren der Jungmalaien sind heute Muslime und stellen die Hälfte der Bürger Malaysias. Die Altmalaiien hingegen zogen sich in den letzten 2000 Jahren immer mehr ins Innere der Inseln des Malaiischen Archipels zurück und bekehrten sich in den letzten 150 Jahren teils zum Christentum, das ihnen u.a. den Verzehr von Schweinefleisch nicht verbietet.

Indisierte Reiche: Srivijaya und Majapahit

Zwar scheint der Islam im heutigen West-Malaysia alle Lebensbereiche geprägt zu haben, doch die malaiische Kultur ist vorher sehr stark von Indien beeinflusst worden. Ein Blick auf die Hochzeitsriten zeigt hinduistischen Einfluss, das Schattenspiel *wayang kulit* führt Episoden aus dem indischen *Ramayana*-Epos vor, die malaiische Sprache bedient sich vieler Lehnwörter aus dem Sanskrit, die malaiische Küche wäre ärmer ohne „kare" (Currys) und ihr kulinarisches indisches Erbe.

Die Malaiische Halbinsel nimmt eine Brückenstellung zwischen dem asiatischen Festland, Ozeanien und Australien ein. Dadurch wurden schon in frühester Zeit umfangreiche Wanderungen zahlreicher Völker gefördert. Seehandelswege verbanden Indien und China. In derselben Richtung fand der kulturelle Austausch unter den Großreichen Asiens statt – von West nach Ost.

Die große Ausstrahlung der indischen Zivilisation bedingte, dass sogar am Mekong, im Einflussgebiet Chinas, indisierte Kulturräume entstanden. Malaysia liegt an einer Stelle, an der wichtige Schifffahrtsrouten zusammenliefen; besonders die Straße von Malakka bot sich für Stützpunkte an.

Es war anfangs keine gewaltsame Kolonisation: Wenn auch die indischen Schiffe nicht nur zivile, sondern auch

Oben: Angehörige der im 19. Jh. eingewanderten indischen Bevölkerungsgruppe in Malaysia (um 1900). Rechts: Dachschmuck am Sippenhaus des chinesischen Khoo Klans in George Town.

GESCHICHTE

militärische Aufgaben hatten, gelang es doch, über die Verheißungen des Seehandels und die Faszination der indischen Kultur weitgehend unblutig ein System abhängiger Staaten aufzubauen. Dieses verschleierte Machtstreben zeigte jedoch sein nüchternes politisches Gesicht, als das südindische Chola-Reich im beginnenden 11. Jh. unter Virirajendra I. gegen den blühenden Stadtstaat Kedah (auch Kalah) zu Felde zog und ihn vernichtete. Kedah, das zusammen mit Palembang auf Sumatra die Hauptachse des mächtigen, vorwiegend buddhistischen Seehandelsreichs *Srivijaya* bildete, hatte seit dem 7. Jh. die Straße von Malakka und damit den Engpass zwischen West und Ost beherrscht. Der Zuwachs von Macht und Reichtum in dem Staat, der den indischen Herrschern ein Dorn im Auge war, ist in kultureller Hinsicht eine fortschreitende Malaiisierung und Entwicklung des Hinterlandes auf der Halbinsel gewesen. Kedah wurde zwar für sein Auflehnen gegen den indischen Herrschaftsanspruch bestraft, aber aus seinen Trümmern ist im Lauf der folgenden Jahrhunderte die Metropole Malakka (Melaka) entstanden. Im 14. Jh. kontrollierte dann das malaiisch-hinduistische Reich *Majapahit* von Java aus den malaiischen Archipel.

Kontakte mit China

China galt zumindest bis zu diesem Abschnitt der südostasiatischen Geschichte als das Reich der Mitte, das sich hinter der Großen Mauer verschanzte und den Kontakt mit anderen Völkern lediglich auf der Grundlage der Tributzahlungen suchte. Andererseits lässt sich feststellen, dass der Buddhismus eine solch starke Anziehungskraft ausübte, dass chinesische Pilger sich nach Indien aufmachten. Sie, die dabei auch die Malaiische Halbinsel besuchten, gehören zu den wichtigsten Reiseschriftstellern und Chronisten der malaiischen Geschehnisse vor fast 1000 Jahren. Die Straße von Malakka wurde damals auch zur Hauptroute der chinesischen Erkundung des Westens auf dem Seeweg.

GESCHICHTE

Cheng Ho, ein kaiserlicher Eunuch der Ming-Dynastie, leitete die größten der zwischen 1403 und 1433 insgesamt sieben Flottenexpeditionen. Zu Beginn des 15. Jahrhunderts ankerten mehrmals große chinesische Schiffsverbände vor Malakka, das als Etappenzielhafen große Bedeutung erlangte.

Der islamische Vorstoß

Schon der chinesische Admiral Cheng Ho, selbst zum Islam konvertiert, bereitete in Malakka den Boden für die Verbreitung der Lehre Mohammeds in Südostasien. Allerdings reichen erste Kontakte zwischen dem insularen, indisch beeinflussten Kulturbereich und dem des Islam bis ins 7. Jh. n. Chr. zurück. Persische und arabische Händler nutzten die Straße von Malakka, um bis Kanton zu gelangen; die Reiseberichte des Abu Dulaf aus dem 10. Jh. erwähnen wichtige Häfen an dieser Meerenge.

Doch erst nach Zerstörung des Srivijaya-Reiches im 11. Jh. konnte sich der Islam allmählich ausbreiten. Marco Polo, im Auftrag des chinesischen Kaisers unterwegs, schreibt von zwei muslimischen Gemeinden in Perlak und Pasai auf Sumatra. Bis zum 15. Jh. konnte sich die buddhistisch-hinduistische Geisteswelt in der Region noch behaupten. Dann, als das von der neuen Weltanschauung beeinflusste Malakka seiner Blütezeit entgegenging und das indisch geprägte Majapahit-Reich verdrängte, begann sich der Islam auf der Malaiischen Halbinsel auszubreiten.

Die Rajas nannten sich fortan Sultane und Schahs. Malakka, an der Meerenge besonders günstig gelegen, schlug in den Jahren 1446-1488, unter den Schahs Muzaffar, Mansur und Riayat expansiv zu. Auf der Halbinsel verleibte es sich die Staaten Johor und Pahang ein, an der Küste Sumatras brachte es Siar, Kampar und Indragiri unter seine Kontrolle. Brunei, das weiter von dem guten Chinahandel profitieren wollte, intensivierte bereitwillig seine Beziehungen zu Malakka, über dem nun unangefochten das grüne Banner Mohammeds wehte. Das einst mächtige Kedah verfolgte die gleiche Diplomatie, so dass nach und nach ganz Inselindien unter den Einfluss des Islam geriet, bis auf wenige Ausnahmen, wie das bis heute hinduistisch gebliebene Bali in Indonesien.

Islam und Sprachkultur

Die Wechselbeziehung von Macht, Religion und Sprache findet im Malaiischen einen deutlichen Beleg. Der Terengganu-Stein aus dem Jahr 1380, der in der Nähe von Kuala Berang gefunden wurde, gilt als das älteste malaiische Dokument in arabischer Schrift. Die Tatsache, dass Arabisch das zuvor weit verbreitete Sanskrit ersetzt hat, zeigt deutlich, dass jetzt der Islam im Begriff war, die vorherrschende Religion zu werden.

Das *Jawi*, das arabische Alphabet der malaiischen Sprache, wurde bis in die 20er Jahre des 20. Jahrhunderts angewandt; konservativ-islamische Kreise benutzen es noch heute. In den Koranschulen lehrte man bis ins 19. Jh. in Arabisch. Es scheint, dass die malaiische Sprache, Mitglied der austronesischen Sprachenfamilie, dem Niveau des Koran nicht gewachsen war. Als "Luther von Malaysia" wird Munshi Abdullah aus Malakka bezeichnet, der im 19. Jh. durch historische Sprachforschung eine Grammatik des Malaiischen zusammengetragen hat. Indem man so den Anspruch einer Hochsprache behaupten wollte, hatte man einen Kulturkampf gegen die Kolonialmächte aufgenommen. Diese bemühten sich ihrerseits, das einfach strukturierte Basar-Malaiisch (*melayu pasar*) als Lingua Franca durchzusetzen; Schlüsselsprache von Wissen und Macht blieb somit in Malaysia Englisch, in Indonesien damals Holländisch. Das heutige *bahasa melayu* ist eine lebendige Kultursprache, zu deren

Rechts: Die Wilayah-Moschee in Kuala Lumpur.

GESCHICHTE

Funktionalität Begriffe aus dem Sanskrit, dem Arabischen, Chinesischen, Portugiesischen, Holländischen und Englischen beigetragen haben.

Malakka, Drehpunkt der Kolonisation

Ein altes Handbuch der britischen Kolonialverwaltung betont die Vorzüge der Meerenge zwischen Malaya und Sumatra, an deren günstigster Stelle Malakka liegt: „Der Malaiischen Halbinsel legt sich an der westlichsten Seite eine Wasserstraße an, die Straße von Malakka, welche nicht breiter ist als die Halbinsel und sich teilweise sogar bis auf 40 Meilen verengt, so dass sie auf einige 100 Meilen Länge, vom Lande aus selbst durch Batterien...leicht gesperrt werden kann, zumal der Meeresarm seicht ist. Dadurch erhält aber wiederum der ganze südliche Teil der Halbinsel eine besondere strategische Bedeutung."

Der malaiische Prinz Parameswara aus Palembang in Sumatra fand 1398 in einem kleinen Fischer- und Piratendorf Unterschlupf. Unter seiner Regie wuchs dieser Malakka genannte Ort zum „reichsten Hafen der Welt" an, wie ein portugiesischer Seefahrer damals schwärmte. Die weiten Besitztümer des ursprünglichen Stadtstaates erstreckten sich zu beiden Seiten der Meerenge.

In Malakka begegneten sich dank der Monsune auch die Handelsströme: Der Nordostmonsun im Frühjahr brachte die chinesischen Dschunken, während der Südwestmonsun die Segel der arabischen und indischen Schiffe füllte. Mit dem Besuch der Flotte des Cheng Ho begann der Kontakt zwischen Malakka und den Ming-Kaisern. Aber auch nach Beendigung dieser eher formellen Beziehung im Jahr 1433 verstärkte der religiöse Eifer des Muslim Cheng Ho aus dem Osten den bereits lange wirkenden Einfluss der arabischen Händler aus dem Westen. 1414 bekannte sich Prinz Parameswara zum Islam, gab seinen indischen Glauben auf und nannte sich fortan arabisch Megat Iskandar Schah, mit dem Titel eines Sultans.

Malakkas Wohlstand dauerte unter

GESCHICHTE

den Europäern an. Erst mit der Versandung des Hafens und der zunehmenden Bedeutung von Penang und Singapur für die Briten hatte Malakka als Metropole ausgedient. Bis heute aber ist Malakka (Melaka) der Treffpunkt zwischen Ost und West geblieben. Malaiische, indische, arabische, chinesische und europäische Einflüsse haben ihre Spuren hinterlassen. Eurasische Nachfahren leben neben den *peranakan*, den Abkömmlingen der „Straits Chinese", die sich auch als *baba-nyonya* bezeichnen. Entstanden ist diese Gruppe aus der Verbindung von eingewanderten Chinesen (*baba*) mit malaiischen Frauen (*nyonya*).

Die Portugiesen in Malakka

Nach Schätzen und Spezereien stand ihr Sinn, und wegen der in Europa höchst begehrten Waren engagierten sich die Portugiesen in Südostasien.

Oben: Die Porta Santiago, Relikt der Festung A Famosa in Malakka. Rechts: Afonso d'Albuquerque.

Was sie mit der Anziehungskraft des biblischen Morgensterns zu umschreiben pflegten, war nichts anderes als die Gier nach Gold und Gewürzen, die die Spanier und Portugiesen im späten 15. Jh. und verstärkt im 16. Jh. an die fernöstlichen Küsten trieb. Die Bekehrung der islamischen Bevölkerung durch fanatische Missionstätigkeit sollte die Handelsinteressen kaschieren. Der Handel lohnte sich auf jeden Fall. Ein Sack Pfeffer aus Hinterindien brachte in Europa das 40fache des Einkaufspreises. Viermal mehr als durch Steuererhebung im Inland konnte die portugiesische Krone durch die Überseemärkte einnehmen.

Malakka schien den Portugiesen besonders begehrenswert. Die Stadt war der Sammelpunkt der Gewürze aus der indonesischen Inselwelt, vornehmlich von den Molukken. Aus Sumatra kamen Pfeffer, Gold und Elfenbein, aus Java Kampfer und Batik, aus Perak wurde Zinn exportiert. Der noch fernere Osten lieferte Seide und Porzellan. In Malakka konnte all dies gegen indische Baumwolle aus Goa getauscht werden.

GESCHICHTE

Den Portugiesen ging es auch darum, den Venezianern den Handel zwischen Asien und Europa zu entreißen, getreu dem Motto „Wer immer Herr in Malakka ist, hat die Hand an der Gurgel von Venedig." Im April 1511 brach Afonso d'Albuquerque, der Stratege der portugiesischen Kolonialpolitik in Asien, von Goa aus auf. Mit 18 Schiffen und 1400 Männern, die Hälfte davon waren indische Söldner, kreuzte er schließlich vor Malakka auf – ohne jedoch zunächst den Sultan zu beeindrucken. Dieser vertraute auf den Eigennutz der ansässigen Händlergemeinde, ohne gewahr zu werden, dass sich die nicht-muslimischen Mitglieder auf die Seite der Angreifer geschlagen hatten. Außerdem war die Feuerkraft der portugiesischen Kanonen weitreichender und zielgenauer. Am 24. August 1511 fiel die Stadt in die Hände der Europäer. Das Reich von Malakka mit seinen Besitzungen in Sumatra war damit dem Ende nahe. Johor und Perak wurden eigenständig.

Charakteristisch für die portugiesische Kolonialgeschichte ist, dass sich die Eroberung lediglich auf Stützpunkte beschränkte, um Handel zu treiben und um Zölle zu erheben. Auch in Malakka verschanzten sich die Portugiesen in ihrem Fort *A Famosa*, wahrscheinlich das erste Steingebäude der Stadt. Es war ein stark bewehrtes „Klein-Portugal", das später sogar eine Kathedrale, drei Kirchen, zwei Hospitäler und eine Schule einschloss. Immerhin bis 1636, als die holländische Flotte die portugiesischen Schiffe vor Malakka versenkte, konnten die Portugiesen ihr Monopol als Seemacht behaupten – mehr schlecht als recht, denn ihnen fehlte der Rückhalt im Hinterland. Einzige Lebensader war der Seeweg, der leicht abgeschnitten werden konnte. Der religiöse Eifer der Portugiesen allerdings forderte den Widerstand Andersgläubiger heraus, ebenso wie ihre Politik, die allen die Malakka-Straße durchfahrenden Schiffen Zölle aufzwang. 1597 wagten die Holländer den ersten Angriff auf Malakka, doch

erst 1641 gelang ihnen nach sechsmonatiger Belagerung der Stadt der entscheidende Sieg über die Portugiesen.

Die Protestanten aus Holland

Fast 100 Jahre nach der portugiesischen Ansiedlung in Malakka erreichte im Jahr 1606 der holländische Kaufmann Heemskerck das südmalaiische Johor. Der geschäftliche Ehrgeiz der protestantischen Niederländer war im Gegensatz zu dem der Portugiesen nicht ganz so stark mit religiös-missionarischem Eifer belastet. Sie fanden beim Sultan Ala'uddin von Johor (1597-1615) freundliche Aufnahme, schon wegen dessen berechtigter Hoffnung, die Neuankömmlinge würden die strenge portugiesische Herrschaft in Malakka beschränken, wenn nicht sogar beenden. Nach den Stippvisiten der Holländer, 1602 in Kedah und 1603 in Batu Sawar, unterzeichneten die beiden Partner im Bund gegen Portugal 1606 einen Vertrag. Die Niederlande sollten Malakka übernehmen, während das Sultanat

GESCHICHTE

freie Hand im Hinterland erhielt. Dieses Ziel wurde erst 1641 erreicht, als die Vereenigde Oostindische Companie (VOC) einen ausschließlichen Handelsvertrag mit Johor schloss.

Die Ankunft der Holländer und Engländer in Inselindien war eine Folge der Umwälzungen in Europa. 1580 hatte Philipp II. von Spanien Portugal besetzen lassen. 1594 wurde den nichtkatholischen europäischen Nationen der Zugang zu Lissabon verwehrt, dem Umschlaghafen für die Waren des Orients. Der spanisch bestimmte „Rat von Portugal" hat dadurch das Schicksal seiner fernen Kolonien besiegelt, indem er die Kontrahenten Niederlande und England indirekt zwang, den Handel an der asiatischen Quelle unter ihre Kontrolle zu bringen.

Mit der holländischen Eroberung Malakkas 1641 wurde der Übergang von der an Handelsvorteilen orientierten, auf Küstenfestungen gestützten Herrschaft zu einem Kolonialismus eingeleitet, der auf Territorialgewinn aus war. Das bedeutete auch das Ende der Handlungsfreiheit der Sultanate von Johor und Aceh, dem Machtzentrum an der Spitze Nordsumatras.

Die Holländer verlegten den Hauptsitz ihrer Ostindienkompanie nach Batavia, dem späteren Jakarta, und nutzten Malakka fortan nur mehr als Seekontrollpunkt und Garnisonsstadt. Der Handel verlagerte sich zunächst nach Aceh und Johor. Die Konflikte zwischen den malaiischen und sumatrischen Staaten schwächten jedoch deren Widerstand gegen den neuen europäischen Kolonialismus. Dessen moderne Variante, wie sie die Briten anwandten, traf auf vorbereiteten Boden.

Das britische Malaya

Nachdem England 1763 den Siebenjährigen Krieg gegen Frankreich gewonnen hatte, war auch seine Stellung als Wirtschaftsmacht gestärkt. Zu dieser

Oben: Relikt aus der Kolonialzeit: Die Seri Rambai-Kanone in Fort Cornwallis, George Town (Insel Penang).

GESCHICHTE

Zeit war sein koloniales Interesse noch ausschließlich auf Handelsvorteile ausgerichtet; die Suche nach Absatzmärkten für die heimische Produktion und im Gegenzug nach Rohstofflieferanten setzte erst rund 100 Jahre später mit der industriellen Revolution ein.

Die seit 1600 den britischen Asienmarkt beherrschende East India Company erweiterte in der zweiten Hälfte des 18. Jahrhunderts ihren Machtbereich von Indien ostwärts nach China. Der Teehandel, als dessen Wahrzeichen die schnellen Tee-Clipper wie die *Cutty Sark* berühmt wurden, nahm rasch an Bedeutung zu. Die Malaiische Halbinsel und Borneo lagen auf dieser wichtigen Route, die die Briten im Lauf der Zeit mit den Stützpunkten Penang, Singapur und Balambangan in Nordborneo sicherten.

Obwohl diese Phase ihrer fernöstlichen Ausdehnung eher oberflächlich verlief, könnte man den Erwerb von Penang durch Francis Light 1786 schon als Vorstoß zu raumgreifendem Kolonialismus ansehen. Die East India Company hatte Light beauftragt, mit dem Sultan von Kedah über den Kauf der Insel Penang zu verhandeln. Im Gegenzug ließ sich der Fürst von dem Briten versichern, dass er das Sultanat gegen Ansprüche Siams schützen werde. Nachfolgend zeigte sich die britische Kolonialpolitik in Malaya und Borneo äußerst widersprüchlich. Die Stützpunktpolitik diente der Sicherung von Seewegen und Überseemärkten, doch dann mischten sich die Briten in die inneren Angelegenheiten des Landes ein. Das Gesuch des Sultans von Kedah um Beistand gegen Siam lehnte Francis Light trotz des Vertrages ab, es kam zur Belagerung von Penang. Schließlich wehrten sich die Briten mit Waffengewalt – gegen den eigenen Verbündeten.

Im Jahr 1787 wurde Penang zum Freihafen erklärt, was einer Kampfansage an die Zölle fordernden Holländer gleichkam. Mit der Gründung von Singapur 1819 sollte zwar die handelspolitische Bedeutung Penangs gemindert, gleichzeitig aber der Druck auf die holländischen Widersacher erhöht werden. Zuvor unternahmen die Briten einen zaghaften Vorstoß auf das Festland: Sie kauften dem Sultan einen Landstreifen gegenüber der Ostküste von Penang ab und nannten ihn Provinz Wellesley.

Die britische Präsenz in Malakka setzte bereits 1795 ein. Holland war als Besatzungsgebiet Frankreichs in die Kriegswirren nach der Französischen Revolution verstrickt. Der Vertrag von Den Haag behandelte es entsprechend auch im kolonialen Bereich als Bündnispartner Frankreichs. In Übereinkunft mit der holländischen Exilregierung in England besetzten die Briten deshalb Malakka, das damals 15 000 Einwohner zählte. Es sollte später einer souveränen holländischen Regierung zurückgegeben werden. Doch die neuen Besatzer ließen erst einmal die Festung *A Famosa* schleifen. Im nachhinein stellte sich dies als völlig sinnlos heraus, weil Malakka, in der Zwischenzeit wieder holländisch, 1824 im Rahmen des Kolonialvertrages von London endgültig an Großbritannien fiel.

Zu Beginn des 19. Jahrhunderts tauchte mit Sir Thomas Stamford Raffles ein neuer Typ des kolonialen Sendboten in dem vielversprechenden Gebiet an der Malaiischen Halbinsel auf. Er war ein hartnäckiger Beamter, der zugleich Interessen für Natur- und Völkerkunde hegte und auch die malaiische Sprache beherrschte. Selbst diese akademischen Eigenschaften standen letztlich im Dienst der auf ein größeres Territorium zielenden Kolonialidee, das sich Raffles in Gestalt eines gesamtbritischen Inselindiens vorstellte. Doch die Entscheidungen für die Zukunft Südostasiens wurden weiterhin in Europa getroffen, wo 1815 der Wiener Kongress gerade die Napoleonischen Kriege beendet hatte. In London befürwortete man fortan eine Kontrolle Frankreichs durch starke Nationen. Dazu sollten auch die

GESCHICHTE

Niederlande gehören, die jedoch ohne Kolonien geschwächt worden wären. So blieb Raffles Vision ein Traum.

Immerhin gründete er 1819 Singapur auf der gleichnamigen, kaum besiedelten Insel im Süden der Malaiischen Halbinsel. Die Vorzüge des Eilands, das zum Nabel der Region werden sollte, waren ausschlaggebend: die Lage am Schnittpunkt verschiedener Seestraßen, ein exzellenter Naturhafen, und es war frei von holländischen Kolonisten. Raffles nutzte geschickt die Erbfolgeprobleme im Sultanat der Löwenstadt (*singha pura*) aus und konnte so Siedlungs- und Hafengelände für die East India Company erwerben.

Die Insel wuchs schnell zur mächtigen Metropole heran, was auf Kosten der anderen „Straits Settlements", Malakka und Penang, ging. 1824 wurde sie im Vertrag von London, der die Kolonialbereiche Hollands und Britanniens absteckte, den Briten zugesprochen.

Noch war der britische Kolonialismus in Südostasien mehr eine Politik der Stützpunktansiedlung in einer Region, die später als Rohstofflieferant, Plantagengebiet und Absatzmarkt für die heimische Industrie wichtig werden sollte. Die Änderung der Strategie offenbarte sich erstmals 1874, als die Briten begannen, sich mit dem Angriff auf die Insel Pangkor in innermalaiische Angelegenheiten einzumischen. Eine Folge der britischen Anwesenheit in Malakka war der politische *status quo* im Innern, besonders die Eindämmung des siamesischen Expansionsstrebens über Kedah, Kelantan und Terengganu hinaus. Diese Ausdehnung wurde mit einer „Politik der stillen Hände" durch allzeitige Präsenz und geschickte Verhandlungen (Anglo-Siamesischer Vertrag von 1826) erreicht.

Gelegentlich wurde auch von der „Politik der stillen Hände" abgewichen. So 1831, als sich die Minangkabau von der kleinen Insel Naning weigerten,

---

Oben: Der Raffles Square in Singapur Ende des 19. Jahrhunderts. Rechts: Ein Relikt aus der Zeit des „Weißen Rajas" von Sarawak, James Brooke, in Kuching.

GESCHICHTE

den Briten Abgaben zu leisten. Die Europäer schickten eine Strafexpedition in den Dschungel und gliederten den Nachbarn Malakkas gewaltsam in den Stadtstaat ein. Auch 1862 richtete sich eine Militäraktion gegen das Festland. Die Briten beschossen von See aus Kuala Terengganu, um die Siamesen einzuschüchtern, die entgegen der Absprachen wiederholt bei malaiischen Fehden interveniert hatten. Das war der Zeitpunkt, als die britische Politik der *nonintervention*, die Idee der Selbstverwaltung der Kolonien, auf der Kippe stand.

Eine Privatkolonie auf Borneo

Die koloniale Situation im heutigen Ost-Malaysia wurde im 19. Jh. von einem Mann geprägt: James Brooke, der Herr von Sarawak. Zweifellos eine schillernde Persönlichkeit war der erste der „Weißen Rajas" – eine anachronistische und zugleich avantgardistische Kolonialfigur. Mitte des 19. Jh. war James Brooke als sendungsbewusster privater Entdecker und Eroberer seiner Zeit nicht mehr gemäß. Andererseits war er seinen Landsleuten voraus, weil er schon die offiziell erst später einsetzende Politik des Territorialgewinns betrieb. Brooke glaubte an die Raffles'sche Vision von der britischen Großregion in Inselindien. Mit dieser Überzeugung und einer Erbschaft von £ 30 000 segelte er 1835 nach Südostasien und landete 1840 in Kuching. Seinem forschen Auftreten und dem Gespür des Abenteurers verdankte er die Stellung des Gouverneurs von Sarawak, die ihm der dortige Fürst Raja Muda Hassim, Onkel des Sultans von Brunei, angeboten hatte. Brooke's Gegenleistung bestand in der Befriedung der einheimischen Dayak und Malaien, die sich gegen die Unterdrückung durch Brunei erhoben hatten. Der Engländer konnte die Rebellion eindämmen und 1842 vom Sultan ein riesiges, tributpflichtiges Gebiet entgegennehmen. Über 100 Jahre beherrschten die Brookes Sarawak.

Der Begründer der Dynastie der „Weißen Rajas", James Brooke, agierte ei-

GESCHICHTE

Die neue Kolonialpolitik

nerseits als Abgesandter des britischen Empire, andererseits machte er sich zum Anwalt einheimischer Belange. Er weigerte sich, Sarawak europäische Zivilisationsnormen überzustülpen. Seine Auffassung war, dass „die Aktivitäten der europäischen Regierungen der Entwicklung der eingeborenen Interessen und Fähigkeiten dienen sollten und nicht dem bloßen Drang, zu raffen und zu besitzen."

Da er keinen finanziellen Beistand der East India Company erhielt, setzte er sein eigenes Vermögen für seine Pläne ein. 1846 erlangte er dann doch britische Marineunterstützung aus Singapur. Als sein Gönner Raja Muda Hassim in Brunei seinetwegen einer Intrige zum Opfer fiel, erreichte James Brooke im Feuerschutz britischer Kanonen vom Sultan volle Souveränität für Sarawak und die Befreiung von der Tributpflicht.

Die Kolonisation des malaiischen Archipels durch die Europäer steuerte Mitte des 19. Jahrhunderts auf einen neuen Abschnitt zu: Es sollte ein weiträumig wirksames, integriertes und vom Freihandel abgeschirmtes Wirtschaftssystem unter kolonialistischen Bedingungen geschaffen werden.

Die Spanier auf den Philippinen, die Holländer in Indonesien und die Franzosen in Indochina hatten damit den Anfang gemacht, und 1844 forderten die Zeitungen in Singapur London auf, es ihnen gleichzutun.

Die Eröffnung des Suez-Kanals 1869 beschleunigte die neue Kolonialpolitik gewaltig. Zunächst wurde durch den neuen, verkürzten Seeweg nach Asien die Wichtigkeit der „Straits Settlements" verstärkt, hinzu trat, dass der Schiffsverkehr nach Australien und Neuseeland anwuchs. Im Mutterland England hatte die industrielle Revolution voll eingesetzt. Für die malaiische Halbinsel bedeutete die steigende Gier nach

---

Oben: Schwerarbeit chinesischer Kulis in einer Mine bei Taiping. Rechts: Straßenszene in der britischen Kronkolonie Singapur um 1900.

GESCHICHTE

Rohstoffen einen Bedarf an billigen Arbeitskräften. Chinesische Einwanderer strömten nach Perak und Selangor, wo es Zinn in Hülle und Fülle abzubauen galt. Eine grundlegende Umwandlung der traditionellen wirtschaftlichen und ethnischen Struktur im kolonialen Malaysia stand bevor.

Die Kolonie braucht Einwanderer

Das Grundmuster des ethnischen Mosaiks Malaysias war zwar schon vor dem 19. Jh. gelegt – durch die Binnenwanderung malaiischer Völker und die Bildung internationaler Gesellschaften in den Handelshäfen. Die massenhafte Zuwanderung von Chinesen und später Indern setzte aber erst mit Beginn der Umgestaltung der Wirtschaftsform ein.

Diese koloniale Aufwertung des malaiischen Hinterlandes durch die angesiedelten Arbeitskräfte erfolgte in zwei Abschnitten. Zunächst erschlossen die chinesischen Minen- und Landarbeiter, die ihre Immigration weitgehend selbständig organisiert hatten, als Pioniere das Hinterland. Dann wurden die vorwiegend tamilischen Plantagenarbeiter als unmittelbare Kulis der Briten eingesetzt.

Der Einwanderung nach Malaya waren nun alle Türen geöffnet. Auf der schwach besiedelten Halbinsel lebten im Jahr 1836 nur etwa 250 000 Menschen. Die meisten von ihnen siedelten nicht im Landesinneren, sondern an Flüssen, Häfen und entlang den Küsten. Aufgrund dieser wasserorientierten Besiedlung bestimmten Nassreisfeldbau, Fischerei und Piratentum das Wirtschaftsleben.

Den Menschen ohne Land in Südchina musste dieses Land ohne Menschen – wie lange Zeit zuvor während des ersten protomalaiischen Wanderschubs aus Yünnan – als Verheißung erscheinen. Diesmal kamen die Einwanderer nicht auf dem Landweg, sondern mit Schiffen aus Kanton (Guangzhou) und Amoy (Xiamen), Gebieten mit einer hohen Bevölkerungsdichte. Auch die dortigen Hungerkatastrophen, Dürren und Überschwemmungen waren Moti-

GESCHICHTE

vation genug, die Heimat zu verlassen.

Ab ca. 1820 erfolgte die Einwanderung der Chinesen über die „Straits Settlements". Von dort zogen sie mit zweierlei Funktion ins Landesinnere: Einmal finanzierte das bereits in den Städten ansässige chinesische Klein- und Mittelkapital im Westen die Erschließung der Zinnvorkommen und im Süden den Ausbau der Plantagen. Dazu rekrutierte es die notwendigen Arbeitskräfte. Es war diese doppelte Pionierleistung der Chinesen, die durch Rodung, Bau von Stützpunkten und Verkehrswegen sowie durch Besiedlung des Hinterlandes der europäisch-kolonialen Beherrschung des Landes den Weg ebnete.

Das in Malaya leicht zu gewinnende, ausschwemmbare Zinn wurde schon seit langem im Westen der Halbinsel zu Schmuck und anderem Kleingerät verarbeitet. Aber erst die große Nachfrage nach Geschirr in Europa und Nordamerika löste den Zinnrausch von Malaya aus. Die chinesischen Kulis drangen mühevoll in den Dschungel vor, um Zinnwäschen anzulegen. Schnell rissen in den frauenlosen Arbeitslagern die streng nach Herkunft gegliederten Geheimgesellschaften die Organisation an sich. Recht und Ordnung wurden gemäß deren Wertesystem rücksichtslos mit Waffengewalt durchgesetzt. Die Rivalität zwischen den *kongsi* mündete in kriegsähnlichen Fehden, ähnlich eskalierten die Streitereien um Schürfrechte und Abgaben zwischen den malaiischen Landherren und den Geheimbünden. Um 1870 wurden dabei sogar Kanonen eingesetzt, das Land drohte ins Chaos abzugleiten. Das war für die Briten Grund genug, ihre Kolonialbelange energischer zu vertreten. Die Kämpfe in den Chinesencamps von Selangor und Larut hatten sich 1867 ins Hauptquartier der Geheimbünde nach Penang rückverlagert und so britische Interessen unmittelbar berührt. Außerdem riefen die schon ansatzweise in die Zinnförderung investierenden britischen Unternehmer nach Schutz.

Die schwindende Macht der Sultane

Zu dieser Zeit begann man im Colonial Office in London umzudenken. Die junge Politikerriege der liberalen Regierungspartei fragte sich, ob mit den Vorzügen, die daraus entstanden, dass die Kolonien nicht in das Freihandelssystem eingebunden waren, nicht auch Verpflichtungen verbunden seien. Der somit geschaffene Handlungsspielraum für die Kolonialinteressen vor Ort wurde genutzt: Ab 1874 weiteten die Briten ihre Kontrolle allmählich auf Perak, Selangor, Negeri Sembilan, Pahang und Johor aus. Dabei überschritt der seit 1873 amtierende Gouverneur für die „Straits Settlements", Andrew Clarke, seine Kompetenzen, indem er die chinesischen Gesellschaften der Gihin und Haisan zur Waffenniederlegung zwang. 1874 griff er in Pangkor unvermittelt in innermalaiische Angelegenheiten ein und ernannte sogar einen britischen Residenten.

Die Einsetzung solcher Statthalter war der Beginn der „mittelbaren Autorität" der Briten auf dem malaiischen Festland. Indem man die Sultane „beriet", wollte man über die Institution der Residenten eine freiwillige Annahme der britischen Ansprüche durchsetzen. Nahm ein Sultan jedoch den Rat des Residenten nicht freiwillig an, trat hinter dem Schleier der *indirect rule* das bloße Machtstreben zum Vorschein.

1875 wurde Clarke durch den noch rigoroseren William Jervois abgelöst. Dieser fürchtete um die britischen Interessen in Perak und zwang den Sultan, den Residenten Birch als unmittelbaren Amtsverwalter anzuerkennen. Birch seinerseits übernahm sich jedoch in der Ausübung seiner Funktion. Er demütigte den Sultan so sehr, dass – so wird vermutet – nur der Mord an dem Statthalter das fürstliche Ansehen wieder-

Rechts: William Jervois (in der Mitte) während einer Inspektionsreise 1875 in Perak.

GESCHICHTE

herstellen konnte. Jervois ließ daraufhin Truppen aus Hongkong und Indien zur Verstärkung anrücken und schickte sie in den Krieg von Perak, der das Reich im Sinn britischer Vorstellungen maßregeln sollte. Überdies hatte das zur Folge, dass von nun an die Residenten weniger als Berater, sondern als machtbefugte Verwalter der Sultanate auftreten konnten. Sie kontrollierten die Kassen, die Fürsten mussten sich mit einem Gehalt begnügen. Eine Ausnahme war Johor, das ohnehin direkt von Singapur aus kontrolliert wurde. Für den Sultan von Pahang kam die verschärfte Beschneidung seiner Macht erst 1888 zur Geltung.

Die Halbinsel bevölkert sich

Während sich die Briten immer mehr politische und wirtschaftliche Macht verschafften und auch gewalttätige Auseinandersetzungen nicht scheuten, um diese Pfründe zu sichern, nahm insbesondere die chinesische Einwanderung mit großer Geschwindigkeit zu. Um 1860 lebten in Malaya 122 000 Chinesen, davon 95 000 in den Hafenstädten. 1871 wohnten allein in den Minenbezirken von Selangor 12 000 chinesische Arbeiter, 20 Jahre später waren es bereits 50 000. 1884 machten die Chinesen unter den Einwohnern des zinnreichen Staates Selangor 60 Prozent aus.

Der chinesische Bevölkerungsanteil wuchs bis zum Zweiten Weltkrieg weiter an und etablierte sich vor allem in drei Bereichen: Unternehmertum und Lohnarbeit im Bergbau, Plantagenwesen von Johor sowie städtischer Handel und Dienstleistung (sogenannte Basarwirtschaft). Die chinesische Besiedlung vollzog sich also kaum in den für die Versorgung der Einheimischen wichtigen Nassreisgebieten der Ostküste, während sie in Sabah und Sarawak später und nur zögernd einsetzte. Die erste Volkszählung von 1939 errechnete dort einen 25-prozentigen Anteil der Chinesen an der Bevölkerung.

Die indische Einwanderung wies generell niedrigere Zahlen auf. Erst im letz-

GESCHICHTE

ten Viertel des 19. Jahrhunderts wurden tamilische Arbeiter aus dem Süden des Subkontinents in großem Umfang nach Malaya verpflichtet. Sie sollten ein ethnisches Gegengewicht zur Sinisierung schaffen. Außerdem brachten die Inder neben Arbeitswillen, auch für geringe Löhne, den Vorteil mit, dass sie nicht wie die Chinesen in mafiaähnlichen Organisationen zusammengeschlossen waren. Sie verrichteten vor allem öffentliche Arbeiten wie im Straßen- und Eisenbahnbau. Daneben waren sie für europäische Großgrundbesitzer tätig. 1891 wanderten ca. 20 000 Inder ein, von 1908 bis 1913, während des ersten Kautschukbooms, stieg ihre Zahl von 49 000 auf 118 000 an. 1921 waren es bereits 470 000. Im frühen 20. Jahrhundert durften die Inder in Familieneinheiten einwandern. Dann, unter dem Druck der Weltwirtschaftskrise, trat im Juli 1930 die Beschränkung in Kraft, nach der überwiegend nur noch Frauen zuziehen durften.

Zu diesem Zeitpunkt war schon das ethnische Mosaik des heutigen Malaysias begründet. Ebenfalls herausgebildet hatten sich die Hindernisse für ein harmonisches Zusammenleben aufgrund der kulturellen Außenorientierung der Zuwanderer. Abschottung und Ghettowesen, religiöse Intoleranz und Monopolisierung nach Volkszugehörigkeit von einzelnen Wirtschaftssektoren taten das ihrige.

Neue Anbauformen auf dem Land

Die Verwandlung der traditionellen Wirtschaft Malaysias von einer auf den Eigenbedarf gerichteten und diesem genügenden Landwirtschaft hin zu einer Rohstoffproduktion für die Industrien Europas und Nordamerikas geschah nicht ohne Widersprüche. Die eine abhängige Wirtschaft kennzeichnende Verschränkung von Subsistenzwirtschaft und rein weltmarktorientierter Produktion beeinflusste die regionale Infrastruktur wie auch das Sozialwesen. Der Ausbau der Straßen- und Eisenbahnverbindungen von den Zinngruben zu den Ausfuhrhäfen durchschnitt auch die Dorflandschaften des traditionellen Nassreisfeldbaus.

Bislang hatte die autarke Reiskultur zusammen mit Fischfang, Gartenbau und etwas Handwerk nur dürftige Überschussprodukte abgeworfen. Diese waren zu den nahen Marktorten gebracht worden. So wurden die malaiischen Bauern kaum in die Geldwirtschaft eingebunden.

Anders die chinesischen Kleinbauern in Johor, die Gewürze und andere *cash crops* (Marktprodukte) anpflanzten. Zusammen mit den eingewanderten Plantagenarbeitern wurden sie zu *change agents*, den Vorreitern des Wirtschaftswandels. Die malaiischen Bauern blieben zunächst dabei, nur das anzubauen, was sie selbst verbrauchten. Das gewährleistete ihnen Unabhängigkeit und soziale Sicherheit. Außerdem erlaubte der Nassreisanbau auch monatelange Ruhezeiten, die das Leben angenehm gestalteten. Doch später, als sich das Reisschwemmland verringerte, die dort lebende Bevölkerung zunahm und für diese die Industriewaren attraktiver wurden, da vereinnahmte die Marktwirtschaft auch die Bauern mehr und mehr. Besonders sogenannte *smallholders*, Familienbetriebe mit weniger als 40 ha, wurden Teil des neuen Systems und profitierten davon. Während Plantagen Monokulturbetriebe sind, arbeiten *smallholders* in einer Mischform zwischen der traditionellen und der Pflanzungswirtschaft. Sie nutzten also von vorne herein einen Teil ihrer Landfläche für Marktfrüchte wie Kokosnüsse und Zuckerrohr, später Kautschuk und Palmöl. Fiel der Preis für die Marktprodukte, so verstärkten sie die traditionelle Subsistenzanbauweise. Stiegen die Preise für die *cash crops* wieder, konzentrierten die *smallholders* sich entsprechend

---

Rechts: 1908-13 gab es den ersten Kautschukboom in Malaysia, der viele Einwanderer anlockte.

GESCHICHTE

auf diese. Allerdings waren die Erträge stets geringer als bei den durchrationalisierten Plantagenbetrieben.

In Malaysia hat die duale Wirtschaft mit den *smallholders* außerdem zwei Formen der urbanen Entwicklung hervorgebracht: die Handels- und Sammelstellen für Rohstoffe einerseits und die für den Weltmarkt wichtigen Außenhäfen. In beiden Stadtformen hat die chinesische Basarökonomie die tragende Funktion übernommen.

Die japanische Besatzung

Orang puteh lari! („Die Weißen laufen davon!") – fassungslos mussten 1942 die Einheimischen die Flucht der Briten vor den japanischen Besatzern erleben. Die schmähliche Vertreibung der Kolonialmacht durch die Japaner hatte die Briten bei ihren asiatischen Untertanen ein für allemal das Gesicht verlieren lassen.

Mit seinem Überseebesitz war Großbritannien in die Zwickmühle der Achsenmächte Deutschland und Japan geraten. Das militärische Potential war im 2. Weltkrieg im Westen gebunden.

In Fernost war die Kriegsmaschine des rohstoffarmen Japans durch die Boykottpolitik der USA angeschlagen. Die Ressourcen Südostasiens lockten als Ersatz, waren sie erst einmal als Beute gegriffen. Mit einem Überraschungsschlag setzten die Japaner am 7. Dezember 1941 Pearl Harbour außer Gefecht. Schon einen Tag später bombardierten sie Singapur und landeten an der Küste von Kelantan. Die Briten, die in folgenschwerer Fehleinschätzung einen Seeangriff erwartet hatten, wurden auf dem Land hinweggefegt und verloren außerdem ihre beiden einzigen Schlachtschiffe vor Ort. Am 15. Februar fiel Singapur endgültig in die Hände der Japaner, nachdem sie Malaya in ihre Gewalt gebracht hatten.

Trotz der unablässigen Propagierung ihrer Ziele wie „Asien den Asiaten" und „Schaffung einer gemeinschaftlichen Wohlstandssphäre" zeigte die japanische Soldateska sich von der hässlichsten Seite: Unterdrückung, Folter,

GESCHICHTE

Vergewaltigung und Deportation – zur Zwangsarbeit an der Brücke am Kwai beispielsweise. Innenpolitisch gingen die Besatzer nach der klassischen Devise *divide et impera* vor. Für Malaya bestand das Teilen und Herrschen darin, dass die Japaner einen Keil zwischen die einzelnen Völker trieben. Während die Malaien bevorzugt wurden, hatten vor allem die Chinesen äußerste Repressalien zu erleiden. So waren die Chinesen doppelt geknechtet – durch die Unterwerfung ihres Mutterlandes, insbesondere der Mandschurei, und durch die Unterdrückung in der neuen Heimat.

Aber sie waren auch doppelt motiviert für den Widerstand gegen die Besatzung. Die chinesisch bestimmte Malayan Communist Party (MCP) mit ihrer Massenorganisation Malayan People's Anti-Japanese Union und der militärischen Fraktion Malayan People's Anti-Japanese Army (MAAJA) bildete das Rückgrat der Guerilla. In dieser Feuertaufe des antijapanischen Kampfes entwickelte sich der Anspruch der Kommunisten in Malaya, die Geschicke des Landes auch nach der Kapitulation der Japaner 1945 in die Hände zu nehmen. Schließlich hatten sie sich während des 2. Weltkrieges als einzige nennenswerte Kraft erwiesen und im Machtvakuum vor der Rückkehr der Briten diesen Anspruch schon vielerorts in die Tat umgesetzt.

Malaya wird zur Föderation

Nach Ende des 2. Weltkriegs änderte sich auch in Asien die politische Konstellation. Die neue Konfrontation der Supermächte ließ aus Verbündeten erbitterte Gegner werden. Von China und Korea über Indochina schien ein Land nach dem anderen wie eine Reihe von Spielsteinen umzufallen. Gemäß der Dominotheorie waren Thailand, Mala-

Oben: Japanische Soldaten mit einem erbeuteten britischen Jagdflugzeug (Brewster F2A Buffalo) nach ihrer Landung im Dezember 1941. Rechts: Ein Erbe der Briten: Dudelsackpfeiferinnen in Kuala Lumpur.

GESCHICHTE

ya, Indonesien und die Philippinen die letzten einigermaßen zuverlässigen Nationen im westlichen Lager.

Dass Malaya im westlichen Lager blieb, die *merdeka*, die Unabhängigkeit aber erst 1957 erreicht wurde, hängt mit der ethnischen Vielfalt und dem Rohstoffreichtum des Landes zusammen. Großbritannien war aus dem Weltkrieg zwar siegreich, aber nahezu bankrott hervorgegangen. Angesichts der hohen Verschuldung bei den USA und der geschrumpften Goldreserven erlangten die Zinn- und Kautschukproduktion Malayas eine enorme Bedeutung für Großbritannien. 1947 brachte allein der Kautschuk mit 200 Mio. US$ mehr ein als der Gesamtexport aus Großbritannien (180 Mio. US$). Malaya lieferte 1948 fast 46 Prozent des Weltbedarfs an Kautschuk und 28 Prozent der weltweiten Zinnproduktion. Der Koreakrieg ließ 1951 die Nachfrage nach beiden Rohstoffen sprunghaft ansteigen und betonte abermals die Wichtigkeit der Kolonie. Während gerade diese Situation die Völker Malayas hätte reizen müssen, das koloniale Joch abzustreifen, lähmten ethnische Spannungen innerhalb der Bevölkerung den Drang nach *merdeka*.

Die Bindung der Kräfte durch innere Reibung zeigte sich besonders beim Konzept einer Malaiischen Union, das die englische Regierung sofort nach dem Zweiten Weltkrieg in widersprüchlichem Eigeninteresse durchsetzen wollte. Im Juli 1945 hatte die Labour Party unter Clement Richard Attlee (1883-1967) die Wahlen gewonnen. Als „antiimperialistische" Partei befand sie sich nun in der Zwickmühle. Einerseits wollte sie ihrer Überzeugung gemäß die Entkolonialisierung angehen, zum anderen aber als Verwalter eines verarmten Staates auf das reiche Malaya zurückgreifen. In diesem Widerspruch entstand der Entwurf zur Malaiischen Union. Progressiv war sie sicherlich in dem Aspekt, dass sie die zersplitterten Sultanate zu einer staatlichen Einheit verbinden wollte. Fortschrittlich war auch, dass alle Bevölkerungsgruppen den gleichen staatsbürgerlichen Rang

GESCHICHTE

erhalten sollten. Historisch rückschrittlich war die Union darin, dass sie Singapur und die Borneo-Staaten als britische Kronkolonien der Halbinsel politisch entzog und den dortigen Sultanen fast jede Selbstverwaltung vorenthielt.

Die malaiische Aristokratie, die bei der Unionsbildung kein Mitspracherecht erhalten hatte, widersetzte sich den Plänen. Auf Protest der 1946 von Dato Onn bin Ja'afar gegründeten United Malays National Organisation (UMNO) hin wurde im Jahr 1948 die „Föderation Malaya" gegründet, die den malaiischen, muslimischen Adligen mehr Macht geben sollte.

Am Kern der britischen Kontrolle änderte die föderative Gliederung allerdings nichts, die Sultane erhielten v. a. repräsentativen Glanz. Den Ambitionen der ethnischen Malaien in Verwaltung und Wirtschaft wurde durch die Gewährung von Sonderrechten entsprochen. Für die chinesischen und indischen Zuwanderer wurde der Erwerb der Staatsbürgerschaft erschwert; sie mussten nun 15 Jahre im Land gelebt haben und die malaiische oder englische Sprache beherrschen. Die verschärften Einbürgerungsgesetze trieben viele Chinesen und Inder in den Widerstand, Streiks und Sabotageakte waren die Folge.

Kommunistische Guerilla

Zwar hatten die Niederlage der Briten während der japanischen Besatzung und ihr Versuch, dem Land ein unerwünschtes politisches System aufzupfropfen, Nationalgefühl und Streben nach *merdeka* bei den Malaien angefacht. Doch das britische Konzept des *divide et impera* hatte sich bewährt und wirkte auch nach dem 2. Weltkrieg weiter. Als radikale Kämpfer erwiesen sich nur die Kommunisten, die aber schon wegen ihrer ethnischen d. h. chinesischen Herkunft isoliert blieben und sogar in der Zeit der *Emergency* (Notstandsgesetzgebung) die malaiische Kooperation mit der Kolonialmacht unfreiwillig verlängern halfen.

Immerhin fanden im Dezember 1951 erste Kommunalwahlen in Kuala Lumpur statt. Sie wurden von einer Allianz aus UMNO und MCA (der antikommunistischen Malayan Chinese Association) gewonnen. Der Allianz schloss sich später noch der Malayan Indian Congress (MIC) an. Die Allianzpartei war jedoch, paradox genug, Ausdruck der ethnischen Spaltung des Landes. Dato Onn war im August 1951 als UMNO-Vorsitzender zurückgetreten. Er hatte es nicht vermocht, die UMNO als nationale Partei allen Bevölkerungsgruppen zugänglich zu machen. Seinen Platz nahm Tunku Abdul Rahman ein, als Bruder des Sultans von Kedah Mitglied des malaiischen Establishments.

Die politische Steuerung von außen, die ethnische Absonderung der Malayan Communist Party (MCP) und die fehlende Verbindung zu den autarken malaiischen Bauern und Kleinpflanzern ließen die Kommunisten Malayas eine aktive Minderheit bleiben. Schätzungsweise hatte die Partei 1939 noch 37 000, 1945 etwa 8000 bewaffnete Kämpfer. Die Fehler des kommunistischen Widerstandes hatten am 1. Februar 1949 mit der Gründung der Malaysian Races Liberation Army (MRLA) verdeckt werden sollen. Zwar tauchten in den Parteilisten auch malaiische und indische Namen auf, aber der revolutionäre Funke löste nicht den angestrebten Volkskrieg aus. Im Gegenteil: Malaya wurde zwischen 1948 und 1960 zum asiatischen Erprobungsfeld für *Counterinsurgency*, die Bekämpfung Aufständischer mit militärischem und wirtschaftlichem Druck.

Nachdem im Juni 1948 in Perak drei europäische Pflanzer ermordet sowie Bergwerke und Plantagen angegriffen worden waren, hatten die Briten den militärischen Notstand ausgerufen und wenig später bereits 24 000 Spezialeinheiten gegen die MRLA im Einsatz. In

---

Rechts: Der großzügige neue Palast des malaysischen Wahlkönigs in Kuala Lumpur.

GESCHICHTE

einer großangelegten Zwangsumsiedlung wurde rund eine halbe Million Chinesen aus den Guerillazonen in neue Dörfer verbracht, die Befreiungsbewegung verlor ihren Rückhalt.

1951 gelang es den Kommunisten zwar noch, den Hochkommissar Gurney zu ermorden. Er war eines der etwa 2500 Opfer der MCP unter der Zivilbevölkerung. Doch die Tat bewirkte nur verstärkte Verfolgung seitens der Briten und in den Reihen der Kommunisten die Erkenntnis, dass sie von einer militärischen Lösung weit entfernt waren. Die Kommunisten führten von da an vor allem Rückzugsgefechte.

Erst 1960, drei Jahre nach der Unabhängigkeit, hob die Regierung den Ausnahmezustand auf. Während Nordborneo von diesen Kämpfen fast unberührt blieb, dauerten die Auseinandersetzungen auf der Halbinsel bis in die 80er Jahre an. Erst im Jahr 1989 legte der bereits über 70 Jahre alte Chin Peng in Südthailand zusammen mit 1200 Kämpfern die Waffen nieder – als der Welt ältester Guerillero.

Merdeka – Unabhängigkeit für Malaya

Die ersten Wahlen von 1955 hatten der Allianz aus UMNO, MCA und MIC einen fantastischen Sieg eingebracht und zu einer halbsouveränen malaiischen Regierung geführt. Die Konferenz von London 1956 meldete nun die Unabhängigkeit des Landes für 1957 an, regelte aber auch den Verbleib Malayas in der Sterling-Zone und in den Nachfolgeorganisationen des Empire. 1957 wurden die Verhandlungen über die von den Malaien geforderten Sonderrechte abgeschlossen; Malaiisch wurde als Staatssprache, der Islam als Staatsreligion, aber auch Religionsfreiheit anerkannt. Die Vorrechte der Malaien auf Agrarland, ihre Bevorzugung im Staatsdienst und Erziehungswesen wurden ebenfalls festgeschrieben. Tunku Abdul Rahman, der *Bapa Malaysia* („Vater der Nation") und erster Premierminister, erklärte *merdeka*, die Unabhängigkeit Malayas, am vorgesehenen Datum, dem 31. August 1957. Als Staatsoberhaupt

GESCHICHTE

der Wahlmonarchie fungiert seitdem der *Yang di-Pertuan Agong*, „Der zum Herrn gesetzte Große", der alle fünf Jahre von den neun Sultanen aus ihren Reihen gewählt wird. Der mit starker Zentralmacht ausgestatteten Föderation traten die „Straits Settlements" Penang und Malakka bei, beide mit einem Gouverneur an der Spitze.

Bald nach der Unabhängigkeit schlug Singapur, noch britische Kronkolonie, dem großen Nachbarn eine Vereinigung vor. In den 60er Jahren wurde der Beitritt auch Nordborneo (später Sabah), Sarawak und dem Sultanat Brunei angeboten. Dieses lehnte jedoch ab, weil es seine Ölquellen allein nutzen wollte. Im Jahr 1963 wurde der Staatenbund Malaysia proklamiert. Singapur, das mit den Vorrechten der Malaien nicht einverstanden war, trennte sich 1965 wieder, und Malaysia erhielt seine heutige Form.

Jeder der 13 Teilstaaten und das 1974 geschaffene Bundesterritorium von Kuala Lumpur mit Sitz der Bundesregierung hat sein eigenes gewähltes Parlament. Das der Regierung besteht aus zwei Kammern, dem Senat (*Dewan Negara*) und dem Repräsentantenhaus (*Dewan Rakyat*). Die *Barisan Nasional*, die regierende Nationale Front, setzt sich aus rund einem Dutzend koalierender Parteien zusammen, mit der 1988 neu formierten UMNO Baru (Neue UMNO) als stärkster Fraktion, die bei allen Parlamentswahlen ihre jahrzehntelange Mehrheit im Repräsentantenhaus verteidigen konnte. Neben der MCA und der MIC gehören der Koalition auch Parteien aus Sarawak und Sabah an. In Borneo hat sich mit der Pasok Momogun (eine Allianz der Kadazan und Murut) eine der Gruppierungen behaupten können, die die Opposition vertreten. Darin sind vor allem die Democratic Action Party (DAP), eine vorwiegend von unzufriedenen Chinesen gebildete Partei, und die Pan Malaysia Islamic Party (PAS) einflussreich. Die PAS fordert einen islamischen Staat einschließlich islamischer Rechtsprechung und verlangt die strikte Einhaltung der Koranlehre. Sie wirft der Regierung vor, dass sie eine westliche, unislamische Konsumgesellschaft hochhalte. In Terengganu und Kelantan errang die PAS 1999 vorübergehend die absolute Parlamentsmehrheit.

Der „kleine Tiger" Malaysia

In der über 20jährigen Ära des Premierministers Dr. Mahathir bin Mohammed erlebte das Land eine beeindruckende Wirtschaftsentwicklung vom Agrarland zum industriellen Newcomer. Die Verwirklichung von Mahathirs Vision einer entwickelten Industrienation („Vision 2020") trieb von 2003-2009 sein Nachfolger Abdullah Ahmad Badawi voran. Wirtschaftliche Großprojekte, wie der Aufbau einer Automobilindustrie (Proton), der Bau eines Großflughafens für Kuala Lumpur, des Multimedia Super Corridors als Silicon Valley des Landes und die Verlagerung der Regierung in den neuen Regierungssitz Putrajaya südlich von Kuala Lumpur zeigen den Ehrgeiz der Elite des Landes, dieses Ziel zu erreichen. In einer Zeit, die auch das Pazifische Zeitalter genannt wird, hat Malaysia mittlerweile gute Chancen, den vier ausgewachsenen „Tigern" Singapur, Hongkong, Südkorea und Taiwan dicht auf den Fersen zu bleiben. Das Prokopfeinkommen von ca. 7500 US$ liegt auf dem Niveau eines industriellen Schwellenlandes. Die Analphabetenrate beträgt 6 Prozent, die Lebenserwartung für Männer 71, die für Frauen 77 Jahre. Das Bruttosozialprodukt stieg von 3,13 Mrd. US$ im Jahr 1965 auf 188 Mrd. US$ im Jahr 2009. Die Inflationsrate liegt bei ca. 3 %. Heutzutage bestehen über 70% der Ausfuhren des einstmals reinen Rohstofflieferanten Malaysia aus Fertigwaren eigener Produktion (1965 nur 6 Prozent) – was die Wirtschaft jedoch

Rechts: Weihnachten in Malakka – seit portugiesischer Zeit leben hier auch Katholiken.

GESCHICHTE

in den Sog der weltweiten Finanzkrise gezogen hat. Doch schon 2011 konnte wieder ein Wachstum von ca. 5 Prozent verzeichnet werden.

Die Entwicklung zum Industrieland hängt auch von Demokratisierung und verbesserter Sozialstruktur ab. Das blutige Pogrom vom 13. Mai 1969 in Kuala Lumpur, eine Folge des sozialen Gefälles zwischen den *Bumiputra*, den malaiischen, muslimischen „Söhnen der Erde" (heute 50 %), und den ökonomisch dynamischeren Chinesen (heute 24 %) und Indern (heute 7 %), ist noch nicht vergessen. Bei den Parlamentswahlen hatte die MCA einen Großteil ihrer Mandate verloren. Als maoistische Studenten das Ergebnis mit einer Demonstration feierten, zog ein Mob von rassistischen Malaien brandschatzend und mordend durch die Hauptstadt. Chinesische und indische Ladenbesitzer schlugen zurück. Hunderte Menschenleben aller Rassen waren zu beklagen. Das Kriegsrecht wurde ausgerufen und das Parlament aufgelöst. Erst 1971, nach zweijähriger Führung durch einen Nationalen Exekutivrat, konnte die demokratische Verfassung wiederbelebt werden. Aus diesen schweren Zeiten sind die muslimischen Malaien als Gewinner hervorgegangen: Ihre Sonderrechte wurden gefestigt, Kritik an ihren Privilegien unter Strafe gestellt und im Zug der Islamisierung im Staat Kelantan die Scharia eingeführt.

Die Verfassung ist zwar formal demokratisch, der *Internal Security Act* erlaubt jedoch Festnahme und Sicherheitsverwahrung ohne Haftbefehl und ohne Anwaltsbeistand – was vor Terrorismus schützen soll, aber v. a. die Opposition und die Meinungsfreiheit hart trifft.

Die politische Macht der Sultane ist stark beschnitten, sie besitzen jedoch weiterhin ihre traditionellen Privilegien, die ihnen neben enormem Prunk Immunität selbst bei ungesetzlichen Handlungen garantieren. Die Symbole der alten Macht, der heilige Kris, von Mythen umgebene Musikinstrumente und die geschichtsträchtigen Paläste werden uneingeschränkt verehrt. Bei Feiern betont die Königsfarbe – das

GESCHICHTE

Gelb ihrer Kleidung und Palastdekoration – den Status der Sultane. Die islamische Religion unterstützt sie, verkörpern sie doch die dauerhafte Präsenz der Lehre Mohammeds. Sie wachen über die Einhaltung der religiösen Pflichten. Mancherorts machen die königlichen Sittenwächter sich stark für rein muslimische Eheschließungen, lassen Ehebrecher verhaften. Die Sultane haben bei Landkonzessionen ein Wort mitzureden und sichern sich so einen Teil ihrer früheren Macht.

Um einen Missbrauch der Sultansmacht zu verhindern, änderte die Bundesregierung 1983 gegen den Widerstand der traditionellen Herrscher die Verfassung dahingehend, dass das Parlament nun auch nicht vom König unterschriebene Gesetze in Kraft setzen kann.

Nach der asiatischen Wirtschaftskrise 1997/98 brachte Premier Mahathir seinen populären Finanzminister Anwar Ibrahim für Jahre ins Gefängnis. Die Wahlen 2004 gewann klar die Nationale Front, die Islamistenpartei PAS und die Gerechtigkeitspartei erlitten Verluste. 2007 bestieg Tuanku Mizan Zainal Abidin, der Sultan von Terengganu, turnusgemäß den Königsthron der Wahlmonarchie. Bei der Wahl 2008 erreichte die Regierungskoalition wegen schmerzhafter Reformen und Subventionsabbaus nur noch knapp 50 %.

Die Zukunftaussichten für Malaysia sind von sozialen und ökologischen Schatten getrübt. Da sind die politische Benachteiligung der wirtschaftlich potenteren und gebildeteren, aber nichtmuslimischen Inder und Chinesen sowie die Auflösungstendenzen der bäuerlichen malaiischen Großfamilien, verbunden mit Abwanderung in die Städte, wo heute 60 % der Malaysier leben. Bedenklich ist die Abholzung der Regenwälder Borneos zugunsten von Palmöl-Plantagen und Industrie, was auch neue Nationalparks kaum

---

Wildbeuter im Hitech-Land – oben: Iban-Krieger auf Borneo mit Blasrohr, Köcher und Kopfschmuck aus den Federn des Nashornvogels; rechts: moderne Zeiten in Kuala Lumpur (New World Hotel).

GESCHICHTE

aufzuhalten vermögen. Da aber der Fremdenverkehr zweitwichtigste Devisenquelle ist, neben der exportorientierten naturzerstörenden Ausbeutung der Bodenschätze, muss die Regierung zugleich den Naturschutz stärken.

2009 wurde der malaiisch-nationalistische UMNO-Vorsitzende Najib Razak Premier. Seine Kampagne „1Malaysia" forderte mehr ethnische Harmonie und nationale Einheit – die Brisanz dieses Themas in Zeiten zunehmender Re-islamisierung bewiesen gewalttätige Übergriffe auf christliche Kirchen 2010. Erzürnt hatte konservative Muslime das gerichtlich bestätigte Recht für Andersgläubige, ihren Gott auch „Allah" nennen zu dürfen.

2011 bestieg Abdul Halim Mu'adzam Shah, Sultan von Kedah (geb. 1927) als der 14. Wahlmonarch den Thron. Er amtierte als ältester König Malaysias und als erster *Yang di-Pertuan Agong*, der dieses Amt bereits zum zweiten Mal (zuerst 1970-75) bekleidete – die islamischen Könige werden nach einem Rotationssystem alle fünf Jahre neu bestimmt aus dem Kreis der traditionellen Herrscher der neun malaysischen Bundesstaaten. 2012 kam es zu Demonstrationen der Bewegung *Bersih* (sauber), die für faire Wahlen und gegen Korruption eintrat; doch die Polizei ging gewaltsam gegen die Demonstranten vor.

Die soziokulturellen, ethnischen, religiösen und wirtschaftlichen Gegensätze sind groß: demokratisch-liberale gegen konservativ-islamische Bewegungen, die auf öffentlicher Bestrafung durch Stockhiebe beharren; Meinungsfreiheit versus Zensur; Naturschutz gegen Regenwaldvernichtung; ländliche Armut trotz gigantischer Industrieprojekte und ambitionierter Wolkenkratzer.

Im Jahr 2018 verlor Najib Razak, der unter schwerem Korruptionsverdacht stand (681 Mio. US $ auf dem Privatkonto; 4,5 Mrd. US$ aus dem Staatsfonds verschwunden), die Wahl und wurde von dem 92-jährigen Mahathir von der Hoffnungsallianz *Pakatan Harapan* als Premier abgelöst. Somit endete auch, nach 61 Jahren, die Dominanz der politischen Koalition *Barisan Nasional*.

Kuala Lumpur – das Sultan Abdul Samad Building von 1898; dahinter der 243 m hohe Maybank Tower

KUALA LUMPUR

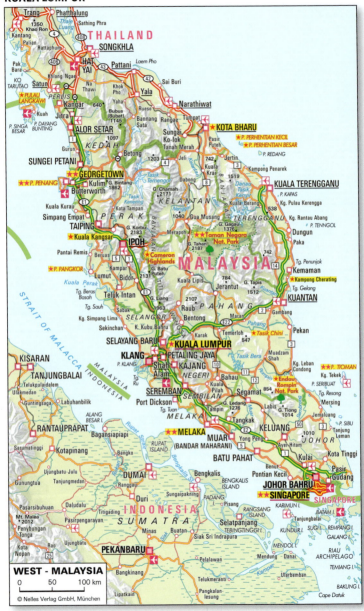

KUALA LUMPUR

KUALA LUMPUR
Im Zentrum des Vielvölkerstaats

LANDESKUNDE WEST-MALAYSIA
KUALA LUMPUR
DIE UMGEBUNG VON KUALA LUMPUR

LANDESKUNDE WEST-MALAYSIA

Die Andamanen-See und die Malakka-Straße im Westen und Südwesten, das Südchinesische Meer an den östlichen Küsten, Thailand als nördlichen, Singapur als südlichen Nachbarn – markant ragt West-Malaysia aus Asien in die indonesische Inselwelt hinein. Obwohl er mit 131 587 km² nur 40 % des Staatsgebiets ausmacht, dominiert der westliche Landesteil den Rest wirtschaftlich, politisch und zunehmend auch kulturell, was in den Borneo-Provinzen nicht immer auf Gegenliebe stößt – 650 km Meer trennen den westlichen vom östlichen Landesteil.

West-Malaysia, das „dicke" Ende der Malaiischen Halbinsel, beginnt bei 6° Nord und reicht bis 1° nördlicher Breite. Von der Südspitze sind es bis zum Äquator noch gut 100 km, zur thailändischen Grenze im Norden rund 750 km, die Gesamtlänge der Küsten erreicht 1930 km. Die indonesische Insel Sumatra ist an der engsten Stelle der vielbefahrenen Malakka-Meeresstraße nur 40 km entfernt.

Abwechslungsreiche Landschaften kennzeichnen die Halbinsel, die im Westen und Osten fruchtbare Schwemmlandgebiete einrahmen. Im Landesinneren ziehen sich unterschiedlich lange, fast parallel verlaufende Bergketten von Nord nach Süd. Sie bestehen als Teile des alten Festlandssockels aus Sedimenten und Graniten, die wiederum das Muttergestein der ergiebigen Zinnvorkommen bilden. Nachhaltige tropische Verwitterung und Niederschläge haben die Erze in Tiefebenen und Täler verfrachtet und dort in sekundären Ablagerungen, den so genannten Seifen, aufgeschüttet. Aber auch zahlreiche Karstformationen – auffällig sind die steilen, oft bewaldeten Kalkkegel auf der Halbinsel – beherbergen, zusammen mit Brauneisen und Ilmenit, den Stoff, der Malaysia bis in die 1980er Jahre zum weltgrößten Zinnproduzenten machten.

Banjaran oder Barisan Titiwangsa, die Große Titiwangsa-Kette, ist der längste der zentralen Gebirgszüge. Sie erstreckt sich von Thailand bis Negeri Sembilan, höchste Erhebung ist mit 2183 m der Gunung Korbu, nahe der Großstadt Ipoh. Die malaysische Hauptstadt Kuala Lumpur liegt am Fuß der Titiwangsa-Kette, deren beliebteste Urlaubsregionen die Cameron und die Genting Highlands sind.

Nach dem 1862 m hohen Gunung Bintang ist die kleinere Bintang-Kette, die sich im Nordwesten vom südlichen Kedah bis nach Perak erstreckt, benannt. Im Osten der Titiwangsa-Berge breitet sich fast bis zur Ostküste hin das Gunung Tahan-Gebirge aus, das von dem größten Berg der Halbinsel, dem

» Karte S. 62, Info S. 81–83

KUALA LUMPUR

2187 m hohen Gunung Tahan überragt wird. Er liegt im Nordwesten des Taman Negara, des Nationalparks, der inselähnlich West-Malaysias Primärwald präsentiert, wie er vor Jahrzehnten noch den Großteil der Halbinsel bedeckte. Im Nordosten des Tahan Berges erhebt sich der Gunung Lawit, mit 1519 m Mittelpunkt der Banjaran Timur (östliche Kette), während im Südwesten des Taman Negara ein weiteres, kleineres Gebirge nach dem Gunung Benom (2108 m) benannt ist.

Gen Süden flachen die Berge West-Malaysias ab und geben Hügellandschaften und weiten Sumpfgebieten Raum. Zahlreiche Flüsse, die der „Straße von Malakka" und dem Südchinesischen Meer in Mäandern zufließen, versorgen die Küstenstreifen mit fruchtbaren Schwemmböden. Der längste Fluss West-Malaysias ist mit 475 km der Sungai (Fluss) Pahang, Sungai Perak (400 km) und Sungai Kelantan folgen in der Rangordnung. Menschenhand und Staumauern haben die größten Seen entstehen lassen. Im nördlichen Perak sind es Tasek Temengor und Tasek Kenering, in Terengganu stellt der riesige, durch den Kenyir-Damm gestaute Kenyir-See die Wasserversorgung sicher. Auf der südlichen Halbinsel sind Tasek Bera und Tasek Dampar zu einem Reservoir vereint worden. Nassreisanbau bestimmt die meeresnahen, flachen Gegenden. Landeinwärts, in den Hügelregionen West-Malaysias, überwiegen auf den lateritischen Böden Kautschuk-, Kokos- und Ölpalmplantagen, denen die Regenwälder weichen müssen.

Die Bewohner beider Hälften Malaysias werden in *Bumiputra* und Nicht-*Bumiputra*-Angehörige unterteilt. Zu den ersteren, die mit „Söhne des Landes" auf der Halbinsel alle dort ursprünglich ansässigen Völker bezeichnen, gehören die Orang Asli. Hierbei unterscheidet man die nomadisierenden Semang-Negritos und die später eingewanderten, heute als Kleinbauern lebenden Senoi; beide stammen von den Ureinwohnern ab. Abgedrängt wurden sie ab 2500 v. Chr. von den Proto-Malaien, besonders von deren größter Gruppe, den überwiegend sesshaften Jakun. Die ab 300 v. Chr. eingewanderten, heute durchweg muslimischen Malaien bilden nach ihrem Selbstverständnis die „Elite" der privilegierten *Bumiputra*; sie stellen in West-Malaysia 55 % der Bevölkerung, in den östlichen Bundesstaaten Sabah und Sarawak jedoch nur 20 %.

Zu den Nicht-*Bumiputra* zählen die wirtschaftlich trotz Diskriminierung (sie durften u.a. kein Farmland erwerben) überaus erfolgreichen Chinesen und Inder. Erstmals vor 2000 Jahren, dann massenhaft ab dem 19. Jh. zum Zinnschürfen eingewandert, stellen Chinesen heute 33 % der Westmalaysier (in Singapur 76 %), die von den Briten als Arbeiter ins Land geholten Inder 10 % (v.a. dunkelhäutige, hinduistische Tamilen aus Südindien; Sikhs, Malayalee).

Oben: Petronas Twin Towers – der Stolz der Stadt.
Rechts: Einige alte chinesische Kaufmannshäuser, die noch nicht Neuem weichen mussten.

KUALA LUMPUR

KUALA LUMPUR UND UMGEBUNG

★Kuala Lumpur

Anfänge im Morast

Angesichts der imposanten Wolkenkratzer von ★**Kuala Lumpur** kann man sich schwer vorstellen, dass ein paar Bretterbuden die jetzige Zweimillionenstadt begründet haben. Im Jahr 1857 schipperten 87 chinesische Bergleute den Kelang hinauf. Nahe der Stelle, wo der Fluss mit dem Gombak zusammentrifft und heute die Jamek-Moschee steht, wurden sie fündig und entdeckten ein mächtiges Zinnfeld. An der „schlammigen Flussmündung" – das bedeutet *Kuala Lumpur* – errichteten die Arbeiter ihren Stützpunkt. Aber nur 18 der Pioniere konnten den Erfolg auskosten, die anderen starben an Malaria.

Doch Tausende von Abenteurern und Händlern rückten nach, Kuala Lumpur war schon um 1860 das Zentrum eines Zinnrausches mit allem, was dazu gehört: Streitereien um Wasser- und Schürfrechte, Mord und Totschlag, Bandenkriegen zwischen Chinesen und Malaien. Da konnte um 1870 der reiche Yap Ah Loy, auch Kapitan China („chinesischer Boss") genannt, die Zügel an sich reißen. Indem er Ordnung in das Chaos brachte, war er zum Herrscher über Siedlung und Zinngruben geworden und bei seinem Tod 1885 gehörten ihm rund 80 Prozent der Pfründe. Die Kämpfe zwischen Chinesen und Malaien waren 1879 in einem Großbrand eskaliert. Kapitan China hatte den zerstörten Ort wieder aufbauen lassen, einschließlich Opiumhöhlen, Bordellen, Gefängnis und Hospital. Zunächst bestand Kuala Lumpur aus Holzhäusern, die weiteren Feuern anheimfielen, bis dann um 1880 Frank Swettenham, der britische Resident, seinen Amtssitz von der Sultanstadt Kelang weiter landeinwärts an den florierenden Zusammenfluss verlegte. Mit dessen Unterstützung ließ Yap Ah Loy die Stadt durch Ziegelbauten erneuern, von denen noch heute einige in der Jalan (Jl.) Hang Lekir zu sehen sind.

» Stadtplan S. 66-67, Info S. 81-83

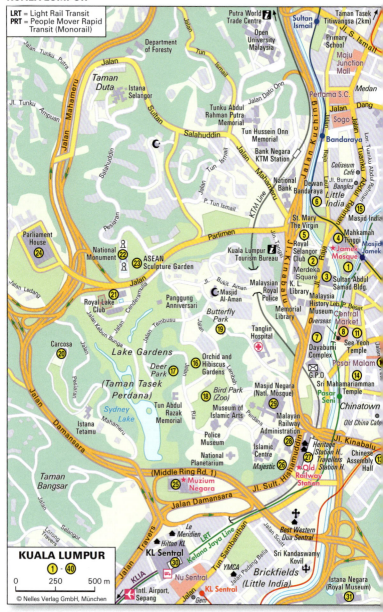

KUALA LUMPUR

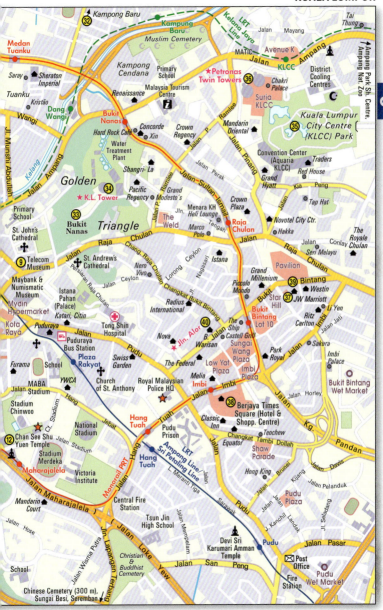

KUALA LUMPUR

Die Hauptstadt – auf Zinn gebaut

Der steigende Zinnpreis ließ Kuala Lumpur schnell wachsen, 1886 legten britische Ingenieure eine Eisenbahnlinie zum Seehafen Kelang. Der Kolonialverwaltung folgte der Sultan von Selangor nach „K.L." – so kürzt man seitdem (in englischer Aussprache) die frühere Zinnschürfersiedlung ab –, die somit zur neuen Hauptstadt des Sultanats avancierte. Mit neuer islamischer Strenge verschwanden um 1900 Glücksspieler und chinesische Geheimbündelei. Das ehemalige Urwaldnest schmücke sich schon 1888 mit einem Botanischen Garten, hatte zwei Jahre später eine Englische Schule und war nun so wichtig geworden, dass der König von Thailand zu Besuch anreiste.

1896 erklärte man K.L. zur Hauptstadt des neu gegründeten malaiischen Staatenbundes, der aus Singapur und den Straits Settlements Malakka und Penang bestand. Auch unter der britischen Militärverwaltung und nach der Unabhängigkeit Malaysias 1957 behielt die Stadt ihre Vorrangstellung.

Spielwiese der Baumeister

Recht gemischt präsentiert sich heute die Architektur der Stadt. Die vor 1930 entstandenen Gebäude wurden im Renaissance-, im klassizistischen oder im Verschnitt des indischen „Mogul-Stils" der britischen Architekten A. C. Norman und A. B. Hubbock erbaut. Die Kolonialbauweise dominierte dann, bis K.L. 1972 zur „City", zur Wirtschaftsmetropole expandierte. Als die Stadt 1974 vom Bundesstaat Selangor getrennt wurde und innerhalb eines „Federal Territory" eigene Verwaltungshoheit genoss, vergrößerte sich ihre Fläche von 93 auf 244 km². Der Boom schlug sich in einem Faible für futuristische Bauten nieder. Mittlerweile ist die Hochhausgeneration der 70er Jahre von neuen Prestigebauten, von Kritikern „weiße Elefanten" getauften Stein- und Glaspalästen überholt worden. Ein umstrittener, mit islamischen Elementen auf „malaysisch" getrimmter Baustil schmückt die Gebäude der Banken, Airlines und Behörden.

Orientalisch-verspielte und doch ehrwürdig anmutende Bausubstanz findet sich zwischen klotzigen, hochragenden Konstruktionen und glitzernden Kaufhausburgen. Fassaden kopieren die Skylines von Singapur und Manhattan und repräsentieren das Selbstbewusstsein des modernen Malaysia. Kuala Lumpurs Reiz liegt in dieser kontrastreichen Architektur, aber vor allem in der Begegnung mit dem bunten Gemisch der Menschen, das von offizieller Seite gerne als völlig harmonisch ausgegeben wird. Zur Erinnerung: Im Mai 1969 verwandelten Rassenunruhen Kuala Lumpur in ein Schlachtfeld.

Obwohl der Stadt, abgesehen von Chinatown, ein gewachsenes, übersichtliches Zentrum fehlt, wären dennoch einige Sehenswürdigkeiten gut zu Fuß erreichen. Das schwüle Klima veranlasst jedoch die meisten Reisenden, die Stadt in Privatwagen, Taxis oder per öffentlichem Nahverkehr zu erkunden. Ein guter Ausgangspunkt dafür ist der Stadtteil **Benteng**, wo die Stadtentwicklung von K.L. ihren Anfang nahm, den sie chinesischen Glücksrittern an der trüben Flusseinmündung verdankt.

Stadtmitte

Am kanalisierten Zusammenfluss von Kelang und Gombak steht eines der sehenswertesten Bauwerke der Stadt: die anmutige ★**Masjid Jamek** ①, die Freitagsmoschee. Der Perlenmoschee (Moti Masjid) im indischen Delhi nachempfunden, wurde sie von dem britischen Kolonialarchitekten Hubback 1909 im Neo-Mogulstil aus rotem Backstein mit weißen Umrandungen errichtet. Bis zum Bau der Masjid Negara (Nationalmoschee) 1965 war dies das religiöse

---

Rechts: Stöbern nach Souvenirs in der Zentralmarkthalle von 1928, dem Pasar Seni.

KUALA LUMPUR

Zentrum der Muslime West-Malaysias. Heute steht sie im Schatten mächtiger Hochhäuser und erinnert daran, wie schnell sich Kuala Lumpur seit den 1960er Jahren entwickelt hat, als dieses zierliche Gebäude noch die Silhouette der Stadt bestimmte. Außerhalb der Gebetszeiten darf sie besichtigt werden.

Nicht weit entfernt, auf der anderen Seite der 1989 von Premierminister Mahathir zum **Merdeka Square** ❷ (Platz der Freiheit) ernannten Grünanlage, thront der 1890 im Tudor-Landhausstil erbaute **Royal Selangor-Club**. Der 1910 erweiterte Fachwerkbau, von dem die Klubmitglieder wegen des schwarzweißen Tudor-Stils nur als „Spotted dog" (Gefleckter Hund) sprachen, ist ein Stück England in Malaysia. Er war der soziale Treff der weißen Herren. Heute verkehrt hier die malaysische Elite. Auf der Veranda über dem **Padang**, der Rasenfläche, schlürften die in Joseph Conrads oder Somerset Maughams Romanen verewigten Charaktere – Offiziere, Pflanzer und Händler – an der langen Bar Gin und Whiskey. Man beredete die Zinn- und Kautschukpreise und brachte einen Toast auf Queen oder King aus.

Jahrzehntelang diente der Padang den Kolonialherren als Spielfeld für Hockey, Rugby und Cricket. Doch am 31.8.1957 brach eine neue Zeit an, als der Union Jack zum letzten Mal eingeholt wurde. Heute überragt der Welt längster Flaggenmast den Merdeka Square. Über 100 Meter hoch flattern die malaysischen Farben. Sonntags wird hin und wieder Blasmusik gespielt, nachmittags lagern Familien aller Rassen und Religionen auf der Grünfläche. Selbst abends wimmelt es von Menschen, denen unzählige Schmucklämpchen an den umliegenden Gebäuden heimleuchten. Seit 1990, dem ersten *Visit Malaysia Year*, erstrahlt die *Gartenstadt der Lichter*, zu der die Touristikmanager des Landes K.L. aufwerten wollten, abends im Elektrikzauber.

Auf der anderen Seite des Platzes, durch die Jl. Raja getrennt, glänzt das **Bangunan Sultan Abdul Samad** ❸ schon tagsüber. Als Selangors Staatssekretariat vom Architekten Norman 1898

» Stadtplan S. 66–67, Info S. 81–83

KUALA LUMPUR

errichtet, beherbergt das schmucke Gebäude mit den arabesken Torbögen und der Kupferzwiebel auf dem 40 m hohen Uhrturm heute das staatliche Anwaltsbüro. Als eines der ältesten Bauwerke in K.L. verkörpert es den damals von der Zinnindustrie genährten Hang zum Pompösen, umgesetzt im Neo-Mogulstil. Sehenswert ist ebenfalls **Mahkamah Tinggi** ④, der ehemalige Oberste Gerichtshof an der Jl. Raja, kurz hinter der Brücke über den Gombak-Fluss. Überragt und eingerahmt werden die Kolonialgebäude von modernen Hochhäusern. Die **Church of St. Mary The Virgin** ⑤, am Nordende der Jl. Raja ist kaum noch wahrnehmbar. Mit diesem Bau von 1894 bescherte Norman dem Land die älteste anglikanische Backsteinkirche. Der rege Architekt hat zur Zierde für die Jl. Raja außerdem das **Dewan Bandaraya** ⑥ (Rathaus), das **Jabatan Penerangan** (ehemaliges Vermessungsamt), das ehemalige **Pejabat Pos Besar** (Altes Hauptpostamt) und das jetzige **Jabatan Kerja dan Bank Pertanian** (Amt für Öffentliche Arbeit und Landwirtschaftsbank) entworfen.

Südlich der historischen Architektursammlung ragt der 600 Millionen M$ teure, islamisch gestylte **Kompleks Dayabumi** ⑦ auf, ein Prestigebau aus dem Jahr 1985.

Auf Touristen eingestellt ist man im **Pasar Seni (Central Market)** ⑧, der von den Malaysiern gerne mit Londons Covent Garden verglichen wird. Das aus dem Jahr 1928 stammende, im Art-déco-Stil gestaltete Marktgebäude in der Jl. Hang Kasturi am Rande des Chinesenviertels hat man 1986 zu einem Einkaufs- und Kulturzentrum umgestaltet. Hier präsentieren und verkaufen junge Künstler ihre Kreationen. Restaurants bieten bis 21 Uhr eine breite Palette von Speisen an, und auch an den Garküchen, den *Hawker Stalls*, gibt es Leckerbissen. Auf dem Vorplatz finden oft Tanzdarbietungen, Chinesische Oper, Schattenspiele etc. statt.

Oben und rechts: In Kuala Lumpurs Chinatown – der chinesische Markt in der Jalan Petaling wird abends zum Pasar Malam, zum Nachtmarkt.

KUALA LUMPUR

Das **Telekom Museum** ⑨ in der Jl. Raja Chulan ist einen Besuch wert, ein guter Tipp für Regentage.

Chinatown

Das lebhafte Chinesenviertel erstreckt sich hauptsächlich zwischen Jl. Petaling, Jl. Sultan und Jl. Sultan Mohamed. Die **Chinatown** erwacht ab dem späten Nachmittag zu großer Betriebsamkeit. Allabendlich wird in der überdachten ★**Jalan Petaling** der **Pasar Malam** ⑩ (Nachtmarkt) abgehalten, ein Labyrinth von Verkaufs- und Essständen. Da stehen Textilhändler, Säfte werden neben Musik-CDs, Pekingenten neben Designeruhr-Plagiaten verkauft; Gewürze duften, und ein Sammelsurium an chinesischer Medizin verspricht Heilung von allen denkbaren Leiden. Wo sich die Jl. Petaling mit der Jalan Sultan kreuzt, werden **Vögel** in bunten Käfigen angeboten. Der Restaurantklassiker ist das stilvolle **Old China Café** mit seinen leckeren Baba-Nyonya-Speisen (an der Querstraße Jl. Balai Polis).

Die meisten Chinesen (die heute rund ein Drittel der Malaysier ausmachen) sind Nachfahren der großen Einwanderungswellen des 7., 15., 19. und des 20. Jahrhunderts. Viele schafften es, vermögend zu werden, wie die Hokkien-Chinesen aus Amoy und Guangzhou, die v. a. in Export und Großunternehmen engagiert sind. Henghu-Chinesen aus Fukien widmen sich traditionell den technischen Berufen. Auch viele Kantonesen, Kheh und Hainanesen leben in Malaysia, wo sie vorwiegend im Kaffee- und Teehausgewerbe zu Geld kommen.

Aber Chinatown ist nicht nur den Chinesen vorbehalten; Inder und Malaien mischen ebenfalls kräftig mit. Ihnen allen kommt es zugute, dass manche Straßen des Viertels verkehrsberuhigt sind. Wie die kleine Seitengasse Leboh Pudu, nahe der Jl. Bandar und des Central Market, wo hinter chinesischen Ladenhäusern und Essständen fast versteckt der **See Yeoh Tempel** ⑪, eines der ältesten chinesischen Religionszentren des Landes, liegt. Geweiht ist der 1883 erbaute Tempel der Schutzgöttin

» **Stadtplan S. 66-67, Info S. 81-83**

KUALA LUMPUR

der Pioniere Sen Sze Ya, deren Statue bereits 1864 hierher gelangte. Mystisch wirken die vielen, großen Räucherspiralen, die den Hof der ehrwürdigen Anlage zieren. Finanziert wurde der Bau durch den legendären „Kapitan China" Yap Ah Loy, der auf einem Bild auf einem der hinteren Altäre zu sehen ist.

Ein ebenfalls bemerkenswertes buddhistisches Gotteshaus ist der **Chan See Shu Yuen-Tempel** ⑫ am Südrand von Chinatown, an der Jl. Petaling: das 1906 erbaute, mit geschwungenem Dach und glasierten Ornamenten verzierte Heiligtum dreier chinesischer Klans. Zu Ehren ihrer Ahnen finden sich die Verwandten, im Qualm von Räucherstäbchen, im Tempel ein. Szenen chinesischer Mythologie zieren die Wände, mit Glücksstäbchen und Geldopfern wird die Zukunft erfragt.

Beim **Tungku Abdul Rahman-Brunnen**, am Südende der Jl. Petaling, steht ein weiteres **Chinesisches Klanhaus** ⑬, Treffpunkt eines hunderte Mitglieder zählenden Familienverbands.

Von Totenverehrung und Ahnenkult leben viele Läden im Chinesenviertel: Dort werden Fantasie-Geldscheine („Hell Money"), Miniaturhäuser, Luxusautos, TV-Geräte und Flugzeuge aus Papier gefertigt und mit den Toten, die in den benachbarten Totenhäusern von Klageweibern bis zum Ableben begleitet worden sind, verbrannt. So sollen sie auch im Jenseits Komfort haben.

Mahamariamman-Tempel

Am Rand von Chinatown, an der südlichen Jl. Tun H.S.Lee (zwischen Jl. Hang Lekir und Jl. Sultan) liegt der **Sri Mahamariamman Tempel** ⑭, ein Hindu-Heiligtum von 1873. Es ist der älteste, größte und am reichsten verzierte seiner Art in Malaysia. Er ist der Regengottheit Mahamariamman geweiht, beeindruckt durch seinen sechsstöckigen „Götterberg" voller kunstvoller Skulpturen über dem Tor. Das berühmte *Thaipusam*-Fest im Januar/Februar nimmt

---

Oben: Alte indische Shophouses in der Jalan Leboh Ampang, südöstlich der Masjid India.

hier seinen Anfang. In einem Raum des Tempels ist die größte Silberkutsche des Landes ausgestellt

Jl. Tuanku A. Rahman (Little India)

In dem Gebiet zwischen den Flüssen Kelang und Gombak, v. a. an der **Masjid India** (15) (Indischen Moschee) in der **Jl. Masjid India**, in der Hauptgeschäftsstraße **Jl. Tuanku Abdul Rahman** („Jl. TAR") und Seitengassen findet man Läden mit indischen Gewändern, Waren und Speisen. Am Samstagabend wird die Quergasse Lorong Tuanku Abdul Rahman von 17-22 Uhr zu einem bunten **Nachtmarkt** (Pasar Malam). Offiziell wird neuerdings nur noch Brickfields (s. u.) als Little India bezeichnet.

Taman Tasek Perdana (Lake Gardens)

Naturnahe Entspannung bietet der **Taman Tasek Perdana**. Auch als **Lake Gardens** benannt, erstreckt sich das Erholungsgebiet von K.L. im Südwesten des Stadtzentrums über 6,5 ha, einer der größten Stadtparks Asiens. Hier lässt es sich angenehm über den **Perdana-See** (*Tasek Perdana*) rudern. In den botanischen Anlagen können sich Besucher an Urwaldvegetation erfreuen, im Ostteil des Parks den **Orchideengarten** (16) mit schöner Aussicht auf die Skyline von KL, den **Deer Park** (17) und den **Vogelpark** (18) bestaunen. Der nahe **Schmetterlingspark** (19) (Butterfly Park) ist ebenfalls einen Besuch wert.

Die grünen Hügel des Parks ziert auf der Westseite **Carcosa** (20), eine schmucke britisch-malaiische Villa, die 1896 der Generalresident des malaiischen Staatenbundes, später der Hohe Kommissar Großbritanniens bezog. Das stilvolle Gebäude, seit 1987 in Regierungsbesitz, diente zeitweise als Luxushotel.

An der Nordseite des Perdana-Sees liegt der **Lake Club** (21), gegründet 1900 von „Abtrünnigen" des Selangor-Clubs.

Etwas nördlicher prangt das **National Monument** (22) im Park. Die in Italien gegossene Bronzegruppe ist denen gewidmet, die während der 50er Jahre, zur Zeit der *Emergency*, gegen die Kommunisten kämpften. Im Sockel sind die Namen der getöteten Briten, Australier, Fidschianer, Maori und Malaysier verewigt. Entworfen hat das 1966 enthüllte Denkmal der amerikanische Bildhauer Felix de Weldon. Unterhalb den Monuments kann man im **ASEAN Sculpture Garden** (23) preisgekrönte Skulpturen asiatischer Künstler, eingebettet in eine schöne Gartenanlage, bewundern.

Ein Bündel von Schnellstraßen trennt das Nationalmonument vom **Parliament House** (24) im Westen. Der 18 Stockwerke hohe, glänzende Turmbau in streng geometrischer Form entstand 1963 mitten im Grünen. In einem dreistöckigen Flachbau sind Repräsentantenhaus (*Dewan Rakyat*) und Senat (*Dewan Negara*) untergebracht.

★Nationalmuseum

Einen Besuch lohnt das ★**Muzium Negara** (25) (Nationalmuseum) in der Jl. Damansara, an der südöstlichen Ecke der Lake Gardens. Das Gebäude entstand 1963 in Anlehnung an den altmalaiischen Minangkabau-Stil. An seiner Frontseite zeigen Wandmosaike historische Ereignisse, wiedergegeben in der Art moderner malaysischer Batikmalerei. Unterteilt in eine naturwissenschaftliche, ethnografische und geschichtliche Abteilung vermittelt das Museum einen umfassenden Überblick zur Landeskultur. Beachtung verdient die Ausstellung über die Orang Asli. Aber auch Technisches ein Zinnbagger, Rolls-Royce-Luxusautos und malaysische Proton-Saga-Automobile oder die erste Lokomotive der „Malayan Railway" fehlen nicht. Sonderausstellungen, eine eindrucksvolle Schmucksammlung in der „Gold Gallery" und ein guter Buchladen vervollständigen das Angebot.

Von hier ist es nicht weit zu einer Hotelikone: Nahe dem **Kuala Lumpur**

KUALA LUMPUR

Visitor's Centre, an der Jl. Sultan Hishamuddin, steht das 1932 im Art-Déco-Stil erbaute **Hotel Majestic** ㉖, das seit der Wiedereröffnung nach Renovierung 2012 nun wieder eines der führenden Häuser in Kuala Lumpur ist. In seinem historischen „Majestic Wing" lässt sich der Afternoon Tea mit Häppchen besonders stilvoll genießen.

★Old Railway Station, Nationalmoschee und Museum für Islamische Kunst

Ein Kunstwerk für sich ist die ★**Old Railway Station** ㉗, einer der schönsten Bahnhöfe der Welt, erbaut 1892-1911 im neo-indisch-islamischen Stil und bis 1971 erweitert. Mit den vielen Türmchen, Zwiebelkuppeln, Minaretten und Torbögen erinnert die Kreation des Mr. Hubbock eher an 1001-Nacht als an ein Abfertigungsgebäude. Integriert sind das **Heritage Station Hotel** und das günstigere **Travellers Station**.

Gegenüber wird die Eisenbahn verwaltet, im Kolonialbau der **Malayan Railway Administration (KTM Berhad)** ㉘.

Auf islamischer Symbolik gründet die 1965 fertiggestellte **Masjid Negara** ㉙, die Nationalmoschee nahe dem Alten Bahnhof. Aus der Mitte eines Teiches erhebt sich das 75 m hohe Minarett. Die 18-fach gefaltete Hauptkuppel versinnbildlicht die 13 Staaten Malaysias und die fünf Pfeiler des Islam. Die 48 kleineren Kuppeln ähneln der auf der Moschee von Mekka. Täglich steht das Bauwerk, das 6000 Gläubige aufnehmen kann, für Besichtigungen offen. Die obligatorischen Umhänge und Kopfbedeckungen sind am Eingang auszuleihen.

Nahe der Masjid Negara führt das **Museum für Islamische Kunst** in die Ornamentik, Architektur und Schriftkunst des islamischen Orients ein, so z. B. anhand von Modellen bedeutender Moscheen. Ausgestellt sind u. a. auch Korane, Waffen, Gewänder und Schmuck.

Oben: Architektur aus 1001-Nacht: Der Alte Bahnhof in Kuala Lumpur.

KUALA LUMPUR

Brickfields / KL Sentral

„Little India" nennt man neuerdings das einst um eine chinesische Ziegelei und ein Bahndepot entstandene südliche Viertel **Brickfields**. Hauptachse ist die **Jalan Tun Sambanthan**, Hier locken günstige **südindische Imbisse**, die trendige Shopping-Mall **Nu Sentral** am neuen Hauptbahnhof **KL Sentral** ㉚ und Hindutempel wie der **Sri Kandaswamy Kovil** (Jl. Scott). Am Bahnhof ist ein neuer Business-Distrikt in Bau.

Istana Negara / Royal Museum

Bis 2011 war der **Istana Negara** ㉛ (Nationalpalast) am Südrand der City die Residenz des *Yang di Pertuan Agung*, des turnusmäßig amtierenden Königs. Heute ist in dem Prachtgebäude, das sich 1928 ein chinesischer Millionär inmitten eines großen Parks gönnte, das **Royal Museum** zu besichtigen – inklusive der Zahnklinik der Royals. Der jeweilige König residiert nun im **New Istana** nahe der Jalan Duta.

Kampung Baru

Im Stadtteil **Kampung Baru** ㉜ am Nordufer des Kelang, rund um die Hauptmoschee **Masjid Jamek** (erbaut um 1880), kann man das malaiische Kuala Lumpur kennenlernen. Hier sieht man vor allem muslimische Einheimische, kaum Touristen; die Wohnhäuser, Hala-Restaurants und Food Stalls hier sind teils noch recht authentisch.

K.L. Tower, Petronas Twin Towers und Golden Triangle

Nordöstlich des Stadtzentrums liegt **Bukit Nanas** ㉝ (Ananashügel), eine etwa 80 m hohe Anhöhe. 1996 wurde hier der ★**K. L. Tower** ㉞, mit 421 m heute noch der siebthöchste Fernsehturm der Welt, eröffnet. Der Turm mit **Drehrestaurant** und **Aussichtsplattform** – bei gutem Wetter ist im Westen die Straße von Melakka zu sehen – ist eine der Hauptattraktionen von Kuala Lumpur; die gläserne **Sky Box** ermöglicht spektakuläre Selfies.

Das **Kuala Lumpur City Centre** ㉟ (KLCC) mit dem schönen **KLCC Park** am Ostrand der City wird von den 451,9 Meter (84 Stockwerken) hohen ★**Petronas Twin Towers** ㊱ dominiert, die zu den höchsten, beeindruckendsten Bürogebäuden der Welt zählen. Besucher können morgens ab 8.30 Uhr kostenlos Gebäudeteile dieses nationalen Architektursymbols besichtigen.

Das Aquarium **Aquaria KLCC** mit seinem Glastunnel zeigt die farbenprächtige Unterwasserwelt Südostasiens – Haie inbegriffen.

Zwischen Fernsehturm, Twin Towers und Imbi Plaza erstreckt sich das **Golden Triangle**. In diesem Viertel finden sich internationale Hotels, exklusive Shopping Center wie das **Star Hill** ㊲ oder das **Berjaya** ㊳ und, insbesondere am **Bintang Walk** ㊴ (Jl. Bukit Bintang), ein reges **Nachtleben** mit Bars, Clubs und trendigen Diskotheken.

Die meisten **Food Stalls** bietet die ★**Jalan Alor** ㊵. Ab 17 Uhr wird zudem die ganze Straße mit Tischen vollgestellt. Ob Chinesisch, Thai oder Vietnamesisch; Seafood, Curry Noddles oder Seafood – dies ist ein Schlaraffenland für die Liebhaber preiswerter asiatischer Küche.

Am Stadtrand

Ein beliebtes Ausflugsziel jenseits der Ringstraße Jl. Tun Razak und des nördlichen Stadtrandes, auf der Jl. Pahang zu erreichen, ist der Erholungspark **Taman Tasek Titiwangsa** ㊶ mit Restaurants, Freizeit- und Sportangeboten.

Auf dem Weg nach Petaling Jaya liegt links vom Federal Highway der **Thean Hou Temple**, der größte chinesische Tempel von K.L. Ein Besuch lohnt, zumal man auch die eindrucksvolle Skyline der Hauptstadt sieht.

In Richtung zum Highway nach Se-

» Stadtplan S. 66-67, Karte S. 78-79, Info S. 81-83

KUALA LUMPUR

remban sieht man den großen **Chinesischen Friedhof** ㊷ mit dem **Chin Tat Sze Temple**.

In der Umgebung von Kuala Lumpur

15 km östlich des Zentrums liegt der **Zoo Negara** ㊸, im Norden des Ortes Ampang (Selangor). Er ist mit dem Bus Nr. 16 ab Central Market zu erreichen. Die malaysische Fauna – einschließlich Vertreter der heute auf Randgebiete zurückgedrängten Tiger, Orang Utans und Elefanten – wird hier gezeigt.

In **Setapak Jaya** ㊹ stellt die **Royal Selangor Pewter Factory** (4 Jl. Usahawan Enam) Gegenstände aus Zinn zum Verkauf aus und zeigt auch die Verarbeitung von Zinn.

Ein Refugium mit ungestörter Natur findet sich 22 km nördlich von Kuala Lumpur, an der alten Landstraße nach Ipoh und Penang: der **Templer Park** ㊺ (Taman Rimba Templer), den Sir Gerald Templer, ehemaliger britischer Hochkommissar, für die Bewohner von K.L. auf 1200 ha anlegen ließ. Der benachbarte **Bukit Takun**, ein freistehender 350 m hoher Kalksteinfelsen, lässt das Herz eines jeden Botanikers und Kletteramateurs höher schlagen, wachsen doch mehr als 200 Pflanzenarten an dem verkarsteten Felsen, der nicht allzu schwierig zu besteigen ist.

Einen Überblick über Malaysias Flora kann man im **Forest Research Insitute of Malaysia** (F.R.I.M.) in **Kepong** ㊻ gewinnen. Das Institut beherbergt auch ein kleines **Museum**.

Folgt man der B9 ab **Sungai Buloh**, kommt man nach wenigen Kilometern zu der **Leprastation Valley of Hope** ㊼, die abgeschieden auf einem großen Gelände liegt. Die 1930 gegründete Siedlung zählt zu den größten ihrer Art in der Welt. Die Einwohner kämpfen gegen die drohende Schließung.

Nahebei informiert das **Natural Rubber Museum** ㊽ über die Geschichte des Kautschukanbaus in Malaysia.

Oben: Der 42 m große Hindu-Kriegsgott Murugan bewacht den Höhleneingang zu den Batu Caves.

KUALA LUMPUR

12 km nördlich von K.L. locken die ★**Batu Caves** ⑭, mächtige Kalkfelsen, die aus der Landschaft aufragen, ausgehöhlt durch bis zu 400 m lange und 120 m hohe Dome. Seit der Entdeckung im Jahr 1878 durch den Amerikaner William Hornaby sind erst rund 20 Höhlen erforscht. Erstmals 1892 wurde in der obersten Kammer ein Schrein für den Hindu-Gott Murugan errichtet, der nun alljährlich während des *Thaipusam*-Festes Ziel spektakulärer Prozessionen ist. Vorbei an der riesigen, 42 m hohen goldfarbenen Statue des Kriegsgottes **Murugan** – ein Sohn Shivas, der den Eingang bewacht – müssen sich die Pilger mit ihren *kavadi* (mit Blumen und Früchten geschmückte und mit spitzen Haken am Körper befestigten Holzgestellen) 272 Stufen zur **Light Cave**, der Tempelhöhle, emporquälen. Eine „Museumshöhle" am Fuß des Karstgrottensystems zeigt die hinduistische Götterwelt in Gips, im Kleinformat.

Die *Negritos* Malaysias betreut das Orang Asli Department, zu der eine Klinik und das **Orang Asli Museum** ⑤⓪ mit Handwerks- und Kultgegenständen v.a. der Mah Meri gehören (12 km nordöstlich der Batu Caves).

Etwa 50 km nordöstlich von K.L. wartet im kühlen Hochland eine künstliche Freizeitwelt auf Besucher, die der Großstadtschwüle entfliehen wollen. Eine gute Bergstraße windet sich in teils sehr engen Kurven bergauf – vorbei an der Pagode des **Chin Swee Temple** (hier bietet sich bei klarem Wetter eine schöne Aussicht) und der Talstation der **Seilbahn** – bevor man in 1760 m Meereshöhe **Genting Highlands** ⑤① erreicht: ein Erholungsort, der vornehmlich vom einzigen legalen Spielcasino Malaysias lebt. Der smarte, chinesisch-stämmiger Geschäftsmann Lim Goh Tong hatte die Idee eines Vergnügungsmekkas hoch über dem nebligen Dschungel; seine „Genting-Gruppe" (die auch mehrere deutsche Werften besitzt) betreibt schon seit 1971 diese Glitzerstadt mit mehreren Großhotels, **18-Loch-Golfplatz**, Geschäften, **Vergnügungspark** und dem (für muslimische Malaien verbotenen) **Casino de Genting**. Im Casino sind auch Shows internationaler Artisten zu sehen. Hier im Hochland kann die Temperatur bis auf 13 °C sinken, was Besuchern von der Küste, die an beständige 28 °C gewöhnt sind, bereits als Eiseskälte erscheint. Die Spielsüchtigen zocken in verrauchten Roulette- und Black Jack-Salons bis in die späte Nacht, während die Kinder sich im **Themenpark** tummeln. Gigantisch erscheint das zugehörige **First World Hotel**, das mit 7351 Zimmern die größte Bettenburg der Welt ist.

Der technisierte Alltag umgibt die Menschen in **Petaling Jaya** ⑤②, der mit K.L. zusammengewachsenen Satellitenstadt im Südwesten der Metropole. Um die in den 1950er Jahren auf dem Reißbrett entstandene Wohnstadt hat sich bereits eine größere Anzahl in- und ausländischer Industrieunternehmen angesiedelt. Ein 1981 vom Sultan von Selangor in Auftrag gegebener **Torbogen** markiert eindrucksvoll die Grenze zwischen Federal Territory und dem Bundesstaat **Selangor Darul Ehsan**. Der arabische Zusatz bedeutet „Land des guten Willens".

Etwa 5 km von Petaling Jaya entfernt in Richtung Port Klang liegt am Federal Highway 2 **Sunway Lagoon** ⑤③, ein riesiges **Spaßbad** mit Luxushotel.

In **Shah Alam** ⑤④, der Hauptstadt von Selangor, fallen die **Istana Bukit Kayangan** (Sultanspalast) und die **Abdul Aziz Sha Moschee**, die riesige und prächtige **Staatsmoschee**, ins Auge. Prunkbauten dieser Dimension – die 1988 eröffnete Moschee mit ihrer 91 m hohen Aluminiumkuppel hat 160 Mio. RM verschlungen – kann sich der Sultan leisten: Jährlich erhält er eine Abfindung von 300 Mio. RM, weil er an Kuala Lumpur Land abtrat und seine Residenz von dort nach Shah Alam verlegte. Auch Nicht-Muslime können die beeindruckende Moschee besichtigen.

Ein malaysisches Prestigesymbol

» Karte S. 78–79, Info S. 81–83

KUALA LUMPUR

stammt aus Shah Alam: PKW der Marke **Proton**; der moderne Kleinwagen *Iriz* ist ein Hoffnungsträger des wenig profitablen Staatsbetriebs.

Im **Taman Pertanian Malaysia**, am Bukit Cahaya in Shah Alam, kann man neben Exponaten zur tropischen Landwirtschaft eine Show besuchen, sich Fahrräder für Erkundungstouren mieten oder unter Schattenbäumen picknicken. 1994 wurde ein austernförmiges **Sportstadion** eröffnet, das 80 000 Personen Platz bietet.

Seit 1999 findet alljährlich ein Motorradrennen der Motorradweltmeisterschaft – der **Große Preis von Malaysia** – und ein Autorennen der **Formel-1** auf dem **Sepang International Circuit** in **Sepang** ⑤⑤ statt, nahe dem KLIA Flughafen.

Ein Ausflug zum neuen Regierungssitz **Putrajaya** ⑤⑥, 25 km südlich von K.L., lohnt, obwohl das gewaltige Projekt noch wächst: Auf 4600 ha entsteht hier – eingebettet in üppiges Tropengrün und eine künstliche Seenlandschaft – seit 1995 eine moderne Retortenstadt für 300 000 Einwohner, wobei sich bislang jedoch erst 50 000 angesiedelt haben. Die Architektur ist eine spannende Mischung aus traditionellen Elementen und futuristischen Visionen. Besonders sehenswert hier: Südostasiens größte Moschee, die rosafarbene, zu besichtigende **Masjid Putra** mit Platz für 15 000 Gläubige in einer riesigen Halle und 116-Meter-**Minarett**, und das imposante **Perdana Putra Building**, der mit einer grünen Kuppel im indo-islamischen Mogulstil gekrönte Amtssitz des Regierungschefs (zu besichtigen Montag bis Freitag von 8 - 12.30 und 14 - 16 Uhr).

Für eine Pause mit Stil empfiehlt sich das schicke **Hotel Shangri-La** mit seinem Infinity-Pool.

Im **Taman Wetland Visitor Information Centre** vermitteln Ausstellungen und Wanderwege ein Bild von dem künstlich angelegten Feuchtgebiet nördlich von Putrajaya.

UMGEBUNG VON KUALA LUMPUR

KUALA LUMPUR

Foto: Ralf Müller

An Putrajaya grenzt im Westen **Cyberjaya** (57), eine ebenfalls völlig neu geplante Stadt, die einmal als Forschungs- und Entwicklungsschmiede, New Economy-, IT- und Multimedia-Universitäts-Standort Malaysias Zukunft sichern soll.

In Selangors ehemaliger Königsstadt **Kelang** (58) (Klang) sind vor allem die königliche Moschee und der **Istana Alam Shah** (Königspalast) sehenswert. An die Pionierzeiten erinnert **Gedung Raja Abdullah**, ein Museum, das in einem 1857 gebauten Warenhaus eingerichtet wurde. Dass die heute über 400 000 Einwohner zählende Stadt besonders nach Sicherung der Zinnlager strategischen Wert besaß, verdeutlicht **Fort Raja Mahdi**. Von hier ließen sich Kelang-Fluss und Bodenschätze kontrollieren.

Der einstige *Port Swettenham* ist als **Port Kelang** (59) zum wichtigsten Hafen Malaysias geworden, mit einem großen Containerterminal. Die Stadt wird auch gern wegen ihrer Fischdelikatessen aufgesucht. Hier empfiehlt sich eine **Bootsfahrt** zur **Pulau Ketam** (60), der Krebsinsel, deren **Fischlokale** ebenfalls einen guten Ruf haben.

Oben: Der neue Regierungssitz im nordindischen Mogulstil in Putrajaya.

Einige „Ureinwohner" vom Stamm der **Mah Meri** leben noch auf **Pulau Carey** (61), einer Insel südlich von Kelang. Diese Orang Asli sind bekannt für ihre rituellen **Holzschnitzereien**.

Der Küstenort **Morib** (62), etwa 45 km südlich von Kelang, ist ein populäres Wochenendziel: der **Sandstrand** ist fein und das Wasser relativ sauber.

Nördlich von Kelang liegt die ehemalige Sultansresidenz Kuala Selangor, an der „Mündung des Selangor". Die Straße dorthin führt durch Kautschuk- und Kokosplantagen. Alte Festungen in **Jeram** (63) und in der alten Königsstadt **Kuala Selangor** (64) erinnern an die Zeiten, als die Gegend von muslimischen Bugis aus Sulawesi und Europäern kontrolliert wurde, wie die Überreste des holländisch-malaiischen **Fort Altingsburg** auf dem Bukit Melawati, angelegt unter Sultan Ibrahim (1778-1826). Besucher können die herrliche Aussicht genießen und vor einem damals zum Enthaupten benutzten Holzblock erschaudern.

Ornithologen finden im 200 Hektar großen Vogelreservat **Taman Alam Kuala Selangor** (65) (K. S. Nature Park) reizvolle Reviere. So hat man dort an die 130 Vogelarten gezählt. Zu sehen sind auch Langschwanz-Makaken und die seltenen Silberblatt-Äffchen. Außerdem lohnt sich der Aufstieg auf den **Kuala Selangor Hill** mit eindrucksvollem Regenwaldbewuchs und einem alten **Leuchtturm** auf dem Gipfel. Von hier hat man einen fantastischen Blick über den Fluss **Sungai Selangor**.

Ein kulinarisches Erlebnis bietet die Stadt **Kajang** (66), 20 km südlich von Kuala Lumpur: Die beliebten **Satay**, Fleischspießchen in pikanter Erdnuss-Chilisoße, haben den Ort seit 1917 berühmt gemacht, als Haji Tasmin das *satay kajang* erfand. Die Chinesen sind auf den fast 100 Jahre alten **Shen Sze She Yar-Tempel** in der Jl. Tukang stolz.

» Karte S. 78-79

KUALA LUMPUR

KUALA LUMPUR (☎ 03)

Tourism Malaysia, 9th Floor, No. 2 Tower 1, Jl P5/6 Preant 5, Putrajaya, Tel. 8091-8000.
Malaysian Tourist Information Complex (MATIC), 109, Jl. Ampang, Tel. 9235-4900/4800.
KLIA, Visitor Service Centre, Ankunftshalle, Tel. 8776-5651/5647.

FLUG: Der **Kuala Lumpur International Airport** (KLIA, Codename: KUL) fertigt alle internationalen und einige der Inlandsflüge ab, er liegt etwa 50 km südlich der Hauptstadt.
Die Terminals sind per Schnellbahnlinien ab Hbf. (Steson Sentral) und per Bus ab **Hentian Duta Busstation** zu erreichen. **Taxi-Transfer** Airport–City nur zu Festpreisen mit Tickets vom Taxischalter (am Ausgang der Ankunftshalle). Am bequemsten und am schnellsten kommt man mit Zügen der **KLIA Expres** und **KLIA Transit** (5-24 Uhr, Tel. 2263 1111) zwischen Airport und Steson Sentral in die Innenstadt von K.L. (Fahrtzeit ca. 30 Min.). Der alte **Subang Airport** (abgekürzt: SZB) dient weiterhin für Inlandsflüge.
BUS: Bis zur Eröffnung des neuen zentralen Busbahnhofs am neuen Hauptbahnhof **Stesen Sentral**: Nach **Norden und Süden** ab **Perhentian Bas Pudu Raya** (Busbahnhof Pudu Raya), Tel. 2070-0145. Wichtige Busterminals sind auch: in Richtung **Central Pahang** (z. B. **Taman Negara**): **Pekeliling Busstation**, Jl. Tun Razak; in Richtung **Ostküste**: **Putra Busstation** neben Putra World Trade Centre; **Pasar Rakyot Bus Station**, Jl. Melati, First-Class-Busse nach Singapur. Wichtigste staatliche Busgesellschaft: **Transnational Express**, Tel. 2070-3300.
SAMMELTAXIS: Abfahrt ebenfalls von Busstationen, Zentrale in Pudu Raya Bus Station 2. Stock.
MIETWAGEN: **Avis**, Angkasaraya Bldg., Jl. Ampang, Tel. 2162-2144. **Hertz**, Kompleks Antarabangsa, Jl. Sultan Ismail, Tel. 2148-6433. Die genannten Firmen haben tagsüber Büros am Flughafen; bei Nachtankunft Wagen vorreservieren. Linksverkehr!
BAHN: Kuala Lumpur liegt an der Bahnlinie **Singapur-Butterworth**, mit Anschlussmöglichkeiten nach Bangkok. Fahrplanauskunft (*Jadual Waktu*) der Malaysischen Eisenbahn (*Keretapi Tanah Melayu*) über Tel. 2267-1200 und www.ktmb.com.my. Wer übrigens seinen Zug verpasst hat, findet vor dem alten Bahnhof bequeme Überlandbusse (Plusliner bzw. NICE Bus), die parallel zur Eisenbahnlinie in stündlichem Abstand die größeren Städte Ipoh, Penang, Johor Bahru sowie auch Singapur anfahren.
LIGHTRAIL TRANSIT (LRT) und MONORAIL: Moderne Hochbahnen in der Innenstadt, die zudem einen guten Überblick über die Stadt vermitteln können. Wichtige Haltestellen finden sich entlang der Putra LRT: Pasar Seni (beim Central Market, Bahnhof, Chinatown, Lake Garden, Nationalmoschee und Merdeka Square), Masjid Jamek (bei der gleichnamigen Moschee, Little India, und nicht weit vom Pudu Raya Busbahnhof), und Station KLCC (Petronas Towers).
KOMUTER TRAIN: Bequemer Schienenservice bis Port Klang im Westen, Rawang im Norden, und Seremban im Süden.

MALAIISCH: **Rasa Utara**, Berjaya Time Square, Tel. 2147-7118. **Puteri Panchale**, Lot 3074 Jl. Datuk Suleiman, Tel. 7728-4886. **Nelayan Floating Restaurant**, beliebtes Ausflugsrestaurant, Lake Titiwangsa Gardens, Jl. Temerloh, Tel. 4022-8400.
CHINESISCH: **Li Yen**, Kanton-Küche vom Feinsten in sehr schönem Ambiente, vielfach ausgezeichnet, mittags beste Adresse für Dim Sum in K.L., im Ritz-Carlton Hotel, Tel. 2142-8000. **Loke Yuen** in quirligen **Tang City Food Centre** bietet traditionelle Hainan-Küche (Südchina) in origineller Atmosphäre, Chinatown. **Hakka**, gutes *Steamboat*, 6 Jl. Kia Peng, Tel. 2143-1908. **Old China**, hier fühlt man sich wirklich wie im alten China, 11 Jl. Balai Polis, Chinatown, Tel. 2072-5915. **Overseas**, gutes und günstiges *Dim-Sum*, im Central Market. Tel. 2274-6408. **Teochew**, 270 Jl. Changkat Tamby Dollah, Tel. 2141-4704. **Herbal Soup House**, gesundheitsfördernde Kost auf chinesische Art, in stilvoller Umgebung, 19 Jl. Telawi 2, Bangsar Baru, Tel. 2283-3188.
NYONYA FOOD: **Little Penang Café**, Mid Valley Megamall, Tel. 2282-0215. **Top Hat**, 7 Jl. Kia Peng, Tel. 2142 8611.
INDISCH: **Bangles**, 60-A Jl. Tuanku Abdul Rahman, Tel. 2145-7720. **Annalakshmi**, eines der besten vegetarischen Restaurants in K.L., 01-04 Central Square, 20 Havelock Rd., Tel. 6339-9993.

KUALA LUMPUR

Gem, **Devi** und das sehr einfache **Paandi**, alle in Brickfields, südindische Küche: man isst mit der Hand vom Bananenblatt (!) und genießt dazu indischen Tee: „Teh Tarik Kurang Manis".

INTERNATIONAL: **Shook!** Originelle Schau-Küche im Starhill-Einkaufszentrum an der Jalan Bukit Bintang, gleich neben dem Hotel JW Marriott; die Gäste schauen ihrer Meisterköchen aus Japan, China, Italien und Malaysia beim Schnippeln und Brutzeln zu, Tel. 2719-8535

ITALIENISCH: **Grand Modesto's**, 924 Jl. P. Ramlee, Tel. 2713-2333. **Chiao Coffee Ristorante**, 428 Jl. Tun Razak, Tel. 9285-4827. **Piccolo Mondo**, neben Lot 10, Jl. Bukit Bintang, Tel. 2144-9466.

DEUTSCH: **Muller's Sausage Haus**, 241 Jl. Ampang, Tel. 2144-4167. Ähnlich das **House Frankfurt**, 12 Jl. Telawi 5, Bangsar Baru, Tel. 2284-1624. Das **Farmer's Steak House** ist rustikal eingerichtet – wie eine deutsche Bauernstube, Dataran Palma, Ampang, Tel. 4270-5880.

THAI: **Thai Kitchen**, Central Market, Chinatown. **Ginger Restaurant**, Central Market, Tel. 2273-7371. **Chakri Palace**, Level 4, Suria KLCC, Tel. 3827-788.

JAPANISCH: **Keyaki**, im Pan Pacific Hotel, Jl. Putra, Tel. 4042-5555. **Gen**, im Legend Hotel, 100 Jl. Putra, Tel. 4042-9888.

WESTLICH: **Carcosa Seri Negara**, hier tafeln Könige – nicht billig, aber sehenswert, Taman Tasik Perdana, Tel. 2282-1888.

Kristão Restaurant, malaiisch-portugiesische Küche, nahe Jl. Sultan Ismail, Asian Heritage Row, Tel. 2691 8768.

The Ship, 102-104 Jl Bukit Bintang, Tel. 2078 0804. **Coliseum Café**, 100 Jl. Tuanku Abdul Rahman, Tel. 2692-6270. **On the Rock Stonegrill Cafe**, 2nd Floor, The Mall, Jl. Putra, Tel. 4043-3922.

ASIATISCH: **Food Republic**, ideal, um Snacks aus ganz Asien zu probieren, tgl. 10-22 Uhr, im Shopping Center Pavilion K. L., zw. Jl.Raja Chulan u. Jl. Bukit Bintang.

GARKÜCHEN: in Chinatown in den Querstraßen der Jl. Petaling und der Jl. Bukit Bintang, meist auch im obersten oder untersten Stock der Einkaufszentren; 1. Stock **Central Market**, Jl. Hang Kasturi; 4. Stock der **Mall** in der Jl. Putra.

ROOFTOP BAR: **Heli Lounge**, tagsüber ein Hubschrauberlandeplatz, im 34. Stock des Menara KH, eine äußerst originelle Dach-Bar mit genialer Aussicht auf die Skyline, besonders schön zum Sonnenuntergang, ab 18 Uhr, nicht billig, aber sehr beliebt, ab 21 Uhr noch teurer; Jl. Sultan Ismail, Bukit Bintang, Monorail-Stop Raja Chulang.

BARS: Viele Hotels betreiben eine Bar oder ein Pub; Happy Hour meist bis 8 oder 9 Uhr abends. Die größte Ansammlung nächtlicher Pubs, Cafés, und internationaler Restaurants, findet man in der **Jl. Telawi 2**, **3** und **5**, **Bangsar Baru**, etwas außerhalb der Stadtmitte und leicht per Taxi zu erreichen.

Hard Rock Café, ausgezeichnete Live Bands ab 23 Uhr, an Wochenenden voll, beim Concorde Hotel, 2 Jl. Sultan Ismail, Tel. 244-4152.

Brannigan's, Alternative zum Hardrock, 1 Lorong Perak, hinter dem Concorde Hotel.

Captain's Cabin, gute Live-Bands, im Ship, 102 Jl. Bukit Bintang.

Planet Hollywood, KL Plaza, 179 Jl. Bukit Bintang.

DISCOS: **Zouk Club**, mit Blick auf Twin Towers, 113 Jl. Ampang. **TM²**, K.L. Hilton Hotel. **Blue Moon**, Hotel Equatorial. **The Musictheque**, Hotel Istana. **The Jump**, Jl. Tun Razak, tolle Cocktails, Mittwoch Ladies Night. **Club OZ**, 11 Jl. Sultan Ismail, Hotel Shangri-La. **Beach Club**, 97 Jl. P. Ramlee.

FOLKLORE UND KONZERTE: **Restaurant Seri Melayu**, allabendliche Veranstaltungen mit malaiischem Buffet-Dinner, 1 Jl. Conlay, Tel. 2145-1833.

MATIC, Aufführungen am Nachmittag, 109 Jl. Ampang, Tel. 2164-3929.

Nelayan Restaurant, abendliche Dinner-Shows, Taman Titiwangsa, Tel. 4022-8400.

Central Market, Open-Air-Veranstaltungen, v. a. am Wochenende, Chinatown, Tel. 2274-6542.

Panggung Negara (Nationaltheater), im Istana Budaya, Jalan Tun Razak, Tel. 4026-5555.

Dewan Filharmonik (Philharmonie), KLCC (Petronas Towers), Tel. 2051-7008.

Muzium Negara, tägl. 9-18 Uhr, Jl. Damansara, nahe Lake Gardens, Tel. 2267-

KUALA LUMPUR

1111. **Asian Art Museum**, Mo-Fr 9-17, Sa 9-13 Uhr, University Malaya, Tel. 7903-3805. **Telekom Museum**, Di-So 9.30-17 Uhr, Jl. Raja Chulan, Tel. 2031-9966. **Natural Rubber Museum**, Mo-Do u. Sa 10-16 Uhr, Eintritt frei, Sungai Buloh, Tel. 2617-6272.
Masjid Negara, Mo-Do 9-12.30 und 14-16 Uhr, Sa-So 14-15.30 Uhr.
Masjid Jamek, tägl. 8-12, 14.30-16.30 Uhr.
Aquaria, tgl. 10-21 Uhr, KLCC, 21 Jl. Pinang, Tel. 2333-1971/1975.

In Kuala Lumpur gibt es viele große Einkaufszentren, wie z. B. **Sungei Wang Plaza**, **Berjaya** (mit Themenpark **Cosmo's World**), **Bukit Bintang Plaza**, **Lot 10**, **Suria KLCC**, **The Mall**, **The Weld** und **SOGO**, die meist günstiger sind als die in Singapur, Öffnungszeiten: 10 bis 22 Uhr.
Kunsthandwerk wird nicht nur im **Central Market** angeboten, sondern auch in den staatlich kontrollierten Verkaufsläden **Karyaneka**, Jl. Conlay, oder dem **Infokraf**, Jl. Sultan Hishamuddin, nahe der Hauptpost.
Sehenswert und billig ist der **Nachtmarkt** in **Chinatown**, ab 17.30 Uhr (Uhren, Elektronik, Kosmetik, Kleidung etc.). Handeln ist wichtig!
Silberwaren, Batik und Zinnerzeugnisse können auch direkt in den Fabriken erworben werden, z. B. **Royal Selangor Pewter Factory**, 4 Jl. Usahawan 6, Setapak (Vorort von K.L.) Besuchszeiten (Fabrik und Ausstellungsraum): tägl. 9-17, Tel. 4145-6122.
Nur Samstag abends ab 17.30: **Markt in der Jl. T. Abdul Rahman** (Kleidung, Leder, Batik, Korbwaren, Garküchen), jedoch täglich in **Kampong Baru** und in **Pudu** (frische Lebensmittel, einheimische Produkte, Garküchen).
SCHNEIDER: Viele Schneider und Textilläden findet man in der **Jl. Masjid India**.

KINOS: **Sungai Wang**, Jl. Bukit Bintang. **Rex**, Chinatown. **Federal**, Jl. Raja Laut. **KLCC**, mehrere Kinos. **Rex**, Jl. Sultan. Internationale Filme im Original werden in K.L. oft früher gezeigt als in Europa. Klassische Filme in kleinem Rahmen findet man in einer ruhigen Seitenstraße, ganz in der Nähe der KLCC Wolkenkratzer: **Filmnet Café**, 3 Lorong Stonor, Tel. 2141-5323.

Uniklinik der Universiti Malaya, staatlich, Behandlung sehr billig, Jl. Universiti, Petaling Jaya, Tel. 7949-4422.
General Hospital, staatlich, Behandlung sehr billig, Jl. Pahang, Tel. 2615-5555.
Pantai Medical Centre, 8 Jl. Bukit Pantai, Tel. 2296-0888 und das hervorragende **Gleneagles Intan Medical Centre**, 282 Jl. Ampang, Tel. 4257-1300 (beide privat, daher relativ teuer). Deutsch sprechender Arzt: **Dr. Tung**, im Hotel Hilton, Tel. 2274-1122.

Hauptpostamt (Pejabat Pos Besar), Mo-Sa 8-18, So 10-12.30 Uhr, Kompleks Dayabumi, Jl. Tan Cheng Lock, 50670 Kuala Lumpur, Tel. 2275-6686.

Telefonauskunft Kuala Lumpur, Tel. 8949-8228, www.yellowpages.com.my.

American Express, The Weld, 18th Floor, Jl. Raja Chulan, Tel. 2050-0000. **Internet Cafés** findet man überall, besonders günstig in Einkaufszentren.

POLIZEI / NOTRUF: **Touristenpolizei**, Tel. 2166-8322 od. 998. **Polizei**, **Ambulanz**: Tel. 999. **Feuerwehr**: Tel. 994.

Außer religiösen Festen wie **Thaipusam-Fest** (Anfang Februar), **Holi** (meist im März/ veränderl.), **Hari Raya Puasa** (Sept./ veränderl.) oder **Deepavali** (Oktober) werden **Federal Territory Day**, 1. Februar, und – besonders prunkvoll – der **Nationalfeiertag**, 31. August, und neuerdings auch der **Malaysia Day** am 16. September gefeiert.

WEITERE WICHTIGE ADRESSEN:
Deutsche Botschaft, 26th Floor Menara Tan & Tan, 207 Jl. Tun Razak, Tel. 2170-9666 (Notruf 012-326-9070), Fax 2161-9800.
Österreichische Botschaft, Wisma Goldhill, 67 Jl. Raja Chulan, Tel. 2057-8969.
Schweizer Botschaft, Engire Tower, 182 Jl. Tun Razak, Tel. 2164-5635, Fax 2164-5680.
Goethe-Institut (Pusat Kebudayaan Jerman), öffentliche Bibliothek mit deutschen Zeitungen und Magazinen, 374 Jl. Tun Razak, Tel. 2164-2011.

Teepflücker in den Cameron Highlands

PERAK

PERAK
Der Silberstaat

PERAK
FRASER'S HILL
CAMERON HIGHLANDS
IPOH
INSEL PANGKOR
KUALA KANGSAR
TAIPING

PERAK

West-Malaysias zweitgrößter Staat ist mit 21 000 km² Perak, was so viel wie „Silber" bedeutet. Doch es ist das Metall Zinn, das Perak bis zum Verfall der Weltmarktpreise 1983 zum reichsten Landesteil machte. 100 Jahre zuvor hielt Malaya, schon damals größter Zinnproduzent der Erde, einen Marktanteil von gut 60 Prozent. Hauptlieferant war das Kinta Valley. Die meisten der leicht abbaubaren Lagerstätten sind in der Zwischenzeit erschöpft. Viele ehemalige Tagebaugebiete wurden aufwändig renaturiert, geflutet oder zu Freizeitparks umgestaltet.

Perak Darul Ridzuan, „das Land der Anmut", ist einer der ältesten Staaten auf der Halbinsel. 1528 hatte der älteste Sohn des letzten Herrschers von Malakka die Perak-Dynastie in Beting Bras Basah am Fluss Perak begründet. Trotz häufiger Angriffe durch Acehner aus Sumatra, Holländer, Bugis und Thai konnte sich der Staat bis ins 19. Jh. behaupten. Dann bedrohten Piraten und Kämpfe unter den chinesischen Bergleuten die Unabhängigkeit. Die Briten erkannten ihre historische Chance, griffen erfolgreich ein und setzten 1874 im Vertrag von Pangkor durch, dass sie fortan Perak verwalteten. Dies ging jedoch nicht ohne Widerstand: Schon 1875 wurde der erste Statthalter James Birch ermordet. Die Briten henkten daraufhin die Attentäter, und Sultan Abdullah musste ins Exil gehen.

Unter Hugh Low, dem ersten Weißen, der den Mount Kinabalu bestieg, waren Perak bessere Zeiten vergönnt, die Zinnminen lockten jährlich Zehntausende, besonders Chinesen an. Die Einwohnerzahl wuchs zwischen 1879 und 1891 von 81 000 auf 214 000 Menschen. Heute beträgt sie über 2,4 Millionen, wobei die Bumiputra (Malaien) mit ca. 54 % vor den Chinesen (ca. 32 %) und den Indern (ca. 12 %) den größten Anteil ausmachen.

Außerhalb der Großstädte und Industriezonen leben die Bewohner überwiegend von Reis und Ananas, die vorwiegend im Norden angebaut werden. Den Süden bedecken weitflächig Kautschuk- und Ölpalmplantagen, Holzschlag dominiert in Ober-Perak (Hulu-Perak).

Der 400 km lange Perak, West-Malaysias zweitgrößter Fluss, durchfließt den gesamten Staat. Am Oberlauf liegt übrigens ein archäologisch höchst wichtiger Ort: in der Nähe von Kota Tampan ist 1987 eine steinzeitliche Werkstatt entdeckt worden, die etwa 35 000 Jahre alt sein dürfte.

Links: Manche Orang Asli jagen und sammeln noch im Regenwald, wie ihre Vorfahren.

» Karte S. 88, Info S. 101

PERAK

PERAK

Fraser's Hill

Folgt man der Straße Nr. 55 in Richtung Teranum, dann sind es ab dem **Gap**, dem Sattel auf der engen Bergstraße, noch 8 km bis **Fraser's Hill** ❶ (Bukit Fraser), dem bei 10 bis 20 °C kühlen Erholungsort im Bundesstaat Pahang. (Einbahnregelung, stündlich wechselnd)

Was für hitzegeplagte Touristen und Großstädter heute ein begehrtes Wochenendziel ist, hatte 1916 so begonnen: Der Bischof Ferguson-Davie aus Singapur war auf der Suche nach dem schottischen Abenteurer Louis James Fraser. Man wusste, dass er in den Bergen hauste und Zinnerz von Kuala Lipis nach Kuala Kubu Bharu transportierte. Dem Gerücht, dass dabei Opium geschmuggelt wurde, wollte der Bischof nachgehen und hatte deshalb auch einen Polizisten dabei.

Was die beiden vorgefunden haben, war in der Tat mehr eine Lasterhöhle denn ein Zinndepot. Fraser selbst blieb verschwunden. Der Bischof und nachfolgende Beamte erkundeten die Gegend und waren von der Berglandschaft in 1300-1600 m Höhe begeistert. Das erste der „Hill-Resorts" war gegründet. Schon in den 20er Jahren konnten Kurgäste an dem Ort verweilen, der nach dem Abenteurer benannt wurde: Fraser's Hill.

Zahlreiche Hotels und Chalets, teilweise im Tudorstil, vermitteln kommerzialisierte Kolonialromantik. Sport- und Freizeitvergnügen halten die begüterte Kundschaft fit, und Kaminfeuer sorgen für heimelige Wärme am Abend. Doch auch für diejenigen, die es nicht ganz so englisch und teuer wollen, bietet Fraser's Hill Unterkünfte und Erholung. Wo die schönen Panoramen nicht durch moderne Bauten entstellt sind, lohnen sich auch Wanderungen. Ob der 15minütige Spaziergang zum **Jeriau Wa-**

Foto: Albrecht G. Schaefer

terfall angenehm ist, hängt vor allem davon ab, wie stark der Picknickort vor allem an Wochenenden besucht ist.

★Cameron Highlands

Rund 80 km nördlich von K.L. führt der Nord-Süd-Highway Nr. 1 im Gliedstaat Perak am Ort **Slim River** vorbei, der ein Ereignis aus dem 2. Weltkrieg in Erinnerung ruft: eine Panzerschlacht zwischen Briten und Japanern. Angenehmer ist, was die Stadt **Bidor** zu bieten hat. Sie ist bekannt für vitaminreiche Guava- und andere Früchte, die am Straßenrand angeboten werden.

In **Tapah** führt dann eine schmale, an Aussichten reiche Straße hinauf ins Hochland, das nach dem britischen Kartografen William Cameron benannt ist. Dieser war 1885 in die rund 180 km nördlich der Hauptstadt gelegene Region gekommen und hatte von dem wunderbaren Plateau geschwärmt. Ab den frühen 1930er Jahren begann die Erschließung des Gebietes, das während der *Emergency* zum beliebten

Oben: Im Hochland – die Cameron Highlands bei Tanah Rata.

» Karte S. 88, Info S. 101

PERAK

Schlupfwinkel der kommunistischen Guerilla wurde und erst seit 1960 dem Tourismus offen steht.

Auf der 90 km langen Kurvenstrecke hinauf in die über 2000 m aufragenden ★**Cameron Highlands** ❷ erlebt der Reisende einen Klimawechsel. Kühle Lüfte wehen von den Titiwangsa-Bergen herunter, nach Bananen und Palmen der Niederungen säumen nun majestätische Baumfarne und Bambuswälder die Straße. Nach 11 km rauschen die **Lata Iskandar Waterfalls** in die Tiefe. Wer in den zahlreichen **Orang Asli-Siedlungen** anhält, kann sich von den Bewohnern den Umgang mit dem Blasrohr zeigen lassen.

Nach **Ringlet**, einem nichtssagenden Ort hinter der Grenze zwischen Perak und Pahang, animiert der **Sultan Abu Bakar Lake** zu einer Pause. An dem aus dem gestauten Sungai Bertam entstandenen See werden prächtige Blumen, Obst und Gemüsesorten angeboten, die dem Europäer vertraut vorkommen und die bis nach K.L. und Singapur geliefert werden. Kein Wunder, die kühlen Temperaturen ermöglichen ihren Anbau, dem die Bauern leider durch leichtfertigen Umgang mit Pestiziden nachhelfen. Günstig ist die Gegend auch für Tee, der in weiten, geschwungenen Plantagen die Landschaft bestimmt. In einem Seitental ist die **Boh Tea Estate**, eine der vielen, seit 1926 angelegten Teefarmen zu besichtigen (täglich außer So und Mo). Die wenige Kilometer hinter dem Damm abzweigende Straße C 168 führt dorthin. Die **Sungai Palas Tea Estate** hinter Brinchang ist eine weitere Teeplantage, in der die Teeverarbeitung vorgeführt wird.

Aus Assam hatten die Engländer den Tee auf der Halbinsel eingeführt. Ebenso die tamilischen Arbeitskräfte aus Südindien, die als ideale, duldsame Arbeiter galten. Deren Nachfahren sind noch heute als billige Lohnempfänger auf den Tee-, Kautschuk- und Palmölplantagen beschäftigt. Auch die

Oben: Ye Olde Smokehouse in den Cameron Highlands. Rechts: Auf der Butterfly Farm leben nicht nur Schmetterlinge.

PERAK

Chinesen hatten die Camerons bald für den Gemüseanbau entdeckt. Um die Früchte ihrer Arbeit absetzen zu können, schlugen sie eine Straße aus den Bergen. Wohlhabende Geschäftsleute errichteten Wochenendhäuser in luftiger Höhe und legten somit den Grundstein für die touristische Nutzung.

Von Ringlet sind es 14 km bis **Tanah Rata**, Hauptort des Plateaus. Gepflegte Anlagen machen das Städtchen reizvoll, das außerdem für Ausflüge und Wanderungen in die Umgebung als Basis dient. Da ist einmal der **Robinson-Wasserfall** zu besichtigen, von dem ein Weg zur Boh Tea Plantation führt. Drei Pfade winden sich allein auf den 1841 m hohen **Gunung Beremban**.

Gunung Jasar (1635 m) und **Gunung Perdah** (1575 m) bieten ebenfalls für sportliche Wanderer erlebnisreiche Touren. Für die, die sich lieber einem Privatwagen oder Taxi anvertrauen, kommt auch der 2031 m hohe **Gunung Brinchang** in Frage, auf den die höchste **Straße** Malaysias führt. Ein Fußmarsch auf den Berg, durch Teeplantagen, Gemüsefelder und Dschungel, dauert 2 Stunden. Bei gutem Wetter belohnt die herrliche Aussicht vom Gipfel über endlose Wälder im Osten und bis zum Meer im Westen.

Im Ort **Brinchang** steht die im englischen Landhausstil errichtete Herberge **Ye Olde Smokehouse**. Dieses hübsche Hotel und Restaurant von 1937 hat nur wenige Zimmer, langfristiges Vorbuchen ist nötig. Auch wenn man dort nicht übernachtet: Einen Besuch zum *High Tea* – die englischen *Scones* sind hervorragend – oder einem Cocktail am offenen Kamin ist es immer wert. Es gibt in den Camerons auch etliche preiswertere Unterkünfte. Einladende Restaurants bieten zudem eine andere für Tropenbewohner exotische Spezialität an: Erdbeeren mit Schlagsahne.

Am Rand von Brinchang, einem recht verbauten Touristenort, steht der sehenswerte **Sam Poh Temple** mit seinen übergroßen, goldglänzenden

Foto: Albrecht G. Schaefer

Wächterfiguren. Die Straße C 7 führt weiter nordwärts. In der Gegend gibt es mehrere **Erdbeerfarmen**. Bei **Kea** wird **Gemüse und Obst** an der Straße angeboten, allerdings feilschen die Händler nicht gern. Auch die Orang Asli haben sich mit dem Tourismus arrangiert; sie bieten u. a. aufgespießte Insekten und Schmetterlinge zum Kauf an, die man aber wegen des Artenschutzes keinesfalls erwerben sollte. Lebende Schmetterlinge sind auf der **Butterfly Farm** zu bewundern.

Via Tringkap, Kuala Terla und Kampong Raja gelangt man zur Teeplantage **Blue Valley Tea Estate**. Naturfreunde können mit einem Führer von der Plantage aus zum **Gunung Siku** (1916 m) aufbrechen oder, noch weiter im Grenzgebiet zwischen Pahang und Kelantan, auf den 1841 m hohen **Peak** klettern. Anschließend wären in einem 4-Tage-Trip **Gunung Chali Pondok** (1920 m) und **Gunung Yong Blar** (2181 m) zu erklimmen – Höhepunkte eines Wanderaufenthaltes in den Cameron Highlands.

» Karte S. 88, Info S. 101

PERAK

Ipoh

Über **Kampar**, eine sehr chinesische Stadt 20 km nordwestlich von Tapah, die auf Freizeitparks und gute Restaurants stolz ist, führt der alte Nord-Süd-Highway nach **Ipoh** ❸, seit 1937 Hauptstadt von Perak und heute mit über 700 000 Einwohnern Malaysias zweitgrößte Stadt. Die bis zur Entdeckung der reichen Zinnvorkommen im Jahr 1884 kleine Malaiensiedlung liegt im Tal des südlich in den Perak mündenden Kinta.

Das Zinnfieber brachte Menschenmassen ins Kinta Valley. Das damals „Stadt der (chinesischen) Millionäre" getaufte Ipoh zählte schon um 1900 mehr als 12 000 Einwohner. Wenn auch der Zinnrausch längst vorüber ist, geht es in der Metropole am Kinta immer noch sehr geschäftig und mitunter für malaysische Begriffe frivol zu: auch das Nachtleben von Ipoh hält die Erinnerung an die Ära wach, als das „weiße Gold" jede Art von Wirtschaft bestimmte. Man zeigte eben damals, was man hatte. Entsprechend protzig sind die Bauwerke aus jener Zeit ausgefallen, die in der **Old Town** zu sehen sind: Im maurischen Stil entstanden 1917 die **Ipoh Railway Station** (Bahnhof), das **Dewan Bandaraya** (Rathaus) und der **High Court** (Gerichtshof). Im Tudorstil wurde der **Royal Ipoh Club** auf dem Padang gestaltet, ebenso die **St. John's Kirche** und die **St. Michael's Missionsschule**. In ihrer Nachbarschaft stehen die **Masjid India** und die **Masjid Negara** (Staatsmoschee). Der nahe **Clock Tower** erinnert an die Ermordung des ersten britischen Residenten James Woodford Wheeler Birch 1875.

Viktorianisches Flair umgibt die alten Kaufhäuser im **Chinesenviertel** zwischen der Jl. Sultan Yusysf und Jl. Treacher in der **New Town**. Einen Besuch wert ist auch der **Pasar Besar** (Zentralmarkt) an der Jl. Laksamana, wo es alles gibt, was die chinesische Küche verwerten kann, wie die großen Pomelos (eine Zitrusfrucht), die in Ipoh besonders süß sind.

Weiter im Süden, nahe des Kinta-Ufers, steht in der Jl. Datuk die ehrwürdige, 1912 erbaute **Masjid Paloh**.

Im Erholungspark **Taman D. R. Seenivasagam** wird der Name der Stadt erklärt, denn hier wachsen noch einige Exemplare des **Ipoh-Baumes** (*Antiaris toxicaria*), ein dem Gummibaum verwandtes Gewächs, aus dessen weißem Harz die Orang Asli das Gift für ihre Blasrohrpfeile gewinnen.

Heiligtümer in Höhlen

Die wahren Attraktionen liegen außerhalb der City. Der Jl. Tambun nach Osten folgend, gelangt man nach ca. 1 km zum **Japanischen Garten**, ein Geschenk Japans an den **Perak Turf Club**. Hier sind jedes Wochenende die Rennpferde los, und halb Ipoh schwelgt im Wettfieber.

Ebenfalls östlich des Zentrums, in der Jl. Harimau Ipoh (auch Tiger Lane genannt), befindet sich das einzige **Muzium Geologi** des Landes. 1957 eingerichtet, zeigt es über 600 verschiedene Mineralien, Edelsteine, Fossilien und natürlich jede Menge an Zinnerz.

Eine Holperpiste, die vom Stadtkern aus etwa nach 5 km von der Jl. Tambun rechts abgeht, und ein zu empfehlender Führer bringen interessierte Besucher zu den ersten in West-Malaysia entdeckten prähistorischen **Felszeichnungen**. Ein britischer Soldat auf Kommunistenjagd war 1958 auf die ungefähr 5000 Jahre alten Darstellungen gestoßen.

Die bizarren Kalkfelsen im Norden und Nordosten von Ipoh halten noch andere Überraschungen bereit. Hier haben Buddhisten und Hindus in den **Karsthöhlen** ihre Tempel gebaut, bewacht von Schwalben und Fledermäusen. Hinter Tambun liegt **Om Sai Ram**, ein indischer Höhlenschrein. In seiner

Rechts: Chinesische Gottheit – Wächterfigur im Sam Poh Temple.

PERAK

Nähe kann man sich im **Lost World of Tambun** erholen – einem Wasserpark mit Thermalbecken, Wellenbad und Tigerzoo.

Weiter nordöstlich, in Richtung zur Ortschaft Tanjung Rambutan, verraten an eine Felswand geduckte Pagodendächer den Eingang zu einem kleinen **Chinesischen Tempel**.

Den spektakulärsten Tempel im Fels erreicht man auf der Jl. Kuala Kansar, etwa 6 km nördlich von Ipoh. In der riesigen **Höhle** von **Gunung Tasek** haben Chinesen 1926 den Tempel **Perak Tong** erbaut. Zu Ehren des **Buddha**, der einmal lachend in der Eingangshalle, dann 12,80 m hoch und sitzend in der Hauptkammer dargestellt ist. Wandmalereien verschiedener Künstler zieren die Höhle, die ein zweiter Ausgang über 385 steile Treppen mit der Außenwelt und einem weiten Blick über die Landschaft verbindet. Ein vegetarisches Restaurant, fester Bestandteil der Höhlentempel von Ipoh, fehlt auch beim Perak Tong nicht.

Auf der Rückfahrt liegt 4 km vor Ipoh **Wat Meh Prasit Sumaki**, ein Thai-Tempel, in dem eine Vielzahl aus Zement geformter Gläubiger einen großen, liegenden Buddha verehrt.

Südlich der Stadt, im 5 km entfernten **Gunung Rapat**, liegt **Sam Poh Tong**, ein weiterer **Höhlentempel**. Etliche Buddhastatuen wurden zwischen Stalaktiten und Stalagmiten errichtet. Besucher können Schildkröten, Symbole eines langen Lebens, füttern, sich an einem Wunschbrunnen bessere Zeiten erhoffen und im vegetarischen **Restaurant** des Nebentempels **Nam Thian Tong** kurzfristiges Wohlbefinden genießen.

Geisterschloss und Steinelefanten

Als Tagesziel bietet sich auch das mystisch wirkende **Kellie's Castle** bei dem Städtchen **Batu Gajah** an, ca. 24 km südlich von Ipoh. Inder hatten kurz vor Beginn des 1. Weltkriegs damit begonnen, das Traumschloss des schottischen Kautschukbarons William Kellie-Smith zu bauen. Da es so präch-

PERAK

tig werden sollte wie der Residentensitz in K.L., dauerten die Bauarbeiten recht lange. Auf einer Reise nach Europa, wo Kellie einen Aufzug für den Turm kaufen wollte, starb er. Das Bauwerk seines Lebens blieb unvollendet und ist heute in seiner halb verfallenen Form Gegenstand vieler Spuk- und Geistergeschichten. Kellie-Smiths Konterfei ist übrigens noch sichtbar: über dem Altar des **Indischen Tempels**, ca. 1 km hinter dem Schloss in Richtung Batu Gajah, hängt das Bild des Schotten, der seinen Plantagenarbeitern die Gebetsstätte gestiftet hatte.

Batu Gajah ❹ sollte ebenfalls mehr werden als was es heute ist. Während der großen Zeit des Zinns war das heute ca. 35 000 Einwohner große Städtchen bedeutender als Ipoh, mitunter diente es den Engländern als Verwaltungshauptstadt von Perak.

Außer der Ehre, der Geburtsort des jetzigen Sultans von Perak zu sein,

Oben: Der Schiefe Turm von Teluk Intan. Rechts: Badestrand auf Pulau Pangkor.

rühmt sich Batu Gajah – angeblich hat man hier einmal steinerne (*batu*) Elefanten (*gajah*) gefunden – des **Taman Tasek S. M. Nor**. Dieser **Tierpark** mit Schlangen und Krokodilen, Schwimmbad und See liegt abseits der Straße 1 km vor Batu Gajah, wenn man von Kellie's Castle kommt.

Am Unterlauf des Perak

Westlich von Batu Gajah liegt der Ort **Parit** im Tal des Perak. Des Flusses wegen wurde die Region zwischen Küste und den zinnreichen Bergen des Oberen Perak im Lauf der Jahrhunderte dicht besiedelt, immer wieder verteidigt und von mächtigen Sultanen beherrscht, deren **Gräber**, manche aus dem 16. Jh., am Straßenrand auftauchen. Nach altem Brauch muss ein neu gekrönter König von der Residenz in Kuala Kangsar aus per Hausboot auf dem Fluss entlang alle diese Gräber besuchen.

Bei **Bota Kanan** ❺ können interessierte Besucher eine Aufzuchtstation für **Terrapin-Fluss-Schildkröten** besichtigen.

Weiter südlich im „Tal der Könige" bei **Kampong Gajah** zeugt das Dorf **Pasir Salak** ❻ von der kriegerischen Vergangenheit. Sehenswert sind heute im **Historical Complex** die typischen malaiischen Häuser mit ihren alten, sorgfältig geschnitzten Verzierungen. Hier steht auch das **Denkmal**, das der Ermordung von James Birch gewidmet ist. Kurioserweise gedenkt der Obelisk des Weißen, ein großer Kris jedoch ehrt die Attentäter von Maharaja Lela, Dato Sagor und Si Puntum, die 1875 von den Engländern gehenkt worden waren. Auch **Birch's Grab** existiert noch, in **Pulau Besar**, südlich von Kampong Gajah.

In **Teluk Intan** ❼, dem einstigen Hauptumschlagplatz für Zinn aus dem Kinta Valley (deswegen gibt es einen Anschluss an die Nord-Süd-Bahnlinie), ist außer dem Früchte- und Gemüsemarkt der **Leaning Tower** sehenswert.

» Karte S. 88, Info S. 101

Diesen 25 m hohen Schiefen Turm hat 1885 der Chinese Leong Choong Choong als Wasserreservoir erbauen lassen.

Wer Perak in Richtung Süden verlässt, ist bald in **Sabak** am Fluss Bernam, der die Grenze zum Staat Selangor bildet.

★Insel Pangkor

★**Pulau Pangkor** ❽ ist eine Kuala Lumpur nahe Badeinsel mit hohem Erholungswert. Das Wasser in den Buchten ist sauber, das Verpflegungsangebot am Strand mehr als ausreichend, und die Insel bietet die wohl einzigen sauberen **Badestrände**, die zudem über die Autobahn von Kuala Lumpur als Tagesausflug gut zu erreichen sind. Von Ipoh, Taiping, sogar von Singapur über Kuala Lumpur fahren reguläre Busse nach **Lumut**, dem Fährhafen auf dem Festland. Der Fischerort am Dinding-Fluss, 84 km südlich von Ipoh, hat als größter Flottenstützpunkt Malaysias nationale Bedeutung. Für Touristen wird das Sprungbrett nach Pangkor besonders in der Zeit um August interessant, wenn im 6,5 km entfernten Dorf **Teluk Batik** die *Pesta Laut* (See-Festival) mit Wasserspielen und Folklore gefeiert wird. Das genaue Datum weiß das Perak Tourist Office in Ipoh.

Wer jedoch möglichst für sich bleiben möchte, sollte sich als Robinsonjünger auf die südlich von Pangkor gelegenen Inseln **Kepulauan Sembilan** (Neun Inseln) übersetzen lassen. Angeln, Vögelbeobachten, Schnorcheln und Camping stehen zur Auswahl. Verpflegung, Getränke und Moskitonetze müssen mitgebracht werden.

Pangkor hatte sich schon 1874 einen festen Platz in Malaysias Geschichte gesichert. Dort wurde das Abkommen getroffen, das den Sultan von Perak einem britischen Statthalter unterstellte und die Dindings genannte Region von Lumut und Pangkor den Straits Settlements zuteilte, bis sie 1935 wieder an Perak zurückgegeben wurde.

Schon vorher war die Insel ein willkommener Ankerplatz für europäische Schiffe gewesen. Reis, Holz und vor al-

PERAK

lem das saubere Trinkwasser schätzten die Seeleute, die von Malakka aus nach Norden segelten. Als die Holländer noch den Zinnhandel kontrollierten, entbrannten hier des öfteren Kämpfe zwischen den Europäern, den Perak-Bewohnern und den seefahrenden Bugis aus Sulawesi.

Aus noch früherer Zeit erzählt die Legende von der unglücklichen Prinzessin aus Sumatra, die ihren Geliebten überall suchte und deswegen mit nach Pangkor gesegelt war. Dort musste sie erfahren, dass der junge Mann, der sich ihr zuliebe als Krieger hatte bewähren wollen, auf der Insel im Kampf gestorben war. Nach dem Anblick seines Grabes folgte ihm die verzweifelte Prinzessin auf der Stelle in den Tod, indem sie sich von einer Klippe in die Tiefe stürzte.

Pantai Puteri Dewi 1, „der Strand der lieblichen Prinzessin", ist heute ein zum **Pangkor Island Beach** Resort gehörendes Stück Küste im Nordwesten der Insel, in der **Golden Sands Bay**. Wie auch der benachbarte **Coral Beach** sind die Strände auf Pangkor angenehm und sauber, obwohl sich für Unterwassersportler nichts Sensationelles abspielt. Wanderern bietet die Insel allerdings reichlich Abwechslung.

Die reguläre Fähre aus Lumut legt zunächst im Schiffsbauer- und Fischerdorf **Sungai Pinang Kecil** 2 an. Am Leuchtturm vorbei schippert sie dann gen Süden zum Dorf **Kampung Pangkor** 3. Der Leuchtturm lässt sich von Land aus besuchen, und auch die zum Meer hin gebauten Stelzenhäuser sind sehenswert. Nun sind es knapp 2 km zum Strand **Pasir Bogak** 4 an der Westküste, wo sich Hotels, Ferienhäuser und billige Cottages aneinander reihen; es gibt auch Mini-Busse.

An Wochenenden und in den Schulferien kann es hier sehr voll werden. Dann sollte man sich lieber etwas nördlicher am **Pasir Ketapang** 5 aufhalten. In der Zeit von Mai bis Juli kommen an diesen Küstenabschnitt Schildkröten zum Eierlegen, daher der Name **Tortoise Bay**.

Oben: Boote der Fischer von Pangkor.

PERAK

Ab der Ortschaft **Teluk Nipah** 6 windet sich die Straße durch dichten Dschungel nach Norden, wo man – mit Glück – Nashornvögel, Affen und Adler, sicher aber bezaubernde Ausblicke auf Küste und Nachbarinseln erleben kann. Auch das schön an einer hübschen Strandbucht gelegene **Pangkor Island Beach Resort** 7 (derzeit wg. Renovierung geschlossen) mit 161 Zimmern, eigener Fähre nach Lumut und Golfplatz ist Ausgangspunkt eines Pfades durch die Inselwälder.

Wer nochmals den Hauch der Geschichte schnuppern möchte, kann den Abstecher in den Süden, 3 km von Kampong (Kg.) Pangkor entfernt, nahe **Teluk Gedung** machen. Dort steht die Ruine von **Kota Belanda** 8, einem Fort der Holländer, die es von 1680 bis 1690 und um die Mitte des 18. Jh. besetzt hielten, um die holländischen Zinnhändler vor Piraten zu schützen. Auf sie weist auch weiter südlich ein Felsblock hin: der **Batu Bersurat** 9 zeigt holländische Inschriften von 1743, die u. a. berichten, dass an dieser Stelle ein Kind von einem Tiger gefressen wurde.

Auch die übrigen Inselorte lohnen einen Besuch. So etwa **Kg. Teluk Dalam** 10 im Norden oder **Kg. Teluk Kecil** 11 im Süden von Pangkor.

Die rund 20 000 Insulaner leben vom Meer und vom Tourismus. Es sind Malaien, Chinesen und indische Malabari-Fischer.

Bleibt noch die kleine Schwesterinsel **Pulau Pangkor Laut** zu erwähnen, die den besten Strandstreifen der Region ihr eigen nennt: Die **Emerald Bay** 12 an der Westküste ist die schönste Bucht der Insel und bietet vier benachbarte Strände, die zum Baden und Schnorcheln einladen. Malerische Sonnenuntergänge sind zu erleben, und mit etwas Glück erspäht man Sternschnuppen, die insbesondere im April und Mai häufig fallen.

Das luxuriöse **Pangkor Laut Resort** 13 an der Ostküste der kleinen Insel, am Rand der Urwaldberge, bee-

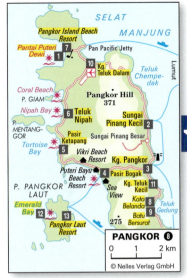

indruckt den Besucher. Hoteleigene Fähren sorgen für den An- und Abtransport der gut betuchten Gäste. Pulau Pangkor Laut ist komplett im Privatbesitz eines Chinesen, der die Insel jedoch behutsam erschloss, und der ursprüngliche Charakter mit seiner Vielfalt der Fauna und Flora konnte so erhalten werden. Leider sind Ausflüge auf die Insel nicht möglich, auch Privatjachten erhalten selten eine Anlegeerlaubnis. Man kann jedoch in der Hotelanlage in komfortablen, von Lianen und blühenden Orchideen umgebenen Holzhäusern übernachten, ein Teil der Bungalows ist auf Pfählen über dem Meer errichtet. Luciano Pavarotti hat hier schon gewohnt und während seines Aufenthalts sogar ein Konzert für „handverlesene" Gäste gegeben.

Die Königsstadt ★Kuala Kangsar

Wer sich bei der Weiterreise nach Norden beim Abstecher nach Kuala Kangsar etwas Zeit nimmt und nicht die schnellere Autobahnabfahrt bei Jerlun

» Plan S. 97, Info S. 101

PERAK

direkt in die Stadt nimmt, kann an der Bahnlinie entlang auf der alten Bundesstraße von Ipoh über **Chemor** mehrere **Höhlen** in den Kalksteinbergen erblicken. Auch gibt es dann in **Enggor** in der **Perbadanan Kemajuan Kraftangan Malaysia** preiswertes Kunsthandwerk zu kaufen. Im Dorf **Labu Sayong**, kurz nach der Iskandariah-Brücke über den Perak, stellen begabte Töpfer die hier typischen schwarzen Keramikwaren her.

Mit knapp 40 000 Einwohnern hat ★**Kuala Kangsar** ❾ gleichwohl königliches Flair. Denn seit 1876 residiert hier der Sultan von Perak. Einige sehenswerte Gebäude liegen 3-4 km außerhalb des Ortes, südöstlich der Mündung des Kangsar in den Perak und nahe der **Istana Iskandariah**. 1984 ist der gewaltige Sultanspalast von 1933 mit seinen sechs Zwiebelkuppeln nochmals erweitert worden. Sehr bescheiden nimmt sich dagegen in der Nachbarschaft die im traditionellen Malay-Stil aus Holz und Flechtwerk ohne Nägel erbaute **Istana Kenangan**, auch Istana Lembah genannt, aus. In diesem Palast ist das **Perak Royal Museum** (Muzium Diraja Perak) untergebracht, wo Urkunden, Fotos und Kunstwerke aus königlichem Besitz kostenlos zu besichtigen sind.

Die Touristenattraktion von Kuala Kangsar steht etwa 1 km stadteinwärts auf dem Chandan-Hügel: die **Ubudiah-Moschee**, die als das schönste unter den islamischen Gotteshäusern Malaysias gilt. Ihre vergoldete Kuppel und die ebenfalls in Gold erstrahlenden Turmzwiebeln der zahlreichen Minarette krönen das architektonische Meisterwerk. Auf Wunsch des früheren Sultans Idris Shah hatte es 1917 der indische Baumeister Timor Tengah – übrigens mit englischer Hilfe – verwirklicht. Nebenan sind Mitglieder der Königsfamilie in einem Mausoleum bestattet.

Ungefähr auf halbem Weg zwischen der Moschee und der Hauptstraße befindet sich das staatliche **Rest House**, mit bester Aussicht auf den Fluss Perak und neben einem alten **Chinesischen Friedhof**.

Im Zentrum selbst fällt zunächst das 1905 als königliche Privatschule gebaute **Malay College** auf, wo heute zukünftige Herrscher und Politiker die Schulbank drücken.

Ein altes und noch sehr lebendiges Relikt aus Malaysias Geschichte steht vor dem **District Office** (Bezirksamt) in der Jl. Raja Chulan: ein **Kautschukbaum** (Hevea brasiliensis), einer der ersten des Landes, die Sir Henry Wickham 1876 von Südamerika nach London geschmuggelt hatte. Kein Geringerer als Hugh Low, britischer Statthalter in Perak von 1877-1889, hatte die 12 Gummibaumsetzlinge versuchsweise im Garten seiner Residenz gepflanzt. Damit war der Grundstein gelegt für den Aufstieg Malaysias zu einem der führenden Anbauländer und Exporteure von Naturkautschuk.

In den Norden von Perak

Kuala Kangsar liegt zwar seit der Fertigstellung der Autobahn etwas abseits des Nord-Süd-Verkehrs, ist aber ein wichtiger Knotenpunkt für die Verkehrsverbindung von der West- zur Ostküste geblieben.

Westlich der Stadt beginnt die Bundesstraße 76 und passiert nach dem Ort **Sauk** den ersten von drei wichtigen **Stauseen** am Lauf des Oberen Perak (Hulu Perak). Der kleinere See, der schön gelegene **Tasik Chenderoh** ❿ wird vom Perak gespeist; die Berge ringsherum sind mit dichtem Regenwald bewachsen und Wasserlilien überwuchern den See, der die einheimischen Fischer reich beschenkt.

Vor dem nördlicheren **Tasik Temengor** liegt der Ort **Gerik** ⓫ (Grik), in dessen Umgebung **Orang Asli**, **Senoi**- und **Negrito-Stämme** siedeln. Ausflüge zu den Ureinwohnern und Angelpartien

---

Rechts: Die Lake Gardens in Taiping entstanden an der Stelle einer 1890 geschlossenen Zinnmine.

PERAK

auf dem See können vom Resort in **Pulau Banding** ⓬, ca. 35 km östlich von Gerik, unternommen werden.

Der East-West-Highway steigt nun auf über 1000 m an und gewährt großartige Ausblicke über Perak und nach Thailand. Bis 1990 war diese Region wegen Guerillaaktivitäten von nächtlichem Ausgeh- und Fahrverbot betroffen, und noch immer kontrollieren Militärpatrouillen die Straße. Nur auf dieser Ost-West-Verbindung wird man ein Warnschild vor Elefanten sehen, die in dieser Gegend noch immer frei herumlaufen. Erst vor ein paar Jahren soll ein gereizter, tobender Elefant ein Auto zertrampelt haben. Die Insassen kamen dabei ums Leben.

Nach Thailand führt von Gerik aus die nach Norden gehende Straße 76, die im Grenzort **Pengkalan Hulu** mit der von Penang kommenden Ost-West-Verbindung (Straße Nr. 67) zusammentrifft. So lässt sich die beschriebene Strecke auch als abwechslungsreicher Umweg von Kuala Kangsar oder Ipoh nach Penang einplanen.

Taiping

Eine der ältesten Städte Malaysias ist **Taiping** ⓭ (ca. 220 000 Ew.), die die erste Hauptstadt von Perak war und vor dem Zinnboom Larut genannt wurde. Wegen des Zinns waren schon vor 1848 chinesische Arbeiter an den Sungai Larut geströmt. 1861 hatten sie, organisiert in den Geheimbünden Hai San und Ghee Hin, Unruhen angezettelt, die bald auf ganz Perak übergriffen. Besorgt um ihre Kolonie hatten die Engländer die Region blockiert und den Sultan von Perak unter Druck gesetzt. Doch erst 1874, besiegelt durch den Vertrag von Pangkor, waren die „Larut-Kriege" beigelegt, und die Stadt Larut mit einem für Malaysia ungewöhnlichen chinesischen Ortsnamen in Taiping, „Stadt des ewigen Friedens" umgetauft worden.

Von der wirtschaftlichen Blüte der Zinnstadt zeugen noch heute prächtige Gebäude und alte chinesische Ladenhäuser im nordöstlichen Teil der Stadt. Hier fuhr die erste Eisenbahn des Landes und brachte Zinn in das damalige

» Karte S. 88, Info S. 101

PERAK

Oben: Der Clocktower – koloniales Erbe in Taiping.

Port Weld, das jetzt Kuala Sepetang heißt. Moscheen schmücken die Stadt, wie die **Masjid India** und die 1893 erbaute **Masjid Lama Bandar Taiping**. Die Chinesen beten im **Seng Tong Tempel**, während die Hindus im **Sri Nagamuthu Mariammam Tempel** ihre Regengöttin verehren. Nicht ohne Grund, denn Taiping ist als die regenreichste Stadt Malaysias bekannt.

Hugh Low hatte bereits 1883 das erste Museum des Landes gegründet. Das gegenüber dem Gefängnis in der Jl. Muzium in einem imposanten Kolonialbau untergebrachte **Muzium Perak** beherbergt neben lokalhistorischen Dokumenten interessante Sammlungen zur malaiischen Kultur und zu den Orang Asli der Region. Weitere Kolonialbauten sind der **New Club** aus dem Jahr 1894, die hölzerne **All Saints Church**, die **King Edward School,** die **St. George's School** und der **Clock Tower** von 1890.

Eine besondere Attraktion sind die **Lake Gardens**, die schon 1890 auf dem Gelände einer stillgelegten Zinnmine östlich des Zentrums entstanden. In dem schönen 62 ha großen Park mit fischreichem See und Blumenpracht lohnt auch der alte, kleine **Taiping Zoo** einen Besuch.

Noch mehr Tiere, insbesondere Vögel, aber auch Affen, Otter und Delfine sind im **Kuala Gula Bird Sanctuary** ⓮ zu sehen (24 km von Taiping, in Nähe der Küste). Das Küstendorf **Kuala Gula** wird in strenger Trennung von malaiischen und chinesischen Fischern bewohnt.

Auf dem Weg nach Penang verabschiedet vor **Bagan Serai** ⓯ die **Masjid Tinggi**, eine turmartige Holzmoschee von 1877, die Besucher Peraks.

Kuala Sepetang ⓰, früher Port Weld, besitzt Malaysias erstes **Mangrove Forest Museum**. 1988 wurde in einem nahen Mangrovensumpf eine um das 10. Jh. von präislamischen Malaien bewohnte Insel wiederentdeckt; erstmals war dieses Eiland, **Pulau Buloh**, 1932 von einem Mitglied der englischen Royal Asiatic Society erwähnt worden.

Bukit Larut (Maxwell Hill)

Taiping ist außerdem Ausgangspunkt für einen Ausflug zum ältesten Bergkurort Malaysias, dem **Bukit Larut** (Maxwell Hill), der 10 km nordöstlich der Stadt am „Grünen Berg", **Gunung Hijau** ⓱, von dem Briten William Maxwell in den 90er Jahren des 19. Jh. entwickelt wurde. Im 2. Weltkrieg mussten Kriegsgefangene der Japaner bis auf 1115 m Höhe die kurvenreiche Straße im Bergdschungel bauen, auf der heute nur noch Geländewagen des Resorts Gäste befördern dürfen: Bukit Larut ist ein nicht allzu luxuriöses, lohnendes Erholungsgebiet mit Bungalows, Resthouses, Golfplatz und Restaurants. Bei guter Fernsicht ist das Panorama – etwa vom **Tea Garden House** aus – über Taiping, die Insel Penang und Pangkor grandios.

PERAK

Regelmäßige **Expressbusse** ab Kuala Lumpur nach **Ipoh** (Jl. Tun Abdul Razak) und **Taiping** (Terminal Kemunting), über **Kuala Kangsar** (Terminal Jl. Bendahara). Die drei Orte liegen an der **Bahnlinie K.L. – Butterworth**. **Kuala Kangsar Station** in Jl. Sultan Idris, am Stadtrand. **MAS** fliegt täglich den Flughafen von **Ipoh** an; die Kurzstrecke lohnt jedoch kaum, da Züge und Schnellbusse die Strecke in ca. 3 Std. zurücklegen, von City zu City.

IPOH (☎ 05)

Perak Tourist Office, Jl. Tun Sambanthan, hinter dem High Court, Tel. 208-3155, gutes Infomaterial zu Perak, Mo-Do 8-13 u. 14-17, Fr 8-12.15 u. 14.45-17 Uhr.

CHINESISCH: **Pusing Public Seafood**, beim Ocean Einkaufszentrum. **Overseas Restaurant**, vornehm, gegenüber vom Excelsior Hotel.
Momo Café, Jl. Tun Sambanthan.
Foh San, 51 Jl. Leongbin Nam.
Stall No. 35 Wooley Centre, berühmt für Krabben, Canning Garden.
Chui Kah, bietet auch *Steamboat*, Jl. Pasar.
SONSTIGE: **Sayur Sayuran**, vegetarisch, Jl. Chung Thye Pin.
No.1 Restaurant, indisch, neben Excelsior Hotel.
Miners' Arm, kolonial-westlich, nahe Bahnhof.
F. M. S. Bar & Restaurant, Steaks in historischer Atmosphäre, Jl. Sultan Idris, am Padang, Tel. 254-0591.

Eine große Auswahl an Geschäften ist in den Shopping Centres zu finden, z. B. **Ipoh Parade**, 105 Jl. Sultan Abdul Jalil, und **Jaya Jusco**, Ipoh Garden South. Exotisches geht es in den indischen Läden in der Jl. Sultan Yusuf und auf dem großen Markt (Pasar Besar), Jl. Laksamanu, zu.

Permaisuri Bainku Hospital Besar, Jl. Hospital, Tel. 253-3333.

Lost World of Tambun, Mo, Mi, Fr 11-18 Uhr; Sa, So, Fei und Ferien 10-18 Uhr, Tel. 542-8888, www.sunway.com.my/lostworldoftambun.

KUALA KANGSAR (☎ 05)

Vom Busterminal in der Jl. Raja Bendahara fahren Direktbusse mehrmals täglich nach Taiping, Butterworth (Penang), Ipoh und Kuala Lumpur.

New Kassim Restaurant, indisch, Jl. Daeng Selili.
Rest House, Aussichtsrestaurant des staatlichen Gästehauses, Jl., Istana.
Sin Wah Bee, einfaches chinesisches Restaurant, Jl. Daeng Selik.

Muzium Diraja Perak, Mo-Do 9.30-17 Uhr, Fr 9.30-12.15 und 14.45-17 Uhr.

TAIPING (☎ 05)

Taiping Tourist Office, tägl. 10-13, 14-17 Uhr, im Uhrturm, Jl. Kota, Tel. 805-3245.

Zahlreiche Restaurants und Essstände, wie auf **Taman Selera** (Markt) in Jl. Sultan Abdullah oder **Nachtmarkt** in Jl. Panggong Wayang.
Abends sind die **Open-Air-Restaurants** bei den **Lake Gardens**, Jl. Birch, beliebt.

Perak Museum, Sa-Do 9-17, Fr 9-12.15 u. 14.45-17 Uhr, Tel. 807-2057.

PULAU PANGKOR / LUMUT

Berjaya Air fliegt von K.L. Subang (Inlandsflughafen) nach Pangkor (Keine Anschlussflüge zum K.L. Internat. Airport; Flughafenwechsel mit Transfer in K.L. nötig).
Fährschiffe zwischen **Lumut** und **Pangkor** tägl. alle 15 Min. zwischen ca. 7 und 20 Uhr in beiden Richtungen. Mehrmals tägl. zwischen **Lumut** und **Pangkor Laut**, nur für Hotelgäste mit Reservierung kostenlos, sonst recht teuer.

Außerhalb der großen Hotels nur begrenztes Angebot, oft auch nur am Wochenende.
No. 1 Seafood, am nördlichen Ende des Strandes von Pasir Bogak. **Guan Guan** und **Pangkor Village Seafood**, Kg. Pangkor.
Nelayan Seafood, chinesische und westliche Gerichte, Teluk Nipah.

Bade- und Schnorcheltouren zu Nachbarinseln sowie Wassersportausrüstung werden in Teluk Nipah und Coral Bay angeboten.

KEDAH UND PERLIS

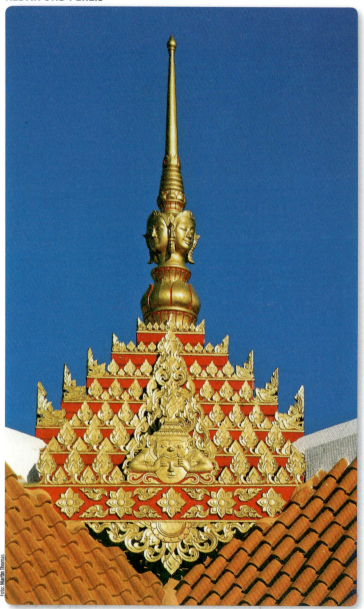

KEDAH UND PERLIS

KEDAH UND PERLIS
Tempelruinen und Reisfelder

KEDAH
PERLIS
LANGKAWI-ARCHIPEL

KEDAH UND PERLIS

Der Highway, der Peraks Städte zügig mit Butterworth und Georgetown verbindet, passiert zunächst den Südwestzipfel von Kedah. Der 9426 km² große, meist flache Staat wird auch „die Reisschüssel Malaysias" genannt. Unter den etwa 2 Mio. Einwohnern dominiert der malaiische Anteil mit rund 75 %, gefolgt von 14 % Chinesen und ca. 7 % Indern.

Kedah ist der älteste Bundesstaat. Die Königsfamilie rühmt sich eines 1000 Jahre bis in hinduistische Zeiten reichenden Stammbaums. Einzigartig für Malaysia finden sich im Bujang Valley noch Ruinen aus jener Epoche. Wegen der Lage an alten Handelsrouten war die Region von Kedah schon früh für Siedler und Eroberer attraktiv.

Ein touristischer Anziehungspunkt ist zweifellos der Langkawi-Archipel. Politisch gehört er noch zu Kedah, liegt jedoch vor der Küste von Perlis, dicht unter der Grenze zu Thailand. Dieser kleinste Staat Malaysias weist eine bewegte Geschichte auf: Häufig war er zwischen dem Sultanat von Kedah, den Thai, Briten und Japanern hin- und hergeschoben worden, bevor er dem malaysischen Bund zugeteilt wurde.

Links: Der Dachreiter der Balai Besar in Alor Setar verrät thailändischen Einfluss.

KEDAH

Am Fuß des 1217 m hohen Gunung Jerai wurzelt die indische „Mitbestimmung" in Malaysias Geschichte. Hier, im Tal des Sungai Bujang, so berichten chinesische und indische Schriften aus dem 4. Jh. n. Chr., war damals Kalah etabliert, ein florierendes Königreich. Sein Herrscher war Djaba al Hindi, ein Prinz der südindischen Chola-Dynastie. Kalahs Reichtümer lockten jahrhundertelang die Handelsschiffe aus Orient und Okzident an; phönizische Glas- und chinesische Porzellanfunde belegen dies. 671 n. Chr. besuchte der chinesische Gelehrte I Ching den Hafen „Kietcha".

Zu dieser Zeit expandierte das Hindu-Königreich von Srivijaya, dessen Einfluss sich zwischen dem 7. und 11. Jh. von Südsumatra aus auch auf die malaiische Halbinsel ausdehnte. In seiner Blütezeit unterhielt Kalah Handelsbeziehungen mit dem Stadtstaat Ligor an der Ostküste, im Süden des heutigen Thailands, der seinerseits später dem König von Siam tributpflichtig wurde und dann die Gebiete von Kelantan, Kedah, Perak und Perlis verwaltete. Bis zum frühen 19. Jh. waren Kedahs Herrscher mehr oder weniger unabhängig geblieben. Selbst als Kedah und Perlis zu Vasallen Bangkoks wurden und nach 1909 unter britische Regie fielen, gelang es deren Sultanen, sich souveräner als der Groß-

» Karte S. 104, Info S. 111

KEDAH UND PERLIS

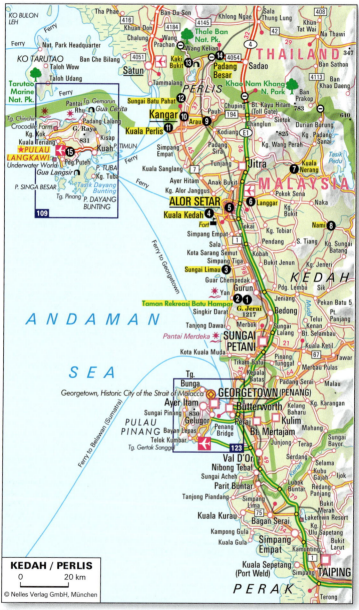

KEDAH UND PERLIS

teil der Halbinsel durch die Kolonialzeit zu manövrieren.

Schon um 1000 n. Chr. hatte der Chola-Herrscher Virirajendra I. das inzwischen malaiisierte Kalah zu erobern versucht. Ob das Königreich im 13. Jh. durch Einflussnahme der malaiisch-hinduistischen Majapahiten, die sich Java unterwarfen, zugrunde ging, ist nicht geklärt. Jedenfalls hat Marco Polo, der um 1292 durch die Malakka-Straße segelte, Kalah nicht erwähnt.

Am Sungai Bujang

Dicht hinter der Grenze von Penang nach Kedah zweigt von dem Ort **Tikam Batu** eine Straße zum Küstendorf **Kota Kuala Muda** ab und endet am schönen **Pantai** (Strand) **Merdeka**. Die größte Stadt in Süd-Kedah ist **Sungai Petani**, die außer einigen Kolonialgebäuden nahe dem **Uhrturm** und dem bunten **Gemüsemarkt** wenig Sehenswertes zu bieten hat.

Von hier kommt man nach **Bedong** oder **Gurun**, Ausgangsorte für einen Besuch der **Ausgrabungen** am **Gunung Jerai** ❶. Archäologen haben dort über 40 Tempelruinen restauriert, Vasen, Münzen, Edelsteine, Goldschmuck wurden gefunden, die ältesten Funde stammen aus dem 1. Jh. n. Chr.

Über eine zwischen Bedong und **Merbok** abgehende Straße sind die Stätten leicht zu erreichen. Schilder führen zum **Muzium Arkeologi Lembah Bujang**, das unterhalb des ergiebigsten Fundortes **Candi Bukit Batu Pahat** liegt, vor dem Dschungel des Gunung Jerai. Die hier nur als Grundmauern sichtbaren Tempel- und Befestigungsanlagen stammen aus dem 7. Jahrhundert. Möglicherweise war der nahe Wasserfall, heute gerne zum Picknick besucht, früher ein rituelle Badeplatz und wie der Tempel dem Hindugott Shiva geweiht. Am Bergfuß bietet der **Suwai Teroi Forest Park** Erholung und Naturerlebnis, mit Zeltplätzen.

Der Gipfel des **Gunung Jerai** stellt mit 1217 m Höhe ein weiteres Ausflugsziel dar. Die Sicht reicht bis zur nördlichen Küstenebene. Auf einer 13 km langen Bergstraße bringen Geländewagen Besucher, die den Aufstieg scheuen, vom nördlich des Berges gelegenen Ort **Guar Chempedak** in die Höhe. Ein Resthouse und Chalets nahe des Gipfels bieten Unterkunft.

Auch ein Aufenthalt an der Küste lohnt. Wie am **Strand** des Fischerdorfes **Yan**, von wo aus man zum Forstgebiet **Taman Rekreasi Batu Hampar** ❷ aufbrechen kann. Hier und in **Seri Perigi**, über Yan Kecil zu erreichen, gehen Wege zu kleinen **Wasserfällen** ab.

Krieg und Frieden an Kedahs Küste

Auf der Küstenstraße, die über **Sungai Limau** ❸ führt, wo die **Masjid Sultan Abdul Halim Muadzam Shah** sehenswert ist, erreicht man das Fischerdorf **Kuala Kedah** ❹. Von hier aus verkehren **Fährschiffe** zu den **Langkawi-Inseln**; in den Fischlokalen des Ortes locken allerlei Leckerbissen. Historischer Bezugspunkt ist die Ruine eines **Forts** aus dem 16. Jh., das man in Erwartung thailändischer Attacken 1770 verstärkt hatte. Ein Jahr später wurde in der Festung der Vertrag besiegelt, in dem Sultan Abdullah von Kedah den Briten die Insel Penang zugesprochen hatte. Die Thai hatten zwar erst 1821 angegriffen, aber so unerwartet und hinterhältig, dass Kedah für die nächsten 20 Jahre an Siam fiel.

Stilvolle Hauptstadt: Alor Setar

Alor Setar ❺ (400 000 Einw.), die Hauptstadt von Kedah, liegt 12 km landeinwärts. Innerhalb weniger Jahre ist sie zum Wirtschaftszentrum der nordwestlichen Halbinsel herangewachsen. Unter den Sehenswürdigkeiten, die sich alle im Stadtkern gruppieren, ist vor allem die **Masjid Zahir** zu nennen. 1912 erbaut, gilt sie als eine der schönsten Moscheen des Landes. Besonders an-

KEDAH UND PERLIS

mutig wirken die filigran gearbeiteten Torbögen und Säulen unter den dezenten, dunklen Kuppeln.

Der Zahir-Moschee gegenüber beeindruckt die **Balai Besar** (große Halle), die 1898 erbaut wurde und thailändische Architekturelemente aufweist. Sie ist Schauplatz der Audienzen, die der Sultan von Kedah regelmäßig zu seinem Geburtstag oder anderen wichtigen Anlässen gewährt. Dahinter steht der **alte Sultanspalast**, wo 1903 Tunku Abdul Rahman, der „Vater Malaysias" geboren wurde. Die Residenz des jetzigen Herrschers wurde 3 km nördlich des Zentrums in **Anak Bukit** erbaut. Sehenswert ist auch die **Balai Nobat**, Sitz des königlichen Orchesters. Wie die Balai Besar zeugt ihr Baustil von der langen Zugehörigkeit der Stadt zu Thailand. In dem dreistöckigen, achteckigen Turmgebäude werden drei Trommeln, ein Gong und eine Trompete aufbewahrt, die nur bei der Inthronisation eines Sultans und wichtigen Zeremonien in Gegenwart des Herrschers zum Einsatz kommen. Besichtigungen muss der Sekretär des *nobat* erlauben.

Im modernen, malaiisch-islamischen Stil ist das **Wisma Negeri** (Haus des Staates) erbaut, während der **Oberste Gerichtshof** sich neoklassizistisch gibt. Der Architektur der Balai Besar ist das kleine **Staatsmuseum** (Muzium Negeri), 2,5 km nördlich der Stadt, nachgeahmt. Hier sind wertvolle Ausgrabungsfunde aus Kedah ausgestellt. Lebhaft geht es vor allem am Mittwoch auf dem **Pekan Rabu** (Mittwochmarkt) von Alor Setar zu. Den soll auch der ebenfalls in Alor Setar geborene Ex-Premier Mahatir als Händler frequentiert haben. Einen schönen Rundblick über Stadt und Umland hat man vom **Alor Star Tower**, dem 165 m hohen Telekom-Turm, mit **Drehrestaurant**.

Im Hinterland von Kedah

Oben: Die Zahir-Moschee in Alor Setar, 1912 erbaut, gilt als eine der schönsten des Landes.

Weniger als 10 km östlich der Hauptstadt liegen in **Langgar** ❻ in einem

KEDAH UND PERLIS

prächtigen **Mausoleum** die früheren Sultane von Kedah begraben. In **Kuala Nerang** ❼, ca. 33 km nordöstlich von Alor Setar, treffen sich recht pittoresk zwei Flüsschen. Hier leben viele Bewohner thailändischer Abstammung.

Wer sich für *Ma'yong*-**Vorstellungen** interessiert, sollte über Pokok Sena durch die raue Berglandschaft nach **Nami** ❽ fahren. Dort wird diese traditionelle thai-malaiische Kunstform aus Ballet, Oper, Drama und Komödie aufgeführt, die ansonsten nur in Kelantan populär ist.

PERLIS

Weite Reisfelder und bizarr geformte Kalkfelsen bestimmen die Landschaft von Perlis. Dieser nördlichste und mit 810 km^2 kleinste Staat Malaysias wird von 230 000 Menschen bewohnt, die dank intensiver Agrarentwicklung gute Reis- und Zuckerernten, viel Kautschuk und des Landes schmackhafteste Mangofrüchte produzieren. Mitunter noch traditionell belassene Küstendörfer sind vom Fischfang geprägt. Rund 80 Prozent von ihnen sind muslimische Malaien, der chinesische Anteil macht hier 17 Prozent aus.

Ursprünglich war der Staat Teil von Kedah, das 1821 von Thailand erobert worden war. Nachdem Kedah 1842 wieder von seinem Sultan regiert werden durfte, blieb das abgetrennte Perlis als Vasallenstaat unter der Herrschaft der Thai. Doch diese mussten es 1909 den Briten überlassen. Im 2. Weltkrieg übergaben die Japaner Perlis wieder den Thai, und erst nach 1945, mit Rückkehr der Briten, wurde der Staat Mitglied im Malaysischen Bund.

Nach Perlis gelangen Reisende aus Kedah entweder auf der Küstenstraße über **Simpang Empat** oder entlang der Bahnlinie über die alte Königsstadt **Arau** ❾. Der heutige Raja residiert hier in der ansehnlichen **Istana Arau**. Eine weitere Sehenswürdigkeit ist die moderne **State Mosque**.

Eine Moschee, die 1910 erbaute **Masjid Syed Alwi**, ist auch das Schmuckstück von **Kangar** ❿, der 10 km entfernten Hauptstadt mit ca. 50 000 Einwohnern.

Kuala Perlis ⓫ an der Mündung des Sungai Perlis erhält seine Bedeutung durch die von hier abgehenden **Fähren** zur Insel **Langkawi**. Der Ort bietet außerdem einen lebhaften Markt und gute Restaurants in Hafennähe, die frischen Fisch servieren.

Auf der Überlandfahrt nach Thailand kann bei **Sungai Batu Pahat** ⓬, in 10 km Entfernung von der Hauptstadt, die Schlangenfarm **Taman Ular**, die einzige ihrer Art im Land, zu einem Zwischenhalt animieren. Man versichert, dass die Reptilien in sicherem Gewahrsam leben, schließlich soll das Golfspiel auf dem benachbarten 18-Loch-Kurs nicht gestört werden. 15 km nordöstlich von Kangar ist um **Chuping** die Industriezone von Perlis angesiedelt, von ausgedehnten Zuckerrohrplantagen umgeben. Diese Region ist auch wegen der 150 m hohen Kalkfelsen und der mehr als mannshohen Ameisenhügel inmitten der Reisfelder sehenswert. Historisches wurde am **Bukit Chuping** entdeckt: Knochenwerkzeuge aus der Jungsteinzeit.

Eine unterirdische Attraktion ist die Höhle von **Kaki Bukit** ⓭, ein früheres Zinnabbauareal 30 km nördlich von Kangar. Höhepunkt ist nicht die stillgelegte Mine, sondern der Gang durch die 400 m lange, beleuchtete **Gua Kelam** (Dunkle Höhle) mit ihren Tropfsteinformationen.

Schließlich setzt die Grenzstation **Padang Besar** ⓮ als nördlichste Stadt Malaysias den Schlusspunkt der Reise durch Perlis. Ein reger Grenzverkehr emsiger Händler lockt stets auswärtige Malaysier an, denn viele Waren sind billiger, hier, wo der Internationale Expresszug zur Zollabfertigung anhalten muss und eine Grenzbrücke die beiden Länder Malaysia und Thailand verbindet.

KEDAH UND PERLIS

Oben: Asiatische Urlauber am schönen Tanjung Rhu Beach auf Langkawi.

★LANGKAWI-ARCHIPEL

Aus 99 Inseln besteht der Archipel am Nordausgang der Malakka-Straße. Seit den 1990er Jahren ist die Hauptinsel ★**Pulau Langkawi** ⓯ als Urlaubsziel bei Europäern beliebt.. Doch schon früher interessierten sich Geologen und Botaniker für die zum Staat Kedah gehörende Inselgruppe in der Andaman-See. Einmal soll sie sehr früh im Kambrium, vor rund 500 Millionen Jahren, auf- und zeitweise auch wieder untergetaucht sein. Dann brachten die Inseln unabhängig voneinander Pflanzen hervor, die sonst nirgendwo zu finden sind. Die UNESCO würdigte das, indem sie der Insel 2007 den Staus **Geopark** verlieh.

Seit jeher schätzten Piraten die Verstecke auf den unübersichtlichen, von gefährlichen Strömungen umgebenen Eilanden, die strategisch günstig vor der Malakka-Straße liegen. Auch den Thai-Fürsten war der Archipel des öfteren einen Angriff wert. Und wer von den vielen deutschen Langkawi-Besuchern weiß, dass sie eine verhinderte kaiserliche Kolonie betreten? Dem damaligen deutschen Konsul auf Penang hatte der Sultan von Kedah schon die Nutzung von Langkawi als Marinestützpunkt zugesichert. Da nahte der 1. Weltkrieg, die Briten intervenierten kurz vor Vertragsabschluss, und der enttäuschte Konsul musste das Papier zurücklassen. Es liegt heute im Polizeiarchiv von Alor Setar. Später fiel die Region mit den besten Bade- und Unterwassersportmöglichkeiten an der Westküste dann in eine Apathie, aus der sie erst die Touristikmanager weckten.

Vielerorts ist die verträumte Provinzialität der Hauptinsel Langkawi dem Traum vom Fremdenverkehr gewichen. Bescheidene Palmhütten und holprige Feldwege machten Hotelbauten und einer asphaltierten Inselrundstraße Platz, in geruhsame Fischerdörfer drängten sich Souvenirshops und Diskotheken. Für Jumbo-Jets wurde der neue Flughafen angelegt. Und doch blieben die

» **Karte S. 104, Plan S. 109, Info S. 111**

KEDAH UND PERLIS

erhofften devisenbringenden Massen aus. Dann erklärte man Langkawi zur **Duty Free Zone** (für alle, die mindestens 48 Stunden bleiben) und veranstaltet nun, seit 2000, alljährlich im Februar den *Ironman Malaysia* – auf dass die Gäste neben Shopping-Specials nun auch das breite Freizeit- und Naturangebot intensiver nutzen.

Rundfahrt auf der Hauptinsel Pulau Langkawi

Noch sprudelt die Tourismusquelle nicht so ergiebig, wodurch der 480 km² großen Insel abseits von Hotels und Golfplätzen ihr geruhsamer Rhythmus erhalten bleibt.

Nach einer ca. 60minütigen Überfahrt von Kuala Perlis legen die Fährschiffe in **Kuah** 1 auf der Hauptinsel Pulau Langkawi an. Auf edlem Untergrund gelangt man vom Anleger in die Stadt: Zum Bau der Straße hat man die Abfälle aus den Marmorbrüchen der Insel verwendet. Ganz in der Nähe wurde das teure **The Westin Langkawi Resort** an einem idyllischem Standort errichtet. Palmen, Strand und Nachbarinseln lassen gerade bei Sonnenuntergang den Inselraum Gestalt annehmen.

Die 20 000 Einwohner zählende Verwaltungshauptstadt zieht sich etwa 3 km an der südöstlichen Küste von Pulau Langkawi entlang. Etliche Geschäfte, Restaurants und Hotels erinnern an die neuen Ambitionen, Wracks von Fischerkähnen in der Bucht und die maurisch anmutende Moschee hingegen an das ursprüngliche Langkawi.

Traditionell erscheinen auch die auf Stelzen gebauten malaiischen Häuser in der Umgebung inmitten sattgrüner Vegetation. Sie ist eine Mischung aus einheimischen Pflanzen, Palmen und importierten Obstbäumen. Schon seit 1879 werden auf der einstigen Pfefferinsel Kautschukplantagen betrieben.

12 km westlich von Kuah liegt Langkawis „Justizirrtum" begraben – die Prinzessin Mahsuri. In dem weißen Sar-

kophag von **Makam Mahsuri** 2 ruhen die Überreste der Adligen aus dem Inselort Ulu Melaka, die wegen Ehebruchs vor Jahrhunderten hingerichtet wurde. Zu Unrecht, wie die Farbe ihres bei der Hinrichtung fließenden Blutes bezeugt haben soll. Es war – so die Legende – nicht rot, sondern weiß, die Farbe der Unschuld. Vorher aber soll Mahsuri die Insel für sieben Generationen verflucht haben, wie anhand der Grabinschrift nachzulesen ist. Wie zur Bestätigung fielen danach die Thailänder ein, woran der 7 km entfernte Ort **Padang Matsirat** erinnert. Die Insulaner sollen hier ihre Ernte vernichtet haben, bevor sie den Feinden anheim fiel. Noch heute werden angeblich auf dem ausgedehnten **Padang Beras Terbakar** („Feld mit verbranntem Reis") schwarze Reiskörner unter der Erde gefunden...

Im Inselinneren erstreckt sich ein Waldgebiet, in dem Wanderungen auf den **Gunung Raya**, den mit fast 900 m höchsten Inselberg möglich sind. Im Inselzentrum lockt der **Langkawi Canopy Adventures Park** 3 – eine abenteuerli-

» Plan S. 109, Info S. 111

KEDAH UND PERLIS

che Kombination aus Canopy-Touren, Abseil- und Klettergelände im Dschungel.

Vom Fischerort **Kuala Teriang** an der Westküste führt die Straße am **Flughafen** vorbei zum ★**Pantai Cenang**: schöne Strände bietet die hier dem **Sonnenuntergang** zugewandte Küste. Als erste Adresse stellt sich das **Meritus Pelangi Beach Resort** vor. Am Pantai Cenang lockt zudem das Großaquarium **Underwater World** 4.

6 km westlich von **Kuala Teriang**, vorbei am einladenden Jachthafen **Telaga Harbour Park** mit seinen guten Lokalen, befindet sich **Pantai Kok** 5, einer der schönsten Strände Langkawis. Von hier führt eine Stichstraße nach **Telaga Tujuh** 6 (Sieben Brunnen), gespeist von einem Fluss, der über **Kaskaden** aus 90 m Höhe zu Tal strömt. In sieben **Naturbecken** kann man baden. Die Umgebung lädt zum Dschungel-Spaziergang in **Machincang Cambrian Geoforest Park** ein. Obendrüber schwebt, vom **Oriental Village** am Meer, die spektakuläre Seilbahn ★**Cable Car** hinauf in 700 m Höhe, wo die 125 m lange ★**Sky Bridge** auf Schwindelfreie wartet.

Folgt man der Straße nach Norden, erreicht man bald die **Krokodilfarm Taman Buaya** 7. Dort gibt es u. a. einen Show-Teich für Ringkämpfe zwischen Mensch und Krokodil.

Eine Stichstraße führt vorbei an Wasserfällen und Badebuchten zum Strand ★**Datai** 8 in der Nordwestecke Langkawis, wo die Hotels **The Andaman** und **The Datai** mit Luxus werben und ein eleganter **Golfclub** residiert.

Der Inselrundstraße nach Osten folgend, vorbei am weniger schönen Zementwerk von Telok Ewa, erreicht man **Pantai Pasir Hitam** 9. Dieser Strand zeichnet sich durch glitzernden schwarzen Sand aus. Weiter östlich folgt ★**Tanjung Rhu** 10, ein herrlicher weißer Strand, den Casuarinen-Bäume säumen und das elegante Resorthotel **Four Seasons**.

Auf einem Felsvorsprung, nur per Boot erreichbar, liegt **Gua Cerita** 11 (Höhle der Legenden). Hier sind Verse aus dem Koran in alter Schrift in den Stein gemeißelt. Einmal hier, sollte man durch **Mangrovensümpfe** zu der nahen **Fledermaushöhle** weiterfahren.

Auf der Hauptstraße zurück nach Kuah, gibt es die Touristenattraktion von **Telaga Air Hangat** 12 (Heiße Quellen). Aus Springbrunnen sprudelt das Wasser einer heißen Quelle. Die Legenden von Air Hangat sind auf einem 18 m langen gemeißelten **Relief** zu sehen. Unterhaltung im Freien beinhaltet Volkstänze, traditionelle Sportarten und Spiele, Vorführungen alter Bräuche und traditionellen Kunsthandwerks. Besucher können auch am Dorfleben, z. B. Reisanbau, teilnehmen.

3,5 km entfernt führt eine Stichstraße zum idyllischen Wasserfall **Durian Perangin** 13, der in einen klaren **See** stürzt, von dem Sprühnebel aufsteigt.

Die Nachbarinseln

Eine Sehenswürdigkeit besonderer Art bietet die südliche Schwesterinsel **Dayang Bunting** mit dem gleichnamigen See. Seit eine Frau, die sich 19 Jahre lang nach einem eigenen Kind sehnte, von seinem Wasser getrunken und daraufhin Nachwuchs bekommen hat, soll der „See des schwangeren Mädchens" befruchtende Kräfte besitzen. Außer dem malerischen Gewässer können Touristen überdies noch die 91 m hohe, von Fledermäusen bewohnte **Gua Langsir** 14 (Geisterhöhle) besuchen. Der Marmor von Pulau Dayang Bunting ist in ganz Malaysia begehrt.

Die kleinen Nebeninseln **Pulau Singa Besar** 15 und **Pulau Beras Basah** 16 laden zum Schwimmen ein.

Die Unterwasserwelt im **Marine Park** von **Pulau Payar** lockt Taucher an. Diese kleine Insel mit ihren schönen Korallenriffen liegt 40 km südlich von Langkawi; Bade- und Schnorcheltouren werden ab Kuah angeboten.

KEDAH UND PERLIS

ALOR SETAR (☎ 04)

FLUG: **MAS** (Tel. 714-3202) verkehrt zwischen **Kuala Lumpur** und **Alor Setar** (Der Airport liegt 11 km nördlich).
BUS: Expressbusse vom Busterminal ausserhalb der Stadt nach **Kota Bharu** über **Gerik**, nach **Ipoh**, **Kuala Lumpur**, **Kuala Perlis**, **Penang**, **Singapur**. Nähere Ziele, z. B. **K. Kedah**, **Guar Chempedak**, **Gunung Jerai-Junction** ab City-Busterminal. Vom Busterminal und Bahnhof verkehren auch **Sammeltaxis** in o. a. Richtungen.
BAHN: **Bahnhof** in Jl. Stesyen / Jl. Langgar. Täglich verkehrende Expresszüge nach Bangkok, Butterworth (Penang) und K.L. Auch fahren täglich Züge (Railbus) nach **Arau** und Butterworth. Bummelzüge halten auch in **Guar Chempedak**, **Gurun**, **Sungai Petani**.

MALAIISCH: **Hajjah**, 53 Jl. Tungku Ibrahim.
INDISCH: **Rose**, Jl. Sultan Badlishah. Indische Gerichte servieren auch einige Food Stalls hinter dem Busbahnhof.
CHINESISCH: **Kew Leong**, neben Sentosa Mall.

Muzium Negeri, Sa-Do 9-17 Uhr, Eintritt frei, 2,5 km nördlich. **Muzium Padi**, Reismuseum, tgl. 9-17 Uhr, 8 km nördl.

GUNUNG JERAI (☎ 04)

SUNGAI BUJANG: **Muzium Arkeologi Lembah Bujang**, geöffnet täglich 8-17 Uhr, Fr 12.15-14.45 Uhr geschlossen.

KANGAR (☎ 04)

BUSSE: Verbindungen nach Alor Setar, Butterworth, K.L. und Thailand.

KUALA PERLIS (☎ 04)

SCHIFF: Von 8-18 Uhr halbstündlich Fähren von **Kuala Perlis** nach **Langkawi**, die Fahrzeit beträgt knapp 1 Stunde.

Etliche **Seafood-Lokale** an der Fähranlegestelle.

INSEL LANGKAWI (☎ 04)

Tourism Malaysia Information Center, Tel. 966-7789, in Kuah, im Flughafen, Tel. 955-7155, und am Jetty Point, Tel. 966-0494.
Adventure Fun Park, Tel. 0124848744.

FLUG: **MAS** (Tel. 966-6332) verkehrt mehrmals täglich ab Kuala Lumpur (KLIA oder Subang), Penang und Singapur direkt nach Langkawi. Auch fliegt **Air Asia** von K.L. aus (Low Cost Carrier Terminal am KLIA), Tel. 955-7750.
SCHIFF: Fährboote ab Kuala Perlis, Tel. 985-2690, und ab Kuala Kedah, Tel. 762-6295, die Fahrzeit (ca. 1 Std.) hängt von den Wetterbedingungen ab; tägliche Fährverbindung auch von und nach Georgetown/Penang. Die umliegenden Inseln erreicht man nur mit **Ausflugsbooten**.
TAXIS: Es gibt Taxis, wenn man die Insel nicht selbständig per Fahrrad, Moped, oder Auto, die es überall zu mieten gibt, erkunden will.

Außer den Resort- und Hotel-Restaurants gibt es zahlreiche Essstände und einfache, meist chinesische Seafood Restaurants in **Kuah**, z. B. bei der Moschee und nahe des alten Fischmarktes.
Empfehlenswert: An der **Pantai Cenang**: **Orkid Ria Seafood** (chinesische Gerichte), **Beach Garden** und **The Sailor** (deutsches Essen), **Bon Ton** (nördlich des Pelangi Beach Resort).
An der **Pantai Tengah**: **Sheela's** (malaiische Küche), **Oasis** (indisch), **Sun Village** und **Matahari** (asiatische Edelküche), **Fat Mum Seafood** (Familienunternehmen mit guten Preisen), **Biryani House** (indisch).

Hospital Langkawi, 10 km westl. von Kuah, beim Golfplatz, Tel. 966-3333.

TOUREN: Veranstalter bieten Touren zu Höhlen, Urwald u. typ. Dörfern an.
TAUCHEN: Ausflüge zur Pulau Payar, u. a. mit Langkawi Coral, Tel. 966-7318.
Langkawi Canopy Adventure, Tel. 012-466-8027

Am Strand von Batu Ferringhi („Felsen der Portugiesen") auf Penang

PENANG

PENANG

PENANG
Insel der Betelnüsse

PENANG
GEORGETOWN
AUSFLÜGE AUF PENANG

★★INSEL PENANG

Tourismusbroschüren und Reiseberichte überbieten sich in märchenhaften Beschreibungen von Penang. „Land der Götter", „Smaragd-Insel", „Idylle unter der Sonne" oder „Perle des Orients" – so wird stark übertrieben bejubelt, was die Einheimischen bescheidener *Pulau Pinang*, „Insel der Betelnüsse" tauften. Der Charme von Penang, das als malaysischer Bundesstaat die drei Nebeninselchen Pulau Tikus, Pulau Rimau, Pulau Jerejak und die Festlandsregion gegenüber um Butterworth einschließt, lockt seit über 200 Jahren Geschäftsleute und Reisende aus aller Welt an.

Fast die Hälfte (46 Prozent) der über 1,5 Millionen Bewohner des Staats Penang sind Chinesen. Die Malaien folgen mit etwa 43 Prozent, der Rest sind Inder und Weiße.

Der Europäer, der die 293 km² große Insel am 11. August 1786 für die englische East India Company in Besitz nahm, war Kapitän Francis Light. Er glaubte, das Paradies, zumindest aber eine günstige Zwischenstation für den lukrativen Chinahandel entdeckt zu haben. Bis dahin war das damals noch als *Pulau Ka Satu* (die einzelne Insel) bekannte Penang die Heimat einiger malaiischer Fischerfamilien und Schlupfwinkel gefürchteter Piraten. Sie gehörte zum Machtbereich von Sultan Abdullah von Kedah, der sie dann der Ostindien-Gesellschaft im Tausch gegen Schutz vor Thai und Bugis anbot. Francis Light gründete Georgetown zu Ehren seines Königs George III. (1738-1820). Doch bald sah sich Abdullah bei dem Handel betrogen, denn England verweigerte ihm im Konflikt mit Thailand Waffenhilfe. Wütend machte der Sultan die Übereignung Penangs rückgängig und forderte die Engländer zum Rückzug aus Penang. Genau das hatten die neuen Herren nicht im Sinn. Da ließ Abdullah im März 1791 Penang angreifen. Erfolglos, denn die Briten konterten, und der Monarch von Kedah musste letztlich die britische Zukunft der Besitzung akzeptieren.

Vorausblickend hatte Light die vielversprechende Insel „Prince of Wales Island" getauft, zu Ehren des britischen Thronfolgers George IV., dessen Geburtstag mit dem Tag seiner Landung zusammengefallen war. In einem späteren Vertrag erhielt die East India Company von Kedah auch noch das Festlandgebiet zwischen den Flüssen Muda und Kerian, die dann „Wellesley Province" hieß, nach dem damaligen Generalgouverneur von Indien.

Schnell bevölkerte sich die kaum be-

Links: „Kolonialsoldat" am vormals britischen Fort Cornwallis in Georgetown.

》》 Karte S. 123, Info S. 125

PENANG

wohnte Insel. Francis Light öffnete den Hafen für den internationalen Schiffsverkehr. Zollfreiheit und die Einladung an jedermann, sich auf Penang zur Förderung der Wirtschaft niederzulassen, sorgten für Aufschwung und regen Handel. Chinesen, v. a. aus der Provinz Fukien, und Inder wanderten ein, Malaien der Halbinsel und Leute aus Sumatra besiedelten die Insel. So mancher wurde durch den Pfefferhandel mit Nord-Sumatra reich und durch den Schmuggel von Zinn aus Perak und Selangor, wo damals noch die Holländer das Sagen hatten. Die Engländer gliederten Penang in die Straits Settlements ein und entwickelten es schon früh zu einem Erholungsziel für Kolonialbeamte und deren Familien.

Im 1. Weltkriegs zog die strategische Lage der Insel sogar die deutsche Kaiserliche Marine an: Im Oktober 1914 griff der Kleine Kreuzer *Emden* Penangs Hafen an und versenkte ein französisches und ein russisches Schiff.

Als Malaysia 1957 unabhängig wurde, entstand aus der Insel und der Provinz Wellesley der nun wieder malaiisch benannte 13. Bundesstaat Malaysias: Pulau Pinang. Heute versucht man, den Bevölkerungszuwachs von der Insel auf das Festland zu dirigieren, wo neue Wohn- und Industriegebiete entstehen. Der Ruf von Penang als „Perle des Orients" soll nicht noch mehr geschädigt werden.

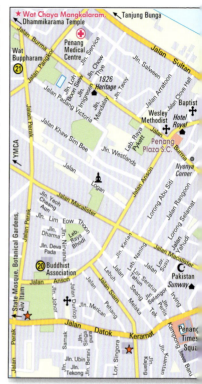

★★Georgetown

Wer nicht direkt den internationalen **Bayan Lepas Airport** 16 km südlich des Stadtzentrums ansteuert, erreicht Penang über die touristisch uninteressante Industrie- und Hafenstadt Butterworth auf dem Festland. Die gebührenpflichtige Überfahrt erfolgt entweder per Fähre oder über die **Penang Bridge**, mit 13,5 km Südostasiens längste Brücke, zur Insel. Das sündhaft teure Bauwerk soll 400 Jahre und Erdbeben bis zu einer Stärke von 7,5 auf der Richterskala aushalten können. Ansonsten bedienen Fährschiffe den Pendeltransport von und nach Pulau Pinang und befördern die am Anleger von **Butterworth** ankommenden Eisenbahnreisenden aus Thailand oder Kuala Lumpur.

Die Mehrheit der rund 750 000 Inselbewohner lebt in der kosmopolitischen Hauptstadt, die sich fast über die gesamte Ostküste der Insel Penang erstreckt: ★★**Georgetown**, dem kulturhistorischen Juwel des Bundesstaates. UNESCO-Weltkulturerbe ist es wegen des alten britischen Stadtkerns, der über viele Jahrzehnte unsaniert überleben durfte. Hier und da wurden zwar Straßennamen ins Malaiische umgeschrieben, doch hat Georgetown

PENANG

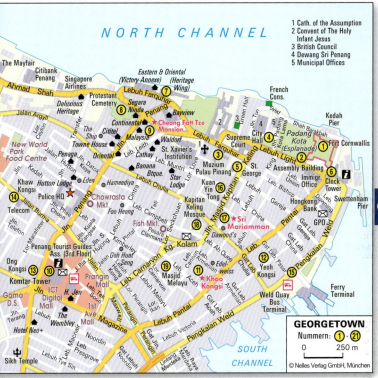

im Gegensatz zu K.L. die koloniale Vergangenheit nicht durch architektonische Kosmetik übertüncht. Es bleibt zu hoffen, dass der UNESCO-Status der – auch wegen ihrer ethnischen Mischung erhaltenswerten – ★★**Altstadt** zur Renovierung der vielen privaten Kolonialhäuser führt, oft Shop Houses, die chinesischen Clans gehören.

Einen guten Einstieg in das Kulturerbe vermitteln Rundgänge: der **Heritage Trail**, der beim **Cafe Edelweiss**, einem restaurierten Konialhaus in der Armenian Street, beginnt; die **Street of Harmony**, eine Tour, welche beim Penang Museum startet und die Sakralgebäude der verschiedenen Religionen passiert; der **Traditional Trade Trail** (alte Handwerkskunst) oder der **Traditional Food Trail** (Herstellung und Verkosten typischer Leckerbissen). Infos dazu beim Penang Heritage Trust.

Fort Cornwallis ① steht an der heutigen **Kedah Pier**, dort, wo Kapitän Francis Light 1786 landete. Sein Name erinnert an den damaligen Generalgouverneur von Indien. Hier steht die in Holland gegossene Kanone **Seri Rambai**, die Light angeblich mit Silbermünzen füllen und in den nahen Dschungel abfeuern ließ, um seine indischen Soldaten zum Bau des ersten, hölzernen Forts zu motivieren – auf der Suche nach dem Silber rodeten sie dann angeblich den Urwald. Außerdem soll die Kanone fruchtbarkeitsfördernd wirken:

》 Stadtplan S. 116–117, Info S. 125

PENANG

Ihr Podest schmücken häufig Blumen und Rauchstäbchen, die kinderlose Chinesinnen dem mächtigen Rohr hoffnungsvoll opfern.

In der Nähe ist der Park **Padang Kota** ②, auch als **Esplanade** bekannt, wo sich besonders abends und am Wochenende die Stadtbewohner entspannen. Begrenzt werden Padang Kota und Fort Cornwallis von den Straßen Jl. Padang Kota, Jl. Tun Syed Sheh Barakbah und Lebuh Light.

Der Stadtgründer, der in der Nähe der Gabelung von Lebuh Farquhar und Jl. Sultan Ahmad Shah begraben liegt, ist zudem als Statue vor dem **Muzium Pulau Pinang** ③ (Penang Museum and Art Gallery) an der Lebuh Farquhar verewigt. Das Museum ist im Gebäude der ehemaligen „Penang Free School" an der Lorong Love untergebracht, die zwischen 1907 und 1965 als erste Schule in Penang auch malaiische Kinder unterrichten konnte. Auch Touristen sollten sich von dem lokalhistorischen Inhalt des schmucken Kolonialbaus, möglichst vor Fortsetzung der Inselbesichtigung, belehren lassen. Er steht mitten im damaligen und gegenwärtigen Verwaltungszentrum der Insel, wo zwischen Lebuh Light und Lebuh Farquhar weitere Gebäude von der britischen Ära Zeugnis ablegen. Da ist die **Georgetown City Hall** ④ (Rathaus), der **Dewan Sri Penang** (altes Parlamentsgebäude), der **Supreme Court** (Oberster Gerichtshof), der betagte **Mariner's Club**, die **Old Penang Library** (Bibliothek). Eine andere, seit der Kolonialzeit angesehene Schule ist **St. Xavier's Institution**. Die protestantische **St. George's Church** ⑤ von 1819 und die katholische **Cathedral of the Assumption** liegen ebenfalls an der Farquhar Street.

Der 18 m hohe **Clock Tower** ⑥ (Uhrturm) nahe Fort Cornwallis war das Geschenk des chinesischen Millionärs Cheah Chin Gok, der ihn 1897 zu Königin Victorias 60. Krönungsjubiläum erbauen ließ.

Oben: Rickshaw-Fahrer in Georgetown. Rechts: Chinesischer Lampionbauer in der Altstadt.

PENANG

Mit dem viktorianischen Prachtbau des **Eastern & Oriental Hotel** ⑦ (kurz: E & O) in der Lebuh Farquhar hat Penang schon im 19. Jh. die ersten Touristen auf die Insel gelockt. 1885 gegründet, zählt die Nobelherberge neben dem Raffles in Singapur und dem Oriental in Bangkok zu den letzten erhaltenen klassischen Kolonialhotels in Südostasien. Der Schriftsteller Rudyard Kipling erfrischte sich in der *1889-Bar*, sein Kollege Somerset Maugham wohnte am liebsten in der Suite im Erdgeschoss. Auch Hermann Hesse stieg anlässlich seiner „Indienfahrt" 1911 hier ab. Das Hotel wurde in großem Stil renoviert und 2001 wiedereröffnet.

Wer die Gräber früherer Hotelgäste sehen will, sollte den alten **Englischen Friedhof** ⑧ besuchen. Dort, auf dem Weg vom Zentrum zum „E & O", sind nicht nur Kolonialsoldaten, sondern auch deren Familien sowie Seeleute und europäische Händler bestattet.

Foto: Albrecht G. Schaefer

Die Chinesen von Penang

Wie in jeder malaysischen Großstadt sind in der Altstadt von Georgetown die **Shop Houses**, die alten Ladenhäuser der Chinesen, bemerkenswert. Ihre stuckverzierten, oft pastellfarbenen Fassaden wirken auf anmutige Weise uniform. Stets gibt es hinter ihnen etwas zu entdecken, sei es ein Geschäft mit chinesischer Handarbeit, ein Sammelsurium traditioneller Medikamente oder die Werkstatt eines Sargmachers.

Das mit rund 200 Jahren älteste chinesische Wohnhaus Penangs ist das ★**Cheong Fatt Tze** ⑨ in der Lebuh Leith, das zu einem stilvollen Luxushotel umgestaltet wurde. Auch Nicht-Hotelgäste können an geführten Besichtigungen teilnehmen.

Unübersehbares Symbol des neuen Georgetown ist im Westen der City der 65stöckige Hochhauszylinder **Komtar** ⑩ (Komplex Tunku Abdul Rahman). Unten sind Geschäfte, in den höheren Etagen Restaurants und Büros einquartiert. Der Blick von oben lohnt sich – Georgetown liegt einem zu Füßen, und bei guter Sicht reicht die Aussicht bis zum Kedah Peak auf dem Festland.

Die ökonomische Macht der Chinesen auf Penang wird anschaulich dokumentiert durch die *Kongsi*, die **Klanhäuser**. In einem *Kongsi* trifft sich die gesamte Sippe, also der Verband der Familienmitglieder, die alle denselben Nachnamen tragen. Für andere Klans dagegen, die in traditioneller Feindschaft zueinander leben, ist ein *Kongsi* der Konkurrenz strengstens tabu.

Eine herausragende Sehenswürdigkeit und unbestritten das schönste Sippenhaus von Penang stellt das ★**Khoo Kongsi** ⑪ am Cannon Square dar. Es ist über die Lebuh Cannon zu erreichen. Mit diesem reich verzierten Gebäude, das 1902 entstanden ist, hat sich die Khoo-Familie, einflussreiche „Straits Chinese", ein Denkmal geschaffen. Zum zweiten Mal, denn das erste, 1898 erbaute *Kongsi* war kurz nach der Einweihung in Flammen aufgegangen. Dessen Prunk soll die Götter

» **Stadtplan S. 116–117, Info S. 125**

PENANG

eifersüchtig gemacht und den Kaiser von China erzürnt haben, denn für ein Haus gewöhnlicher Erdenbürger sei das *Kongsi* einige Nummern zu groß geraten. In der Tat, auch der heute zu bewundernde Bau könnte himmlische Neider herausfordern: Das äußerst fein gearbeitete Skulpturenwerk mit seinen glasierten Drachen auf dem Dachfirst und die geschnitzten und vergoldeten Deckenbalken suchen ihresgleichen in ganz Malaysia.

In Georgetown gibt es noch weitere Klanhäuser: das **Yeoh Kongsi** ⑫ in der Lebuh Chulia, das **Ong Kongsi** ⑬ in der Jl. Penang und das **Khaw Kongsi** ⑭ in der Jl. Burma.

Das tägliche Leben der chinesischen Klans kann man am **Pengkalan Weld** ⑮, dem Weld Quai, neben dem Fähranleger beobachten. Dort wohnen die Familienverbände der **Lim** und **Chew** in **Pfahlbausiedlungen** über dem Wasser. Die „Hauptstraße" ist ein Plankensteg, dem beidseitig die hölzernen Wohn- und Ladenhäuser angegliedert sind. Rücksichtsvolle Touristen haben das Privileg, herumwandern zu können, während Mitgliedern anderer Klans der Zutritt verwehrt bleibt.

Tempel und Moscheen

Für Buddhisten hält Penang, religiöses Zentrum der malaysischen Chinesen, ein großes Angebot an wichtigen Gebetsstätten bereit; weitaus mehr ist der architektonische Glanz der Kolonialepoche bestimmt „Chinesisches Barock" das Gesicht von Penangs Hauptstadt. Der älteste buddhistische Tempel der Insel ist der **Kuan Yin Tong** ⑯ in der Jalan Masjid Kapitan Keling. Das bereits 1830 zu Ehren der Gnadengöttin Kuan Ying errichtete Gebäude zieht seitdem die „kleinen" Gläubigen an. Hausfrauen, Straßenhändler, Schuhputzer, Rikschafahrer beten zu der achtzehnarmigen Göttin, die als einzige Boddhisattwa, Buddhagleichen unter den chinesischen Gottheiten, die Einkehr ins Nir-

Oben: Das Sippenhaus des chinesischen Khoo Klans in Georgetown.

PENANG

wana abgelehnt hat, solange es noch ungerecht auf der Welt zugeht. Sie will lieber denen beistehen, die weiterhin auf die Erleuchtung warten müssen. Auch für fremde Besucher ist es eine eindrucksvolle Erfahrung, den Gläubigen in dem von Weihrauch geschwängerten Tempel zuzusehen. Tag und Nacht brennen riesige Räucherspiralen, geschäftig klappern die Menschen mit den Wahrsagestäbchen und rufen die Göttin der Barmherzigkeit um Hilfe für den irdischen Lebenskampf an.

Ebenfalls eine weibliche Gottheit wird im nahen, 1883 erbauten ★**Sri Mariamman Tempel** (17) verehrt, allerdings von Hindus: Das in der Jalan Masjid Kapitan Keling gelegene religiöse Zentrum der hinduistischen Inder Penangs ist der Mutter aller Götter, der Sri Maha Mariamman geweiht. Als prachtvoller Fassadenbau über dem Eingangstor zeigt das turmähnliche *gopuram* zahlreiche, kunstvoll in Stein geformte Hindu-Gottheiten. Im Inneren ertönen Trommeln und Flöten. Frauen schlagen abends Kokosnüsse auf dem Boden auf, um Fruchtbarkeit zu erflehen. Der Gott Lord Subramaniam hat während des *Thaipusam*-Festes seinen großen Tag, wenn sich die Männer mit Speeren und Haken die Körper martern.

Den muslimischen Gläubigen dient das dritte bedeutende Gotteshaus in der Jalan Masjid Kapitan Keling – die **Kapitan Keling-Moschee** (18). Sie ist um das Jahr 1800 von dem reichen indischen Kaufmann Cander Mohudeen gestiftet worden, der damals „Kapitan", also Gemeindeoberhaupt war. Indisch inspiriert, mit maurischen Elementen durchsetzt, ist auch die Architektur der Moschee. Ihre Pracht täuscht etwas über die Tatsache hinweg, dass die muslimischen Malaien von Penang in sozialer und politischer Hinsicht eher die Minderheit darstellen. Obwohl sie vor den chinesischen und indischen Einwanderern auf der Insel siedelten, wurden sie an die Küsten verdrängt. Sie leben dort vorwiegend vom Gewürzanbau und von der Fischerei.

Die Muslime von Penang beten auch in der **Masjid Melayu** (19) in der Lebuh Aceh (erbaut 1820) und außerdem in der imposanten **Masjid Negeri** (Staatsmoschee) im Westen der Stadt. Dieser moderne Bau in der Jl. Masjid Negeri mit vergoldeten Kuppeln auf der Gebetshalle und dem Minarett kann 5000 Gläubige aufnehmen.

Einige buddhistische Tempel sind wegen ihres starken Thai-Einflusses interessant: Mit einer siebenstöckigen Pagode schmückt sich in der Jl. Anson der Tempel der **Penang Buddhist Association** (20), eine Vereinigung, die die reine Lehre propagiert. Der mächtige Altartisch besteht aus chinesischem Hartholz und weißem Marmor. Aus Marmor sind auch die Statuen Buddhas und seiner Jünger gehauen.

In der Nähe, in der Jl. Perak Nr. 8, beeindruckt der **Wat Buppharam** (21), ein Thai-Tempel von 1942, durch etwa 30 m lange **Nagas**, steinerne, siebenköpfige Schlangen, die den Eingang bewachen. In der Pagode beten Gläubige zu zwei sitzenden Buddhas.

Prächtige Wohnhäuser haben der nach Nordwesten führenden **Küstenstraße**, der Verlängerung der Jl. Sultan Ahmad Shah, den Namen „**Straße der Millionäre**" eingebracht.

Von dort ist es nicht weit bis zur Jl. Kelawai, in der dann, hinter der Kreuzung mit der **Jalan Burma**, die Thai-Tempelanlage ★**Wat Chaya Mangkalaram** befindet. Von Tempelwächtern (*yak*), *naga* und Vogelmädchen (*kinnara*) bewacht, beherrscht der **Liegende Buddha** das Tempelinnere. Er ist mit 32 m Länge die drittgrößte Statue dieser Art in der Welt. Die Statue ist eine Votivgabe der Gläubigen und dick mit Blattgold beschichtet. An der Jl. Burma steht auch der **Dhammikarama Burmese Temple**, 1965 ganz in birmanischer Tradition und mit zwei weißen, steinernen Elefanten als Wachposten erbaut. Umgeben sind diese beiden Tempel von schönen **Villen** aus der Kolonialzeit.

» Stadtplan S. 116–117, Info S. 125

PENANG

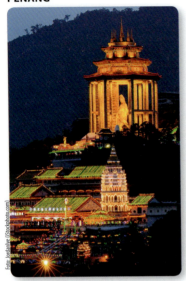

Oben: Kek Lok Si, der Tempel der 10 000 Buddhas.

Ausflüge auf Penang

An der Staatsmoschee vorbei fährt die Stadtbus-Linie über den Vorort Air Itam (Schwarzes Wasser) zum **Kek Lok Si** ㉒, dem „Paradies im Westen". Der 1890 erbaute Tempel der 10 000 Buddhas, die größte und schönste Tempelanlage Malaysias, zieht sich in mehreren Terrassen an einem Hügel hoch. Sein Höhepunkt ist die 30 m hohe, siebenstöckige **Ban Hood Pagode**. Sie ist ein um 1930 vollendetes Meisterstück asiatischer Künstler. Chinesischer Herkunft ist die achteckige Basis, der Mittelbau ist typisch für Thailand, während die unzugängliche Pagodenspitze auf burmesischen Einfluss zurückgeht. In ihr wird eine goldene Nachbildung und eine Reliquie Buddhas aufbewahrt. In ihren Nischen sind die 10 000 Buddhas dargestellt, im zentralen Altarraum wird Kuan Yin, die Göttin der Gnade, umgeben von 24 Himmelskönigen und Heiligen, verehrt. Kloster- und Gebetsräume, eine Bibliothek, der Teich mit den heiligen Schildkröten und der Pavillon mit der 30 m hohen Bronzestatue der **Kuan Yin** gehören dazu. Bereits der 152 Stufen lange Aufstieg und die schöne Aussicht lohnen die Anfahrt.

Die Straße führt weiter zum Stausee **Air Itam Dam**, dem zentralen Wasserreservoir von Penang, das auch als Naherholungsgebiet genutzt wird.

Ein begehrtes Erholungsziel war schon während der Kolonialzeit der ★**Penang Hill** ㉓, wo mit 830 Metern über dem Meer die höchste Erhebung auf der Insel aufragt. Doch erst 1923 hat man mit Hilfe der Kabelbahntechnik aus der Schweiz die **Funicular Railway**, die Zahnradbahn, in Dienst stellen können, nachdem ein früherer Wasserturbinenmechanismus versagt hatte. Die steile, etwa 30minütige Fahrt, die an der **Talstation** in **Air Itam** beginnt, bietet Ausblicke auf Georgetown. Zu beiden Seiten der Schienen gedeiht zunächst üppige Tropenvegetation, dann überwuchern Hängepflanzen und Farne große Granitblöcke. Vornehme Millionärsvillen kommen ins Blickfeld, dann wieder einfache Farmhütten, deren Bewohner am Hang Bananen und Obstbäume anbauen. In Gipfelnähe – die Bahn endet bei 780 m Meereshöhe auf dem **Bukit Bendera** (Strawberry Hill, weil Francis Light hier Erdbeeren hatte anbauen lassen) – leuchten Hibiskussträucher. Die Temperatur liegt hier das ganze Jahr hindurch erfrischende sechs bis acht Grad tiefer als in der Stadt. Kein Wunder, dass sich einige Hotels auf dem Berg etabliert haben. Ein kleiner Hindu-Tempel und eine Moschee stehen für das seelische Wohl bereit. Kinder finden hier auch Spielplätze; Parks, Wanderwege und ein 22 m langer **Canopy Walk** durch bis 30 m hohe Baumwipfel laden zu Erkundungen ein.

Die Penang-Berge lassen sich auch zu Fuß erklimmen, auf ausgearbeiteten Touren, die eine beim Tourist Office erhältliche Broschüre erläutert. Ein Ausgangspunkt für die Besteigung

PENANG

des Bukit Bendera ist der **Botanische Garten** ㉔ im Nordwesten von Georgetown. Der Park, in dem sich inmitten unterschiedlichster Vegetation Rhesusaffen tummeln, ist mit dem Stadtbus ab Victoria Street zu erreichen. Etwa einen Kilometer vorher, von der Jl. Kebun Bunga aus sichtbar, thront hoch am Berghang, oberhalb des Air Itam-Stausees, der Hindu-Tempel **Nattukotai Cherriar**, während des Thaipusam-Festes Ziel aller Bußprozessionen.

Auf dem Weg zu den berühmten Stränden im Norden liegt der kleine Ort **Tanjung Bungah** ㉕. Eine Abzweigung führt zum Hügel **Bukit Mutiara**, von wo sich ein schöner Blick über Küste, Stadt und die grazil wirkende Brücke zum Festland bietet. Dann breitet sich endlich das Erholungsgebiet und ehemalige Hippie-Ziel **Batu Ferringhi** ㉖ („Portugiesischer Felsen") an Penangs Nordküste aus. Etliche Hotels unterschiedlicher Preisklassen, meist von Pauschaltouristen gebucht, werben mit Faulenzen am **Strand**, freundlichem Personal und herrlichen Sonnenuntergängen. Das Meer ist hier allerdings ziemlich trüb. Viele Besucher kommen vor allem wegen der guten **Restaurants** nach Batu Ferringhi.

Am westlichen Ende von Batu Ferringhi, an der Straße nach Teluk Bahang, lohnt ein Besuch des **Tropical Spice Garden**. In dieser grünen Oase der Ruhe sind zahlreiche tropische Gewürzpflanzen auf ausgeschilderten Fußwegen zu entdecken, außerdem ein klei-

» **Karte S. 123, Info S. 125**

PENANG

nes Gewürzmuseum und ein Café.

Weniger Trubel, und dazu einen besseren Strand und billigere Unterkünfte bietet das Malabar-Fischerdorf **Teluk Bahang** ㉗. Tauch- und Schnorchelgründe finden sich außer bei dem privaten Strand **Teluk Duyung** (Monkey Beach) am **Pantai Keracut**, nach dem langen Landesteg der Fischer, in der Nähe des **Leuchtturms** von **Muka Head** ㉘. Am Ufer steht der **Sri Singamuga Kaliaman Tempel**, Mittelpunkt des Hindu-Festes *Masi Maham*.

Zwischen Muka Head und dem südlicheren Küstenort Pantai Aceh erstreckt sich der 2500 ha große **Penang National Park** ㉙ mit Wald und Stränden, zu erreichen via Teluk Bahang. Südöstlich von Teluk Bahang beginnt das Erholungsgebiet **Teluk Bahang Forest Recreational Park** ㉚, hier kann man in Pools baden, eine **Orchideenzucht** oder das Waldmuseum **Muzium Per-** **hutanan** besuchen und auf markierten Wegen wandern.

Die **Penang Butterfly Farm** am Weg zum Teluk-Bahang-Naturpark ist auch einen Besuch wert: Unter einem lichtdurchlässigen Dach tummeln sich Schmetterlinge in allen Farben, Größen und Entwicklungsstadien; Frösche, Spinnen und auch Skorpione in ihrer nachgeahmten Umgebung.

Einen Zwischenstopp auf der Inselrundreise lohnt die **Tropical Fruit Farm**. Auf Hangterrassen werden exotische Früchte angebaut, die man probieren darf. Dazu kann man den herrlichen Ausblick zur Nordküste genießen. In der Nähe plätschert der Wasserfall **Air Terjun Titi Kerawang** ㉛.

In **Balik Pulau** ㉜ werden je nach Saison Durian, Mangos, Karambola und andere saftige Früchte der umliegenden Plantagen angeboten.

Wer sich Zeit lässt, kann auf der Strecke zwischen **Teluk Kumbar** und **Gertak Sanggul**, am Südwestzipfel von Penang, einige schöne **Strände** aufsuchen. Zum besten unter ihnen, **Pasir Panjang** ㉝, fahren Mietboote vom Fischerdorf **Bakar Kapor** ㉞ aus.

Im Fischerort **Batu Maung** ist ein kleiner **Tempel** mit dem Fußabdruck des legendären Cheng Ho die Attraktion. Der chinesische Admiral soll hier an Land gegangen sein. In einem kleinen, sehenswerten **Aquarium** wird Besuchern die einheimische Unterwasserwelt durch Schaubecken und Videofilme näher gebracht, geöffnet Do-Di 10-17 Uhr. Vom Ort **Bayan Lepas** führt eine Abzweigung zum Dorf **Serenok** ㉟, wo man ein restauriertes **Malay House** bewundern kann.

Nördlich des **Bayan Lepas Airport** liegt der chinesische **Schlangentempel** ㊱ (Snake Temple) von 1850. Den wenigen verbliebenen Schlangen hat man die Giftzähne gezogen, der Tempel ist zum Hintergrund für Fotografen geworden, die Besucher mit um den Hals gelegten Schlangen gegen Geld ablichten.

Oben: Im Schlangentempel von Penang. Die Reptilien gelten als Gefolgschaft des vergöttlichten Mönchs Chor Soo Kong.

PENANG

GEORGETOWN (☎ 04)

Penang Tourism Information Centre, Tel. 261-6806, und **Tourism Malaysia**, Tel. 262-2093, 116 u. 118 Lebuh Acheh, Mo-Fr 8-17 Uhr, Jl. Tun Syed Shek Barakbah, beim Fort Cornwallis; Broschüren, Busfahrpläne u. a. Airport-Büro: Tel. 642-6381, tgl. 8-21 Uhr. **Tourism Penang**, KOMTAR Bldg., 56. Stock, Tel. 262-0202. **Penang Heritage Trust**, 26 Lebuh Gereia, Tel. 264-2631, www.pht.org.my.

FLUG: Täglich **MAS**-Flüge (Tel. 217-6323) zu verschiedenen Inlandszielen (Kuala Lumpur, Langkawi). Regelmäßig Flüge von und nach **Singapur**, **Bangkok**, **Medan**. Direkte Charterflüge aus Europa, Australien.
BAHN: Anreise über **Butterworth Railway Station** an Fähranleger. Fahrkarten auch im **Railway Booking Office** am Fähranleger in Georgetown, Tel. 261-0290.
SCHIFF: Regelmäßig nach **Belawan/Medan**, **Langkawi**. Fährverkehr von 6 bis 24 Uhr zwischen **Butterworth** und **Penang**.
BUS: Busse und Minibusse verbinden Georgetown mit allen Orten auf der Insel. Überlandbusse fahren vom Busbahnhof am Komtar-Hochhaus. Viele **Überland-Expressbusse** fahren ab Butterworth, gleich neben der Fähranlegestelle.

Penangs Küche ist berühmt. Auch Besucher aus Malaysias Nachbarländern, die es sich leisten können, verbringen gern ein Schlemmer-Wochenende auf Penang. Spezialitäten sind hier u. a.: *Laksa assam* bzw. *lemak* (Nudelsuppe mit Fischsoße u. Kräutern, Tamarinde bzw. Kokosmilch bei *lemak*) *Satay* (zart gebeizte Hühner- oder Rindfleischspieße), *Kari Kapitan* (Curry-Huhn) oder *Nasi Kandar* (Reisgericht mit Huhn, Rindfleisch, Fisch-Curry, Gemüse), eine Kostprobe der indisch-muslimischen Kochkunst.
CHINESISCH: Der chinesische Einfluss, die Küche von Kanton, Szechuan, Hakka oder Peking, schlägt sich in den vielen Lokalen von Georgetown nieder. Wie im **Foo Heong**, Lebuh Cintra, im **Goh Huat Seng**, Jl. Kimberley, oder im **Dragon Inn**, 27B Jl. Gottlieb.
INDISCH: **Dawood's**, 63 Queen St. **Hameediya**, Jl. Campbell.
Malaiisch-indisch kocht man im **Kassim Nasi Kandar**, Jl. Brick Kiln oder auch im **Minah**, Jl. Gelugor.
SEAFOOD: **Oriental Café**, Jl. Macalister. **Penang Seafood Restaurant**, Jl. Tanjong Tokong. **Eden**, Jl. Hutton. **Oriental Seafood**, Gurney Drive in Pulau Tikus.
NYONYA-KÜCHE: **Nyonya Corner**, Jl. Nagore. **Dragon King**, Lebuh Bishop / Jl. Masjid Kapitan Keling. **Hot Wok**, sehenswertes Dekor, Jl. Burma, Tel. 227-3368.
WESTLICHE GERICHTE: **The Ship**, Jl. Sri Bahari. **Green Planet**, 63 Lebuh Cintra.
FOODSTALLS, GARKÜCHEN: in Campbell St., am Gurney Drive (beliebter Nachtmarkt im Stadtteil Pulau Tikus) und in Jl. Pinang.

Penang Museum and Art Gallery, tägl. 9-17 Uhr, Lebuh Farquhar. **Koo Kongsi**, tägl. 9-17 Uhr, Cannon Square. **Butterfly Farm**, Mo-Fr 9-17 Uhr, Sa, So 9-18 Uhr. **Cheong Fatt Tze Mansion**, tägl. Führungen, Lebuh Leith, 262-0006. **Tropical Spice Garden**, tägl. 9-18 Uhr, Jl. Teluk Bahang, Tel. 881-1797.

KONSULATE: **Thailand**: 1 Jl Tunku Abdul Rahman, Tel. 226-8029. **Indonesien**: 467 Jl. Burma, Tel. 226-7412. **Deutschland**: c/o Firma OE Design, Tel. 647-1288.
EINWANDERUNGSBEHÖRDE: **Immigration**: 29 Lebuh Pantai, Tel. 250-3410. **Tourist Police**: 222-1728.

General Hospital, Jl. Residensi, Tel. 222-5333. **Notruf** (Ambulanz und Polizei) 999.

Bar 20, 11 Leith Street, gegenüber Cheong Fatt Tze Mansion. **Soho Free House**, 50 Jl. Penang.

VOR Amphitheatre Disco, inkl. Shows und Restaurants, Jl. Anson.

BATU FERRINGHI (☎ 04)

Exzellentes Seafood im **Eden Seafood Village** und im **Ferringhi Village Restaurant**; gute Steaks im **Ship**.

MALAYSIAS SÜDEN

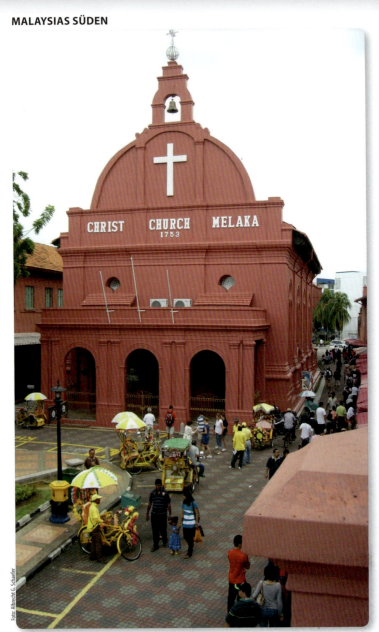

MALAYSIAS SÜDEN

DER SÜDEN
Von Melaka nach Johor

NEGERI SEMBILAN
MELAKA
UMGEBUNG VON MELAKA
JOHOR

MALAYSIAS SÜDEN

24 km südlich von Kajang verläuft die Grenze zwischen Selangor und **Negeri Sembilan**. Dieser Gliedstaat besitzt bei fast völliger Binnenlage nur 48 km Küste und hat eine Fläche von 6645 km². Von den über 1 Mio. Einwohnern sind 46 Prozent Malaien, 36 Prozent Chinesen und knapp 18 Prozent Inder. Die meisten arbeiten in der Landwirtschaft und in der Industrie, die als Wirtschaftzweig führt. Angebaut werden Reis, Kakao, Ölpalmen und Kautschuk, außerdem werden Vieh und Fisch gezüchtet.

Geschichtlich interessant ist die Entstehung des Staates, dessen Anfänge mehrere Jahrhunderte zurückreichen. Minangkabau aus Sumatra hatten vermutlich im 15. Jh. die Straße von Malakka überquert und sich, angezogen von dem florierenden Malakka, in der heutigen Region von Negeri Sembilan („Neun Staaten") niedergelassen. Nachdem sie sich in den neun staatsähnlichen Verbänden *Jelebu, Johol, Rembau, Klang, Naning, Jelai, Ulu Pahang, Sungai Ujong* und *Segamat* organisiert hatten, waren die souveränen Gebiete im 19. Jh. unter britischem Einfluss zu Negeri Sembilan vereinigt worden, das dann nur noch sechs Staaten umfasste. Ihr Oberhaupt war der *Yang Di Pertuan Besar* („Der zum Herrn erwählte Große"), der zugleich erster malaysischer König wurde. Als Hauptstadt und siebten Bezirk wählten die Fürsten das 65 km von Kuala Lumpur entfernte Seremban, wo ab 1895 auch der britische Resident wohnte. Vorausgegangen waren, wegen der Gier nach Zinn, blutige Unruhen, die die Engländer zum Eingreifen veranlasst hatten.

An den Süden von Negeri Sembilan grenzt der 1650 km² große Staat von **Melaka** (Malakka). Seine 820 000 Einwohner sind zu 54 Prozent malaiisch, 38 Prozent chinesisch und 8 Prozent indisch. Auch hier werden Industrialisierung und Landwirtschaft entwickelt. Die gleichnamige Hauptstadt ist touristischer Anziehungspunkt der Region.

Den südlichsten Staat auf der Halbinsel stellt das 19 984 km² große **Johor** (Johore) dar. Die ethnischen Anteile der ca. 3,5 Millionen Einwohner liegen ähnlich wie in Melaka. Im Anbau von Kautschuk, Ölpalmen und Ananas nimmt Johor eine führende Stellung im Land ein. Man bemüht sich, diesen Sektor durch Garnelenzucht und Teeanbau vielseitiger zu gestalten. Von Johors Nähe zu Singapur profitieren Industrie und auch der Tourismus. Die Entstehung des Staates geht auf den Sturz des Malakka-Sul-

Links: Die Christ Church am Dutch Square von Melaka, 1753 als niederländisch-reformierte Kirche eingeweiht, erinnert an die holländische Kolonialzeit,

» Karte S. 128, Info S. 142–143

MALAYSIAS SÜDEN

tanats zurück, als dessen Nachfolgegebiet Johor seitdem angesehen wurde. 1819 hatte Stamford Raffles die Streitereien zwischen den Malaien und den Bugis in Johor ausgenutzt. Durch seine Übernahme der Insel Tumasek, auf der sich heute der Stadtstaat Singapur ausbreitet, war auch das Johor-Riau-Reich erledigt. Riau fiel zuerst an die Holländer, später an Indonesien. Johor gehörte bis zur Gründung der Malaysischen Föderation zur Kolonie der Briten.

NEGERI SEMBILAN

Seremban

In einer bergigen Landschaft liegt **Seremban** ❶, die etwa 380 000 Einwohner zählende Hauptstadt von Negeri Sembilan. Viel Sehenswertes hat sie nicht zu bieten. Einige öffentliche Gebäude zeigen deutlich den feinen, durch spitze, geschwungene Dachgiebel charakterisierten Baustil der **Minangkabau**. Ihre Nachfahren halten das kulturelle Erbe des aus Sumatra stammenden islamischen Volkes nicht nur in der Architektur wach. Traditionell eine matrilineare Gesellschaft, bewahren sie heute noch die mutterrechtlichen Familiengesetze. Die Erbfolge geht von der Mutter auf die Töchter über. In streng nach dem *adat*, dem aus vorislamischer Zeit stammenden Gewohnheitsrecht lebenden Familien zieht nicht die Braut zum Mann, sondern dieser gleichsam als „Gast" zu ihrer Familie.

Voller Symbolik ist die Bauweise der **Masjid Negeri**. Die neun Säulen und neun Hängedächer der 1967 gebauten Moschee repräsentieren die politische Staatsstruktur. Die Moschee liegt an den **Lake Gardens** oder Taman Bunga in der Stadtmitte. Der Park um zwei Seen herum ist häufig Schauplatz von Sport- und Kulturveranstaltungen.

Ein gutes Beispiel traditioneller Bauweise befindet sich etwas außerhalb, im Westen des Zentrums, in Richtung Autobahn. Dort ist das 1983 eröffnete Freilichtmuseum des 13 ha großen **Taman**

Rechts: Ölpalmfrüchte einer Plantage bei Lukut.

MALAYSIAS SÜDEN

Seni Budaya sehenswert, wo in neuen, dem Minangkabau-Stil nachempfundenen Häusern lokales Kunsthandwerk produziert und verkauft wird. In einem echten Minangkabau-Palast, der **Istana Ampang Tinggi**, wurde das staatliche **Muzium Negeri Sembilan** einquartiert und informiert zur Landesgeschichte. Früher stand der Holzpalast in Ampang Tinggi (bei Kuala Pilah). Er war Mitte des 19. Jh. von einem Prinzen für seine Tochter erbaut worden. Nach dem 2. Weltkrieg hat man das Gebäude zerlegt und in Seremban neu aufgebaut. Erste Schönheitsfehler, wie die Verwendung von Metallnägeln, wurden im Jahr 1984 korrigiert, als der Palast ganz originalgetreu im Taman Seni Budaya wiedererstand.

Ausflüge im Staat Negeri Sembilan

Wer sich in der Natur ergehen möchte, hat dazu in der Umgebung von Seremban Gelegenheit. Östlich der Hauptstadt, nach ca. 5 km auf der Straße 86 nach Kuala Kelawang, geht es links ab zum **Waldschutzgebiet Lenggeng** ❷. Nach weiteren 17 km auf der Hauptstraße nach Nordosten führt eine Abzweigung rechts zum Gipfel des **Gunung Telapak Burok** ❸ (1193 m).

Etwa 16 km östlich von Seremban ist der 825 m hohe **Gunung Angsi** ❹ ein anderes Ziel. Auf dem Weg nach **Sri Menanti**, noch auf der Hauptstraße 51, kann das Waldreservat **Ulu Bendul** ❺ mit **Wasserfall** und **See** erholsam sein. Minangkabau-Tradition lässt sich wieder in **Sri Menanti** ❻, ca. 32 km östlich von Seremban inmitten der Hügelkette bewundern. Der ländliche Ort, seit 1773 Sitz des Sultans von Negeri Sembilan, ist über eine Abzweigung von der zwischen Seremban und Kuala Pilah verlaufenden Straße erreichbar. Hier haben sich die aus Sumatra stammenden Vorfahren der königlichen Familie vor 400 Jahren niedergelassen.

Gleich mit zwei Palästen kann Sri Menanti aufwarten. Der 1908 ohne Metallnägel errichtete **Istana Lama**, in dem bis 1931 *Yang Di Pertuan Besar* Sultan Tuanku Muhammad residierte, ist im Minangkabau-Stil errichtet. Die untere Etage ist eine langgestreckte offene Halle mit bis zu 20 m hohen Pfeilern. Das ganze Bauwerk beeindruckt durch seine Symmetrie und ist als Museum geöffnet. **Istana Besar** heißt der „neue" Wohnsitz aus dem Jahr 1930, der jedoch nur mit Genehmigung des Staatssekretariats in Seremban besichtigt werden kann.

Kuala Pilah ❼ liegt 37 km östlich von Seremban. Alte Ladenhäuser und der fast 100 Jahre alte **Chinesische Tempel** in der Jl. Lister sind die Attraktionen. Mit Stolz in den Annalen vermerkt ist auch die Übernachtung des chinesischen Politikers Sun Yat Sen, der in den 1920er Jahren hier Geld für die Revolution in China sammelte.

In dieser Gegend sollte man es nicht versäumen, einmal die wirklich sehr scharfe Küche der Minangkabau zu testen. Eine typische Speise ist *masak lemak cili api*, ein Reisgericht, gekocht

MALAYSIAS SÜDEN

mit Kokosmilch und atemberaubenden „Feuerchili".

Für Melaka-Reisende stehen zwei Routen zur Auswahl: Über die Stadt **Tampin** ❽, in deren Umgebung (wie auch 20-30 Kilometer südlich von Seremban) **Megalithen** zu sehen sind, direkt in den Nachbarstaat, oder zurück nach Seremban und über die Autobahn nach Melaka.

Nicht so eilige Autobahnfahrer sollten sich noch den 18 km südöstlich von Seremban gelegenen Ort **Pedas** ❾ merken. Seine heißen Quellen mit Badehäusern, Restaurants und Freizeitspaß machen ihn zu einem beliebten Ausflugsort.

Im **Rumah Undang** von **Rembau** ❿, der Residenz des *undang* (Distriktoberhaupt), kann man die Kombination moderner und traditioneller Minangkabau-Bauweise bewundern.

Wer Zeit hat, sollte die reizvollere Strecke über Port Dickson wählen. Weitläufige **Öl- und Kokospalmplantagen** wechseln einander ab, bis nach 20 km der kleine Ort **Lukut** ⓫ auftaucht. Hier soll der berühmte Kapitan China Yap Ah Loy als Koch seine Karriere begonnen haben. Einen Kilometer von Lukut entfernt erinnern die Reste eines von Raja Juma'at 1847 erbauten **Forts** daran, dass die Region Zankapfel zwischen den Bugis und den Minangkabau gewesen ist.

Der Brite Sir Frederick Dickson hatte im Jahr 1885 das Köhlerdorf Arang Arang, 32 km südlich von Seremban, zu größerer Bedeutung auserkoren. Aus dem Küstennest wurde **Port Dickson** ⓬, eine Hafenstadt mit Eisenbahnanschluss. Doch der wirtschaftliche Erfolg schlägt sich seit den 1930er Jahren nicht mehr in Bruttoregistertonnen nieder, sondern in den Zahlen der Urlauber. Der Magnet ist der über 18 Kilometer lange **Strand** südlich des Ortes; ein typisches Ziel für Wochenend- und Feriengäste, die angesichts der häufig verschmutzten Westküste

---

Oben: Bootsfahrt auf dem Sungai Melaka.

MALAYSIAS SÜDEN

nicht sehr wählerisch sein können. Unterkünfte aller Kategorien, luxuriöse Hotels mit großzügigen einladenden Swimmingpools, Bungalows und billige chinesische Pensionen reihen sich an den von Kasuarina- und Banyanbäumen umsäumten Stränden aneinander. Die Fischrestaurants haben einen guten Ruf, und Wassersport ist zumindest über der Meeresoberfläche möglich.

Die beliebtesten Badestellen sind der **Pantai Bagan Pinang** und die **Blue Lagoon**.

Das knapp 90 000 Einwohner zählende Port Dickson, gern „P.D." abgekürzt, liegt nahe der engsten Stelle der Malakka-Straße. Bei guter Sicht ist die 40 km entfernte Küste von Sumatra, d.h. die vorgelagerte Insel Rubat (Riau) zu erkennen. Am besten vom **Leuchtturm** am **Cape Rachado** ⑬ (Tanjong Tuan) aus, den Portugiesen im 16. Jahrhundert auf der 180 m hohen Landnase errichtet haben.

Als Ausflugsziel oder Zwischenstop auf der Weiterfahrt nach Melaka bietet sich das 25 km südwestlich von P.D. gelegene Dorf **Pengkalan Kempas** ⑭ an. Mysteriöse **Megalithen** zeigen – in Südostasien ungewöhnlich – offenbar uralte hinduistische Schriftzeichen. Die heutigen Bewohner wissen nicht genau, was sie bedeuten, doch oft genug treffen sie sich hier, um eine gute Ernte zu erflehen. Von einem anderen Stein mit einem faustgroßen Loch heißt es, dass der „Urteilsstein" einem Lügner die hineingehaltene Hand sofort umschließen würde. Die Megalithen stehen in der Nähe von dem **Grab des Scheich Ahmad Majnun**, der im Aufstand gegen Sultan Mansur Shah von Melaka hier starb.

Die Weiterfahrt entlang der Küste lohnt sich für Gourmets, denn die Ortschaften an der Bundesstaatsgrenze zu Melaka sind für *Tiger Prawns* (große Garnelen) bekannt. Sie gibt es auch im Badeort **Tanjung Bidara** ⑮, wo das gleichnamige Hotel am Strand Erholung verspricht.

★★MELAKA (MALACCA)

★★**Melaka** ⑯ – der Name der heute rund 500 000 Einwohner zählenden Hauptstadt des gleichnamigen Staates steht für eine Geschichte, die die Entwicklung der gesamten südostasiatischen Region prägte. Malaysier pflegen ihre historische Wiege märchenhaft „...wo alles seinen Anfang nahm..." zu umschreiben; passend dazu die Gründungslegende der Stadt Melaka (portug. u. engl.: Malacca; dt.: Malakka):

Der Hindu-Prinz Parameswara, der angeblich direkt von Alexander dem Großen abstammte, hatte im Jahr 1396 aus seiner (an der Küste von Malaiien besiedelten) Heimat Sumatra flüchten müssen. So war er in Südwesten der gegenüberliegenden Halbinsel gekommen und hatte sich eines Tages erschöpft unter einem *Melaka*-Baum gelegt. Die Rast im Schatten muss ihn sehr gestärkt haben, denn sofort beschloss er, an dem Ort eine Stadt zu gründen. An anderer Stelle wird von einer gezielten Jagdexpedition des Ratu Melayu, des Königs der Malaien, von Sumatra aus erzählt. Wie dem auch sei, fremde Mächte fanden bald Interesse an der neuen Metropole. Im frühen 15. Jh. kamen Abgesandte aus China. Der Admiral Chen Ho erklärte Melaka zum Protektorat der Ming-Dynastie und nahm wie Prinz Parameswara, alias Sultan Megat Iskandar Shah, den islamischen Glauben an. In Namen des Islam sollte fortan das neue Reich vergrößert werden.

Der Reichtum der Hafenstadt lockte die Europäer an, erst die Portugiesen (1511-1641), dann die Holländer. Und auch die deutschen Kaufmannsfamilien Fugger und Welser streckten gegen Ende des 16. Jh. ihre gewürz- und goldhungrigen Fühler bis nach Malacca aus.

Nach seiner Vertreibung durch die Portugiesen versuchte der Sultan von Melaka vom Exil in Johor aus 20 mal, sein Reich zurückzugewinnen. Die Eroberung gelang 1641 den Holländern,

Süden 7

» **Karte S. 128, Stadtplan S. 133, Info S. 142-143**

die dann allerdings Batavia auf Java zu ihrem Hauptstützpunkt in Ostindien machten. 156 Jahre später mussten sie den Engländern weichen, unter deren Verwaltung *Malacca* Teil der „Straits Settlements" wurde. Es blieb dann, unterbrochen durch drei Jahre japanische Besatzung, bis 1957 britischer Besitz.

„Dutch Town"

Von der bewegten Vergangenheit legen etliche Relikte Zeugnis ab; eingerahmt von Hochbauten der Gegenwart gehören sie zu den wichtigsten Touristenattraktionen Malaysias. Seit 2008 zählt die Altstadt zum UNESCO-Welterbe. An Unterkünften mangelt es nicht, auch nicht an Museen.

Ausgangspunkt für die Zeitreise ist die **Brücke** über den **Melaka-Fluss**, wo auch die **Flusskreuzfahrten** und die Uferpromenade **Riverside Walk** beginnen. Nahebei befinden sich die **Tourist Information**, die Tourist Police und der ★**Dutch Square** ① („Roter Platz"). Dieser vormalige holländische Marktplatz, flankiert von lachsroten Bauten – Kolonialerbe der Niederlande – ist ein Touristenmagnet. Das um 1650 erbaute ★**Stadthuys** ② diente dem Gouverneur als Residenz und ist das älteste holländische Steinhaus in Südostasien; heute beherbergt es das **Historische Museum** und zeigt Überbleibsel der Kolonialherren, aber auch traditionelle Kleider und Utensilien der Chinesen und Malaien. Hier wird fast wieder die Zeit lebendig, als Melaka einer der größten Häfen in Asien war. In einem Raum ist noch die Zimmerdecke aus dem 17. Jh. zu sehen.

Daneben steht die unter den Holländern errichtete **Christus-Kirche** ③ von 1753, das älteste heute noch genutzte protestantische Gotteshaus des Landes. Die roten Ziegel hatte man aus Holland als Schiffsballast eingeführt. Beachtenswert sind die 17 Deckenbalken, jeweils aus einem einzigen Baumstamm gehauen. Original sind ebenfalls Gestühl, Taufbecken und Kanzel. Die Messingbibel stammt auch aus dem Jahr 1753. Über dem Altar ist das Abendmahl auf glasierten Ziegeln dargestellt. Überraschend, dass einige der im Boden eingelassenen Grabsteine portugiesische Inschriften tragen – hatten sich doch die Holländer große Mühe gegeben, alles, was an ihre Feinde erinnerte, zu zerstören. Auch ein armenisches Grab aus dem Jahr 1774 findet sich in der Christ Church.

Das dritte auffallende Bauwerk am Dutch Square ist der **Tan Beng Swee Clock Tower**, so benannt nach dem Gönner, der den in allen malaysischen Städten obligatorischen Uhrenturm 1886 von seinem Sohn errichten ließ. Hier rührt die Farbe rot nicht von der Kolonialverordnung her, sondern vom chinesischen Glauben, wo Rot die Farbe des Glücks ist. Die Uhr wurde aus England importiert. Mitten auf dem Roten Platz steht der **Victoria-Brunnen**, den die Bewohner 1904 der Queen gewidmet haben.

Etwas weiter nordöstlich, an der Jl. Laksamana, ragt die 1849 in neugotischem Stil erbaute **St. Francis Xavier-Kirche** ④ auf.

Auf dem **St. Paul's Hill**, wo einst die portugiesische Festung *A Famosa* stand, hat neben dem alten Leuchtturm die **Ruine der St. Paul's-Kirche** ⑤ überlebt. Portugiesen hatten an diesem Ort schon 1521 eine Kapelle errichtet, die damals einzige katholische Kirche in Fernost. Ihr Landsmann, der später heilig gesprochene Francisco Xavier, war öfter zu Besuch im Fort. Vor seinem Tod 1522 hatte er sich sein Grab in der Kapelle bestellt. Seine Leiche wurde aber ein Jahr später exhumiert und nach Goa überführt. Zwischen 1560 und 1580 entstand die Kirche, deren Außenmauern noch stehen. Der Turm diente der Verteidigung und später den Engländern als Pulverdepot. Die Holländer hatten nach Fertigstellung der Christus-Kirche und der 1710 erbauten St. Peter-Kirche keine Verwendung mehr

MALAYSIAS SÜDEN

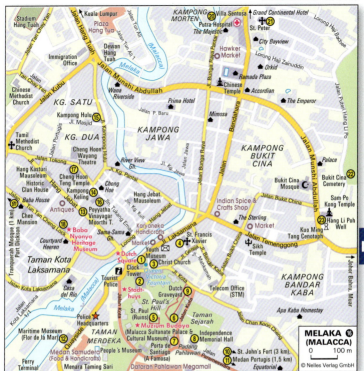

für das portugiesische Gotteshaus. Sie nutzen das Gelände als Friedhof für ihre Adligen und Kolonialbeamten, deren Grabsteininschriften noch zu besichtigen sind.

Unterhalb des Hügelgipfels wird an noch ältere Geschichte erinnert, auch wenn das Gebäude neueren Datums ist: im ganz aus Holz konstruierten **Malacca Sultanate Palace**, dem Nachbau der im 15. Jh. abgebrannten Residenz von Sultan Mansur Shah. Das ohne Nägel aus besten Hölzern gefertigte Bauwerk beherbergt das höchst sehenswerte ★**Muzium Budaya** ⑥, Melakas Kulturmuseum. Hier sind mit lebensgroßen, prächtig gekleideten Puppen Szenen des malaiischen Lebens zu Hofe und berühmte Volksepen nachgestellt. So

die Geschichte von Hang Tuah, einer von vier Leibwächtern des Sultans. Hang Tuah tötete Hang Jebat, der seinen Herrn verraten hatte, und dessen Grab in der Lorong Hang Jebat zu besichtigen ist. Auch ein anderer der vier Haudegen, Hang Kasturi, ist in Melaka begraben, nahe des nordwestlichen Endes der Jl. Hang Jebat.

Am Südende des St. Paul's Hill prangt, samt Kanone, die **Porta Santiago** ⑦, das einzige erhaltene Festungstor von *A Famosa*: 1511 vom portugiesischen Eroberer d'Albuquerque gegründet, nahmen 1641 die rivalisierenden Holländer das Fort ein, restaurierten es aber 1670. Dann zerstörten es ab 1806 die Briten – vorsichtshalber, bis 1810 Stamford Raffles intervenierte, dem zu verdanken ist,

» Stadtplan S. 133, Info S. 142-143

MALAYSIAS SÜDEN

dass die Porta Santiago noch steht. Die VOC (Vereenigde Oostindie Companie)-Inschrift und das Wappen der Holländer prangen noch über dem Torbogen.

Dem Tor gegenüber erstreckt sich der **Padang Pahlawan**, einer der für Malaysia historisch wichtigsten Orte: Die Briten holten ihre Flagge zwar erst 1957 in Kuala Lumpur offiziell ein, doch diesen Unabhängigkeitsakt kündigte Chief Minister Abdul Rahman bereits am 20. Februar 1956 hier an. Das ist, neben anderen Ereignissen, Thema des Museums in der **Independence Memorial Hall** ❽ auf dem Padang. Das hervorragend restaurierte Gebäude von 1812 beherbergte noch bis 1958 den „Malacca Club", in dem sich die reichen weißen Pflanzer trafen.

Der **Holländische Friedhof** ❾ ehrt die einst im Dienste fern der Heimat Verschiedenen.

Die Ära der Kolonialkriege ruft die tägliche **Light & Sound Show** in Erinnerung. Gegenüber von Porta Santiago und Memorial Hall geht es dann unter viel Rauch, Kanonendonner und Kriegsgeschrei hoch her.

St. John's Fort und Medan Portugis

Von deren permanenter Furcht, ihre Beute wieder zu verlieren, zeugt das **St. John's Fort** ❿ auf dem gleichnamigen Hügel, 3 km östlich des Stadtzentrums. Die Holländer hatten Ende des 18. Jh. die Festung gebaut und die heute noch existierenden Kanonen landeinwärts ausgerichtet, denn die Seeseite von Malakka war wesentlich besser geschützt. Für die Portugiesen war der Hügel religiöses Terrain, mit der Johannes-der-Täufer-Kapelle auf dem Gipfel.

Deren Nachfahren, katholische Eurasier, feiern den Heiligen noch heute, der 24. Juni ist ein großes Fest für die portugiesisch-malaiische Gemeinde von Melaka. Tatsächlich leben 1500 m östlich des Stadtkerns, im **Perkampungan Portugis** (Portugiesisches Dorf)

Oben: Der Dutch Square mit dem Victoria-Brunnen.
Rechts: Chinesischer Tempel in Chinatown.

MALAYSIAS SÜDEN

noch 1500 eurasische Nachkommen der einstigen Kolonialherren. Die v.a. von Fischerei lebenden Bewohner haben sich viele alte Sitten erhalten und sprechen sogar noch das *Cristão*, einen portugiesischen Dialekt aus dem 16. Jh. Seit 1930, als zwei Jesuiten diese Enklave einrichteten, ist die kleine „Kolonie" eine Attraktion für sich. Oft kann man die Männer und Frauen in bunten Trachten ihre *cantigas* (*Cristão*-Lieder) singen hören, besonders am Samstagabend auf dem **Medan Portugis** ⑪, dem von **portugiesischen Restaurants** eingerahmten Hauptplatz. Im Juni wird das Johannisfest und das St. Petrus-Fest gefeiert. Dann schmücken die „portugiesischen Eurasier" ihre Boote und inszenieren Kulturveranstaltungen.

Nahe der Melaka-Flussmündung erläutert das **Maritime Museum** ⑫ die Seefahrtsgeschichte, originell untergebracht in dem imposanten Nachbau der **Flor de la Mar**, jenes portugiesischen Schiffes, mit dem Afonso de Albuquerque im Jahr 1511 Malakka eroberte und das auf der Rückfahrt nach Goa mit den erbeuteten Schätzen von heute unermesslichem Wert irgendwo in der Malakkastraße versank – das Traumschiff aller Unterwasser-Schatzsucher.

Vom benachbarten Gyroturm **Menara Taming Sari** genießt man rotierend einen Stadtblick aus 80 m Höhe.

Die alte Chinatown westlich des Flusses

Der Reiz Melakas liegt in dem engen Nebeneinander historischer Bauten unterschiedlicher Epochen und Religionen. Auf dem Westufer scheint der chinesische Einfluss dominant, besonders in der **Jl. Hang Jebat** ⑬ (vormals **Jonker Street**). Hier findet man viele **Chinesische Lokale** und teure **Antiquitätenläden**, die u.a. alte Zinnmünzen offerieren. Am Freitag-, Samstag- und Sonntagabend findet hier der beliebte **Nachtmarkt** statt, und die Straße wird, verkehrsberuhigt, zum ★**Jonker Walk**.

Melaka besitzt die ältesten islamischen, chinesischen und hinduistischen Gotteshäuser des Landes. In der

MALAYSIAS SÜDEN

Jl. Tukang Emas steht die **Kampong Keling Moschee** ⑭ von 1748. Ihre auffallende Architektur verkörpert wie die beiden anderen alten Moscheen der Stadt den Sumatrastil. Charakteristisch sind das dreistöckige Pyramidendach und das pagodenähnliche Minarett.

Den Platz des Stadthuys hatte ursprünglich die **Kampong Hulu Moschee** ⑮ eingenommen. Nach Zerstörung durch die Portugiesen hatte Dato Shamsuddin sie 1728 an der Jl. Kampong Hulu wiederaufbauen lassen.

Der **Poyyatha Vinayagar Moorthi Tempel** ⑯ von 1781 in der Jl. Tukan Emas (Goldschmiedstraße) war der erste Hindutempel Malaysias. Dem Gott Ganesha, dargestellt als Mensch mit einem Elefantenkopf aus schwarzem indischem Stein, wird hier als „Entferner der Hindernisse" geopfert.

Die älteste noch benutzte chinesische Gebetsstätte des Landes ist der **Cheng Hoon Teng Tempel** ⑰ aus dem Jahr 1645. Das ehrwürdige Gebäude in der Jl. Tokong war vom Kapitan China Lee Wei King gegründet und 1804 in seiner heutigen Form vollendet worden. Er zeigt in seinem Inneren sehr schön die Kombination von Taosimus, Konfuzianismus und chinesischem Buddhismus. Alle Baumaterialien stammen aus China. Wertvolle, teils vergoldete Holzschnitzereien, Goldmalereien auf Lack und Bilder mit Szenen der chinesischen Mythologie sind die Schätze des „Tempels der Grünen Wolken".

Babas und Nyonyas

Eine ethnische Besonderheit sind die *Baba-Nyonya*, eine gemischte Volksgruppe aus malaiischen Frauen *(Nyonya)* und seit dem 18. Jh. in den Straits Settlements ansässigen Chinesen. Ihre Nachkommen nennen sich *Straitsborne Chinese* oder *Peranakan* (hier Geborene). Die meist männlichen Einwanderer heirateten einheimische Frauen, übernahmen die malaiische Kultur, aber auch europäische Einflüsse. Die männlichen Nachkommen dieser Familien heißen *Baba*. Darüber gibt das sehenswerte ★**Baba Nyonya Heritage Museum** ⑱ Auskunft; ein *Baba* hat es in zwei schönen, alten *Baba-Nyonya*-Häusern in der Jl. Tun Tang Cheng Lock verwirklicht. Es ist die Straße, die die Engländer „Millionaires Row" und die Holländer „Herrenstraat" nannten, Hinweis auf den Wohlstand, den die *Baba-Nyonya* vor allem auf Plantagenwirtschaft gründeten.

Die berühmte, gut gewürzte *Nyonya*-Küche wird u. a. im **Jonkers Melaka** serviert; dieses Restaurant in der Jl. Hang Jebat 17 bewahrt die Tradition.

Tranquerah- Moschee

In der Jalan Tengkera, etwa 1000 m westlich des Zentrums, ist die **Tranquerah-Moschee** ⑲ mit ihrem originellen Minarett im Pagodenstil zu besichtigen. Das erste, 1728 errichtete Gebäude wurde im Krieg zwischen Holländern und Bugis vernichtet, doch um 1850 entstand dieser Nachfolgebau. Auf dem Friedhof ruht in einem **Mausoleum** der 1835 verstorbene Sultan Hussain Shah.

Malacca-Straits-Moschee

Auf der künstlichen Insel Pulau Melaka, südwestlich vor der Stadt, erhebt sich seit dem Jahr 2006 malerisch die **Masjid Selat Melaka** über der Meeresstraße. Ihr **Minarett** ähnelt einem Leuchtturm.

Kampung Morten

Kampung Morten am Melaka-Fluss ist ein altes malaiisches Wohnviertel. Hier darf man das traditionelle Holzwohnhaus einer muslimischen Großfamilie besichtigen: die **Villa Sentosa** ⑳, ein „Lebendes Museum".

Rechts: Ein Rikschafahrer wartet auf Kundschaft in Melakas Altstadt.

MALAYSIAS SÜDEN

St. Peter's Church

Aus dem Jahr 1710 stammt die **St. Peter's Church** ㉑, nordwestlich des Bukit Cina nahe der Jalan Bendahara. Portugiesische, katholische Eurasier, die trotz der holländischen Besatzung in Malakka blieben, erbauten sie. Große Anziehungskraft für Katholiken hat die **Christusfigur** aus Alabaster, die die Gläubigen bei der Karfreitagsprozession durch die Stadt tragen.

Bukit Cina

Im Osten der Altstadt liegt der „Hügel der Chinesen", **Bukit Cina** ㉒, der wohl älteste **chinesische Friedhof** außerhalb Chinas, mit Gräbern aus dem 17. Jh. Seine Bedeutung wurzelt jedoch im frühen 15. Jh., den Anfängen Malakkas: Der Gesandte der Ming-Dynastie, Admiral Cheng Ho, wohnte 1409 hier und begründete somit die lange Beziehung zwischen Malaien und Chinesen. 50 Jahre später feierte man hier die historisch wegweisende Heirat von Sultan Mansur Shah und Prinzessin Hang Li Poh, Tochter des Ming-Herrschers Yung Lo. Der Adligen und ihrem Gefolge von 500 Hofdamen wurde der Hügel als Residenz zugestanden.

Portugiesische Franziskaner errichteten später auf Bukit China ein Kloster und die Kapelle *Madre de Deus* – 1629 zerstört von muslimischen Acehnern. Kapitan China Lee Wei King konnte den symbolträchtigen Hügel von den Holländern erwerben und ihn dem von ihm gegründeten Cheng Hoon Teng Tempel stiften. Seit dem 17. Jh. wird der Bukit Cina als Begräbnisstätte benutzt. Als einer der größten chinesischen Friedhöfe außerhalb des Mutterlandes beherbergt er 12 500 Gräber.

Am südlichen Hügelende ist der legendäre **Hang Li Poh Brunnen** ㉓ zu finden. Es heißt, dass der nach Melaka zurückkehren wird, der Münzen hinein wirft. Ursprünglich war die Quelle eigens für Prinzessin Hang Li Poh eingefasst worden. Später wurde sie zentrale Trinkwasserversorgung, die selbst bei langer Trockenheit nicht versiegte, zum

» Stadtplan S. 133, Info S. 142-143

MALAYSIAS SÜDEN

neuralgischen Punkt; fremde Eroberer versuchten häufig, den Brunnen zu vergiften. Dem berühmten Cheng Ho ist der nahe **Sam Po Kong Tempel** an der Ecke Jl. Munshi Abdullah/Jl. Puteri Hang Li Poh gewidmet.

Die Umgebung von Melaka

Gern bieten örtliche Fremdenführer Besichtigungen der umliegenden Ölpalm- und Kautschukplantagen an, eine lohnende Abwechslung zum Stadtprogramm. Im 15 km nordöstlich gelegenen, in die Jahre gekommenen **Mini Malaysia & Asean Cultural Park** ⓱ in Ayer Keroh repräsentieren 13 traditionelle Häuser die Staaten des Landes, an Wochenenden werden Kulturshows und malaysisches Handwerk gezeigt. Der Mini Asean-Parkabschnitt veranschaulicht die typische Architektur aus den anderen ASEAN-Staaten. Mini Malaysia ist Teil des **Malacca Botanical Garden**. Im Ayer-Keroh-Erholungsgebiet locken außerdem **Bienenmusem**, **Schmetterlingsfarm**, **Krokodilfarm** (mit Krokodilshows am Wochenende) und der neue, äußerst großzügig gestaltete **Bird Park** mit rund 700 Arten. Zudem gibt es ein **Orang-Asli-Museum**.

Als Kontrastpunkt wirkt der 18-Loch-Platz des **Air Keroh Golf and Country Club**, dessen Parcours zwischen Wald und **Air Keroh Recreational Lake** (mit Bootsverleih und Restaurant) als eine Herausforderung für Golfer gilt. Neben dem See erstreckt sich der **Zoo von Melaka**, wo u. a. Orangs und das gefährdete Sumatra-Nashorn zu sehen sind.

Vor der Küste liegt die 133 ha große **Pulau Besar** ⓲. Als ein bevorzugter Ankerplatz ist die Insel auf alten Seekarten verzeichnet. Einsiedler lebten auf Pulau Besar, wie Almarhum Sultan Ariffin Sheikh Ismail. Dieser indische Missionar und Händler soll 308 Jahre alt geworden sein. Damit hat er sicher sein *keramat*, das Heiligengrab, auf der Insel ver-

Oben: Baba-Nyonya-Museum. Rechts: Das Dach dieses traditionellen Ochsenkarrens macht Anleihen bei der Architektur der Minangkabau.

MALAYSIAS SÜDEN

dient. Mit der Einsamkeit ist es vorbei, seit 1991 ein Freizeitzentrum auf Pulau Besar entstand. Jachtclub, Restaurants und Sportanlagen, Motel und Chalets locken die Gäste an, die hier auch recht gute Bade- und Tauchgründe antreffen. Boote vom Ort **Umbai** an der Festlandküste bringen die Besucher zu der Insel Pulau Besar.

Noch einige andere Inselchen sind Melaka vorgelagert. Weniger für Touristen als für Legenden und Historiker bedeutsam ist **Pulau Haynut**, eine der Sage nach „abtrünnige" Insel, die früher an der Mündung des Perak gelegen haben soll. Oder **Pulau Upeh**, die die Portugiesen *Ilha das Pedras* (Insel der Steine) nannten, weil sie von hier das Material für die Festung *A Famosa* heranschafften. Auf **Pulau Undan**, wo ein um 1879 errichteter Leuchtturm steht, fand man erstaunlicherweise diverse verrostete Eisenbahnräder, die sich auf die Insel „verfahren" haben müssen. Die küstennahe **Pulau Jawa** (früher *Ilha dos Naus*), diente den Holländern als Basis für ihre letztlich erfolgreichen Angriffe auf *Malacca*.

STAAT JOHOR

Der Bundesstaat Johor erstreckt sich über die ganze Südspitze der Halbinsel. Die früher als Goldenes Ende gerühmte Region wird dreiseitig vom Meer begrenzt: an der Westküste von der Straße von Malakka; der Süden endet an der Straße von Johor, die den Stadtstaat Singapur umarmt. Im Osten brandet das Südchinesische Meer an die Ufer.

Begründet hat das Königreich Johor der Sohn des letzten Sultans von Malakka 1564. Er war vor den Portugiesen in den Süden geflohen. Doch dem exponierten Sultanat war keine günstige Entwicklung beschieden: Minangkabau und Bugis, Portugiesen und Eindringlinge aus Aceh ließen es nicht zur Ruhe kommen, bis Abu Bakar eingriff. Er war Mitte des 19. Jh. als Schützling der Briten in Singapur aufgewachsen. Diese

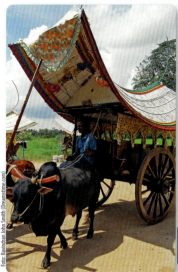

Foto: Ravindran John Smith (Dreamstime.com)

hatten ihn 1885 als Sultan von Johor anerkannt, nachdem er 1866 den Fischerort Johor Bahru zur Hauptstadt und sich zum Maharadscha des Lehnsgebietes befördert hatte. Die alte Dynastie, eine Marionette der Bugis, war entmachtet worden. Ab 1914 lenkte der *General Advisor* der Briten die Geschicke; Johor geriet somit als letztes Sultanat Malaysias unter europäische Herrschaft.

Auf dem Weg nach Johor Bahru

Hinter Kesang überquert die Küstenstraße die Staatsgrenze von Melaka und erreicht nach 15 km mit **Muar** ⑲ (**Bandar Maharani**) die erste größere Stadt in Johor. Der ruhige Ort bietet außer vielen Garküchen und Essständen Regierungsbauten im klassizistischen Stil und die Freitagsmoschee.

Der 1276 m hohe, auch Mt. Ophir genannte Berg **Gunung Ledang** ⑳ ist die höchste Erhebung des Bundesstaates und über den Ort **Sagil** ㉑ zu erwandern. Bergfreunde seien gewarnt, dass auf dem Gipfel die schöne

» Karte S. 140, Info S. 142–143

MALAYSIAS SÜDEN

Prinzessin Gunung Ledang wartet, um wie die Loreley vom Mittelrhein Männer ins Verderben zu locken. Wer der Sage nicht glauben will, sollte den einfacheren Aufstieg von **Tangkak** ㉒ im Süden angehen, über den Weg zu der Telecom-Station, die 200 m unter dem Gipfel liegt. Eine andere Route beginnt im westlichen Asahan, noch in Melaka, von wo der Trek durch Tieflanddschungel in die Höhe führt.

Am Knotenpunkt **Ayer Hitam** trifft die aus Segamat kommende Bundesstraße 1 auf die Autobahn und die Küstenstraße 50. Auch wer von der südlichen Ostküste nach Kuala Lumpur will, muss über diesen Ort fahren, der für seine Keramikindustrie bekannt ist.

Einige Kilometer südlich von Ayer Hitam, in dem kleinen Ort **Kampung Macap** ㉓, geben die **Töpferwerkstätten Aw Pottery** und **Tao Fat Pottery** einen guten Einblick in das chinesische Keramikkunsthandwerk. Besucher können Keramikerzeugnisse hier direkt ab Werk günstig kaufen.

Ein bedeutender Textilindustriestandort ist **Batu Pahat** ㉔, (311 000 Einw.), in Küstennähe. Hier entstehen immer mehr große **Shopping Malls**. Viele traditionelle chinesische **Shophouses** reihen sich entlang der traditionellen Einkaufsstraße **Jalan Penggaram** und deren Querstraßen.

Johor Bahru

Johor Bahru ㉕ (J.B.) ist nicht mehr nur die Schlafstadt Singapurs; die Nähe zu diesem Wirtschaftsgiganten fördert die Entwicklung der Hauptstadt Johors. Mit einer Einwohnerzahl von ca. 900 000 Menschen gilt J. B. als drittgrößte Stadt Malaysias. Der 1100 m lange **Causeway** mit Straßen- und Eisenbahnverbindungen, Wasser- und Telefonleitungen verbindet seit 1924 die ungleichen Nachbarn. Eine zweite Schnellstraßenverbindung überspannt im Westen die Johor Strait nach Singapur. Sehenswert ist die **Istana Besar**, die Abu Bakar 1866 als Sultanspalast erbauen ließ. Im Nordflügel befinden sich der Thronsaal und das **Sultan Abu**

MALAYSIAS SÜDEN

Bakar Museum mit einer Schmuck-, Waffen- und Kleidersammlung des Herrschergeschlechts. Noch immer werden Zeremonien und Empfänge in diesem alten Palast veranstaltet, während die neue Sultansresidenz seit 1933 der **Istana Bukit Serene** am Stadtrand liegt und nicht zu besichtigen ist.

Der Sultan ließ 1892 die nach ihm benannte **Masjid Sultan Abu Bakar** über der Meerenge von Johor erbauen, mit einer kunstvoll geschnitzten Kanzel.

Wertvoll ist die Ausstattung des **Dewan**, des 1857 errichteten Rathauses von Johor Bahru, das 1957 großteils neu aufgebaut wurde. Die geschnitzte Decke, Stützpfeiler und das Mobiliar existierten schon 1885, als hier die Verfassung an das Volk von Johor übergeben wurde. Dewan und Istana Besar sind umgeben vom **Istana Garden** mit Spielplätzen, Gärten und Zoo.

Als Wahrzeichen der Stadt ist das **State Secretariat** (Bangunan Sultan Ibrahim) mit seinem viereckigen Turm auf dem Bukit Timbalan bekannt. In dem 1940 erbauten Gebäude sind die Mosaike der Großen Halle sehenswert.

Östlich davon schließt sich die moderne Innenstadt mit ihren **Einkaufszentren** und Hochhäusern an. Fast schon verloren zwischen den glitzernden Fassaden finden sich in der Jl. Terus ein **Hindu-Tempel** und ein **Sikh-Tempel** sowie der **Nachtmarkt** in der Jl. Wong Ah Fock und der Bahnhof an der Bahnstrecke Singapur – Kuala Lumpur.

Unterwegs im Staat Johor

Vom Boom der Hauptstadt J. B. profitiert auch die Umgebung. Das frühere Fischerdorf **Pasir Gudang Port** ㉖ erhielt einen Hochseehafen und Industrie; die Freihandelszone ist durch eine Autobahn mit Johor Baru verbunden

Etwas mehr malaiisches Ambiente bietet der nächste Ort, **Kampong Pasir Putih** ㉗, wo man in netten Lokalen einheimische Speisen und den Blick auf Singapur genießen kann.

Köstliches aus dem Meer gibt es nahe dem **Tanjong Piai** ㉘, dem Südwestende der Halbinsel, im Küstendorf **Kukup** ㉙. Allerdings muss man von der Hauptstadt einige Kilometer auf der Autobahn nach Nordwesten zurückfahren und gelangt über Kangar Pulai und **Pontian Kecil** nach Kukup.

Kota Tinggi ㉚, 40 km nordöstlich von Johor Bahru, ist eine der alten Sultansstädte und ein Ort berühmter **Gräber**: 1,5 km in südlicher Richtung sind im **Kampong Kelantan** 15 Mitglieder der Fürstenfamilie bestattet; im Norden, direkt vor der Abzweigung nach Desaru, ruht Sultan Mahmud in seinem Mausoleum. Er war der letzte Herrscher der Malakka-Dynastie. 1530 hatte Sohn Alauddin Shah Kota Tinggi zu seiner Residenz gemacht. 15 km im Norden der Stadt sind über 30 m hohe **Wasserfälle** die Attraktion des Erholungsparks **Air Terjun Lumbong** ㉛.

Erlebnisreich kann die Fahrt in einem Mietboot ab Kota Tinggi auf dem Johor-Fluss zum 30 km südlicher gelegenen **Johor Lama** ㉜ sein. Das heutige Dorf war von 1547 bis 1587 die Hauptstadt des Sultanats. Am Flussufer stehen die Reste von **Kota Batu**. Drei Jahre mussten die Portugiesen um dieses Fort kämpfen, bis sie es 1587 endlich einnehmen konnten.

Der Ausbau des Beach Resorts **Desaru** ㉝ an der Südostspitze der Halbinsel ist abgeschlossen. Die Architektur der Hotels fügt sich gut in die Landschaft ein. Golf, Reiten, Tennis, Surfen und andere Sportarten sind im Angebot, das vor allem von Singapurern an Wochenenden rege genutzt wird.

Das zweite große Tourismusentwicklungsprojekt ist der Jachthafen **Sebana Cove Marina** ㉞ mit Golfplatz, Hotel, Restaurant usw.; dazu trägt nicht zuletzt der nahe PKW-Fährhafen nach Singapur bei.

Mersing, die Stadt im Nordosten von Johor, mit dem Fährhafen zur Insel Tioman, wird im Kapitel „Südliche Ostküste" beschrieben.

» Karte S. 140, Info S. 142-143

MALAYSIAS SÜDEN

NEGERI SEMBILAN (☎ 06)

SEREMBAN

BUS: Täglich Expressbusse nach **Kuala Lumpur**, **Port Dickson**, **Johor Bahru**, **Melaka**. Busse in umliegende Orte. **Busterminal** in der Jl. Sungai Ujung.
ZUG: Ab Bahnhof (Jl. D. Bandar Tunggal / Jl. Tuanku Antah) nach **Singapur** und **Kuala Lumpur**. Stündlich verkehrt der Vorortzug nach Kuala Lumpur, der **Komuter Train**.

MALAIISCH: **Fatimah**, 419 Jl. Tuanku Munawir.
Weitere Restaurants, auch *CHINESISCH*, in der Jl. Dato Bandar Tunggal, der Hauptgeschäftsstraße, und im **Hawker Centre** in der Jl. Lee Sam.
INDISCH: u. a. **Samy**, 120 Jl. Yam Tuan.

PORT DICKSON

Port Dickson Tourist Office, am Busbahnhof, 9-17 Uhr.

BUS: Täglich mehrere Expressbusse nach **Seremban, P. Klang** (schöne Küstenstrecke!), **Kuala Lumpur**, **Melaka**. Stündlich Bus nach **Pengkalan Kempas**.

Etliche Seafood-Restaurants im Ort und am Strand.

MELAKA (☎ 06)

Malacca Tourist Information Centre, 9-17.30 Uhr, Jl. Kota, Tel. 281-4803.

BUS: **Busterminal** in der Jl. Kilang / Jl. Tun Ali, nördlich der Innenstadt. Täglich verkehren Expressbusse nach **Kuala Lumpur**, **Seremban, Port Dickson, Ipoh/Butterworth, Kuantan, Johor Baru, Singapur, Tampin, Muar, Penang**.
SCHIFF: Tägliche Fährverbindungen zwischen Melaka und **Dumai / Sumatra**. Information: Indomal Express, 310 Taman Melaka Raya, Tel. 283-2506.

MALAIISCH: **Restoran Sri Bayu**, Hotel Equatorial. Tel. 282-8333. **Gluttons Corner**, mit großer Auswahl verschiedenster Gerichte, Jl Merdeka. Dort empfehlenswert: **Stall No. 35**.
CHINESISCH: **Lim Tian Puan**, 251 Jl. Tun Sri Lanang, Tel. 282-2737. **Shang San**, Paradise Malacca Village Resort, Air Keroh, Tel. 232-3600.
PORTUGIESISCH: (alle im portugiesischen Viertel) **Restoran De Lisboa**, Tel. 284-8067. **San Pedro Restaurant**. Tel. 284-2170.
INDISCH: **Pak Putra**, 56 Jl. Kota Laksamana, Tel. 601-5876. **Sri Lakshmi Vilas**, 2 Jl. Bendahara, Tel. 282-4926.
BABA & NYONYA: **Ole Sayang**, 199 Taman Melaka Raya, Tel. 283-1966. **Nyonya Makko**, 123 T. Melaka Raya, Tel. 284-0737.
Der **Nachtmarkt** ist in der Jl. Bunga Raya.

Malacca Historical Museum, Di-So 9-18, Fr 12.15-14.45 Uhr geschlossen, im Stadthuys.
Muzium Budaya, Mi-Mo 9-18 Uhr, Fr 12.15-14.45 Uhr geschlossen, Jl. Kota. **Independence Memorial Hall**, Di-So 9-18 Uhr, Fr 12.15-14.45 Uhr geschlossen, gegenüber der Porta de Santiago. **Zoo**, tägl. 9-18 Uhr, am Wochenende je 1x vor- und nachmittags Elefantenshow, Air Keroh, 10 km nördlich der Innenstadt, Tel. 232-4053. **Mini Malaysia Park** und **Mini Asean Park**, Mo-Fr 10-17, Sa-So 9-17 Uhr, am Wochenende Folkloreveranstaltungen, Lebuh Ayer Keroh, Tel. 234-9989.

Zahlreiche **Antiquitätengeschäfte** befinden sich in der Jl. Hang Jebat (früher Jonker Street). Die Händler informieren über eventuell notwendige Ausfuhrbescheinigungen.
Größere **Einkaufszentren** mit Festpreisen in: Jl. Bunga Raya, Jl. Hang Tuah, Jl Tun Ali, und im Mahkota Parade. In kleineren Geschäften und auf Märkten ist Handeln angesagt.
Souvenirs und Kunsthandwerk verkaufen verschiedene Läden in der Jl. Merdeka, Jl. Parameswara und im Mini Malaysia.

General Hospital, Jl. Pringgit, Tel. 282-2344.

Tourist Police, Jl. Kota, beim Tourist Office, Tel. 228-3732.

MALAYSIAS SÜDEN

Trishaws, die gemächlichere Art die Stadt zu erleben. Preis für Stadttouren vorher aushandeln, ca. 25 Ringgit für eine Stunde sind angemessen.

JOHOR BAHRU (☎ 07)

Johor Tourist Information Centre (JOTIC), 5. Stock, JOTIC-Building, 2 Jl. Air Molek, Tel. 223-4935. Kleineres Tourist Office bei Causeway aus Singapur.

FLUG: **MAS** (Tel. 225-3509) fliegt täglich **Kuala Lumpur**, **Kuching** und **Kota Kinabalu** an. Internationale Flüge nach Bali und Surabaya. Mas-Airport-Schuttlebusse ab Johor Bahru und Singapur.
BUS: Mehrmals täglich verkehren Expressbusse vom Terminal Larkin, 5 km außerhalb der City, nach **Kuala Lumpur**, **Kota Bharu**, **K. Terengganu**, **Ipoh**, **Taiping**, **Butterworth**, **Melaka**, **Mersing**, **Kuantan**, **Singapur**. Büros vieler Busgesellschaften findet man auch im Merlin Tower gegenüber dem Bahnhof. Gleich vor dem Bahnhof verkehrt die Buslinie 170 nach Singapur. Versäumt man seinen Bus nach dem Zoll, kann man mit dem nächsten Bus 170 weiterfahren.
Express Transnasional, Tel. 224-5182; **Plusliner / NICE**, Tel. 222-3317; **Express Delima** (nach Melaka) Tel. 224-2305.
ZUG: Bahnhof in Jl. Tun Abdul Razak, Auskunft: Tel. 2233040. Mehrmals täglich Expresszüge über Tampin nach Kuala Lumpur, Expresszug über Kuala Lipis nach Wakuf Bharu (Kota Bharu) an die nördliche Ostküste.
TAXI: Koordinationsbüro **Bangunan Letak Kereta MPJB**, Jl. Wong Ah Fook. **Comfort Radiotaxi** Tel. 332-2852.
MIETWAGEN: **Avis**, Tropical Inn, Jl. Gereja, Tel. 223-7644. **Hertz**, JOTIC Building, Tel. 223-7520. **Hawk Rent a Car**, am Terminal Kotaraya II, Tel. 224-2849.

MALAIISCH: **Jaws 5**, Open Air, Jl. Scudai Tampoi, Tel. 335-8788.
INDISCH: **Muthu**, **Santini** und **Nilla**, alle nahe dem indischen Tempel.
CHINESISCH: **Lotus Garden Restaurant**, im Eden Garden Hotel, Jl. Brahim Sultan, Tel. 221-9999. **Moon Palace**, Johor Tower, Jl. Gereja, Tel. 224-7888. **Prawn House**, Jl. Harimau, Century Garden.
WESTLICH: **Manattan Grill**, Plaza Kota Raya, Tel. 223-3960. Mehrere westliche Cafés befinden sich im **City Square** Einkaufszentrum.
Eine große Auswahl einheimischer Kost findet man in den Garküchen vor dem Tempel an der **Jl. Wong Ah Fook**, hier findet auch der **Nachtmarkt** (pasar malam) statt.
Besondere Spezialitäten in der Stadt sind Seegurke, *Laksa Johor* (Reisnudeln) und *Lontong* (Reiswürfel).

TEXTILIEN: **Plaza Kota Raya**, Jl. Trus. **Kerry's Komplex**, Taman Pelangi, Holiday Plaza, Jl. Dato' Sulaiman. **City Square**, gegenüber dem Bahnhof.
Johor-Handarbeiten gibt es u. a. in: **Komtar**, Erdgeschoss, Jl. Wong Ah Fook. **JARO Handicrafts Centre**, Mo-Sa 9-17 Uhr, Jl. Chat, Tel. 223-4935.

Sultan Abu Bakar Muzium, tägl. außer Fr 10-16 Uhr, Tel. 223-0555.

Zoo Negeri Johor Darul Takzim, täglich 8-18 Uhr, Jl. Gertak Merah.

Hospital Sultanah Aminah, Jl. Tun Dr. Ismail, Tel. 223-1666.

EINWANDERUNGSBEHÖRDE: **Immigration**, Jl. Setia Tropika, Kempas, Tel. 222-8400.

EIN- UND AUSREISE VON UND NACH SINGAPUR: Insbesondere an Wochenenden und in den Schulferien bilden sich oft sehr lange Staus am Nadelöhr Causeway. Den Grenzübertritt mit Mietwagen sollte man sich ersparen, stressfreier geht es mit dem Zug oder Taxi.
Beim Grenzübertritt in einem Bus muss man mit dem Gepäck zu Fuß über die Grenze und darf dann erst nach der Kontrolle wieder in den Bus einsteigen.

Polizei, Jl. Meldrum, Tel. 225-4440. **Tourist Police**, Tel. 221-2999.

TAMAN NEGARA

TAMAN NEGARA

TAMAN NEGARA
Im ältesten Regenwald der Erde

PAHANG DARUL MAKMUR

TAMAN NEGARA

ORANG ASLI

VON KÜSTE ZU KÜSTE

PAHANG DARUL MAKMUR

Das Zentrum der Malaiischen Halbinsel nimmt Pahang Darul Makmur ein, mit 36 000 km^2 der größte Bundesstaat auf der Halbinsel. Von den 1,4 Millionen Einwohnern sind zwei Drittel Malaien, etwa 26 Prozent Chinesen und 7 Prozent Inder. Noch bedeckt dichter Regenwald weite Teile von Pahang. Aber nicht nur in Borneo, sondern auch hier vollzieht sich der große Raubbau, durch den sich Malaysia in die Spitzenriege internationaler Abholzstaaten „gesägt" hat. Gut eine halbe Million Kubikmeter Edelholz werden jährlich in Pahang gefällt und exportiert.

Neben Holz sind Kautschuk, Palmöl, Kokos, Kaffee, Kakao, Tee, Obst und Reis die wichtigsten Handelsprodukte.

Wie der Nachbarstaat Kelantan stand Pahang vor 1000 Jahren unter der Kontrolle des buddhistischen Reiches Srivijaya, bevor es zum Vasallenstaat Malakkas und später Johor-Riaus wurde. 1888 begann die Herrschaft der Briten, die jedoch durch Unruhen 1891 und 1896 erschüttert wurde.

Touristisch bedeutend sind die Ostküste und die vorgelagerte Insel Tioman. Das tropische Seengebiet von Tasik Chini lockt im Inneren. Für Besucher, die nicht nur am Strand liegen wollen,

Links: Urwaldriese im malaysischen Regenwald.

ist sicher der südöstlich gelegene Endau-Rompin National Park sehenswert. Er ist mit noch weitgehend unberührtem Tieflandurwald bestanden.

★★Taman Negara

Die größte Attraktion für Naturfreunde auf der Malaiischen Halbinsel stellt der ★★**Taman Negara** dar. Der 4372 km^2 große Nationalpark im Grenzgebiet zwischen Pahang, Kelantan und Terengganu besteht noch aus intaktem Regenwald.

Malaysische Primärwälder sind für Botaniker von einzigartigem Reiz: Sie sind über 130 Millionen Jahren alt und damit älter als die Urwaldgebiete Afrikas und Südamerikas. Klimaschwankungen, wie anderswo Eiszeiten, haben sie nicht verändert, und Menschenhand hat sie zumindest bis ins 20. Jahrhundert kaum berührt. Als der Holzschlag für die internationale Industrie zunahm, wurde im Jahr 1925 in weiser Voraussicht das heutige Naturreservat als „King George V. National Park" geschaffen, um wenigstens hier Flora und Fauna dieser archaischen Wälder zu erhalten.

Sandstein, Kalkablagerungen und Granit bilden die geologische Basis des Taman Negara. Auf dem Gipfel des Gunung Tahan, mit 2187 m der höchste Berg der Halbinsel, findet sich auch Quarzitgestein.

» Karte S. 147, Info S. 149

TAMAN NEGARA

Die Flora des Nationalparks ist einfach faszinierend und teilweise endemisch, d.h. sie ist nur hier anzutreffen. Viele Pflanzen neben den Pfaden sind gekennzeichnet. Im Tieflandurwald des Parks fallen die riesigen *Tualang*-Bäume auf. In mittlerer Höhe wachsen Eichen und Lorbeerbüsche. Unterhalb des Gipfel erstreckt sich der oft wolkenverhangene Nebelwald mit Flechten und Moosen. Vielerlei Farnarten gedeihen außerdem üppig, wie etwa der Nestfarn (*asplenium nichus*), den die Orang Asli *paku langsuir* nennen.

Unterschiedlichste Bäume streben in die Höhe, darunter auch der *tutok* (*hibiscus macrophyllus*), aus dessen Holz die Urwaldbewohner ihre Blasrohrpfeile schnitzen. Andere Bäume liefern den Menschen der Region Material zum Hausbau, wie der *kekatong* (*cynomeira malaccensis*), der *sepetir licin* (*sindora coriacea*) oder der *marbau* (*instia palembanica*). Das Harz für ihre Fackeln gewinnen die Orang Asli aus dem Baum *merawan* (*hopea*). Überall ernähren sich Lianen und Schmarotzerpflanzen unter dem schützenden Dach des Regenwaldes, unter dem ungestört der uralte Zyklus eines überaus artenreichen Lebens stattfinden kann.

Zahlreiche Tierarten leben im Taman Negara. Von den rund 1000 wilden Elefanten Malaysias sind viele im Park zu Hause. Tiger und Nashörner sollen noch herumstreifen, lassen sich aber nur ganz selten sehen. Mehr Glück hat man, von einem der Beobachtungsposten aus Rotwild, Tapire oder Wildschweine zu erblicken. In der Luft flattern, kreisen und krakeelen Nashornvögel, Adler, Papageien und rund andere 250 Vogelarten. Mehrere Affenarten (Makaken, Gibbons und Blattaffen) turnen zwischen den Bäumen.

Ausgangspunkt von Wanderungen, für die man schon mehrere Tage einplanen sollte, ist das **Park Headquarter** ❶ im Dorf **Kuala Tahan**. Dorthin fahren Boote vom Ort **Kuala Tembeling** ❷ in etwa 3 Stunden. An der Bootsanlegestelle Kuala Tembeling erhält man auch die Genehmigung für den Parkbesuch. Mittlerweile gibt es bequeme Bus-; Minibus- und Taxiverbindungen zwischen der Kleinstadt **Jerantut** ❸, das auch einen Bahnhof, einige Gästehäuser sowie Spirituosenläden und einen Samstagsnachtmarkt hat, und Kuala Tahan.

Rund um das Hauptquartier sind die Wanderungen gefahrlos, und kürzere Bootsfahrten auf den Flüssen vermitteln eindrucksvolle Erlebnisse. Dazu gehört auch eine Wanderung über den **Canopy-Walk** in der Nähe des Park-Hauptquartiers. In über 20 m Höhe sind diese geknüpften Hängebrücken ohne Nägel oder Schrauben hergestellt und zwischen den Bäumen gespannt. Mehrere hundert Meter sind bereits installiert, an einer Verlängerung wird gearbeitet. Einzelne Abschnitte sind bis zu 80 m lang und tragen bis zu 20 Tonnen. Man hat von hier aus einen herrlichen Rundblick über den Dschungel und den

Oben: Riesige Farne prägen die Vegetation des Regenwaldes im Nationalpark Taman Negara.

TAMAN NEGARA

Fluss und kann mit etwas Glück manchmal auch Wild beobachten.

Der Höhepunkt eines Besuchs im Taman Negara ist die Besteigung des 2187 m hohen **Gunung Tahan** ❹. Hierbei erlebt man die wechselnden Vegetationszonen. Für die 130 km Hin- und Rückmarsch sollte man neun Tage veranschlagen und einen zuverlässigen Führer anheuern. Verpflegung und Zelt müssen vom Startpunkt **Kuala Tahan Headquarter** aus mitgeschleppt werden. Am zweiten Tag, der durch stetes Auf und Ab sehr anstrengend wird, erreicht man in der Regel **Kuala Puteh**. Hier bietet ein Fluss Erholung und eventuell frischen Fisch. Flüsse liegen auch am nächsten Tag auf dem Weg, mit Glück treffen die Bergsteiger auf Elefanten oder andere Urwaldtiere. Dann beginnt der Aufstieg. Im Nachtlager **Padang** auf ca. 1500 m Höhe kann es recht kalt werden. Die Vorfreude darauf, von hier aus in weniger als drei Stunden vom Gipfel aus auf den Taman Negara hinabblicken zu können, wärmt einen jedoch wieder auf.

Orang Asli

Bereichernd ist bei der Bergbesteigung, wenn Angehörige der Orang Asli als Führer dabei sind. Ihre Heimat ist der Urwald, hier leben sie seit Jahrtausenden. Orang Asli (ursprüngliche Menschen) ist die Sammelbezeichnung einer Vielzahl von Ethnien, die vielerorts auf der Halbinsel noch als Halbnomaden herumziehen. Unter ihnen sind die den *Negritos* zugeordneten **Semang** die älteste Gruppe der Orang Asli. Nur noch etwa 2000 leben in Malaysia. Ihres negriden Aussehens (krauses Haar, dunkle Haut und kleiner Körperwuchs) wegen haben ihnen die Europäer den Namen *Negrito* (Negerlein) gegeben. Die Semang gliedern sich in sieben lose Verwandtschafts- bzw. Dialektgruppen (u. a. Kensiu, Jahai, Batek). Sie sind höchst demokratisch organisiert und haben einen gewählten Anführer. Meist ist das der Älteste, der jedoch jederzeit abgesetzt werden kann. Sie teilen Jagdbeute und sonstige Nahrung innerhalb ihrer Gruppen, die aus einzelnen Fa-

»» Karte S. 147, Info S. 149

TAMAN NEGARA

milienverbänden, aber nicht mehr als 30 Personen bestehen. Ihr einziger Besitz sind Obstbäume (meist Durianbäume), deren Früchte wiederum aufgeteilt werden, und die Blasrohre. Diese äußerst gefährlichen Waffen messen gut zwei Meter in der Länge. Sie bestehen aus zwei ineinander gesteckten Bambusröhren. Mit Gift aus Baumsäften und mit Wespen- oder Schlangengift bestreichen die Orang Asli die Pfeile und töten so Vögel, Affen, Wildkatzen und Wildschweine.

Mit den sesshaften Malaien haben sie ein distanziertes Handelssystem aufgebaut: sie deponieren Waldprodukte (Honig, Harz, Früchte, Wurzeln) in der Nähe von Siedlungen. Tage später nehmen sie an derselben Stelle die Tauschwaren (Haumesser, Salz, Tabak, Schmuckperlen) in Empfang.

Die **Senoi** stellen die größte Gruppe der Orang Asli. Die rund 36 000 hellhäutigeren Menschen, unter ihnen vor allem Angehörige der **Semai** und **Temiar**, sind wahrscheinlich nach den Semang und noch vor den Proto-Malaien eingewandert. Sie sind sesshaft und siedeln in Stelzhäusern, meist am Rand der Urwälder in der Mitte des Landes.

Auch die Proto-Malaien, die „Alt-Malaien", zählen zu den Orang Asli. Ihre Zahl beläuft sich auf ungefähr 25 000 Personen, die bevorzugt an den Mittel- und Unterläufen der Nebenflüsse sesshaft leben. Wie die Senoi pflanzen die Proto-Malaien, unter denen die **Jakun** die Mehrheit bilden, Obstbäume. Sie bewirtschaften Plantagen und fischen. Ihre Häuser sind im Pfahlbaustil der Malaien errichtet, das Blasrohr hat bei ihnen schon lange ausgedient.

Die Orang Asli, weitgehend noch ein Naturvolk in schwindender Natur, glauben traditionell an deren Geister. Sie leben nach bestimmten Gesetzen und Tabus, die alle den Einklang mit der Umwelt regeln. So ist Inzest, aber auch Tierquälerei verboten.

Wie in vielen anderen Ländern sind auch in Malaysia die Ureinwohner

Oben: Die Orang Asli verwenden noch heute bei der Jagd das Blasrohr.

gleichsam Exoten im eigenen Land. Früher sie von den Malaien als Sklaven gefangen und gehalten. Unzählige Orang Asli verloren dabei ihr Leben. Noch heute werden sie als *sakai*, als Hinterwäldler und Primitive behandelt.

Unter dem Vorzeichen des Fortschritts und durch die Vernichtung des Waldes drängt man die Orang Asli in die Sesshaftigkeit und will sie so zu zivilisierten Malaysiern umerziehen. Stolz verweist die Regierung auf medizinische Betreuung und Schulausbildung, die sie offiziell den Ureinwohnern angedeihen lässt.

Von Küste zu Küste

Es gibt schnelle Verbindungen zwischen der West- und Ostküste der Halbinsel, z. B. den **East Coast Expressway** E8 zwischen K.L. und Kuantan. Den Süden der Halbinsel durchquert man zügig auf der **Nationalstraße 50**.

Im Norden verbindet der **East-West-Highway Nr. 4** zwischen Penang und Kota Bharu die Andamanen-See mit dem Südchinesischen Meer; der Beginn des interessantesten Abschnitts dieser Fernstraße durch den noch verbliebenen Regenwald ist der Ort **Gerik**, von der Westküste auf zwei Routen erreichbar, z. B. auf der Strecke über Bukit Mertajam und **Kulim**, wo, 80 km von Thailand, siamesische Tempel stehen. (Zum weiteren Streckenverlauf siehe Kapitel Perak). Im Staat Kelantan ragt beim Kampong Gunung Reng der markante Kalkfelsen **Gunung Reng** empor, mit Höhle; zugleich ein netter Picknickplatz, weil am Fluss gelegen. Ab **Jeli**, wo die kurvigste Strecke des Highway geschafft ist, führt die Straße entlang der Grenze zu Thailand und mündet dann ins Tiefland des Kelantan-Flusses. **Tanah Merah** liegt an der Ostküsten-Eisenbahnlinie, inmitten einer fruchtbaren Landwirtschaftsregion. Noch 53 km sind es dann von Tanah Merah bis Kota Bharu, der Metropole im Norden der Ostküste.

TAMAN NEGARA

NATIONALPARK TAMAN NEGARA (☎ 09)

Anmeldung und Besuchserlaubnis im Headquarter in Kuala Tahan. Im Taman Negara Resort gibt es ein Büro des Wildlife Department mit Kartenmaterial und Broschüren, Sa-Do, 8-13, Fr 8-12 u. 15-18 Uhr. In der Hauptregenzeit Dezember-Januar sind große Teile des Nationalparks unzugänglich.

ZUG: Nachtfahrt von **K.L.** oder **Singapur** über Gemas nach **Tembeling** (Zug hält nur nach Aufforderung!), dann ca. 3-stündige Bootsfahrt. Auskunft in K.L.: Tel. (03) 2273-8000. Von der Ostküste verkehrt ein Zug zwischen **Kota Bharu** und **Jerantut**. Nach Übernachtung per Bus oder Taxi zum Bootsanleger nach **Kuala Tembeling**.

BUS / TAXI: Ab **Pekeliling Bus Terminal** nach **Jerantut**. Von dort weiter per Taxi nach K. Tembeling oder weiter nach **Kuala Tahan**. Ein direkter Reisebus fährt außerdem in ca. 5-stündiger Fahrt täglich vom **Istana Hotel** in K.L. nach K. Tembeling. Abfahrt um 8 Uhr, so dass man das letzte Boot um 14 Uhr erwischt! Buchung einen Tag im Voraus notwendig über das Taman Negara Resort.

MIETWAGEN: Über Agenturen zu buchen (s. bei K.L.), außerdem bei: **Asian Overland Services**, Kuala Lumpur, Tel. (03) 4252-9100.

Im Park-Hauptquartier gibt es neben einem großen Restaurant mit malaiischer und westlicher Küche auch kantinenähnliche Verpflegung. Das private Angebot mitten auf dem Fluss, außerhalb der Parkgrenzen, ist jedoch interessanter und abwechslungsreicher; billiger Fährdienst.

Außerhalb von Kuala Tahan muss die Verpflegung im National Park selbst mitgenommen werden, auch Trinkwasser.

Staatliche Krankenstation, Tel. 266-7468, in Kuala Tahan.

Ausrüstung für Urwaldtouren sind in einem Laden beim Park Headquarter, günstiger jedoch z. B. in Kuala Lipis und Jerantut zu bekommen.

Dschungeltouren mit einheimischen Guides können vormittags im Park Headquarter gebucht werden.

» Karte S. 147

NÖRDLICHE OSTKÜSTE

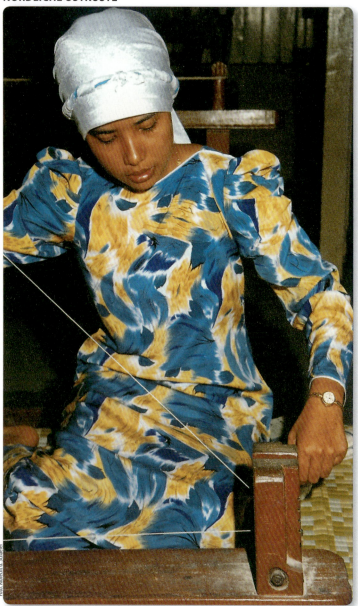

NÖRDLICHE OSTKÜSTE

NÖRDLICHE OSTKÜSTE
Islamische Provinz

KELANTAN

KOTA BHARU

AUSFLÜGE VON KOTA BHARU

TERENGGANU

NÖRDLICHE OSTKÜSTE

KELANTAN

Gern als ursprüngliches Malaysia beschrieben, unterscheidet sich die nördliche Ostküste der Halbinsel tatsächlich sehr vom Westen. In den wenigen Großstädten sind Hochhäuser noch eher selten, die Landstraßen ziehen sich noch durch einsame Gefilde. An Industrie sind neben Erdölanlagen ländliche Handwerks- und Fischereibetriebe zu nennen. Plantagen werden hier nur in kleinerem Umfang bewirtschaftet.

Den Reiz der Küste machen vor allem lange, palmenbestandene Strände aus. Eine Reihe schöner Inseln bietet gute Tauchgründe. Die Bewohner der Kampongs leben anscheinend unverändert in geruhsamem Rhythmus. Zu über 90 Prozent Malaien, sind die Ostküstler eher konservativ-islamisch eingestellt, was freizügigem Fremdenverkehr, wie er im Westen akzeptiert wird, Grenzen setzt. Dennoch hat man auch die lukrative Seite des Tourismus entdeckt. Die früher meist rustikalen Unterkünfte gibt es noch, aber inzwischen haben Luxushotels manche Orte international bekannt gemacht.

Im Norden grenzt der 15 000 km² große Bundesstaat Kelantan an das Südchinesische Meer. Der Islam war von Malakka aus hierher gekommen, in die frühere Einflusssphäre des Reiches von Srivijaya. Nach längerer Unabhängigkeit hatten sich Thais und Briten als Herrscher abgewechselt, bis Kelantan 1948 dem malaiischen Staatenbund beitrat.

Bei dem malaiischen Anteil von 95 Prozent der 1,6 Millionen Einwohner ist es wenig verwunderlich, dass die Islamistenpartei, die Partai Islam Sa Malaysia (PAS), den Ton angibt, die hier die Einführung der Scharia vorantreibt. Besucher merken das spätestens dann, wenn sie in staatlichen Hotels keinen Alkohol serviert bekommen.

★Kota Bharu

„Neue Stadt" bedeutet der Name der Hauptstadt, die doch schon gut 200 Jahre alt ist. In ihrer Umgebung leben rund 600 000 Menschen, dicht bei Thailand. Die schnellen Verkehrsverbindungen mit K.L. und Penang haben die Wirtschaft der Stadt gefördert, die vom Grenzverkehr in Rantau Panjang / Sungai Golok (auch Ko-Lok) profitiert. Mit rund 30 Hotels, Pensionen und Strandresorts ist ★**Kota Bharu ❶** auf Besucher eingestellt. Zu sehen gibt es einiges. Sehr farbig geht es in der Markt-

---

Links: Muslimische Weberin in Terengganu.

» Karte S. 152, Info S. 159

NÖRDLICHE OSTKÜSTE

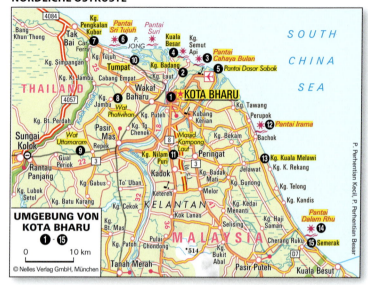

halle ★**Pasar Besar** an der Jl. Tengku Chik zu, wo allerlei Früchte, Gewürze und Gemüsearten feilgeboten werden. Goldschmuck tragende Frauen, inmitten ihrer Waren, dominieren das Marktgeschehen. Der in einem großen Rundbau untergebrachte Pasar lässt sich von den einzelnen Stockwerken wie eine Bühne betrachten. Stände für Batik und Kunsthandwerk in den Etagen vervollständigen das Angebot.

Typische Stoffe sind auch im Einkaufszentrum an der nördlichen **Jl. Sultanah Zanaib** günstig zu haben. Im südlichen Teil der Straße arbeiten die berühmten **Silberschmiede** von Kelantan. Weitere Kunstgewerbeläden findet man vor allem in der Jl. Temenggong.

Mehr zu Kultur und Kunst bietet das **Kelantan Cultural Centre** oder **Gelanggang Seni**. Dort wird von März bis Oktober *wau* vorgeführt: das **Drachensteigen**, ein historischer Wettkampf mit farbenprächtigen, kunstvoll gebauten Drachen aus (Reis-) Papier und Bambus. Die jahrtausendealte Tradition des *wau*, das den Bau und festliche Vorführungen einschließt, wird in Familien weitergegeben. In Malaysia sind Monddrachen und Katzendrachen die bekanntesten Varianten dieser Fluggeräte. Den Drachenbauern kann man im Nordteil der Stadt, auf dem Weg zum Strand Cahaya Bulan zuschauen.

Andere beliebte Sport- und Kulturformen, die zwischen Februar und Oktober im ganzen Staat während prächtiger Festivals vorgeführt werden, sind gleichfalls im Gelanggang-Seni-Kulturzentrum zu sehen: die Selbstverteidigungskunst *silat*, der Trommelwettstreit *rebana ubi*, und das Kreiseldrehen *gasing*, Tänze und Spiele wie *menora, puteri, inai*, das Tanzdrama *Mak Yong*, das Schattenspiel *Wayang Kulit* und *Dikir Barat*, ein Dichterwettstreit im Wechselgesang. Außerdem ist da noch die Vorliebe der Kelantan-Bewohner für Vogelstimmen-Wettbewerbe. So erhalten in Kota Bharu alljährlich Mitte August hunderte von *Merbuk*, Taubenvögel, die

Rechts: Der Liegende Buddha im Kloster Wat Photivihan bei Kota Bharu.

NÖRDLICHE OSTKÜSTE

Chance, das bezauberndste Zwitschern, Gurren und Trillern ertönen zu lassen.

Tradition hat das **Königliche Museum** in der **Istana Jahar** nahe der Jl. Pintu Pong zu bieten. In dem kleinen, 1887 erbauten Palast sind u. a. archäologische Funde, Trommeln, Gongs, Schmuck, Möbel und alte Drachen ausgestellt. Schräg gegenüber steht der **Istana Balai Besar** von 1844. Die große Audienzhalle mit schönen Holzschnitzereien wird noch heute bei Festen benutzt. Vor dem Palast helfen ganz profane, aber leckere Gerichte der Essstände, den kleinen und großen Hunger zu stillen.

Im Zentrum, etwas östlich des Kelantan-Flusses, wurde der **Padang Merdeka** angelegt. Auf dem Platz der Unabhängigkeit gedenken die Malaysier ihrer Soldaten, die im 2. Weltkrieg starben und des Freiheitskämpfers Tok Janggut, den die Briten hier gehenkt haben. Etwas nördlich leuchtet die **Masjid Muhamadi**, die Staatsmoschee, für deren Bau ab 1916 zehn Jahre benötigt wurden. Eins der ältesten Steinhäuser der Stadt steht an der Ecke Jl. Masjid / Jl. Sultan. In dem Gebäude sind Kunstgalerie und -handwerkszentrum untergebracht.

Außer den Werkstätten in der Stadt sind einige Orte nahe Kota Bharus gute Adressen für traditionelles Handwerk. Silberschmuck und -geschirr stellen Bewohner des **Kampong Morak**, 9 km außerhalb, und das örtliche Handicraft Centre in **Kg. Badang ❷**, ca. 10 km nördlich von Kota Bharu, her. Im **Semasa Batik** in **Kg. Puteh** (3 km) und in **Kg. Penambang** (3,2 km auf der Route zum nördlichen Strand) entstehen exzellente Batik- und Songket-Stoffe.

Das Tourist Office arrangiert in Verbindung mit dem Perdana-Hotel Boots- und Trekking-Touren sowie einen dreitägigen Aufenthalt bei einer malaiischen Familie. Das Homestay Programm kostet ca. 220 RM pro Erwachsenem. Darin inbegriffen ist der Unterricht in traditionellen Handwerken und Tänzen.

Foto: Albrecht G. Schaefer

Ausflüge von Kota Bharu

Kota Bharus Traumstrand war als *Pantai Cinta Berahi* (kurz: PCB) bekannt, „Strand der leidenschaftlichen Liebe", wurde aber von der prüden Landesregierung in **Pantai Cahaya Bulan ❸** umbenannt, also „Mondscheinstrand". Möglich, dass sich hier ergreifende Romanzen abgespielt haben, doch die Liebe zu dem von Kasuarinen bestandenen Küstenstreifen nördlich der Stadt hält sich in Grenzen. Einige Strandhotels bieten zumindest Komfort, und die genannten Handwerkstätten lohnen den Ausflug allemal. Das an der Mündung des Sungai Kelantan gelegene Dorf **Kuala Besar ❹** ist ein sehr guter Ausgangspunkt für Schnorcheltrips.

Über die Straße zum Flughafen gelangt man 10 km nordöstlich von Kota Bharu zum **Pantai Dasar Sabak ❺**, einem historischen Ort: am 8. Dezember 1941 landeten hier die Japaner, die innerhalb von sechs Wochen ganz Malaya und Singapur eingenommen haben. Heute landen an dem beliebten

» Karte S. 152, Info S. 159

NÖRDLICHE OSTKÜSTE

NÖRDLICHE OSTKÜSTE

Badeplatz manchmal die aus Werberoschüren bekannten, bunt verzierten **Fischerboote**.

In Richtung Norden folgt nach einer Fahrt durch malerische Landschaft mit Reis- und Tabakfeldern das Strandgebiet **Pantai Sri Tujuh** ❻ an der größten Lagune Malaysias. Vom nahen **Kg. Pengkalan Kubor** ❼ geht die Fähre über den Grenzfluss Kolok (Golok) nach Thailand ab.

15 km westlich von Kota Bharu ist bei dem Ort **Cabang Empat** einer der größten Stein-Buddhas Asiens zu bestaunen: Der 40 m lange und 11 m hohe Liegende Buddha ruht im Kloster **Wat Photivihan** ❽, das seit seiner Entstehung 1980 zur wichtigen Pilgerstätte geworden ist. Im benachbarten **Kampong Jambu** leben rund 200 Angehörige der Thai-Minderheit. **Wat Uttamaram** ❾ heißt ein weiterer eindrucksvoller Thai-Tempel bei **Repek**. Abwechslungsreich kann eine **Bootsfahrt** den Sungai Kelantan aufwärts sein; in **Tumpat** ❿, der Eisenbahnendstation, werden Boote vermietet. Auf der im Mündungsdelta gelegenen Insel **Pulau Jong** bauen die Bewohner Boote noch nach Art der Vorfahren. Eine alljährlich Ende März veranstaltete Regatta zu Ehren des Sultans zeigt die traditionellen Fahrzeuge im Einsatz.

Etwa 10 km südlich von Kota Bharu steht ein muslimisches Heiligtum und ein Nationaldenkmal: die **Masjid Kampong Laut** ⓫, die mit 300 Jahren wohl älteste Moschee Malaysias. Javanische Missionare haben sie ganz aus Holz gebaut. Da der erste Standort am Fluss durch Hochwasser gefährdet war, wurde sie nach **Kg. Nilam Puri** verlegt.

Die **Strände** bei **Bachok**, 20 km südöstlich von Khota Bharu, zählen zu den schönsten der Ostküste: Sehr verlockend klingt der Name von **Pantai Irama** ⓬ (Melodie-Strand), der, etwas nördlich des Ortes, auch zum Zelten und Picknicken einlädt. Südlich von Bachok reizt die Brandung bei **Kg. Kuala Melawi** ⓭ Surfer, während noch einmal 25 km weiter nach Südosten der **Pantai Dalam Rhu** ⓮ (auch *Pantai Bisikan Bayu*, d.h. Strand der flüsternden Brise) für ruhiges Baden geeignet ist. Das nahe Fischerdorf **Semerak** ⓯ ist wie die Nachbarorte bekannt für feine Holzschnitzarbeiten.

TERENGGANU

Wie Kelantan ist der 13 000 km² große Bundesstaat Terengganu (Trengganu) stark vom Islam geprägt. 94 Prozent der ca. 1 Mio. Einwohner sind Malaien. Hier hatte der Islam schon vor der Gründung des Malakka-Sultanats Fuß gefasst. We Kelantan wurde Terengganu zum Vasallen Malakkas und Johors und geriet später unter Thailands Regie. Zusammen mit dem nördlichen Nachbarstaat musste Terengganu 1909 die britische Herrschaft akzeptieren, bevor er sich dem Malaiischen Bund anschloss. Der Staat gehört zu den am wenigsten entwickelten Malaysias. So wecken die

Oben: An den Stränden und Buchten um Kota Bharu ist Schnorcheln ein Vergnügen.

NÖRDLICHE OSTKÜSTE

Erdöl- und Erdgasfunde vor der Küste Hoffnungen auf wirtschaftlichen Aufschwung, der sich schon in den modernen Gebäuden der Hauptstadt Kuala Terengganu, Kraftwerken, Raffinerie- und Hafenterminals manifestiert hat. Noch sind die Anlagen nur vereinzelte Industrie-Inseln an der 240 km langen Strandküste.

Vorbei an Reisfeldern geht die Fahrt bis zu dem beliebten Badeort **Kuala Besut** ⓰. Hier ist ein typischer Holzpalast sehenswert, die **Istana Tengku Indera Sejera** in der Jl. Tengku.

Der Hauptgrund für einen Halt sind jedoch die beiden Inseln ★**Perhentian Besar** ⓱ und ★**Perhentian Kecil** ⓲. In kanapp 2 Stunden schippert man von Besut die 21 km dorthin, wo einige der besten Strände Malaysias warten. Das Meer um die Inseln ist ein Schutzgebiet, ideale Tauch- und Schnorchelgründe bieten die Saumriffe. Manchmal streifen Riffhaie und Schildkröten durch die Korallengärten. Delfine springen im klaren Wasser. Bequeme Waldwege führen durchs Inselinnere. Auf der früher unbewohnten Pulau Perhentian Besar hat sich das Perhentian Island Resort etabliert. Einfachere Chalet-Anlagen stehen an mehreren Strandabschnitten.

Nach Kuala Besut weicht die Hauptstraße ins Landesinnere ab. Reisfelder beherrschen die Szenerie. Bei **Kampong Renek** liegt das Erholungsgelände von **Air Terjun Bukit Belatan** ⓳, wo ein Wasserfall erfrischt. Bei **Bandar Permaisuri** verbindet eine Straße den Highway mit der Küste und verläuft dann am Meer entlang. **Kampong Penarek** ⓴ bietet schöne Strände, wie den südlichen **Pantai Bari** ㉑.

Von **Merang** ㉒ pendeln Hotelboote zu der 40 km entfernten schönen Badeinsel **Pulau Redang** ㉓, die auch von der nahen Hauptstadt Kuala Terengganu angelaufen und zudem von K.L. direkt angeflogen wird. Die Insel ist Teil eines Meeresschutzgebietes, und die örtlichen Fischer scheinen sich weitgehend an die Verordnungen zu halten; auch das Sammeln von Schildkröteneiern ist illegal. Schon zwischen den Pfahlbauten animieren Korallen zum Tauchen in den nahen Riffen. Schwimmen ist herrlich in der Bucht von **Teluk Dalam**, sehr angenehm ist auch der kleine Strand ★**Teluk Kalong Kecil**. Im Inseldschungel kann man Vögel, Affen und Flughörnchen beobachten. Schildkröten legen zu bestimmten Zeiten ihre Eier am Strand von Pulau Redang ab. Dieses kleine Eiland weist komfortable Resorts und einen Golfplatz auf.

Auf der Insel **Pulau Bidong** waren von 1978 bis 1989 rund 70 000 vietnamesische Boat People interniert.

Erdöl, neuer Reichtum der Ostküste

Kuala Terengganu ㉔ ist mit seinen 360 000 Einwohnern längst nicht mehr nur ein provinzieller Fischerort. Das Wirtschaftswunder hat in Gestalt von Erdöl- und Erdgasförderung, Verwaltungsbauten, Shopping-Centers und Strandhotels Einzug gehalten. Ein Besuch auf dem zentralen **Markt** (Pasar Payang) macht mit den typischen Waren der Region vertraut: Handarbeiten aus Bambus, Holz und Rattan, Früchte und Gemüse, getrockneter Fisch und Reiskuchen. In der Nähe steht zur Seeseite hin die kleine, französisch beeinflusste **Istana Maziah**, die, als Sultansresidenz 1884 erbaut, noch heute der Königsfamilie für Festlichkeiten dient. Der moderne Palast, die **Istana Badariah**, wurde außerhalb, in Richtung Dungun, mit einem Golfplatz angelegt.

Dem alten Königssitz benachbart sind die 1893 erbaute **Masjid Abidin**, die der Nationalmoschee von K.L. ähnelt, und das königliche **Mausoleum**, wo auch der 1979 verstorbene Sultan Ismail ruht. In östlicher Richtung liegt der **Kampong Dalam Kota** (Dorf in der Stadt) mit alten malaiischen Häusern.

Rechts: Nur zur Eiablage kommen die riesigen Lederschildkröten aus dem Meer zum Strand von Rantau Abang.

NÖRDLICHE OSTKÜSTE

Ein Großteil der wenigen Chinesen von Terengganu lebt in dem quirligen Viertel am Fluss an der **Jl. Bandar**. Vom Hafen kann man sich nach **Pulau Duyung** bringen lassen, wo noch traditionelle Fischerboote entstehen.

Der **Park der Islamischen Zivilisation** (Taman Tamandun Islam) präsentiert verkleinerte Nachbauten der wichtigsten Moscheen der Welt und v. a. die neue, spektakuläre ★**Kristallmoschee**.

Im geschichtlich orientierten **Terengganu Museum** im Westen der Stadt ist u. a. eines der Fahrräder ausgestellt, auf denen die Japaner im 2. Weltkrieg die Halbinsel eroberten.

Die einst erste scheinbar „schwimmende" Moschee Malaysias kann man auf der Kuala Ibai-Lagune, 4 km südlich der Stadt, bewundern: **Tengku Tengah Zaharah** (erb. 1995) vereint moderne mit indischer Moghul-Architektur.

Außerhalb sind diverse Handwerksbetriebe angesiedelt. Im **Suterasemai-Zentrum**, ca. 6 km südlich in **Chendering** wird Seide produziert. Nicht nur auf dem städtischen Markt, sondern auch in **Rusila** ㉕, 10 km in Richtung Marang, werden im **Handicraft Centre** hergestellte Batik-, Songketstoffe, Matten und Korbwaren verkauft.

Von der landeinwärts verlaufenden Straße 14 geht es in Ajil ab nach **Kuala Berang**. Ein historisch wichtiger Ort, denn hier wurde der sogenannte **Trengganu-Stein** mit malaiisch-arabischen Inschriften aus dem Jahr 1326 entdeckt. Nahe dieses ältesten Zeugnisses des Islams in Malaysia lädt der Park **Air Terjun Sekayu** ㉖ mit seinen **Wasserfällen** zur Erholung ein. Etwas westlicher erstreckt sich das riesige Reservoir **Tasik Kenyir**, das seit 1985 den Urwald überflutet. Ein luxuriöses **Golf-Resort** ㉗ und einfache Lodges locken Angelurlauber an den **Stausee**.

Auf der Küstenstraße erreicht man bald den malerischen Fischerort **Marang** ㉘. Vorgelagert ist **Pulau Kapas** ㉙, ein bei Tauchern lange als Geheimtipp gehandeltes Eiland. Mittlerweile gibt es wie in Marang, Unterkünfte auf der Insel, die zwar weniger exklusiv, dafür aber im Naturschutzgebiet sind.

» Karte S. 154, Info S. 159

NÖRDLICHE OSTKÜSTE

Wo die ★★Schildkröten landen

Von weither kommen sie herangeschwommen, Angehörige einer Art, die seit 100 Millionen Jahren existiert.

Die **★★Lederschildkröten** (*Dermochelys coriacea*), die 2,50 m lang, 700 kg schwer und über 100 Jahre alt werden können, sind vom Aussterben bedroht. Nur noch etwa 30 000 Exemplare leben in den tropischen und subtropischen Meeren zwischen Nordamerika, Chile, Australien und Südostasien. Sie ernähren sich von Quallen und Wasserpflanzen. Nur zum Eierablegen kommen die Weibchen an den Strand. Von den 64 Nistplätzen weltweit ist (außer der Küste von Surinam) der am häufigsten besuchte Landeplatz der **Strand** bei **Rantau Abang ㉚**, wo es auch ein **Turtle Information Center**, Gästehäuser und, im **Rantau Abang Forest Reserve Park**, Regenwald gibt.

Die existenzielle Gefährdung der Lederschildkröte hat der Mensch zu verantworten. Zwar ist das Fleisch der Lederrücken, der weltgrößten Schildkröten, wegen eines darin enthaltenen tödlichen Nervengiftes ungenießbar. Doch die Eier gelten in Südostasien als Potenzmittel, und daher sammelten die malaysischen Fischer diese Delikatesse ein, sobald die früher in Schwärmen anlandenden Reptilien sie in mühsam gegrabene Sandlöcher gelegt hatten.

Das Fischereiministerium von Terengganu und der World Wildlife Fund (WWF) Malaysia haben ein Überlebensprogramm entwickelt, das den Interessen der Fischer, dem Fortbestand der Schildkröten und auch der Neugier der Touristen gerecht werden soll. Wenn ein „Leatherback"-Weibchen ihre bis über 80 Eier pro Saison – in der Regel zwischen Februar und Oktober, hauptsächlich aber zwischen Juni und August – abgelegt hat, werden sie gleich ausgegraben. Über die Hälfte bringen staatliche Ranger in die Aufzuchtstation. Der Rest darf dann auf den Märkten verkauft werden.

Turtle Watching, ausschließlich nachts möglich, ist zu einer Touristenattraktion geworden. Doch die Vorschriften bei der Tierschau sind streng. Weder Blitzlichtfotos noch das früher bei Malaysiern beliebte Schildkrötenreiten sind heute noch erlaubt.

Ölboom und Luxusresorts

Wie in einem Sultanspalast kann sich der Gast in der Hotelanlage **Tanjong Jara ㉛**, südlich von Rantau Abang fühlen. Sehr dekorativ wurde das Pilotprojekt der Tourismusbehörde im traditionellen Istana-Stil errichtet.

An bessere Zeiten erinnert in **Dungun ㉜** die große **Intan Zarah Moschee** an der Jl. Masjid. Bis in die 1970er Jahre war Dungun der florierende Exporthafen für Eisenerz aus den Bukit-Besi-Minen. Heute lebt man von Fischfang und Palmölplantagen. Donnerstags findet der viel besuchte **Nachtmarkt** statt.

Umgekehrt vollzog sich der Wandel in **Paka** und **Kerteh**, zwei vormaligen Fischerdörfern: Seit Öl gefördert wird, sind Kraftwerk und Raffinerien neue Wahrzeichen der Orte. Auch vom alten Charme der Fischerdörfer **Kemasik** und **Kampong Kuala Kemaman** ist in der Industrieregion um Chukai nicht mehr allzuviel erhalten geblieben.

Am **★Pantai Chendor ㉝**, einem beliebten Badeziel mit Club Méditerranée, legen zwischen Mai und Oktober **Grüne Meereschildkröten** ihre Eier ab.

Brennpunkt des Individualtourismus an der Ostküste ist der benachbarte **★Kampong Cherating ㉞**, mit seinen preiswerten kleinen Hotels, Restaurants, einer flachen Sandbucht und einem einladenden Windsurfer-Strand.

Malerisch präsentiert sich, 10 km nördlich von Kuantan, der Ort **Beserah ㉟**. Männer ziehen hier bunte Fischerboote an Land, **Wasserbüffelkarren** bringen den Fang zum Trocknen. Mit Drachensteigen, Schnitzen und Kreiselspielen pflegt der Ort noch seine Traditionen.

NÖRDLICHE OSTKÜSTE

KOTA BHARU (☎ 09)

Tourist Information Centre, hat umfassende Informationen zu Kultur, Kunsthandwerk und Ausflügen, Jl. Sultan Ibrahim. Tel. 748-5534, Fax 748-6652.

FLUG: **MAS** (Tel. im Airport 771-4711) fliegt täglich mehrmals zwischen Kota Bharu und Kuala Lumpur (KLIA und Subang).
BAHN: **Bahnhof Wakaf Bharu**, Tumpat. Nach **Kuala Lipis** über Gua Musang, nach **Mentakab**, Gemas, dann weiter über Seremban nach K.L., bzw. über Segamat bis **Johor Bharu** und **Singapur**.
BUS: Busterminals für Fernstrecken: **Langgar Busstation** (SKMB Busse), Jl. S. Yaha Petra, und **Jl. Hamzah**. Nahverkehr: **Central Bus Station** Jl. Padang Garong.

MALAIISCH: **Malaysia Restaurant**, Jl. Kebun Sultan.
Essstände abends am **Merdeka Square**, und am **Nachtmarkt** beim **Busbahnhof**.
CHINESISCH: **Lok Kau Hook**, Jl. Kebun Sultan. **Restaurant Anata No**, Jl. Post Office Lama.
WESTLICH: **Rebana Coffee House**, Hotel Perdana. **Family Restaurant**, Jl. Datuk Pati.
SEAFOOD: am Strand Pantai Cahaya Bulan.
THAI: **Syam**, Jl. Hospital.

Istana Jahar und **Kelantan State Museum**, täglich außer Fr 8.30-16.45 Uhr, Tel. 748-2266. **World War II Museum** und **Islam Museum**, tägl. außer Fr 8.30-17 Uhr, Jl. Sultan.

Kelantan Cultural Centre (Gelanggang Seni), zwischen Februar und Oktober (außer Ramadan) Vorführungen Mo, Mi u. Sa 15.30-17.30 Uhr, Mi 21-23 Uhr Tanzdarbietung.

Stoffe und Kleidung kauft man am besten in der Jl. Tok Hakim, Jl. Pintu Pong, oder Jl. Parit Salam (**Bersaru Shopping Centre**).
Souvenirs und einheimische Handwerkskunst findet man im **Kampung Kraftangan** beim Istana Balai Besar im Zentrum und am **Pantai Cahaya Bulan**. Gute Silberarbeiten gibt es in der **Jl. Sultanah Zainab** und der **Jl. Kg. Sireh**.

EINWANDERUNGSBEHÖRDE: **Immigration Office**, Wisma Persekutuan, Tel. 748-2126, Jl. Bayam.

Kota Bharu General Hospital, Jl. Hospital, Tel. 748-5533.

Polizei, Tel. 745-5622. **Touristenpolizei**, Tel. 747-2222.

KUALA TERENGGANU (☎ 09)

Auskünfte, z. B. zu Kulturveranstaltungen, Restaurants und Inseltouren, gibt das **State Tourist Information Centre**, Jl. Sultan Zainal Abidin, Tel. 622-1553, oder **Tourism Malaysia**, Pusat Niaga Paya Keladi, Jl. Kg. Daik, Tel. 630-9433, für die gesamte Ostküste.

MAS fliegt täglich zwischen Kuala Terengganu und Kuala Lumpur (Subang und KLIA), Tel. 622-9279.
BUSTERMINAL: Jl. Masjid Abidin für lokale Busse und Express Bus Terminal Tanjung für Fernbusse.

Gute, aber relativ teurere **Batiken** und Kunsthandwerk findet man in der **Jl. Bandar** am Fluss. Günstigere Batik im **Pasar Payang**.

General Hospital, Jl. Sultan Muhamed, Tel. 621-2121.

Touristenpolizei, Tel. 632-2222.

Package-Touren zur Insel **Pulau Redang** bietet Ping Anchorage, 77A Jl. Sultan Sulaiman, Tel. 626-2020.

RANTAU ABANG (☎ 09)

Rantau Abang Turtle Information Centre, Mai-August tägl. 9-23, sonst Sa-Mi 8-16, Do bis 12.45 Uhr, 22 km nördlich von Dungun.

SÜDLICHE OSTKÜSTE

SÜDLICHE OSTKÜSTE

SÜDLICHE OSTKÜSTE
Strände und Taucherparadiese

KUANTAN
UMGEBUNG VON KUANTAN
TEMERLOH
PEKAN
SÜDLICHE OSTKÜSTE
TIOMAN UND NACHBARINSELN

SÜDLICHE OSTKÜSTE

Über Kuantan nach Tioman

Die Südregion der Ostküste, die größtenteils im Staatsgebiet von Pahang liegt, stellt sich ähnlich dar wie in Kelantan und Terengganu: Kilometerlange Strände mit Fischerdörfern und traditionellem Lebensstil. Brauchtum und Handwerk werden großgeschrieben. In Pahang ist man auf *songket* stolz, die malaysische Version des Brokat-Webens.

Touristische Attraktionen sind außer den herrlichen Stränden der östlichen Halbinsel, der Insel Tioman und ihren Nachbarinseln auch Ziele im Inland, die Naturparks mit den Tasik Chini, Abenteuer auf dem Pahang-Fluss oder Bergtouren.

Kuantan

Dort, wo der gleichnamige Fluss ins Südchinesische Meer mündet, liegt die Hauptstadt des Bundesstaates Pahang. Der ca. 600 000 Einwohner zählende Ort ist die wirtschaftliche Metropole der Ostküste. Der Flughafen, der Hochseehafen im 26 km nördlicheren Tanjung Gelang und das Zusammentreffen wichtiger Nationalstraßen machen die besonders verkehrsgünstige Lage der Stadt **Kuantan** ❶ aus.

Im Zentrum präsentiert sich der Ort sauber, recht modern und doch ruhig. Preisgünstige Hotels machen Kuantan zu einem bevorzugten Ausgangspunkt für Exkursionen in die Umgebung. Neues Wahrzeichen der Stadt ist die 1994 errichtete **Staatsmoschee** (Masjid Negeri Sultan Ahmad Shah) mit ihrer mehrfarbigen Kuppel im arabischen Stil. Beispiel der Kolonialarchitektur ist das **Court House** (Gerichtsgebäude) an der **Jl. Mahkota**, nahe des Flussufers. Dort wurden Gärten und Spazierwege angelegt. Souvenirläden, Garküchen und Restaurants tragen zur Promenadenstimmung bei.

Tempelfreunde können in der Jl. Bukit Setongkol und in der Jl. Bukit je eine buddhistische Gebetsstätte, in der Jl. Tanah Puteh einen **Hindu-Tempel** besuchen.

Etwa 5 km östlich des Zentrums, an der Landnase, die den südlichen **Teluk Sisek-Strand** vom östlichen **Teluk Chempedak Strand** trennt, sind einige luxuriöse Hotels, Souvenirläden, Restaurants, Nachtclubs und ein kleiner **Botanischer Garten** angesiedelt.

Aufregung herrscht in Kuantan in der letzten Januarwoche, wenn die *Kuantan Challenge*, die internationale, gut besuchte Windsurf-Regatta am **Balok Beach** ❷ stattfindet. Der Monsunwind macht's möglich. Auch an Land feiert man und lässt Drachen steigen.

» Karte S. 160, Info S. 169

SÜDLICHE OSTKÜSTE

Umgebung von Kuantan

In nordwestlicher Richtung, auf dem Weg zur Zinnstadt Sungai Lembing, liegt ca. 25 km von Kuantan der Ort **Pancing** ❸. Bekannt ist er wegen seiner Kalksteinfelsen und deren Höhlen in der Umgebung, von denen eine, die **Gua Charah**, einen buddhistischen Tempel beherbergt. Den 10 m langen Liegenden Buddha hat ein thailändischer Einsiedler geschaffen. Von hier sind es 9 km bis **Sungai Lembing**. Die größte **Zinnmine** des Landes dort, mit 700 m eine der tiefsten der Welt; wurde 1986 geschlossen; ein kleines **Museum** erinnert an die Hoch-Zeit.

★Tasik Chini: geheimnisvoller See

Was Loch Ness für Schottland, das ist ★**Tasik Chini** ❹ für Malaysia: das Schlangenungeheuer *naga sri gumum* soll in dem See leben, behauptet eine Legende der Jakun, die früher das ganze Hinterland von Kuantan bevölkerten. Man munkelt von einer versunkenen Stadt der Khmer unter dem tiefen See, die einst am Meer gelegen haben und prachtvoll wie Angkor Wat in Kambodscha gewesen sein soll. Einmal im Jahr warten die Einheimischen darauf, dass der wundersame Stein *batu sri gumum* an der Oberfläche erscheint. Archäologen wollen mit Hilfe von Luftaufnahmen und Linguisten durch Vergleiche thailändischer Sprachen mit denen der örtlichen Orang Asli Hinweise auf die verschwundene Stadt gefunden haben.

Cini ist in Thai das Wort für Gibbons, und die toben auch heute noch in Scharen durch den umliegenden Regenwald. Im Wasser tummeln sich unzählige Karpfen, Tilapia und andere Fische, auch Krokodile fühlen sich darin äußerst wohl. Zwischen Juni und September wirkt Tasik Chini wirklich verzaubert, wenn blühende Lotusblumen ihn mit ihrem zarten Rosa einhüllen.

Das Naturparadies, 12 einzelne, mit-

Oben: Im Elefantencamp Kuala Gandah. Rechts: Lotusblumen überziehen im Naturparadies Tasik Chini die Seen.

SÜDLICHE OSTKÜSTE

einander verbundene Seen, befindet sich rund 100 km südwestlich von Kuantan. Entweder nimmt man die Straße Richtung Segamat, und zweigt dann etwa 18 km südlich von Batu Balik nach Westen ab, um mit dem Fahrzeug direkt an den See bzw. das Resort zu gelangen, oder man genießt eine schöne Bootsfahrt auf dem Pahang-Fluss und dem Chini-Fluss. Dazu muss man auf der Straße Temerloh – Kuantan bei km 56 nach Süden bis zum **Kampong Belimbing** fahren. Ab dort geht es mit dem motorisierten Langboot den **Pahang-Fluss** aufwärts, der **Sungai Chini** verbindet dann mit dem See.

Im **Tasik Chini Resort**, einer von mehreren Unterkunftsmöglichkeiten im Seengebiet, kann man in einfachen Chalets übernachten oder auch zelten. Besonders Angelenthusiasten machen davon regen Gebrauch. **Dschungelausflüge**, bei denen man manchmal sogar den kleinwüchsigen Buschelefanten begegnen kann, und Besuche bei verstreut siedelnden **Orang Asli** sorgen außerdem für Abwechslung.

Temerloh

Schon mitten in Zentral-Malaysia liegt **Temerloh** ❺, 125 km von Kuantan entfernt. Der Knotenpunkt mehrerer Straßen und zweier Flüsse ist eine günstige Basis für Besuche im Taman Negara. Von hier aus bietet sich auch eine reizvolle **Flussfahrt** an: auf dem **Pahang** bis nach Pekan an der Ostküste; der Start dieser vom Tourist Office in Kuantan organisierten Tour ist **Kampong Guai**. Im Ort Temerloh sind die **Moschee** mit leuchtend goldener Kuppel und alte Warenhäuser am Flussufer sehenswert. Ein großer **Markt** findet an jedem Samstag statt.

Der Staat betreibt nördlich von Lanchang ein (an Wochenenden viel besuchtes) Elefantencamp: das ★**National Elephant Conservation Centre Kuala Gandah** ❻, eine Zwischenstation für mit Bauern in Konflikt geratene Wildelefanten vor deren Transport in den Taman Negara. Man darf dort gezähmte Dickhäuter füttern, reiten – und sogar mit ihnen baden! (Tel. 09 2790391).

» Karte S. 160, Info S. 169

SÜDLICHE OSTKÜSTE

Oben: Insel Tioman, Strand nahe dem Berjaya Resort.

Pekan

Einer der schönsten und kulturhistorisch interessantesten Orte der Ostküste liegt 44 km südlich von Kuantan: die alte Königsstadt **Pekan** ❼ nahe der Mündung des Pahang. Schon 1470 existierte Pekan, zur Zeit des Sultan Mansur Shah von Melaka. Alljährlich in der letzten Oktoberwoche feiert die Stadt zusammen mit Kuantan den Geburtstag des Sultans von Pahang. Dann ist das eher ländliche Pekan der richtige Ort, um das formelle Leben Malaysias zu beobachten. Daneben finden diverse kulturelle, künstlerische, kunsthandwerkliche, sportliche und lukullische Veranstaltungen statt.

Außer dem neuen Palast **Istana Abu Bakar**, der einen riesigen Poloplatz sein eigen nennt, hat Sultan Abu Bakar (1932-1974) die **Masjid Abu Bakar** am Flussufer erbauen lassen. Dort steht auch das **Sultan Abu Bakar Muzium**. Es ist in einem Kolonialbau untergebracht, der früher Sitz des britischen Residenten, dann Wohnung des Sultans war und 2008 renoviert wurde. Hier sind Funde aus der Steinzeit, Waffen, königliche Regalien und Keramiken ausgestellt. Gegenstände aus einer vor der Küste gesunkenen chinesischen Dschunke gehören zur Sammlung ebenso wie Textilien und eine *Wayang Kulit*-Bühne. Zum Museumskomplex gehört die **Watercraft Gallery** auf einer Flussinsel mit sehenswerten Exemplaren traditioneller Boote.

Sultan Abdullah, der von 1917-32 regierte, hat die im Art Déco entworfene **Abdullah Moschee**, ebenfalls am Flussufer gelegen, errichten lassen. Ein historisches Prachtstück ist der restaurierte Holzpalast **Istana Lebang Tunggal** an der Jl. Rompin Lama.

DIE SÜDLICHE OSTKÜSTE

Direkt am Meer entlang verläuft die Bundesstraße 3. Immer wieder kommt man durch typische Fischerdörfer und

SÜDLICHE OSTKÜSTE

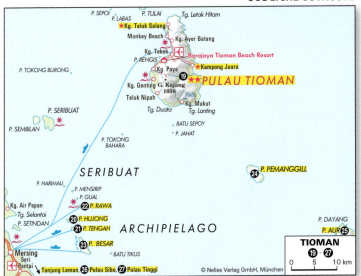

überquert Flüsse, die alle dem Südchinesischen Meer zustreben. Bootsausflüge sowie die Fähren auf die diesem Küstenabschnitt vorgelagerten Inseln gehen in Mersing ab. Aber auch schöne Badestrände hat dieser Abschnitt zu bieten; stellvertretend sollen hier nur **Pantai Batu Sembilan ❽** und **Pantai Tanjung Batu ❾** genannt werden.

Auch an der Flussmündung bei **Kuala Rompin ❿** ist der Strand sehr schön. In **Padang Endau ⓫** werden Bootsfahrten den Endau aufwärts organisiert. Die beiden Flüsse haben einem international bekannten Schutzgebiet den Namen gegeben: ★**Endau Rompin National Park ⓬**. In diesem teils zu Pahang, teils zu Johor gehörenden dichten **Tieflandregenwald** leben noch schätzungsweise 25 Exemplare des Sumatra-Nashorns (*dicerorhinus sumatrensis*). Außerdem gibt es hier Königstiger und Elefanten. Als die Regierung von Pahang 1977 begann, Waldnutzungsrechte zu vergeben, hat die malaysische Gesellschaft für Naturschutz energisch dagegen protestiert, dass der Lebens-

raum der seltenen Tiere noch weiter eingeengt würde. Angeblich ist daraufhin der Holzschlag gestoppt worden.

Erlebnisreich ist die Kombination von Flussfahrt und Besteigung des **Gunung Besar ⓭** (1036 m). Schneller lässt sich der Berg bezwingen, wenn man ihn von **Labis ⓮** aus, dem Städtchen südöstlich von Segamat, in Angriff nimmt. In **Segamat ⓯** erteilt das Department of Wildlife Genehmigung und Informationen.

Zurück an der Küste ist **Penyabong ⓰**, 18 km südlich von Padang Endau, ein attraktiver Badeort. Von hier fahren Mietboote zu den unbewohnten Inseln **Pulau Sembilan** und **Pulau Seribuat ⓱**.

Mersing ⓲, hauptsächlich als Sprungbrett zum Tioman-Archipel bekannt, ist ein lebhafter Fischereihafen. Einen Aufenthalt kann man mit dem Besuch der Strände bei **Air Papan** (9 km nördlich) und auf der vorgelagerten Insel **Pulau Setindan** ausfüllen.

Einige der Inseln des Seribuat-Archipels laden mit Resorts zu mehrtägigem Verweilen ein (s. S. 168).

» Karte S. 165, Info S. 169

SÜDLICHE OSTKÜSTE

★★Insel Tioman

Zwei um 1000 m hohe Bergspitzen sind die markanten Wahrzeichen der ★★**Insel Tioman** ⓳. In der Entstehungslegende stellen sie die Hörner eines Drachen dar, der im Kampf um ein schönes Mädchen von seinem halbgöttlichen Widersacher besiegt wurde. Als „eine der 10 schönsten Inseln der Welt" priesen sie Touristikmanager in den 1970er Jahren an. Sogar Hollywood-Filme wie das Musical *South Pacific* nach dem Roman von James A. Michener sind hier gedreht worden. Landschaftlich reizvoll ist das regenwaldreiche Eiland mit Bergen und schönen Stränden noch immer, obwohl seit dem Bau des Airports die Besucherzahlen steigen. Auf der ruhigen, nur 20 x 12 km großen Insel wohnen lediglich 3000 Menschen. Der höchste Punkt misst immerhin 1038 m. Mangels Straßen gibt es kaum Autoverkehr. Der meiste Regen fällt von November bis März; Hauptsaison ist von Mai bis Oktober.

Außer per Schiff ist Tioman auch per Flugzeug von KL-Subang und Singapur zu erreichen. Die modernen Fähren und Motorboote aus Mersing benötigen ca. 2 Stunden für die Überfahrt. Sie legen direkt beim **Berjaya Tioman Beach, Golf & Spa Resort** an, das im Chalet-Stil an der Westküste erbaut wurde. Es gibt dort Restaurants, Schwimmbad und Sportanlagen.

Preiswertere Unterkünfte hat die Insel auch, so beim Inselhauptort **Kampong Tekek**, wohin die Boote dann weiterfahren.

Noch sind die meisten Strände trotz Tourismus – einer Mischung aus Pauschal- und Rucksacktouristen – recht attraktiv, variieren zwischen schneeweißer und goldgelber Farbe. Die einzige feste Straße verbindet das Berjaya Resort mit dem Dorf Tekek (3 km). Von hier führt ein zementierter Weg nach **Kg. Ayer Batang**, wo an einer Bucht einfache Chalets für Individualreisende stehen. Das, was man sich unter einem Inselparadies vorstellt, erreicht man dann – per Boot oder nach einer zweistündigen **Dschungelwanderung** (7 km) über **Monkey Beach** – in ★**Kg. Teluk Salang**. Die **Korallenriffe** vor der dortigen hübschen **Strandbucht** sind ein beliebtes Ziel von Tauchern. Vor Ort ist Ausrüstung zu leihen; es gibt Bungalows und Restaurants.

In 2-3 Stunden kann man auf einem Pfad vom Anleger von Kg. Tekek aus durch Primärwald wandern, quer über die Insel bis zur Ostküste nach ★**Kg. Juara**. Dort bieten Chalets am schönen **Strand** Quartier. Kg. Juara wird auch von Geländewagen aus Tekek sowie von Booten aus den verschiedenen Buchten der westlichen Inselhälfte angefahren. Letztere laufen zudem weitere Ortschaften an, die nicht über Dschungelwege zu erreichen sind, wie **Kg. Genting**, **Teluk Nipah** und **Kg. Mukut**. Ca. 30 Min. Fußmarsch entfernt, ist das **Juara Turtle Project** einen Besuch

Oben: Ein Fischer von der Ostküste. Rechts: Insel Tioman, Strand bei Kampong Tekek.

SÜDLICHE OSTKÜSTE

Foto: Pang Yoke Meng (iStockphoto)

wert für alle, die mehr über Lebensweise und Schutz der bedrohten Seeschildkröten erfahren wollen (tgl. 11 u. 16 Uhr, Tel. 09/4193244).

Tiomans Fischer, die fast nur noch im Tourismus arbeiten, bringen ihre Gäste zu den 64 meist unbewohnten Inselchen rund um Tioman, die mit faszinierender Unterwasserwelt – für erfahrene Taucher auch mit Wracks aus dem 2. Weltkrieg – locken. Vor **Pulau Rengis** (nahe dem Berjaya Resort) und vor **Pulau Tulai** im Norden liegen solche Tauchgründe.

In Teluk Sri Intan, zwischen dem Berjaya-Tioman-Hotel und Kampung Paya, kümmert sich das **TAT Turtle Sanctuary** um die Erhaltung der Grünen Meeresschildkröte.

In Ufernähe ist das Baden sicher. Weder gefährliche Strömungen noch Haie stören die Urlaubsfreude. Das können jedoch Millionen von Sandfliegen schaffen, deren aufgekratzte Stiche böse Entzündungen hervorrufen. Wer sich lieber zu Lande anstrengen will, kann den 1038 m hohen **Gunung Ka-** **jang** auf einer acht Stunden dauernden Trekking-Tour besteigen. Am besten startet man in **Kampong Paya**, südwestlich des Berjaya Resorts.

Trotz des Einflusses des Tourismus auf Tioman bietet die Insel interessierten, einfühlsamen Reisenden immer noch Gelegenheit, malaysisches Dorfleben kennen zu lernen. Sie ist nicht groß, und Wanderer sind nach kurzer Zeit wieder in einem der insgesamt acht Kampongs angelangt. Fischfang – nur mit 3 km Abstand zur Insel erlaubt, die heute zum **Tioman Marine-Park**-Schutzgebiet gehört – war früher der Haupterwerb der Insulaner, die möglicherweise von Javanern abstammen. Sie sind *orang laut*, Leute der See, im Gegensatz zu den *orang darat*, den Festlandsbewohnern und Reisbauern. Ihre Boote sind für sie wichtig, auch jetzt noch, da sie vorwiegend im Tourismus arbeiten. Mindestens ein Dutzend verschiedener, meist großer Bootstypen benutzen die Seeleute von Tioman. Sie beachten weiterhin alte Berufsgesetze, die unter anderem die Verteilung des Gewinnes re-

» **Karte S. 165, Info S. 169**

SÜDLICHE OSTKÜSTE

geln. Das meiste kassiert der *juruselam*, der Taucher, der Fischschwärme unter Wasser mit dem Gehör orten kann. Respektspersonen im Dorf sind außer dem *juruselam* der *ketua kampong*, der Dorfälteste, und der *pawang*, der Magier.

Trotz des wachsenden Touristenstroms, der heute fast die einzige Einnahmequelle der Insel darstellt, halten sich die einheimischen Frauen an die muslimische Kleiderordnung. Von Touristen wird das nicht erwartet, "oben ohne" ist allerdings tabu.

Der Seribuat-Archipel – kleine Inselparadiese

Alle Mersing vorgelagerten Inseln, auch die nahen **Pulau Hujong** ❷⓿ und **Pulau Tengah** ❷①, sind als Meeres-Schutzparks eingestuft. Die Unterwasserwelt mit ihren farbenprächtigen Korallengärten und zahlreichen tropischen Fischarten ist noch relativ in Ord-

---

Oben: Pfahlbauten unter Palmen – typisch für die malaysische Ostküste.

nung – die der kleineren Eilande mehr als die des Touristenmekkas Tioman.

Kein Geheimtipp mehr ist **Pulau Rawa** ❷②, ca. 10 km von Mersing: Nur einen halben Quadratkilometer groß, liegt die private Insel inmitten von Korallengärten und ist mit einem herrlichen Strand, Resorts mit einfachen sowie komfortablen Chalets, Restaurants sowie einer Tauchbasis ausgestattet.

Südlich von Rawa, etwas näher vor der Küste, lockt **Pulau Besar** ❷③ ("Große Insel") mit weißen Sandstränden, üppigem Urwald und adretten Chalet-Anlagen neben einem Kampong.

Sechs Stunden Bootsfahrt ab Mersing liegen im Osten **Pulau Pemanggil** ❷④ und **Pulau Aur** ❷⑤; Ziele v.a. für Taucher, denen einfachere Hütten genügen.

Vom Küstenort **Tanjung Leman** ist in einer halben Stunde die Insel **Pulau Sibu** ❷⑥ zu erreichen, auch hier stehen Strandresorts für Touristen bereit.

Nordöstlich von Sibu ragt **Pulau Tinggi** ❷⑦ ("hohe Insel") aus der See, schöne Strände und Unterkünfte ermöglichen einen idyllischen Aufenthalt.

SÜDLICHE OSTKÜSTE

KUANTAN (☎ 09)

Tourist Information Centre: gegenüber Komplex Teruntum, Jl. Mahkota, Tel. 516-1007, tägl. 9-13 u. 14-17 Uhr. Hier kann man auch ein- und mehrtägige Ausflüge buchen, z. B. auf dem Pahang River ins Landesinnere, zum Tasik Chini, zum Taman Negara oder auf die Badeinseln vor der Küste.

FLUG: **MAS**-Flüge zwischen **Kuantan** und **Kuala Lumpur** (Subang und KLIA, Tel. 538-5430).
PKW: Die Ost-West Verbindung wird ab Kuala Lumpur autobahnähnlich ausgebaut.
BUS: **Terminal Kuantan**: am Stadium (Expressbusse); **Jl. Besar** (Nahbusse, z. B. Cherating). **Terminal Mersing**: beim Anleger.

In **Kuantan** und Umgebung bieten alle besseren Hotels, Resorts und Rest Houses Restaurants mit malaiischen, chinesischen, indischen und westlichen Gerichten.
Seafood-Lokale am Teluk Chempedak. Das feinste Steamboat-Dinner („chinesisches Fondue") findet man im **Red Café**, in der Jl. Datuk Lim Hoe Lek, nahe dem Stadium. Außerdem finden sich an der Ecke Jl. Haji A. Aziz / Jl. Bank **Chinesische Restaurants**.

Sultan Abu Bukar Muzium, Di-So 9.30-17, Fr 9-12.15 u. 14.45-17 Uhr, Mo geschl., Tel. 422-1371. **Sungai Lembing Museum**, Minengeschichte, besonders zum Thema Zinn, Sa-Do 9-17.30, Fr 9-12 u. 14-17 Uhr, 42 km außerhalb, Tel. 541-2377.

SÜDLICH VON KUANTAN

Permit für **Endau-Rompin-Park**: beim State Security Council, Bangunan Sultan Ibrahim, Bukit Timbalan, Johor Bahru.

MERSING (☎ 07)

Mersing Tourist Information Centre, Tel. 799-5212, bei der Tioman-Fähre.

BUS: Mehrmals täglich Expressbusse nach Kuantan, Singapur und Kuala Lumpur. **FÄHRE**: Verschiedene Unternehmen steuern Tioman zwischen 8 und 16.30 Uhr an. Die Abfahrtszeiten sind Gezeitenabhängig. Am Besten nur ein Hinfahrtticket kaufen. Da die Fährfirmen nur ihre eigenen Tickets akzeptieren, kann es passieren, dass man bei der Rückfahrt zum Festland mit dem „falschen" Ticket stundenlang warten muss.

Das **Mersing Seafood** Restaurant, Jl. Ismail, und das **Golden Dragon** im Hotel Embassy, Jl. Ismail, bieten gute Küche. Auch die zahlreichen Garküchen nahe dem ersten Kreisverkehr und im Plaza R&R an der Fähre sind einen Versuch wert.

Ausflüge und Übernachtungspackages zu den kleineren Inseln bieten das Tourist Information Centre und Agenturen an der Fähranlegestelle in Mersing an.

Für Reisende mit eigenem PKW steht neben dem Fähranleger ein bewachter kostenpflichtiger Parkplatz zur Verfügung.

INSEL TIOMAN (☎ 09)

FLUG: Kleinere Propellermaschinen der **Berjaya Air** fliegen täglich von Kuala Lumpur Subang Airport (max. 10 kg Gepäck) und 5x wöchentlich Singapur (Selatar Airport) nach Tioman.
SCHIFF: Schnellboote und Fähren ab Mersing erreichen Tioman in etwa 2 Std. Es gibt auf Tioman nur 3 km Straße; Transportmittel sind ansonsten die „Sea-Taxis" zwischen den Stränden. Info: www.myoutdoor.com/tioman.

Auf Tioman gibt es neben den Restaurants in den Hotels und Resorts viele kleinere direkt am Strand mit malaiischer, chinesischer und westlicher Küche.
Eine kleine Auswahl: **Mekong Seafood**, Kg. Paya, mit chinesischer Küche. **Salang Dreams Café**, Kg. Salang. **Mutiara Café**, Kg. Juara.

TAUCHEN: Ein Dutzend Tauchschulen bieten Tauchgänge zu den Korallengärten um die Inseln Pulau Tulai, Pulau Cebeh und Pulau Labas an. Die meisten finden sich in Kg. Salang und in Ayer Batang.

SARAWAK

SARAWAK
Land der Abenteuer

**LANDESKUNDE OST-MALAYSIA
SARAWAK
BAKO NATIONAL PARK
REISEN IN SARAWAK
HÖHLEN VON NIAH
GUNUNG MULU NATIONAL PARK**

SARAWAK

LANDESKUNDE OST-MALAYSIA

Faszinierend vielfältiger Regenwald, breite Flüsse, selten gewordene Orang-Utans, imposante Nashornvögel, Krokodile – dazu Ureinwohner, die noch vor wenigen Jahrzehnten auf Kopfjagd gingen und deren Großfamilien in traditionellen Langhäusern leben: Malaysias Osten unterscheidet sich nachhaltig vom Westen der Nation.

Borneo, die mit 746 951 km² drittgrößte Insel der Erde, kennen wir als Land der Abenteuer. Sie wird für uns noch exotischer durch das Kolonialreich der „Weißen Rajas", die 100 Jahre lang das Geschick Sarawaks bestimmten. Historischer Stoff, der Filmemacher und große Literaten inspirierte. Joseph Conrad wurde von James Brooke, Sarawaks erstem Weißen Raja, zu seinem Werk mit der Figur des *Lord Jim* angeregt; Somerset Maugham verarbeitete seine Borneo-Zeit in zahlreichen Kurzgeschichten.

Der Großteil der Insel Borneo, Kalimantan, gehört zu Indonesien. Die beiden malaysischen Staaten Sarawak und Sabah im Norden umfassen zusammen mehr als 200 000 km². An der Nordwestküste, ganz von Sarawak umschlossen, liegt das Ölsultanat Brunei, dessen Reichtum schon vor Jahrhunderten die Europäer so beeindruckte, dass sie die ganze Insel danach benannten.

Die beiden malaysischen Teilstaaten trennen nicht nur 650 km Wasser von der westlichen Hälfte der Malaysischen Föderation. Auch soziokulturelle Unterschiede und eine Geschichte, die außer der britischen Kolonialzeit kaum Gemeinsamkeiten aufweist, wirken sich bis heute auf die Entwicklung der beiden Landeshälften aus. Zwar vereinte der Überdruss an der weißen Herrschaft den Osten mit dem Westen politisch Anfang der 1960er-Jahre. Doch heute, Jahrzehnte nach der Unabhängigkeit, lassen die von Gouverneuren geleiteten Regierungen in Sarawak und besonders in Sabah kaum eine Gelegenheit aus, der Zentrale in Kuala Lumpur ihre Eigenständigkeit kundzutun. An die Verfassung Malaysias gebunden, haben Sabah und Sarawak dennoch – wenigstens teilweise – die wirtschaftliche Kontrolle über ihre Ressourcen. Und die können sich sehen lassen.

Sarawak, der größte Staat Malaysias, ist seit jeher für seinen Pfeffer bekannt. Waren es um 1870 vier Tonnen pro Jahr, werden heute rd. 30 000 Tonnen jährlich und exportiert. Daneben werden Devisen v. a durch die Ausfuhr von Kau-

Links: Ein Angehöriger der Iban mit traditioneller Tätowierung.

SARAWAK

christlichen Glauben oder pflegt – nach alter Väter Sitte – traditionell animistische Bräuche.

Das Reisen gestaltet sich in Ost-Malaysia anders als im moderneren Westen. Straßen sind rar und nur in Sabah existiert eine kurze Eisenbahnstrecke. Weite Teile Zentralborneos sind nur per Flugzeug rasch erreichbar – seit Menschengedenken sind Flüsse die Hauptverkehrsadern; Bootsfahrten, die in West-Malaysia als abenteuerliche Unterhaltung gebucht werden, sind im Osten für Einheimische und Touristen eine ganz normale Fortbewegungsart.

Der schwindende Regenwald

Ob der Regenwald Borneos, einer der ältesten Wälder der Erde, überleben wird, ist fraglich: Das Abholzen schreitet erschreckend schnell voran. Innerhalb der letzten 30 Jahre wurde Sarawak zum größten Tropenholzexporteur der Welt. 1980 waren es in Sarawak erst 110 000 ha geschlagener Urwald, 1990 bereits 270 000 ha (in Malaysia insgesamt 670 000 ha). Seit 1984 sind 60 Prozent von Sarawaks Urwäldern zum Einschlag freigegeben worden. Das Holz wird zu fast 40 Prozent nach Japan verschifft. 1983 lieferte allein Sarawak 39 Prozent der weltweiten Holzexporte (Malaysia führte im selben Jahr 58 Prozent aller Tropenholztransporte aus). Jährlich fließen so ca. eine halbe Milliarde Euro in die Staatskasse.

tschuk, Erdöl, Erdgas und Tropenholz erwirtschaftet.

Der Islam, der auf der malaiischen Halbinsel expandiert, gewann bislang im malaysischen Borneo vergleichsweise wenig Einfluss. In den Städten ziehen zwar prächtige Staatsmoscheen die zugewanderten Malaien an. Doch im Landesinneren sind die Kirchen der Katholiken und Anglikaner einflussreicher, auch wenn deren Missionserfolge bei den traditionell animistischen Ureinwohnern oft eher statistisch als der inneren Überzeugung nach feststellbar sind. In Sarawak stellen die muslimischen Malaien nur etwa 23 % der Bevölkerung; damit rangieren sie zahlenmäßig hinter den indigenen Borneo-Völkern und sogar noch hinter den – ebenfalls eingewanderten – Chinesen. In Sabah allerdings beten bereits mehr als 60 Prozent der Einwohner zu Allah; etwa ein Drittel bekennt sich hier zum

Dem wirtschaftlichen Nutzen stehen die ökologischen Folgen gegenüber. Umweltschützer warnen, dass der Raubbau am Regenwald Sarawaks mittlerweile pro Sekunde 140 m² eines einzigartigen Natursystems zerstört. Mehr als 95 % des über 130 Millionen Jahre alten Regenwaldes sind bereits verloren. In wenigen Jahren verwandelte sich vielfältigste Fauna und Flora in karstige Öde. Die Wiederaufforstung beschränkt sich meist auf schnell wachsenden, aber anfälligen Ersatz aus Eukalyptus- und Akazienbäumen.

Oben: Der Koboldmaki (Tarsier), ein Halbäffchen im Regenwald von Borneo. Rechts: Holzeinschlag – das große Geschäft in Sarawak.

SARAWAK

Zur internationalen Ächtung des malaysischen Umweltfrevels tragen Protestaktionen bei, die die Penan, Urwaldnomaden in Sarawak, gegen Holzfällercamps und Staudammprojekte ausführen. Immer wieder wandern Naturschützer hinter Gitter. Auch Europäer, die sich zu sehr für den Regenwaldschutz und die Rechte der *Orang Ulu*, der „Menschen des Waldes" einsetzen, riskieren, verhaftet oder ausgewiesen zu werden. Unterstützt wurden die Penan lange von Bruno Manser, einem Schweizer, der sechs Jahre unter ihnen lebte und sich international für die Rechte dieser Ureinwohner Borneos einsetzte. Seit 2000, als er nach Sarawak zurückkehrte, gilt er als verschollen.

Selbst großzügig bemessene Nationalparks schränken den Lebensraum der Waldmenschen ein: Die Jagd- und Fischgründe sind nun für den Naturschutz reserviert und zugleich für den lukrativen Naturtourismus geöffnet.

Westliche Regierungen haben bereits einen völligen Einfuhrstopp für malaysisches Hartholz erwogen, weshalb Malaysia nun einen Barcode und Tracking (Erkennung des Transportwegs) per Satellit eingeführt hat, um den illegalen Holzeinschlag in Sarawak zu beschränken.

Der Großteil der Wälder wird jedoch abgeholzt und zerstört, um Platz für Ölpalmen-, Kautschuk- und Sojaplantagen zu schaffen. Offiziell sind die EU-Mitglieder – unter ihnen sind Italien und Deutschland die größten Importeure malaysischer Edelhölzer – nur in geringem Maße am Gesamtverbrauch beteiligt. Die Regierungsvertreter vor Ort, selbst mit Einschlagkonzessionen reich geworden, beanspruchen, ähnlich wie die Kollegen in Indonesien, ihr Recht auf eigene Ressourcenverwertung. Sie werfen den Industriestaaten – die ihre eigenen Urwälder längst gerodet und Bären und Wölfe ausgerottet haben – Umweltzerstörung vor, da diese den größten Teil an Kohlendioxyd in die Luft blasen. Die internationale Gier nach Palmöl und die damit verbundene skrupellose Brandrodung lässt Malaysia jedoch rasch aufholen.

» Karte S. 186-187, Info S. 192

SARAWAK

Oben: Traditionelles Langhaus im Sarawak Cultural Village.

Die *Penan* und andere *Orang Ulu* Borneos kämpfen gegen übermächtige Gegner. Internationale Devisen- und Absatzmärkte bestimmen darüber, ob ihnen und den Regenwäldern eine Zukunft beschieden sein wird.

Punan und Dayak – Waldmenschen und Seeleute

Als *Orang Ulu* bezeichnen sich die meisten der rund 60 Volksgruppen Sarawaks. Sie sind zum Großteil Nachfahren der Proto-Malaien, die ab dem vierten vorchristlichen Jahrtausend von der malaiischen Halbinsel, den Philippinen und von Sumatra her einwanderten. Die folgenden Ethnien lassen sich unterscheiden: Iban oder See-Dayak (850 000 Angehörige), Kendayan, Ngaju, Bidayuh oder Land-Dayak (225 000), Kenyah (ca. 30 000), Kayan (ca. 25 000), Murut (ca. 15 000), Punan (ca. 12 000). Zusammen mit den Malaien (ca. 20 Prozent) und den Chinesen (ca. 30 Prozent) und sonstigen Einwohnern leben heute in Sarawak, wo sich die Bevölkerung jährlich um 2,7 % vermehrt, rund 2,5 Mio. Menschen.

Skelettfunde in den Niah-Höhlen deuten auf eine mindestens 50 000 Jahre alte menschliche Besiedlung hin. Ziemlich sicher ist, dass die Punan (unterteilt in Ukit, Punan Ba, Baketan, Oloh Ot, Bukat und Penan) zu den ältesten Bewohnern zählen. Wahrscheinlich sind sie die Reste eines Volkes, das schon auf Borneo lebte, bevor die Insel nach der letzten Eiszeit vor etwa 10 000 Jahren wegen dem Anstieg des Meeresspiegels vom asiatischen Festland isoliert wurde. Völlig dem Leben im Urwald angepasst, ernähren sie sich von Früchten und Wurzeln und gehen mit dem Blasrohr auf die Jagd nach Affen, Rehen, Wildschweinen und kleineren Tieren. Die in Familienverbänden organisierten Punan leben in Höhlen oder primitiven Hütten. Wenn die Nahrungsvorkommen erschöpft sind, setzen sie ihre Wanderschaft fort. Ansonsten leben sie

SARAWAK

mit den Dayak in einer wirtschaftlichen Symbiose, tauschen Tierbälge und Federn gegen Reis und Gerätschaften.

Der Sammelbegriff Dayak wurde von den Holländern während der Kolonialzeit geprägt. Man unterscheidet die Iban (See-Dayak), die Kayan, Kenyah, Murut und die Ngaju, Kendayan und Bidayuh (Land-Dayak). Die Volksgruppen selbst nannten sich hingegen nach den Flüssen, an denen sie siedeln. Viel später als die Punan waren wahrscheinlich Stämme mongolischer Abstammung aus Südchina in Borneo gelandet. Die Kayan gehören dazu. Nach ihnen müssen die Murut eingewandert sein, die heute auch in Sabah leben. Sie könnten aus Assam stammen. Die Iban, als letzte Einwanderergruppe erst im 16. Jh. aus Sumatra nach Borneo gekommen, wurden von den Kayan als Ivan (Wanderer) bezeichnet. Als Seefahrer waren sie häufig auf Piratenschiffen beschäftigt. Die Briten, die dann Sarawak kontrollierten, haben die Unterscheidung zwischen See- und Land-Dayak eingeführt.

Kopfjagd und Leben im Langhaus

Alle Dayak-Stämme pflegten die Kopfjagd als Bestandteil der Mannbarkeitsrituale und Bedingung für Heiratsfähigkeit. Mit der Erbeutung eines feindlichen Kopfes – so die von westlichen Forschern bevorzugte Interpretation – sollen die Dayak versucht haben, sich die guten Eigenschaften der Getöteten, Stärke, Tapferkeit und Ansehen anzueignen. Was wirklich hinter dem kultischen Brauch stand, lässt sich schwer ergründen. Zuweilen ging der Erbeutung eines Kopfes, der auch von einem Kind oder einer Frau genommen wurde, reine Hinterlist voraus. Schließlich wurden die Köpfe im Rahmen eines feierlichen Rituals getrocknet und die Schädel in Bündeln in dem *barok*, dem runden Kopfhaus aufbewahrt. Die meisten der heute noch existierenden Schädel sind etwa 70 bis 80 Jahre alt. Die Engländer haben sich bemüht, den in ihren Augen barbarischen Brauch zu verbieten, was ihnen aber erst nach dem 2. Weltkrieg wirklich nachhaltig gelungen ist.

Die immer noch bevorzugte Dorfform der Dayak ist das auf Pfählen errichtete Langhaus. Die kriegerische Tradition hat die Bautechnik hervorgebracht, bietet sie doch ausgezeichneten Schutz vor Angriffen. Mehrere Familien eines Klans wohnen unter einem Dach, je nach Volksstamm, mehr oder weniger streng nach sozialer Stellung eingeteilt. Die niedrigsten Familienmitglieder wohnen in den nach außen liegenden *bilek*. Der Langhausvorstand ist das Familienoberhaupt und lebt in einem zentral gelegenen *bilek*. Ihm obliegt die Rechtsprechung gemäß dem überlieferten *adat*, dem Gewohnheitsrecht. Die Iban kennen keine erbliche Häuptlingsnachfolge. Ihr Anführer, der *tuai rumah,* wird von den wichtigsten Männern des Langhauses gewählt. Die Kayan-Häuptlinge dagegen können ihre Nachfolge selbst bestimmen, in der Regel ist der neue Chef im Langhaus ein Sohn, manchmal auch eine Tochter des vorherigen.

Wichtigster Mann nach dem Häuptling ist der *manang*, der Medizinmann. Er steht in Kontakt mit der Welt der Geister, die das Leben beeinflussen. Dabei spielen auch Träume eine große Rolle, Krankheiten haben nicht organische, sondern stets spirituelle Ursachen.

Bedeutsam für das Erreichen der Mannbarkeit ist noch heute die *bejalai*, die Wanderzeit. In den Monaten, wenn die jungen Männer für die schwere Feldarbeit entbehrlich sind, gehen sie auf Wanderschaft, sammeln Erfahrungen und handeln wertvolle Gegenstände für ihre Langhausgemeinde ein. Erst nach wiederholter *bejalai* hat der Mann das Recht, sich tätowieren zu lassen. Diese kaum noch praktizierte Tradition, der sich früher auch Frauen unterzogen, umfasst kunstvolle Muster auf Armen, Beinen, Oberkörper, Gesicht und Rücken. Sie verraten die gesellschaftliche

SARAWAK

Stellung, sollen vor Krankheiten und Feinden schützen. Auch wenn heute die meisten Dayak Christen sind und „zivilisiert" leben, haben Überlieferungen und *adat* nicht völlig an Sinn verloren. Besonders im Kampf um ihren Lebensraum wollen die Ethnien Borneos das kulturelle Erbe als Schild gegen moderne Widersacher – Gier und Raubbau – einsetzen.

Die „Weißen Rajas"

Ab dem frühen 7. Jh. waren chinesische Dschunken regelmäßig vor Borneos Küsten aufgetaucht, um im Tausch gegen Porzellan Holz, Kampfer und die begehrten, potenzfördernden Schwalbennester einzuhandeln. Damals begann die Besiedlung durch die Chinesen, die heute rund ein Viertel der Einwohner von Sarawak ausmachen.

Anfang des 15. Jh. trafen muslimische Missionare ein. Die Herrschaft des islamisierten Sultanats von Brunei über Sarawak sollte gut 400 Jahre währen. Sie war wenig stabil und wurde immer wieder von rebellischen Dayak herausgefordert. Erst 1993 wurde das über 350 Jahre alte Grab des einzigen malaiischen Herrschers von Sarawak, Sultan Tengah, bei Santubong, 30 km von Kuching entfernt, entdeckt. Tengah war der zweite Sohn von Bruneis neuntem König, Sultan Muhamad Hasan. Um einen Nachfolgezwist beizulegen, hatte Abdul Jalilul Akbar seinem Bruder Tengah Sarawak anvertraut. Dieser wurde jedoch im Jahr 1641 von einem Leibwächter getötet.

Als erster Europäer hat im Jahr 1320 Odorich von Pordenone, der berühmte Franziskaner aus dem Friaul, Borneo besucht. 200 Jahre später war die Restmannschaft von Magellan, unter ihnen der italienische Chronist Antonio Pigafetta, an der Nordwestküste der Insel gelandet, nachdem ihr Admiral auf den Philippinen getötet worden war. Zu dieser Zeit war Sarawak bereits Teil des Sultanats von Brunei, und ersten west-

Oben: Die Kopfjagd gehörte bei den Dayak zum Mannbarkeitsritus.

SARAWAK

lichen Berichten zufolge eine unwegsame Region aus dichtem Regenwald und Sümpfen. Eine „Grüne Hölle" war Borneo auch noch, als 1839 der später als „Weißer Raja" berühmt gewordene James Brooke auf seinem Schoner *The Royalist* auf Flüssen ins Innere der Dschungelinsel vordrang.

In diesem Jahr war es zur offenen Revolte der Dayak, Chinesen und Malaien gegen Raja Omar Ali Saifuddin, den Sultan von Brunei, gekommen. Woraufhin dessen Onkel, Raja Muda Hassim, den englischen Abenteurer Brooke bat, mit seinen Schiffskanonen den Aufstand niederzuschlagen. Als Gegenleistung versprach er dem Briten die Regierungsgewalt über Sarawak. Nachdem es dem Engländer mehr durch diplomatisches Geschick als durch Waffen gelungen war, die Region zu befrieden, war sie ihm 1841 übergeben worden. Angeblich soll der Sultan dabei die malaiischen Worte „Serah kepada awak" (Ich gebe es Ihnen) gesprochen haben, womit der Ursprung des Namens Sarawak erklärt wird.

James Brooke hatte vom Sultan Amnestie für die Rebellen gefordert und so auch die Dayak als Freunde gewonnen. Die Dynastie der „Weißen Rajas" sollte bis 1946 währen. Mit zunehmendem Selbstbewusstsein war James Brooke nun dem Sultan von Brunei gegenüber aufgetreten. 1846 waren seine Schiffe vor Bandar Seri Begawan, der Hauptstadt des Sultanats, in Stellung gegangen, und er hatte die Übereignung der vorgelagerten, an Kohle reichen Insel Labuan für die britische Krone eingefordert. Im Lauf vieler blutiger Expeditionen war er gegen Dayak-Piraten, Malaien und Chinesen erfolgreich vorgegangen.

Andere Dayak-Gruppen hatten neben Angehörigen der britischen Marine unter seinem Kommando gekämpft. Während die Einheimischen bemüht waren, möglichst viele Köpfe zu erbeuten, hatten sich die Europäer für jeden getöteten Seeräuber ein königliches Kopfgeld auszahlen lassen. Auf James Brooke (1803-68) war 1868 sein Neffe Charles (1829-1917) gefolgt. Während seiner strengen, paternalistischen Herrschaft hatte Charles stets engen Kontakt zu den Häuptlingen gewahrt. Ihm war an Kontrolle durch Reformen gelegen. Er hatte – getreu dem britischen Kolonialkonzept von der „indirect rule" – ein modernes Recht eingeführt, das traditionelle Hierarchiestrukturen benutzte und auch das *adat* mehr ergänzte als ersetzte. Die Ethnien Sarawaks hatten so, wenn nicht ihre politische, so doch etwas von ihrer kulturellen Autonomie retten können.

1888 hatte Charles seine Privatkolonie der britischen Krone unterstellt, die Sarawak wie Sabah und Brunei fortan als Protektorat verwaltete. Auf den kalkulierenden, asketischen Verwalter Charles folgte dessen Sohn Charles Vyner Brooke (1874-1963), der sein Leben als Raja (1917-46) ausgiebig im Müßiggang und in Gesellschaft etlicher Mätressen genoss. Sarawak war inzwischen durch Ölfunde und Gummiplantagen zu einer wirtschaftlich lukrativen Kolonie für England geworden, der dritte „Weiße Raja" hatte, zusammen mit seinem Bruder Bertram, gerade die Verfassung des Landes modernisiert. Da fielen die Japaner im Dezember 1941, kurz nach dem 100. Jahrestag der Brooke-Herrschaft, in Sarawak ein.

Einen vierten „Weißen Raja" sollte es nach Kriegsende nicht mehr geben, Charles Vyner sah sich außer Stande den Wiederaufbau finanziell zu fördern. Gegen den erbitterten Widerstand der auf Sarawak lebenden Malaien veräußert er seinen Besitz für 1 Million Pfund an die englische Krone. Er war 1946 noch einmal nach Kuching zurückgekehrt, doch nur um förmlich abzudanken.

Begleitet von Ausschreitungen gegen die erneute Etablierung der britischen Kolonialverwaltung blieb das Land daraufhin bis 1963 Kronkolonie. Seither ist Sarawak Bundesstaat der Malaysischen Föderation.

>>> **Karte S. 186-187, Info S. 192**

SARAWAK

SARAWAK: IM ZEICHEN DES NASHORNVOGELS

Sarawak, auch als „Bumi Kenyalang – Land der Nashornvögel" bekannt, führt einen solchen im Staatswappen, seine 13 Federn symbolisieren die Staaten Malaysias. Die Nationalblume, die Hibiskusblüte, fehlt nicht, und das zwischen den Krallen lesbare *Hidup Selalu Berkhidmat* ist der Leitspruch Sarawaks: „Leben, um zu dienen".

Sarawak lässt sich in drei topografische Zonen einteilen: Die meist von Mangrovensümpfen bedeckten Küstengebiete, den anschließenden Regenwald und die von Bergurwald bedeckte Gebirgskette entlang der malaysisch-indonesischen Grenze. In ihrem nördlichen Abschnitt ragt Sarawaks höchster Berg, der 2.438 m hohe **Gunung Murud** empor. Die vielen, ins Südchinesische Meer mündenden Flüsse haben im Lauf der Zeit großflächige Überschwemmungsgebiete entstehen lassen. Jährlich wachsen diese mehr als 25 m ins Meer hinaus. Frühere Küstenorte liegen daher inzwischen landeinwärts.

Des Staates längster Fluss ist mit 564 km der **Batang Rajang** im Süden, den bis 242 km aufwärts Küstenschiffe befahren können. Der 402 km lange **Batang Baram** im Norden mündet an der Grenze zu Brunei. Der **Batang Lupar** misst 228 km und fließt durch das große Sumpfgebiet östlich von Kuching ins Meer. Schließlich ist der 217 km lange **Sungai Sarawak** zu nennen, an dessen Ufern die Hauptstadt Kuching liegt.

Die einzige ausgebaute Überlandstraße, der *Trans-Sarawak-Highway*, zieht sich von Kuching bis Miri über 900 km durch ganz Sarawak und setzt sich nach Brunei hinein fort.

★Kuching

Der Legende nach soll ein Verständigungsfehler der Hauptstadt zu ihrem Namen verholfen haben: Als James Brooke mit seinem Schoner auf die Küste zu segelte, wollte er vom malaiischen Lotsen wissen, wie der Ort, damals nur eine Handvoll einfacher Palmhütten, heiße. Dieser, in der Annahme, der Kapitän deute auf eine Katze, soll geantwortet haben: „Kuching!" Was in malaiisch nichts anderes heißt als „Katze".

Heute ist ★**Kuching** ❶ eine lebhafte Stadt mit über 600 000 Einwohnern. Erst 1988 erhielt sie die Stadtrechte. Der **Sungai Sarawak** teilt die Handelsmetropole, die 32 km landeinwärts liegt. Der internationale Flughafen macht die Stadt zum Einfallstor der meisten Sarawak-Reisenden. Man sieht dann während der Fahrt ins Zentrum auf der **Jalan Tun Abang Haji Openg** das Wahrzeichen Kuchings: eine riesige weiße **Katze** aus Zement.

Das international bekannte ★**Sarawak-Museum** ① an der selben Straße sollte die Besichtigung der Stadt einleiten. Charles Brooke hatte 1891 das heute älteste Museum Malaysias erbauen lassen, inspiriert und unterstützt von seinem Freund Alfred Russel Wallace, dem berühmten Naturforscher, der sich öfter in Sarawak aufgehalten hatte. Noch heute werden im Museum wissenschaftliche Forschungen betrieben. Das ältere, später erweiterte Gebäude beherbergt vorwiegend naturkundliche Exponate. Hier vermitteln präparierte Schnecken, Muscheln, Insekten aller Art, Schlangen, Echsen und Säugetiere einen Eindruck von der vielseitigen Fauna des Landes.

1984 wurde der neue Gebäudekomplex **Dewan Tun Abdul Razak** gegenüber dem alten Museum eröffnet. Hier ist eine exzellente ethnografische Ausstellung zu besichtigen. In Wachs sind Vertreter der ursprünglichen Ethnien in ihrer traditionellen Kleidung nachgebildet. In einem kleinen Teich in der Eingangshalle steht ein Pfahlhaus der *Orang Ulu*. Prähistorische Funde aus der Niah-Höhle, darunter ein rund 40 000 Jahre alter Schädel, fehlen ebensowenig wie Werkzeuge, Schnitzereien und Grabbeigaben der Ureinwohner. Dayak-

SARAWAK

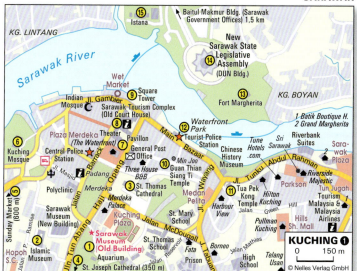

Wandzeichnungen und symbolisierende Tierdarstellungen der Iban sind zu sehen, aber auch Informationen über das moderne Sarawak, zu seinen Agrarprodukten und der Erdölindustrie.

Ganz in der Nähe, in der Jl. P. Ramlee, lohnt ein Besuch des **Islamic Museum** ② mit Alltagsgegenständen des islamischen Kulturkreises.

Das weit verbreitete Christentum verkörpern in Kuching die **St. Thomas Cathedral** ③, die auf dem Platz an der Jalan Tun Abang Haji Openg die kleine anglikanische Holzkirche von 1851 hundert Jahre später ersetzt hat. Die Katholiken haben ihr Gotteshaus in derselben Straße, 300 m südlich vom Sarawak Museum; die **St. Joseph's Cathedral** ④.

Wahrzeichen der touristischen Anziehungskraft von Kuching sind die Luxushotels Crowne Plaza, Holiday Inn und Hilton am Südufer des lehmbraunen Flusses. Deren Gäste können wie alle anderen Besucher der Stadt jeden Sonntagmorgen an der **Jalan Satok** den **Markt** ⑤ in Augenschein nehmen, wo sie außer Lebensmitteln allerlei Handwerkskunst zum Kauf finden. Kuching ist neben dem Angebot an Antiquitäten und Kunsthandwerk bekannt für Keramiktöpferei. Mit den Chinesen gelangte die Technik um 1900 nach Sarawak. Kombiniert mit der Ornamentik der Dayak hat die Region mittlerweile ihren eigenen Stil kreiert. Diese Geschäfte in Kuching und besonders die **Töpfereien** rund um die Stadt können lohnende Einkaufsziele sein.

Die 1968 fertiggestellte „alte" Staatsmoschee **Masjid Kuching** ⑥ glänzt mit vergoldeten Kuppeln und Turmhütchen.

Kuchings ältestes Steingebäude aus der Ära von James Brooke ist der **Pavillon** ⑦ mit dem **Textilmuseum** gegenüber dem schönen Central Post-Gebäude. Der **Round Tower** nebenan stammt aus dem Jahr 1886; heute veranstaltet das **Sarawak Craft Council** hier Kunsthandwerklsvorführungen.

Ein Gebäude aus der Zeit des zweiten Brooke-Herrschers ist das 1874 errichtete **Court House** ⑧ (Oberster Gerichtshof) mit dem später angefügten

» Stadtplan S. 179, Info S. 192   179

SARAWAK

Glockenturm. Davor steht das Denkmal **Brooke Memorial**, das 1924 zu Ehren von Charles Brooke enthüllt wurde. Bronzereliefs stellen die vier größten Bevölkerungsgruppen Sarawaks dar: Dayak, Malaien, Chinesen und Kayan. Das Gerichtshaus hat als Amtssitz des Rajas und später des Gouverneurs gedient, und noch bis 1973 wurden die Treffen des Council Negeri in dem Gebäude abgehalten.

Der **Square Tower** ⑨ am Main Bazaar wurde unter den „Weißen Rajas" vom Gefängnis zur Festung umfunktioniert, die gleichzeitig als Tanzhalle diente.

Zwei chinesische Tempel Kuchings sind besonders erwähnenswert:

Den **Guan Thian Siang Ti Tempel** ⑩ in der Lebuh Carpenter bewacht ein steinerner Löwe, dessen Schutz allabendlich auch die auf dem Platz gegenüber aufgebauten Essstände genießen.

An der Kreuzung von Jalan Tunku Abdul Rahman und Jalan Padungan steht der reich verzierte **Tua Pek Kong** ⑪ aus dem Jahr 1876, Sarawaks ältester Tempel. Gewidmet ist er dem Glücksgott.

Bunt bemalte *Sampan*-Taxiboote pendeln, sobald es einigermaßen voll besetzt ist, über den Sarawak, und sicher die regelmäßige Verbindung zwischen den beiden Hälften von Kuchings Altstadt. Sie legen von der 1994 erbauten Uferpromenade **Waterfront Park** ⑫ ab. Eine Bootsfahrt auf dem Fluss zum Zeitvertreib oder zur Besichtigung von Sehenswürdigkeiten lässt sich leicht arrangieren.

Am gegenüberliegenden Ufer sprießt üppiges Grün. Das **Fort Margherita** ⑬ dort verkörpert die verflossene Macht der „Weißen Rajas". Benannt ist die schmucke Festung, die einem englischen Schloss ähnelt, nach Rana Margaret, der Frau von Charles Brooke. Er hatte 1879 das Fort zur Verteidigung der Stadt gegen Eindringlinge errichten lassen. Beschädigt wurde es nie, trotz seiner bewegten Geschichte. Heute ist hinter seinen Mauern und auf den gepflegten Rasenflächen ein kleines **Polizeimuseum** untergebracht. Unter anderem wird die einzige in Sarawak gegossene Kanone gezeigt, die den Iban-Führer Rentap das Fürchten lehrte.

Das heutige Parlament tagt im **DUN Building** ⑭, dem markanten Gebäude mit neunzackigem Grundriss nördlich des Forts Margherita.

In Charles Brooke's Regierungszeit entstand neben dem Fort Margherita auch der **Istana** ⑮ – der 1870 erbaute Palast dient bis heute als Sitz des Gouverneurs. Zur Besichtigung wird er nur freigegeben, wenn der Landesherr anlässlich des islamischen Festtages *Hari Raya Puasa* (Ende der Fastenzeit) zum „Tag der offenen Tür" einlädt.

In der „Cat City" gibt es auch ein **Katzenmuseum**: In der Kuohing North City Hall, auf einem Hügel über Jl. Semarang ist allerlei Kurioses zum Wahrzeichen der Stadt zu bestaunen.

Einige Festlichkeiten werden alljährlich in Kuching begangen. Mitte März wetteifern kräftige Männer in 20sitzigen Langbooten in der **Baram Regatta** auf dem Sarawak. Während des gesamten Augusts reihen sich die Veranstaltungen aneinander: An das zweiwöchige Kuching-Fest mit Paraden und zahlreichen kulturellen Veranstaltungen schließt sich die **Sarawak-Regatta** an, im Juli steht die Stadt ganz im Zeichen des **Rainforest World Music Festival**.

Umgebung von Kuching

In einem Waldschutzgebiet rd. 30 km südlich von Kuching wurde für aus der Gefangenschaft befreite **Orang Utans** und Nashornvögel das besuchenswerte **Semengoh Wildlife Rehabilitation Centre** ❷ geschaffen.

Für die 35 km bis zum ★**Damai Beach** ❸ auf der Santubong-Halbinsel benötigen öffentliche Busse ungefähr eine Stunde. Schneller und bequemer

Rechts: Das Fort Margherita in Kuching erinnert an die Herrschaft der „Weißen Rajas".

SARAWAK

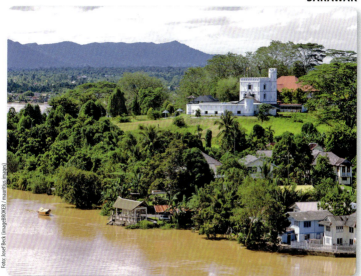

geht es mit den Shuttle-Fahrzeugen der Holiday Inn Hotels. Den chinesischen Tung- und Sung-Dynastien muss Santubong zwischen dem 7. und 13. Jh. als wichtiges Handelszentrum gedient haben, wie sich aus Münz- und Porzellanfunden schließen lässt. Nördlich des alten Fischerdorfs, am Damai Beach, stehen zwei exklusive Strandhotels der Holiday Inn-Kette.

Lohnend, informativ und unterhaltsam ist ein Besuch des 1990 eröffneten ★**Sarawak Cultural Village** ❹ (Kampung Budaya Sarawak), gleich neben den Luxushotels und vor dem eindrucksvollen Massiv des Urwaldbergs **Santubong** (810 m). Das „Living Museum" präsentiert in originalgetreu erbauten Häusern die Handwerks- und Hausgeräte sowie Musikinstrumente der sieben bedeutendsten Ethnien Sarawaks. Farbenprächtige Theater- und Tanzvorführungen finden mehrmals täglich statt. Außerdem sollen Seminare, Kurse und Workshops das Interesse von Einheimischen und Touristen an Tradition und Kultur Sarawaks vertiefen.

In allen Museumshäusern demonstrieren Angehörige der verschiedenen Volksstämme Tätigkeiten des täglichen Lebens, einschließlich der Herstellung von *tuak*, dem Palmwein der Iban. Sie wohnen tatsächlich auf dem 6 Hektar großen Gelände der Museums-Stadt, daher die Bezeichnung „lebendes Museum" (Info-Tel. 082846411).

Von Kuching aus pendeln Busse auch zu abgelegeneren Badestränden im äußersten Westen Sarawaks. Die Fahrt nimmt jedoch einige Zeit in Anspruch, denn zum Küstenort **Lundu** ❺ sind es gut 100 km, und **Sematan** ❻, schon fast an der indonesischen Grenze, ist 130 km von der Hauptstadt entfernt; aber kilometerlange weiße Sandstrände lohnen die Anreise, und in beiden Orten gibt es Übernachtungsmöglichkeiten. Lundu liegt nördlich des **Gunung Gading National Park** mit dem gleichnamigen, 898 m hohen Berg. Auf dem Weg dorthin kommt man durch **Bau** ❼; 31 km südwestlich von Kuching liegt dieser alte Bergarbeiterort, wo vom 18. bis zum späten 19. Jh. Hakka-

» Karte S. 186-187, Info S. 192

SARAWAK

Chinesen Gold und Antimon schürften.

Anders als die Chinesen von Kuching hatten ihre Landsleute in Bau und Umgebung kein Interesse an einem friedlichen Kontakt mit James Brooke. Als sich dieser dann in den Opiumhandel und in die Geschäfte der chinesischen Geheimbünde einmischte, rebellierten die Goldgräber. Sie drangen in Kuching ein, wo sie die malaiische Siedlung brandschatzten und mehrere Kolonialbeamte Brookes töteten. Der „Weiße Raja" entkam dem Gemetzel nur knapp. Bei der anschließenden Strafexpedition unter Führung seines Neffen Charles wurden viele Chinesen getötet, rund 4000 flohen in den damals niederländischen Teil Borneos.

★Bako National Park

Nordöstlich von Kuching erstreckt sich auf einer etwas über 27 km² großen Halbinsel der ★**Bako National Park** ❽. Der älteste und zugleich kleinste Nationalpark Sarawaks ist nur ca. 37 km von Kuching entfernt und daher ein beliebtes Ausflugsziel für Einheimische und Reisegruppen. Busse der Petra Jaya-Linie pendeln tagsüber stündlich zwischen der Hauptstadt (Jalan Masjid) und **Kampong Bako**.

In Kampong Bako heißt es dann umsteigen in ein kleineres Mietboot, das nach etwa 20 Minuten in **Teluk Assam**, dem Hauptquartier des Parks, ankommt. Hier an der Küste stehen einfache Chalets, Hostels und Campingmöglichkeiten zur Verfügung.

Der im Jahr 1957 ausgewiesene Park zählt wegen seiner überschaubaren Größe zu Malaysias interessantesten Naturschutzgebieten. Hier wächst tropischer Primärwald, der zu beiden Seiten der Halbinsel von reizvollen Küstenstreifen mit kleinen Sandbuchten und steilen Klippen begrenzt wird. Auf 16 unterschiedlich langen Wegen kann man die faszinierende Pflanzen- und Tierwelt des Parks erwandern. Manche

Oben: Orang Utan im Semengoh Wildlife Rehabilitation Centre. Rechts: Besuch bei den Iban am Lemanak River.

SARAWAK

Pfade enden an einsamen Stränden.

Gleich fünf unterschiedliche Vegetationsformen präsentiert der Park: Gräser und Buschwerk am Strand, den Mangrovengürtel, wo mit Glück Seeadler und Schlammspringer zu sehen sind, Sumpfwald, Tieflanddschungel und den niedrigen Wald des Hochplateaus, wo fleischfressende Kannenpflanzen (Nepenthes) reichlich Insektennahrung finden. Aufmerksame Besucher erleben, zumindest akustisch, viele der über 550 Vogelarten Sarawaks. Zwischen September und November vermehren Zugvögel aus Sibirien den Bestand. Zahlreiche Rudel frecher Javaneraffen leben im Bako-Nationalpark. Manchmal zeigen sich auch die nur auf Borneo heimischen Nasenaffen. Diese erinnerten die Malaien so sehr an die niederländischen Kolonialherren, dass sie sie *Orang Belanda* (Holländer) getauft haben.

Hirsche und Rehe, unter ihnen der hasengroße Maushirsch (*Tragulus nigricans*), Wildschweine, Honigbären und Wildkatzen, Gibbons, Schlangen und meterlange Warane zählen ebenso zu den Parkbewohnern.

Foto: Robin Daniel Frommer

Besuche im Langhaus

Sarawaks Tourismusindustrie stützt sich neben Naturerlebnissen auf das ethnische Umfeld. Der Trip zu einem Langhaus der Dayak ist zum festen Bestandteil einer organisierten Reise nach Ost-Malaysia geworden. **Kampong Bunuk** ❾ oder **Kampong Gayu** ❿ sind zwei nahe Kuching gelegene Orte, wo mindestens zwei Dutzend Land-Dayak-Familien unter einem Dach leben und Ziel von Tagesausflüglern sind. Auf einer Fahrt durch Reisfelder, Pfeffer- und Kautschukpflanzungen erreicht man diese ca. 50 km entfernten, recht touristisch ausstaffierten Bidayuh-Dörfer. Beeindruckender ist ein längerer, vorher avisierter Aufenthalt, der Übernachtungen in den *bilek*, den Wohnräumen der Dayak, einschließt und mehr Einblick in deren Leben gewährt. Ein solcher Trip an den Sekerang oder Lemanak River beginnt ebenfalls in Kuching, von wo ca. 200 km auf der Straße nach Bandar Sri Aman zurückzulegen sind. In schmalen Booten gelangen die Besucher dann zu den Iban-Langhäusern im Hinterland.

Wie alle Begegnungen mit Touristen hat ein solcher Kontakt für die Einheimischen Vor- und Nachteile. Vor allem die nahe an Städten siedelnden Dayak sind von der Moderne längst vereinnahmt. Junge Dorfbewohner wandern ab, suchen, oft vergebens, langfristige Arbeit und finden Abwechslung in Alkohol und städtischer Unterhaltung.

Die Touristikmanager in Sarawak und in Sabah möchten das soziale mit dem wirtschaftlichen Engagement kombinieren und erlauben Touristen, je nach Region mit entsprechendem Permit und Führern ausgestattet, in den Dschungel zu den Langhäusern vorzudringen. Ein Teil der Einnahmen, in der Regel der kleinere, soll den Gastgebern zukommen und sie animieren, im Langhaus wohnen zu bleiben und ihre Tänze

SARAWAK

und Handwerksarbeiten darzubieten. Das Geld soll als Stimulans dienen, die Tradition zu wahren, aber auch um die Halbnomaden zur Sesshaftigkeit zu bewegen. Da werden dann auch schon einmal Wellblechhäuser dem touristischen Schein zuliebe in die alte Zeit zurückgebaut und staunenden Besuchern als authentisch „verkauft".

Ein Langhaus-Besuch bringt einem die Situation der Sarawak-Menschen näher als angelesene Informationen. Mit Hilfe eines einheimischen, im Idealfall mit dem gastgebenden Familienverband verwandten Führers wird der Aufenthalt zu einem unvergesslichen Erlebnis. Er wird den Fremden auch in die Verhaltensweisen einführen, die es unbedingt zu beachten gilt.

Solch ein bis zu 260 Metern messendes **Langhaus** darf – die Erlaubnis der Bewohner vorausgesetzt – nur ohne Schuhe betreten werden. Der *tuai*

Oben links: Nasenaffe („Holländeraffe"). Oben rechts: Sarawak ist das „Land der Nashornvögel" (Bumi Kenyalang). Rechts: Folkloreshow der Iban.

rumah, der Führer einer Langhaus-Gemeinde, erwartet natürlich neben dem Übernachtungs- und Verpflegungshonorar Geschenke wie Feuerzeuge, Süßigkeiten, Kugelschreiber, Tabak, Salz und Reis. Essen und Getränke sollte man nicht ablehnen, sondern dankbar mit beiden Händen entgegennehmen. Fotoaufnahmen macht man nur mit Genehmigung, und ein „Nein" ist immer zu akzeptieren.

Hin und wieder ist ein Langhaus tabu, wegen eines Trauerfalls beispielsweise. Nur noch wenige, meist weit abgelegene Häuser sind mit Palmblattwedeln gedeckt. Blechdächer, Generator und sogar Fernsehgerät sind für die Dayak vertrauter Lebensstandard geworden. Dennoch halten sie nach wie vor ihre Schweine, die tagsüber rund ums Dorf streunen, bevor sie abends unter dem Langhaus eingepfercht werden. Wasch- und Trinkgelegenheit bietet der nahe Fluss.

Je nach Beschaffenheit des Bodens, auf dem sie Pfeffer, Blattgemüse, Süßkartoffeln und Reis anpflanzen, wech-

SARAWAK

seln die Dayak fast jedes Jahr ihren Wohnort, sie leben also in der traditionellen, von der Regierung wenig geschätzten rotierenden Feldbauweise (shifting cultivation). Mit dem Blasrohr wird nur noch in weit abgelegenen Hinterlandregionen gejagt, denn inzwischen kennen sich die Dayak am Sekerang-Fluss mit Gewehren bestens aus. Das traditionelle Wissen ihres *manang*, des Schamanen und Naturheilers, schätzen sie noch, auch wenn sie gelegentlich die Möglichkeiten moderner Medizin in Anspruch nehmen.

Das Langhaus-Leben ist Gemeinschaftsleben – die Privatsphäre ist auf ein Minimum beschränkt. Schon frühmorgens beginnt die Haus- und Feldarbeit, nach Sonnenuntergang und Essen spielt sich der Abend auf der *ruai*, der Veranda vor den *bilek* ab. Die Männer holen dann gerne den *tuak* (Palmwein) hervor, und je nach Gelegenheit oder Arrangement führen dann Frauen und Männer Tänze vor, begleitet von Gesang und den eindringlichen Klängen von Gongs.

Reisen in Sarawak

Ein günstiger Ausgangspunkt für Reisen ins Landesinnere ist die Stadt **Bandar Sri Aman** ⓫ (100 000 Einwohner). Sie liegt rd. 200 km von Kuching entfernt, dort, wo der Sekerang in den Lupar mündet, und ist außer über den Highway von der Hauptstadt per Flugzeug zu erreichen. Bis 1978, als sich hier 500 kommunistische Aufständische ergeben mussten, hieß die Stadt Simanggang; die Namensänderung soll an den Sieg erinnern. Einzige Sehenswürdigkeit ist das unter Charles Brooke 1864 errichtete **Fort Alice**. Hier waren Gericht, Regierungsbüro und Polizei untergebracht, hauptsächlich, um die damals kriegerischen Iban vom Sekerang River besser kontrollieren zu können. Seine Eindrücke aus dieser Zeit hat Somerset Maugham in Novellen wie *The Yellow Streak* beschrieben.

Bandar Sri Aman liegt im Kernland der Iban. Einige sehenswerte Langhäuser, darunter gibt es auch solche mit fließendem Wasser, Elektrizität und

SARAWAK

Glasfenstern, sind in unmittelbarer Nähe zu finden. Die Stadt selbst kann mit mehreren komfortablen Hotels aufwarten.

In 70 km Entfernung liegt **Lubok Antu** ⓬, ein Grenzort zu Indonesien. Nordöstlich davon ist der Mittellauf des Sungai Ai trotz energischer Proteste von Umweltschützern gestaut worden. Das 92 Megawatt-Kraftwerk von **Batang Ai**, mit Hilfe der deutschen GIZ (Gesellschaft für internationale Zusammenarbeit) entstanden, versorgt Kuching mit Wasser und Strom. Um es Mitte der 80er Jahre bauen zu können, hatte die Regierung 3000 Iban mit der Aussicht auf freie Wohnung und Stromversorgung zur Umsiedlung bewegt. Entschädigungen für Land und Felder wurden gezahlt, doch alle anderen Versprechen nie ganz eingelöst. Der Zerfall sozialer Strukturen und größte Enttäuschung über den Staat waren die Folge. Mittlerweile wurde in der Region ein 24 000 ha großer **Nationalpark** abgegrenzt, in dem angeblich die Iban ihre Identität als Jäger und Ackerbauern wiedergefunden haben sollen. An der Grenze zum Nationalpark, am Ufer des Stausees wurde 1995 für Touristen das **Hilton Batang Ai Longhouse Resort** ⓭ im Stil eines Langhauses erbaut; wegen ihres umweltverträglichen Konzepts mehrfach mit internationalen Preisen ausgezeichnet und nur per Fähre zu erreichen.

180 km nordöstlich von Bandar Sri Aman entfernt liegt der kleine Ort **Sarikei** ⓮. Hier endete früher die Straße von Kuching nach Sibu. Aber auch nach Fertigstellung des Trans-Sarawak-Highways bietet sich noch immer die interessante, 2-3 Stunden dauernde Weiterfahrt per Expressboot auf dem **Batang Rajang** nach Sibu an.

Sibu ⓯ ist mit über 250 000 Einwohnern Sarawaks zweitgrößte Stadt. Wie Kuching liegt sie landeinwärts, 130 km hinter einem von Flüssen durchzogenen sumpfigen Küstenabschnitt. Über den tiefen **Rajang** können jedoch kleinere Seeschiffe mühelos nach Sibu gelangen, wo Pfeffer, Kautschuk und Holz umgeschlagen werden. Abgesehen vom **Nachtmarkt** zwischen Jl. Market und Jl. Cannel und dem **Chinesischen Tempel**, ist die Stadt für Touristen nur als Ausgangspunkt von Boots- und Dschungelexkursionen interessant. Auf Flussschiffen oder im Flugzeug sind entlegene Orte zu erreichen, von wo wiederum Langhaustouren organisiert werden können.

Bedrohte Wildnis

Kapit ⓰ ist ein Außenposten ohne direkten Straßenanschluss. Dem Städtchen hat die Holzwirtschaft zum Auf-

SARAWAK

schwung verholfen. Charles Brooke hatte hier 1880 das **Fort Sylvia** bauen lassen, um die Kriegszüge der Iban aufzuhalten. Kontrastreich geht es heute noch hier zu: *Orang Ulu* treffen auf Malaien und Chinesen; Waldbewohner auf die, die den Urwald abholzen. Für Touristen ist der Ort Sprungbrett zu Abenteuern auf dem **Batang Baleh** flussaufwärts, dorthin, wo der Regenwald noch steht. Einen Erlaubnisschein für Touren außerhalb von Kapit muss sich jeder Reisende beim Resident's Office im State Government Complex holen.

Die Bootsfahrt nach **Belaga** ❶, am Oberlauf des **Batang Rajang** war Ausländern 1996-98 nicht gestattet; im Zuge des – damals ins Stocken geratenen – Baus des **Bakun-Staudamms** war die ganze Region zeitweise für Touristen gesperrt. Nur noch den Gästen des **Pelagus Resort** ❶ war damals ein Blick auf die berühmten Stromschnellen, die **Pelagus Rapids**, vergönnt. Die mit dem Stausee verbundene Gefahr für die hiesigen *Orang Ulu* ist noch nicht gebannt, zudem gibt es Pläne, die bei Pelagus lagernde Kohle zu fördern und mit Hilfe einer Eisenbahnlinie abzutransportieren.

Ein viel größeres Gebiet bedroht das Bakun-Dammprojekt am Rajang-Zubringer Balui. Das im ganzen sieben Kraftwerke umfassende Sarawak-Projekt (SAMA) poduziert seit August 2001 2400 Megawatt Strom für die Industrie

» Karte S. 186-187, Info S. 192

SARAWAK

in Sabah und Sarawak und soll vor allem den beträchtlichen Überschuss mittels zweier Unterwasserkabel nach West-Malaysia liefern. Ca. 700 km² dehnt sich der Stausee aus, sein Gesamtvolumen beträgt 44 Milliarden m².

Die Flutung des Stausees hat – wie eine Studie der GIZ vorhersagte – die Umsiedlung von 11 000 Menschen unumgänglich gemacht. Ihre Jagdgründe sind, wie die Grabstätten der Ahnen vernichtet worden. 20 000 km², eine Fläche so groß wie Hessen, ist betroffen. Die angebotene Entschädigung wiesen die *Kayan* und *Kenyah* zurück: „Wir brauchen kein Geld. Das kann immer wieder gedruckt werden, Land nicht!" meinte einer ihrer Sprecher.

Nachdem die Asien-Krise in den 90er Jahren das 7,5 Milliarden Ringit teure Großprojekt zum Stillstand brachte, wurden von staatlicher Seite 2001 die Umsiedlungsmaßnahmen wieder in Angriff genommen.

Auch die Durchführbarkeit von Touren im östlichen Hochland von Sarawak, wie im Dreieck zwischen **Long Seridan**, **Bario** und **Gunung Murud** ⓲ (dem höchsten Berg Sarawaks), hängt letztlich von der aktuellen (öko-) politischen Situation ab. Generell muss dafür in Miri, im District Office der 4. Division, in der Jalan Raja, eine Genehmigung beantragt werden.

Reichtum an der Küste

Bintulu ⓴, 200 km von Sibu entfernt, hat sich vom Fischerdorf in eine über 200 000 Einwohner zählende Stadt verwandelt. Vor der Küste liegen die größten Erdgas-Vorkommen Malaysias. Aluminiumhütte, Petrochemie, Verflüssigungsanlage und der Tiefseehafen haben den Aufschwung gefördert. Bei **Tanjung Batu** ist der Strand annehmbar. Das beliebteste Erholungsziel für Bintulu ist der **Similajau-Nationalpark** 16 km nordöstlich der Stadt. Hier kommen hin und wieder Seeschildkröten zur (hoffentlich) geschützten Eiablage an den **Strand**.

Eine echte „Boom Town" ist **Miri** ㉑ im Nordzipfel von Sarawak. Über 300 000 Menschen leben heute in der Stadt. 224 Straßenkilometer liegen zwischen ihr und Bintulu. Zur Grenze nach Brunei ist es nicht mehr weit, Busse fahren von hier in den Nachbarstaat. 1910 sprudelte auf dem **Canada Hill** – das **Bohrloch Nr. 1** ist zu besichtigen – erstmals Erdöl, das seitdem vor der Küste gefördert wird. Die Arbeiter der Offshore-Plattformen und Seeleute tragen ihren Anteil zum geschäftigen Stadtbild bei und müssen auch auf entsprechende Amüsierreviere nicht verzichten. Stark besuchte und deswegen wenig ansehnliche Strände sind außerhalb von Miri **Brighton Beach**, **Luak Bay** und **Kampong Beray**.

Reisenden dient Miri, wie auch Bintulu, als Ausgangsort zu den berühmten Niah-Höhlen im gleichnamigen Nationalpark. Die andere natürliche Sehenswürdigkeit im Norden Sarawaks ist der Gunung Mulu-Nationalpark.

★Höhlen von Niah

Auf einer Fläche von etwa 3140 ha erstreckt sich der ★**Niah National Park** ㉒ rund um den **Gunung Subis**. Der 394 m hohe Berg birgt einen der wichtigsten Naturschätze von Sarawak: ein riesiges Höhlensystem, wo 1958 ein rund 40 000 Jahre alter Menschenschädel gefunden wurde. Die Entdeckung hat einige Unruhe unter internationalen Wissenschaftlern verursacht, war man doch bis dahin davon ausgegangen, dass die Wiege der Menschheit im Zweistromtal des Mittleren Ostens liege, und dass die Menschen sich von dort erst viel später gen Osten bewegt hätten. 1958 hat man die Höhlen von Niah zum nationalen Monument erklärt, verwaltet vom Sarawak-Museum in Kuching.

Rechts: Vielerorts wie hier bei Bandar Seri Aman musste der Urwald Gummi- und Ölpalmplantagen weichen.

SARAWAK

Foto: Robert Höbel

Seit 1974 sind die Höhlen in den 20 Millionen Jahre alten Kalksteinfelsen und der Berg als Nationalpark ausgewiesen.

Man hat auch Skelettreste von Orang-Utans, Büffeln und Nashörnern gefunden. Forscher sind außerdem auf Gerätschaften aus der Alt- und Jungsteinzeit gestoßen, was zu der Vermutung Anlass gibt, dass hier sogar schon vor 100 000 Jahren Menschen gelebt haben könnten. Punan-Sammler von Vogelnestern, die das Rohmaterial für die in Südostasien so geschätzte „Vogelnestsuppe" sind, hatten 1948 die Höhlen zufällig entdeckt. Millionen von Salanganen, jene schwalbenähnlichen Stachelschwanzsegler mit dem wissenschaftlichen Namen *Collocalia,* leben in dem unterirdischen Labyrinth, zusammen mit unzähligen Fledermäusen. Deren Mist, den Guano, schleppen die Punan heraus.

Salangane gehören zu den schnellsten und interessantesten Vogelarten. Sie können nicht auf Ästen sitzen, sondern krallen sich an noch so steilen Wänden fest. Was sie für Feinschmecker und vor allem für impotenzgeplagte Asiaten begehrenswert macht, ist ihr eiweißhaltiger Speichel aus den Kehldrüsen, mit dem sie in 50-60 m Höhe ihre Nester verkleben. Wird einem Vogel das Nest weggenommen, baut er sofort ein neues. Daher können die Einheimischen normalerweise bis zu viermal im Jahr „ernten". Die Kletterei auf langen Bambusleitern und im nackten Fels bis 50 m Höhe ist ein äußerst gefährliches Unterfangen, das schon viele Menschenleben und noch mehr Schwerverletzte gefordert hat. Oft wird auch die Vogelbrut zerstört. Jetzt dürfen daher die Nester nur noch zweimal jährlich, im Januar und im August, von wenigen lizenzierten „Nesträubern" eingesammelt werden. Den fetten Teil der Beute streichen chinesische Einkäufer ein. Die Punan riskieren in den Niah-Höhlen schon seit 1500 Jahren – so weiß man aus alten chinesischen Berichten – ihr Leben, um Vogelnester gegen Waren und Geld einzutauschen.

Hat man den ca. 4 km langen, oft glitschigen Bretterweg vom **Haupt-**

» Karte S. 186-187, Info S. 192

SARAWAK

quartier Pengkalan Lubang zur Höhle hinter sich gebracht, ragt gleich hinter dem Eingang – West Mouth genannt – die 250 m breite **Great Cave** 75 m hoch. Gut 10 Fußballfelder würden in die 11 ha große Höhle passen, ein tropischer Baumriese könnte sich hier voll entfalten. Mit festem Schuhwerk und starker Lampe kann die Great Cave auch allein besichtigt werden. Die **Painted Cave** (*Kain Hitam*) ist für Besucher nicht mehr zugänglich. In der bemalten Höhle haben prähistorische Jäger Menschen- und Tierzeichnungen hinterlassen. Die Wandmalereien und Miniaturboote, die wahrscheinlich für Begräbnisrituale verwendet wurden, deuten auf eine Nutzung des Höhlensystems bis ins 14. Jh. hin. Danach sind die Niah-Leute offensichtlich verschwunden. Möglicherweise waren sie die Vorfahren der heutigen Punan, die behaupten, sich an die frühere Verehrung der Begräbnisboote zu erinnern.

Unterkunft bieten das Park-Hostel, einige Chalets und das Park View Hotel in dem vom Hauptquartier 45 Gehminuten entfernten Dorf Batu Niah. Übernachtungen im Park müssen grundsätzlich mit der Parkverwaltung in Miri (siehe Infobox) abgestimmt werden.

★★Gunung Mulu National Park

Mit knapp 530 km² ist das Kalk- und Sandsteinmassiv um den 1750 m hohen Gunung Api und den **Gunung Mulu** ㉓ (2376 m), den zweithöchsten Berg Sarawaks, seit 1974 das größte Naturschutzgebiet Ost-Malaysias. Erst Anfang der 80er Jahre hatten Forscher der Royal Geographical Society in den vielen unterirdischen Kammersystemen die **Sarawak Chamber** – mit 600 m Länge, 450 m Breite und 100 m Höhe der bisher größte bekannte natürliche Hallenraum der Welt – entdeckt. 40 Jumbo Jets könnten hier untergestellt werden. Bis heute sind erst 25 Höhlen, ca. 30 Pro-

Oben: Hütte von Schwalbennestsammlern am Eingang der Niah-Höhlen. Rechts: Die Pinnacles im Gunung Mulu National Park.

» **Karte S. 186-187, Info S. 192**

SARAWAK

zent der Mulu-Unterwelt, erforscht. Drei der Höhlen sind seit 1985 für Touristen mit Wegen versehen und beleuchtet worden.

In der **Clearwater Cave** wurde ein ca. 60 km langes System von Gängen vermessen, die bis zu 355 m in die Tiefe reichen. Die mehr als 2,5 km lange **Deer Cave** liegt hinter einem 120 m hohen und 170 m breiten Eingang, auf dessen Boden zahllose Hufabdrücke den Namen der „Hirsch-Höhle" erklären. Geübte Kletterer erreichen eine steile Wand, über die es teilweise mit Hilfe einer Leiter abwärts geht. Nach Durchwaten eines Untergrundflüsschens hat man die mit 2160 m längste Höhlenpassage der Welt durchquert. Vom gegenüberliegenden Eingang fällt der Blick in das idyllische, von Kalkfelsen umschlossene Tal **Garden of Eden**. Vor dem Eingang zu diesem nur durch die Höhle zu erreichenden paradiesischen Fleckchen stürzt ein dünner Wasserfall, **Adam and Eve's Shower**, von der Höhlendecke in die Tiefe. Friedlich grasende Rehe verstärken noch den Eindruck vom Garten Eden.

Am späten Nachmittag sorgen mehrere Millionen von **Fledermäusen** für ein optisches Spektakel, wenn sie in endlos scheinenden schwarzen Wolken aus der Höhle ausfliegen, um auf ihre täglichen Beutezüge zu gehen.

Der Gunung Mulu National Park (UNESCO-Welterbe) ist Heimat fast aller Tier- und Pflanzenarten Sarawaks. Nicht weniger als 1500 blühende Gewächse, darunter 170 Orchideenarten, tausende von Pilzen und Farnen wurden gezählt; Hunderte von Ameisen- und Schmetterling-Spezies, acht Nashornvogel- und 67 Säugetierarten.

Beim Besteigen des Gunung Mulu, für den man drei Tage veranschlagen sollte, kann man herrliche Urwaldlandschaft erleben. Auch der zweitägige Ausflug zu den berühmten **Pinnacles**, den pittoresken Kalksteinnadel-Formationen am Gunung Api, führt durch alle Vegetationsstufen vom dampfend-hei-

ßen Tieflandurwald bis hinauf in moosverhangenen, kühlen Nebelwald.

Ein Besuch des Nationalparks sollte gut vorbereitet, die Ausrüstung wie Schuhzeug, Taschenlampe und warmer Wetterschutz für die Bergbesteigungen sorgfältig gewählt werden. Die Höhlen sollte man nur mit einheimischen Führern besichtigen. Der Flug mit zweimotorigen Propellermaschinen der MAS ab Miri zum Park verkürzt die bisher zweitägige Anreise mit Bus und Boot über Kuala Baram und Marudi erheblich. Aus der Luft sind die Spuren, die der Mensch im Regenwald Borneos hinterlassen hat, deutlich zu erkennen. Wie ein Spinnennetz überziehen die Pisten der Holzfällerfirmen, die Logging Roads, und die Plantagenstraße das Gebiet zwischen Miri und Gunung Mulu. Einzelreisende müssen sich in Miri um die Besuchsgenehmigung kümmern, ausgestellt wird sie vom Park Booking Officer im **National Park Office** (siehe Infobox). Bei Buchung der Touren über Reisebüros oder staatliche Tourist Offices wird die Genehmigung vom Veranstalter besorgt.

» Karte S. 186–187, Info S. 192

SARAWAK

KUCHING (☎ 082)

Sarawak Forestry, Jl. Tun Haji Openg, Tel. 748-068 (für Unterkunft und Permit im Nationalpark). **Visitor Information Centre**, Jl. Tun Haji Openg, Tel. 410-944.. **Sarawak Tourism Board** und **National Parks Office**, Yayasan Sarawak Building, Jl. Masjid, Tel. 423-600, Fax 416-700.

FLUG: Malaysia Airlines (am Airport Tel. 457-373) verbindet Kuching mit West- und Ostmalaysia. Air Asia bietet günstige Flüge innerhalb Sarawaks. Royal Brunei fliegt Kuching – Bandar Seri Begawan. Auch Flüge nach Frankfurt (Direktflug über K.L.), Hongkong, Manila, Singapur. Stündlicher Busservice zwischen Airport und Kuching sowie Taxis (Couponsystem).
BUS: Zentrales neues Busterminal in der Lebuh Jawa, direkt am Fluss. Regelmäßige Fernbusverbindungen entlang des Trans-Sarawak-Highway bis nach Brunei.
SCHIFF: **Expressboote** nach Sibu und Sarikei ab Kuchings Hafen **Pending**. Fahrpläne in den lokalen englischen Tageszeitungen.

Min Joo, beliebter Coffee Shop mit guten Nudelgerichten, Ecke Carpenter / Bishop Street. Weitere Coffee Shops in der Jl. Carpenter, am Main Bazar und in der Jl. Padungan.
Lok Thian, chinesisch, japanisch, thailändisch, Banguan Bee San, 317 Jl. Padungan.
See Good Food Centre, Fisch, Meeresfrüchte, Wisma Si Kiong, Bukit Mata.
Sri Sarawak, gehobene malaiische Küche, Crowne Riverside Plaza, 18. Etage, Jl. Tunku Abdul Rahman.

Sarawak Museum, tägl. 9-17 Uhr, Jl. Tun Abang Haji Openg, Kuching, Tel. 244-232.
Islamic Museum, tägl. 9-18 Uhr, Jl. P. Ramlee.

LANGHAUS-TOUREN / TREKKING: **Diethelm Travel** (deutschspr. Agentur), Lot 257, Jl. Chan Chin Ann, 93100 Kuching, Tel. 412-778, 420-918, Fax 258-320, www.singai.com, Bootstouren zu den Iban-Langhäusern am Batang Ai, Lemanak und Skrang River.
Seridan Mulu, Parkcity Everly Hotel, Jl. Temenggong Datuk Oyong Lawai, Miri, Tel. (085) 414-300, Fax (085) 416-066, www.seridanmulu.com. Touren unter anderem zu den Kelabit in den Bario Highlands.

MARKT: Jl. Masjid, Jl. Gambier am Fluss.
MÖBELSCHREINER UND JUWELIERE: Jl. Carpenter.
TEXTILIEN, SCHNEIDERLÄDEN, HAUSRAT: Jl. India.
EINKAUFSZENTREN: Sarawak Plaza, Medan Pelita, Kuching Plaza. **Sonntagsmarkt** in Jl. Satok (von Sa-So).
SOUVENIRS: Gute Auswahl an hochwertigem Kunsthandwerk rund um Main Bazaar.

EINWANDERUNGSBEHÖRDE UND KONSULAT: **Immigration**, Bangunan Sultan Iskandar, Tel. 247-222.
Indonesisches Konsulat, Mo-Fr 8-12, 14-16 Uhr, 21 Lot 16557 Jl. Stutong BC11, Tel. 460-734.

Doctor's Clinic, Main Bazaar, zentral. **Normah Medical Centre**, Privatklinik, 937, Jl. Datuk Patinggi, Tel. 440-055.
Sarawak General Hospital, gut ausgestattet, Jl. Tun Ahmad Zaidi Andruce, Tel. 276-666.

Tourist Police Tel. 250-522

LIVEMUSIK: **Cat City Lounge**, Happy Hour 20.30-22.15 Uhr, danach spielen gute Philippino-Bands; Taman Sri Sarawak.

PUBS: **Miami** und **Discovery**, gegenüber dem Hilton.

MIRI (☎ 085)

Tourist Information, Mo-Fr 8-18; Sa, So, Fei 9-15 Uhr, Jl. Melayu, Tel. 434-181.
Gunung Mulu National Park Headquarter, www.mulupark.com.

MAS-Flüge nach Kota Kinabalu, Kuching, Bintulu, Sibu, Labuan und mit kleinen Maschinen ins Hochland von Borneo und zum Gunung Mulu National Park. Überlandbusse nach Brunei und Kuching.

SARAWAK

Sarawak exportiert jährlich 25 000 t Pfeffer.

SABAH

SABAH
Land unter dem Wind

KOTA KINABALU
MOUNT KINABALU
KUDAT
SÜDWESTEN
PULAU LABUAN
SAPULUT UND LONG PA SIA
SANDAKAN
SÜDOSTEN

SABAH

Wie Sarawak unterscheidet sich Sabah von den übrigen malaysischen Staaten. Das frühere British North Borneo, das mit 76 115 km² fast doppelt so groß ist wie die Schweiz, liegt am weitesten von der Zentrale entfernt. Von seiner Hauptstadt Kota Kinabalu sind es nach Hongkong 1900 km, genauso weit wie nach Kuala Lumpur. Nirgendwo im Land leben anteilmäßig so wenig Malaien wie in Sabah, Malaysias flächenmäßig zweitgrößtem Staat. Sie machen in der rund 3,2 Millionen zählenden Einwohnerschaft nur etwa acht Prozent aus. Ihnen stehen 32 einheimische Ethnien gegenüber, fast zwei Drittel der Sabahaner. Unter ihnen stellen die christlichen Dusun-Kadazan die größte Volksgruppe, danach folgen Bajau und Murut. Die Chinesen, meist Hakkas, stellen mit 20 % die meisten der Nicht-Bumiputras. Dabei waren ihre Vorfahren schon im 15. Jh. nach Sabah gelangt. Heute kommen die meisten Einwanderer von den nahen Philippinen. Die demografische Situation wirkt sich auf die politische Verwaltung aus.

Die Christen stellen die Bevölkerungsmehrheit und – mit Unterbrechungen – auch die Provinzregierung, die ihre teils oppositionelle Haltung zum muslimen Machtzentrum in Kuala Lumpur keineswegs immer spannungsfrei behauptete. Malaysias Ex-Premierminister Mahathir soll Sabahs Politik einmal mit „der wilde Osten" umschrieben haben. Die Distanz zum Rest der Föderation schlägt sich auch im Preisniveau nieder, Sabah zählt zu Südostasiens teureren Reiseländern. Auch landschaftlich kann der Staat einen echten Höhepunkt verbuchen: Der Mount Kinabalu misst 4101 m und ist der höchste Berg im malaysischen Archipel.

Schon in frühen Zeiten schätzten Seefahrer den Norden Borneos, das „Land unter dem Wind", weil er, außerhalb der gefürchteten Taifunzone, die sich von den Philippinen über Taiwan bis zum chinesischen Festland zieht, Sicherheit vor Stürmen bietet – was jedoch nicht unbedingt auch Schutz vor den bis heute gefährlichen philippinischen Piraten bedeutet.

Die Suche nach Sabahs Schätzen

Einer der ersten Fremden, die in Nordborneo reiche Beute machen wollten, war Kublai Khan (1215-1294). Der Mongolenherrscher war um 1260 hier gelandet, auf der Suche nach der „Goldenen Jade". Aber weder er noch nachfolgende Händler kamen den

Links: Angehörige Frauen der Bajau-Ethnie („Seenomaden") bei Semporn.

SABAH

Fundorten des geheimnisumwitterten Edelsteins auf die Spur, den sie von den einheimischen Urwaldbewohnern einhandelten. Ab 1424 setzten sich Chinesen unter General Cheng Ho entlang der Küste vorübergehend fest. Knapp einhundert Jahre später gelangten mit Magellans Flotte erstmals Europäer nach Sabah. Auch sie hinderte der Dschungel am Vordringen ins Inselinnere. Zu dieser Zeit gehörte Sabah dem Sultan von Brunei, der allerdings die Erträge an das Sultanat von Sulu abführte. Im Jahr 1763 errichteten die Briten bei Sandakan einen ersten Handelsposten, nachdem sie Land vom Sulu-Herrscher erworben hatte. Die zäh um Selbständigkeit kämpfenden Sabahaner, die schon den Sultanen die Stirn geboten hatten, waren auch den Weißen zunächst überlegen. Etwa 100 Jahre später war der in Hongkong reich gewordene Opiumhändler und österreichische Konsul Baron von Overbeck

in Nordborneo eingestiegen, indem er es 1865 den Sultanen für 12 000 Dollar abkaufte. Fortan durfte er sich Maharaja von Sabah nennen. Anders als die „Weißen Rajas" in Sarawak hatte er auf Borneo wenig Erfolg. Die Bodenschätze blieben ihm verschlossen, Kaiser Franz Joseph in Wien hatte kein Interesse an einer neuen Kolonie, und so musste er 1881 seinen Anteil an die Briten Alfred und Edward Dent verkaufen. Von ihrer Regierung unterstützt, hatten die Brüder die British North Borneo Chartered Company, eine private Kolonialgesellschaft, gegründet. London war damit um einen Stützpunkt im malaiischen Archipel reicher. Die Beziehungen zu den „Straits Settlements" in West-Malaysia wurden enger, schließlich wurde Sabah zusammen mit Sarawak und Brunei 1888 britisches Protektorat.

Das Ziel der Engländer war die skrupellose wirtschaftliche Ausbeutung Sabahs. Von Anfang an versklavten und unterdrückten sie die Einheimischen. Aufstände waren bald an der Tagesordnung, und die brutal geführte und

---

Rechts: In Tanjung Aru, dem Strand von Kota Kinabalu, wird abends einiges geboten.

ebenso gewalttätig niedergemetzelte Revolte des Rebellenführers Mat Salleh bedrohte die Existenz der Kolonie zwischen 1895 und 1900 ernsthaft.

Den Mythos der Unbesiegbarkeit büßten die Briten 1942 ein, als sie vor den Japanern flohen und jene deshalb kampflos in das nun wehrlose Sabah einfallen konnten.

Nach Ende des 2. Weltkriegs herrschte in Südostasien anti-englische Stimmung, und auch in Sabah wurde die Forderung nach Unabhängigkeit laut; doch als es – seit 1946 „Britische Kronkolonie Nordborneo" genannt – 1963 als teilautonomes Mitglied der Malaysischen Föderation beitrat, protestierten die Philippinen und Indonesien dagegen. Der daraus entstandene Grenzkrieg wurde erst 1966, mit der Entmachtung von Indonesiens Präsident Sukarno, beendet. Die Philippinen jedoch haben den Anspruch auf das ethnisch und kulturell mit Mindanao verwandte Sabah nie offiziell aufgegeben. Die – von malaysischen Soldaten bekämpften – Versuche eines philippinischen Sultans im Jahr 2013, von bewaffneten Gefolgsleuten „sein" (angeblich einst nur verpachtetes) Territorium im Nordosten Sabahs zurückerobern zu lassen, machten das Gebiet erneut zu einem politischen Krisenherd.

Kota Kinabalu

Kota Kinabalu ❶, Hauptstadt von Sabah, ist ein schnell wachsendes Verwaltungs- und Handelszentrum mit ca. 650 000 Einwohnern. Touristisch gesehen ist die im 2. Weltkrieg zerbombte Hafenstadt nur mäßig attraktiv. Noch im 19. Jh. hatte der Ort bei den Ansässigen *Api Api* geheißen, was Feuer bedeutet und an die vielen Brandschatzungen durch Piraten erinnert. Die Briten, die 1897 ihre Siedlung von der vorgelagerten Insel Gaya aufs Festland verlegt hatten, nannten den sich ausdehnenden Posten zu Ehren von Charles Jessel, eines Direktors der British North Borneo Company, fortan Jesselton. Nach der Unabhängigkeit wurde daraus Kota Kinabalu, allgemein abgekürzt „K.K."

» **Karte S. 196, Info S. 208**

SABAH

Heute bestimmen moderne Bank- und Warenhausgebäude das Stadtbild. Im Norden an der Likas Bay ragt der 30 Stockwerke hohe futuristische Glasturm Wisma Tun Mustapha der **Sabah Foundation** auf. Diese staatliche Stiftung bemüht sich um bessere Lebensbedingungen der Sabahaner, die zu einem Drittel in Armut leben. Dazu verwaltet sie mit einem hundertjährigen Vertrag mehr als eine Million Hektar Wald. Die mit dessen „vorsichtiger" Abholzung erzielten Gewinne sollen der einheimischen Bevölkerung zukommen. Eine sinnvolle Einrichtung, kommt doch die Mehrzahl der Holzfäller-Firmen in Sabah aus dem Ausland.

Modern ist auch die 1977 erbaute **Sabah State Mosque**. Die Moschee, eine der größten Malaysias, kann 5000 Menschen beherbergen. Sie verbindet islamisch-arabische Bauformen mit moderner Betonbauweise. In ihrer Nähe, etwas erhöht an der Jalan Penampang, entstand 1983 – in architektonischer Anlehnung an ein Murut-Langhaus – das sehenswerte **Sabah Museum**. Interessante Ausstellungen klären über Ethnografie, Geschichte und Umwelt auf. Neben versteinerten Ausgrabungsgegenständen zählt eine Sammlung menschlicher Schädel, die *Bangkavan*-Exponate, zu den einzigartigen Schätzen. Kadazan hatten 1972 die Relikte aus ihrer Kopfjäger-Vergangenheit der Öffentlichkeit zugänglich gemacht.

Sehenswert sind auch die traditionellen Häuser der verschiedenen Volksgruppen im Kampong Warisan auf dem Museumsgelände.

Den besten Blick über die Stadt vom **Signal Hill** (Bukit Bendera) aus, im Osten der Stadt. Der günstigste Aufstieg beginnt in der Jalan Istana beim **Padang** gut 400 m südöstlich des **alten Postamts** in der Jalan Gaya, das als einziges Kolonialgebäude im 2. Weltkrieg nahezu unzerstört blieb und heute die Tourismusbehörde **Sabah Tourist Board** beherbergt.

Der **Central Market** und der **Filipino Market** entlang der Jalan Tun Fuad Stephens sind Tummelplätze unzähliger philippinischer Händler und – leider – von Taschendieben. Ein dritter bunter Markt in Kota Kinabalu ist der sonntägliche **Pasar Minggu**, dessen Stände schon ab Samstag abend zwischen der Jalan Pantai und der **Jalan Gaya** aufgebaut werden.

Außerhalb von Kota Kinabalu

Etwa 5 km südlich der City beginnt der Stadtteil **Tanjung Aru**, dessen Badestrand sich bis zum 5 km entfernten Flughafen erstreckt. Die Bewohner von Kota Kinabalu erholen sich gern hier, wo Restaurants und Garküchen zum Verweilen einladen. Sonnenuntergang und Fischerboote vor der Küste runden das romantische Panorama ab. Auch die Gäste des **Shangri-La's Tanjung Aru Resort** wissen dessen bevorzugte Lage auf einer Landzunge zu schätzen.

In der Südchinesischen See vor dem Hotel erstreckt sich der ★**Tunku Abdul Rahman National Park** ❷, dessen fünf kleine Inselchen zusammen mit rund 50 km² Meer seit 1979 unter Naturschutz stehen. Nur auf **Pulau Gaya**, der größten Insel, gibt es mit dem **Gayana Island Resort** ein für ausländische Touristen ausgelegtes Strandhotel mit Restaurant und Wassersportzentrum. Luxuriös sind auch die Chalets des **Gayana Eco Resort**, dem, eine lehreiche Attraktion nicht nur für Hotelgäste, das Marine Geology Research Centre angegliedert ist. Einfachere Unterkünfte stehen auf **Pulau Manukan** und **Pulau Mamutik** zur Verfügung. Sie müssen über Sutera Sanctuary Lodges im Wisma Sabah reserviert werden. Pfade führen auf den Inseln durch Tieflandurwald und Mangroven. Seeadler, Nashornvögel, Makaken und Warane sind hier zu Hause. Besonders verlockend sind die kleinen Badebuchten und die Koral-

---

Rechts: Wanderer nahe dem Gipfel des über 4000 m hohen Mount Kinabalu.

SABAH

lenriffe der Inseln. Zwischen Dezember und Mai, wenn die dann ruhigere See eine gute Sicht unter Wasser erlaubt, ist ein Besuch auch für Unterwassersportler sinnvoll.

Wer vor echten Schädeltrophäen, diesmal im Familienbesitz, erschaudern will, sollte sich zum „**House of Skulls**" aufmachen. Das Haus der Moujings, direkter Nachfahren des berühmten Kopfjägers Monsopiad, steht in dem nach ihm benannten Museumsdorf **Monsopiad Cultural Village**, nahe dem Kadazan-Dorf **Penampang** ❸, 15 km südlich von Kota Kinabalu. Von der Wohnzimmerdecke baumeln 42 menschliche Schädel und ein Beinknochen, die 300 Jahre alt sein sollen. Herr Moujing präsentiert sich gern in Kadazan-Tracht mit dem scharfen, mit Menschenhaar geschmückten Schwert seines Ahnen. Monsopiad, der zu Lebzeiten wie ein Halbgott verehrt wurde, ist in einem nahen Reisfeld begraben worden – in voller Größe. Seine Feinde hatten sich nicht einigen können, wer den berühmten Kopf besitzen sollte.

Der Götterberg ★★Kinabalu

Bedrohlich ragen seine gezackten Zinnen durch die Wolken. Die Kadazan nennen den Berg *Aki Nabalu*: Sitz der Götter, der Geister und der Seelen ihrer Ahnen. Früher war der 4095 m hohe ★★**Mount Kinabalu** ❹, Teil des Crocker-Gebirges, für sie tabu; er galt ihnen auch als Eingang zum Paradies. Dieser sei aber von einem Feuerhund bewacht, der sich auf Jungfrauen stürze. Der Brite Sir Hugh Low 1851 war der erste europäische Gipfelbezwinger.

Heute sind der höchste Berg Malaysias und der ihn umgebende, äußerst artenreiche ★★**Kinabalu Park** (UNESCO-Welterbe) Ziel von Touristen. Jährlich tummeln sich Tausende Besucher in dem Nationalpark. Das kostenpflichtige *Climbers Permit* ist nötig, um bis zum Gipfel zu klettern; es werden jedoch nur 135 pro Tag ausgegeben, und die Besteigung ist nur von Dezember bis Mai erlaubt. Deshalb das Permit frühzeitig besorgen (www.mountkinabalu.com).

2015 kamen hier bei einem Erdbe-

SABAH

ben 18 Wanderer durch Erdrutsche und Steinschlag ums Leben. Nur Tage zuvor hatten Touristen nackt für ein Gipfelfoto posiert – nach Glauben der Kadazan der Auslöser für das Erdbeben.

Der Gipfel – Malaysias Höhepunkt

Der *Summit Trail*, der steile Pfad zum Gipfel, ist nur eine der Möglichkeiten, sich im 754 km² großen Park umzutun. Vielfältige tropische Vegetation bedeckt die Hänge des Berges, der aber oben mit Temperaturen um den Gefrierpunkt aufwartet. Entsprechend sollte die Ausrüstung sein: Pullover, Bergschuhe, Regen- und Windschutz und eine Taschenlampe für den noch vor Sonnenaufgang beginnenden Gipfelsturm. Erfahrene Kadazanführerinnen oder -führer sind zumindest für die letzte Etappe sinnvoll. Mit der Hilfe von Trägern, die die Parkbehörde vermittelt, schaffen selbst durchschnittlich trainierte Wanderer den Weg nach oben. Die Gipfelbesteigung nimmt zwei bis drei Tage in Anspruch und beginnt an der vom **Hauptquartier** 4 km entfernten **Power Station**, die in ca. 2 Stunden Fahrt von Kota Kinabalu zu erreichen ist und bereits in 1890 m Höhe liegt. Dort verläuft auch die Siedlungsgrenze der Kadazan, die sich der dünnen Luft und der Ahnengeister wegen weiter oben nicht wohl fühlen. Es sei denn, sie bringen Touristen gegen Geld auf den Berg.

Trotz aller Schwierigkeiten, auf den in Nebel und Regen schlüpfrigen, lehmigen Pfaden voranzukommen, begeistert die sich mit zunehmender Höhe wandelnde Pflanzenwelt. Allein zehn Arten von fleischfressenden Kannengewächsen gedeihen am Kinabalu, 26 Rhododendronarten, 400 Farn- und 1200 Orchideensorten wurden gezählt. Nur mit viel Glück sieht man hingegen die mit einen Durchmesser von fast 1 m größte Blüte der Erde, die **Rafflesia**. Außerdem leben Zikaden sowie Spitzhörnchen und – unüberhörbar – gut 600 Vogelarten in dem Naturpark.

Nach Verlassen des **Laban Rata Resthouse** (3250 m), dem Ziel des ersten Tages, von wo man im Notfall über Funk Rettungshubschrauber angefordern kann, geht es um 3 Uhr früh zum **Low's Peak** hinauf. Über Granitfelsen müht man sich die letzten 300 m nach oben, wo der Sonnenaufgang in 4095 m Höhe ein prächtiges Panorama erhellt: über die Bergwelt und den Urwald bis hin zu fernen Inseln im Südchinesischen Meer.

Urwaldabenteuer

Vom Kinabalu Park bietet sich ein Ausflug nach **Poring Hot Springs** ❺ an, das über den kleinen Ort **Ranau** zu erreichen ist. Hier hat der Amerikaner Illar Muul 1990, in den Baumwipfeln, wo 75 Prozent der Säugetiere, 85 Prozent der Vögel und 95 Prozent der Insekten im Urwald zu finden sind, ein 550 m langes Hängebrücken- und Plattformsys-

Oben: Fleisch fressenede Kannenpflanzen im Kinabalu Park. Rechts: Extrem selten – die Rafflesia, mit der weltgrößten Blüte (Kinabalu Park).

SABAH

tem angelegt, in 30-40 m Höhe! Dieser **Canopy Walkway** vermittelt die Natur des Regenwaldes aus schwingender, aber optimaler Perspektive. Die andere Attraktion sind die schwefelhaltigen **Thermalquellen**, die schon die Japaner während des 2. Weltkrieges nach langen Märschen aufgesucht und mit Badehäuschen und -wannen versehen haben. Besonders an den Wochenenden ist Poring ein beliebtes Ausflugsziel einheimischer Familien.

An die grausame Seite der Besatzung soll das **Death March Monument** bei **Kundasang** erinnern. 1944 waren 2400 Alliierte auf einem Todesmarsch von Sandakan nach Ranau durch den Dschungel getrieben worden. Nur sechs Gefangene haben die Strapazen überlebt. Heute ist der vom Nationalpark 6 km entfernte Ort das Zentrum von Sabahs Gemüseanbau.

Foto: Manfred J. Bail (Westend61 / Arca Images)

Die Bajau – Seenomaden und Cowboys

Nach den Kadazan sind die Bajau die zweitgrößte Volksgruppe in Sabah. Sie leben v. a. entlang der Westküste zwischen Papar und Kudat. Vermutlich sind ihre Vorfahren, nomadisierende Seezigeuner, vor 200 Jahren von den Philippinen eingewandert. Die Bajau nennen als ihren Ursprung die Gegend von Johor. Ein Überfall von Brunei-Soldaten auf ihre Flotte habe ihr Nomadisieren im südostasiatischen Meer verursacht. Mittlerweile sind die muslimischen Bajau von Sabah Bauern, Vieh- und Pferdezüchter, was ihnen den Beinamen „Cowboys des Ostens" einbrachte. Wenn sie in ihren farbenprächtigen Gewändern und mit kunstvoll gebundenem Turban bei Festen auf ihren drahtigen Pferdchen vorbei galoppieren, erinnern sie mehr an asiatische Steppenreiter als an lassoschwingende Präriehirten. Ihr früher uriges Pfahlbautendorf Mengkabong, an einer Bucht bei Tuaran, wurde jedoch trockengelegt, neu gestaltet und seines Charmes beraubt.

Tamu – wöchentliche „Friedensmärkte"

Eine für Sabah typische Institution ist der *tamu*, der **Wochenmarkt**, zu dem sich fein herausgeputzte Männer und Frauen der verschiedenen Ethnien treffen. Es wird gehandelt und gefeilscht, Vieh ver- und gekauft aber auch gespielt, musiziert, und viel geschwätzt. Der alte Brauch stammt aus kriegerischen Zeiten, in denen man versuchte, gewaltsame Konflikte durch Verhandlungen auf neutralem Boden im Rahmen des Marktfriedens beizulegen. *Tamu*, was „Gast" bedeutet, wurde zu einer festen Einrichtung, die auch die Kolonialherren nutzten, um ihre Beziehungen zu den lokalen Führern zu festigen. Touristenbüros haben den aktuellen *tamu*-Plan, der für jeden Ort den jeweiligen Markttag angibt. Bedeutende, gut besuchte *tamu* finden sonntags in **Tuaran** ❻ und in **Kota Belud** ❼ statt.

Wer einen noch ziemlich unverfälschten Markttag erleben will, sollte einen kleineren Ort vorziehen, weil dort fast

SABAH

nur Einheimische am Markt teilnehmen, zum Beispiel jeden Mittwoch den *tamu* im 6 km von Tuaran entfernten Ort **Tamparuli**. Dort kann man außerdem auf einer **Hängebrücke** über den **Sungai Tuaran**, der längsten von Sabah, schaukeln.

Sabahs Norden

Der 75 000 Einwohner zählende Ort **Kudat** ❽ auf der gleichnamigen Halbinsel, die sich wie ein Keil in die Südchinesische See schiebt, liegt im Siedlungsgebiet der **Rungus**. Diese Untergruppe der Kadazan lebt nur zu einem kleinen Teil noch in traditionellen Langhäusern. Oftmals ist das frühere einheitliche Langhausdorf der Kadazan bereits gegen modernere Wohnformen eingetauscht worden. Besonders anmutig wirken die Rungus-Frauen, wenn sie zu den schwarzen, bestickten Sarongs reichen Perlen- und Messingschmuck anlegen.

Ihren großen **Markt** halten die Rungus jeden Sonntag in **Sikuati** ❾ ab – 23 km von Kudat entfernt.

Leider sind die hier märchenhaft schönen und wirklich noch einsamen **Strände** für weniger abenteuerlich eingestellte Reisende kaum zu erreichen. Sie liegen weit ab und bieten weder Restaurants noch feste Unterkünfte. Der steinige „Stadtstrand" von Kudat hingegen, **Bak Bak**, liegt 11 km außerhalb, bietet Picknicknischen, Toiletten und – an den Wochenenden – Garküchen. Er kann leicht per Taxi erreicht werden.

Attraktiver sind die **Strände** der vorgelagerten Insel **Pulau Banggi** ❿. Zu dem urwaldbewachsenen Eiland fahren unregelmäßig Boote. Schlafen können Besucher, die etwas Malaiisch sprechen, bei den Dorfbewohnern.

★★Taucher-Paradies Layang Layang

Auch als *Swallow-Riff* bekannt, gehört ★★**Layang Layang** zu dem von

Oben: „Cowboys von Borneo" werden die schnellen Reiter der Bajau gern genannt. Rechts: In der Gegend um Kudat leben die Rungus.

SABAH

Malaysia beansprucht einen Teil des Spratly-Archipels, 300 km nordwestlich von Kota Kinabalu. Ausgestattet mit einem **Taucherresort** (offen von Februar bis Oktober), ist dies ein Magnet für Taucher aus aller Welt; die Unversehrtheit seiner Unterwasser- und Vogelwelt verdankt es der Militärpräsenz seit 1983 (www.sabahtourism.com/en/destination/84-layang-layang-island).

Sabahs Südwesten

12 km südlich von **Kota Kinabalu** leben mehrere **Kadazan-Gemeinden** bei **Penampang** in recht traditionell anmutenden Dörfern. Einige der Pfahlhäuser sind noch immer mit Palmblättern gedeckt. Rundum wachsen Sago- und Kokospalmen. Im Unterschied zu den knapp 40 km weiter südlich siedelnden Kadazan des Städtchen **Papar** ⓫, tragen die Frauen aus Penampang bei Festen ärmellose schwarze Gewänder und keine Strohhüte.

Ein herausragendes Erlebnis für Reisende ist in dieser Region die **Eisenbahnfahrt** zwischen **Beaufort** ⓬ und **Tenom** ⓭. Während die beiden Orte außer dem sonntäglichen *tamu* in Tenom kaum Nennenswertes bieten, vermittelt der Bummelzug einen unvergesslichen Eindruck vom Hinterland. Im Schneckentempo geht es dicht an der Felswand entlang durch die **Padas-Schlucht** ⓮ im Crocker-Gebirge. Die 1898 erbaute Trasse folgt dem Lauf des brodelnden Padas, der von Wagemutigen zum Schlauchboot-Rafting genutzt wird. Die Schienenschläge rütteln den Zug, alles hat das Flair von vorgestern, und die zwei bis drei Stunden vergehen wie im Flug.

Wie Tenom liegt das 30 km entfernte **Keningau** ⓯ im Kernland der Murut. Von dem Ort lassen sich Ausflüge zu **Murut-Siedlungen** unternehmen.

Tambunan ⓰, 50 km nordwestlich von Keningau, erinnert an Mat Salleh, den berüchtigten Rebellen aus den Reihen der Bajau. Ruinen seiner Festung

Foto: Muslianshah Masrie (Dreamstime.com)

und die Gräber seiner Getreuen sind hier zu sehen.

Pulau Labuan

Vor Brunei und Sabah liegt die 100 km² große Insel **Pulau Labuan** ⓱. Sie ist seit 1984 als Federal Territory ein eigenständiges Verwaltungsgebiet, wird aber Sabah zugerechnet. Das Eiland besitzt Freihafen und Steinkohleflöze, die im 19. Jh. das Interesse der Royal Navy weckten. Um hier den Treibstoff für die britischen Schiffe bunkern zu können, hatte 1846 Kapitän Mundy die Insel dem Sultan von Brunei im Tausch gegen Hilfe bei der Bekämpfung der Piraten abgehandelt. Die British North Borneo Chartered Company war der nächste, aber nicht letzte Eigentümer von Labuan.

Im Jahr 1906 wurde die Insel den Straits Settlements unterstellt, 1942 besetzten sie die Japaner. Nach dem Krieg, an den ein australischer **Soldatenfriedhof** und das **Commonwealth War Memorial** erinnern, gehörte sie wieder zu

SABAH

England und seit der Unabhängigkeit zu Sabah. Nun hat die malaysische Regierung große Pläne mit Labuan, das als Freihandelszone Investoren anlocken soll. Attraktiv ist sie schon für die Erdölbohrer aus Brunei: Während im Heimatland Alkohol streng verboten ist, fließt auf Labuan der Schnaps in Strömen und zollfrei. Diese Klientel kann sich auch die teuren Hotels in **Bandar Labuan**, der einzigen Stadt auf der Insel, leisten.

Außerhalb der Inselhauptstadt liegen lohnende Ausflugsziele wie der **Botanische Garten** (Taman Bunga) in der Nähe des Soldatenfriedhofs und die Badestrände von **Layang Layangan** an der Westküste und **Manikar** an der Nordspitze der Insel.

Wer es einsam haben will, findet Ruhe an den **Stränden** der vorgelagerten Inselchen **Pulau Papan** und **Pulau Kuraman**, zu denen Ausflugsboote von Bandar Labuan aus starten.

Sapulut und Long Pa Sia

Das unwegsame Innere von Sabah hält für abenteuerlustige Reisende manch reizvolle Route bereit. Dschungelwanderungen im Gebiet zwischen Kinabalu-Park und Sandakan garantieren zwar einmalige Erlebnisse, man kann aber auch mit zweimotorigen Propellermaschinen der Malaysia Airlines nach **Sapulut** ❶ ins Gebiet der **Murut** oder nach **Long Pa Sia** ❶ ins Siedlungsgebiet der **Lun Dayeh** fliegen. Beide Orte liegen im äußersten Süden Sabahs und sind nur wenige Kilometer von der „grünen Grenze" zu Kalimantan entfernt. Wer sich aber auf eigene Faust nicht so weit vorwagen möchte, hat auch in diesen abgelegenen Winkeln des Landes die Möglichkeit, sich organisierten Touren anzuschließen.

Sandakan

Sandakan ❷, bis 1947 Sabahs Hauptstadt, liegt etwa 340 km östlich von Kota Kinabalu an der Sulu-See. Wil-

---

Oben: Die Pfahlbausiedlung Buli Sim Sim mit der modernen Sandakan-Moschee. Rechts: Junge Orang Utans im Sepilok Orang Utan Sanctuary.

SABAH

liam Pryer hat den Ort 1879 gegründet und Elopura genannt. Zu der Zeit bestand schon 20 km außerhalb der heutigen Stadt das „Kampong German", eine Siedlung, die von dem Schotten Cowie und mehreren Deutschen bewohnt war. Sie schmuggelten Waffen für den Sultan von Sulu.

Den Namen *Sandakan* soll Cowie dem Nest verliehen haben. In der Sulu-Sprache ist damit „ein Ort, der verpfändet wurde" gemeint. Das heute etwa 480 000 Einwohner zählende Zentrum für Exportgüter wie Rattan, Hartholz und Palmöl ist im Krieg total zerstört worden und im Planquadrat-Stil neu entstanden. Auch hier gibt es viele indonesische und philippinische Einwanderer. Die schützende Bucht und die zahlreichen Inseln locken seit eh und je Schmuggler und Einwanderer an.

Touristen statten Sandakan höchstens auf dem Weg nach Sepilok einen Besuch ab, denn in der Stadt selbst gibt es nur wenig zu sehen. Interessant sind immerhin der alte Hafen **Pengkalan Lama** und der **Pasar Besar**, der städtische Markt. Nördlich des Zentrums steht seit 1893 der altehrwürdige chinesische **Sam Sing Kung Tempel** an der Jalan Singapura. Seit 1987 hat er Konkurrenz bekommen: Auf den Hügeln am südwestlichen Stadtrand entstand einer der größten buddhistischen Tempel Malaysias: **Puu Jih Shih**. Von dessen Terrasse bietet sich eine tolle Aussicht über Sandakan, die über 100 Jahre alte **St Michael's Church** (Sabahs erste Kirche), das muslimische Wasserdorf **Buli Sim Sim** mit seiner markanten, modernen **Sandakan-Moschee** und die vorgelagerten Inseln.

Hauptziel der Besucher in dieser Region ist das rund 25 km entfernte ★★**Sepilok Orang Utan Sanctuary** ㉑, westlich der Hafenstadt. Über 150 Menschenaffen, die illegal in Gefangenschaft gelebt oder ihre Mütter bei Rodungen verloren haben, werden hier auf ein freies Leben in geschütztem Urwald trainiert. In Sepilok lernen die

Foto: nkpal (iStockphoto.com)

Affenkinder durch Nachahmung der Älteren, was zum Überleben in freier Natur wichtig ist. Kein leichtes Spiel, weder für sie noch für die menschlichen Lehrer, denn gefangene Tiere sind meist verhaltensgestört, können weder Lager bauen noch Nahrung finden. Etwa sieben bis neun Jahre dauert es, bis ein junger Orang-Utan wieder das ist, was er dem malaiischen Namen nach sein soll: „Mensch des Urwalds". Die Wissenschaftler von Sepilok haben deshalb im 4000 ha großen Terrain eine Plattform errichtet, wo zweimal täglich (9.30 und 14.30 Uhr) Zusatzproviant für die Menschenaffen bereit liegt. Das Ziel der Auswilderung ist erreicht, wenn die Orang-Utans nicht mehr auf die Fütterungen angewiesen sind und es gelernt haben, mit dem, was der Urwald ihnen bietet, auszukommen.

In Sepilok gibt es keine Dressurspielchen, und im Park auch keine Garküchen oder Andenkenläden. Stattdessen leiten ausgezeichnete Lehrpfade durch Tiefland- und Mangrovenwald. Die Ausstellung im **Nature Education Centre**

SABAH

informiert über Fauna und Flora von Sabah. Souvenirshops und Restaurant befinden sich am Parkeingang.

In Sabah leben nur noch ca. 3000 Orang-Utans; in Sarawak, im indonesischen Kalimantan und auf Sumatra zusammen noch etwa 25 000 Exemplare. Der immer tiefer in den Urwald vordringende Mensch bedroht sie unerbittlich durch Jagd und Waldvernichtung. Verkohlte Knochen, die in den Niah-Höhlen gefunden wurden, belegen, dass schon vor 40 000 Jahren Orang-Utans von Menschen verspeist worden sind. Wenn die Orang-Utans heute zwar nicht mehr wie im 19. Jh. als Trophäe westlicher Jäger getötet werden, müssen sie doch häufig ein trauriges Leben in Zoos führen. Und nur dort werden sie letztlich noch zu finden sein, wenn der tropische Urwald vollends verschwunden ist.

Das ★**Bornean Sun Bear Conservation Centre**, neben dem Orang Utan Centre angesiedelt, widmet sich dem Schutz des **Malaienbärs**: rund 40 Vertreter dieser gefährdeten Art tummeln sich hier.

Höhlen und Schildkröteninsel

Gut 40 km südlich von Sandakan, auf der anderen Seite der Bucht erstreckt sich das größte der 27 Höhlensysteme Sabahs. Die Anfahrt lässt sich über lokale Reisebüros arrangieren.

Die riesigen Kalksteinkavernen von **Gomantong** ❷ sind seit Menschengedenken wegen der essbaren **Schwalbennester** der Salanganen bekannt. Das Wildlife Department im Government Kompleks in Sandakan wacht heute mit der Vergabe von Lizenzen darüber, dass die begehrten Vogelnester nicht mehr als zweimal jährlich geerntet werden. Früher galten die **Höhlen** gleichsam als heilig, weil sie die Eingeborenen als Begräbnisstätten nutzten. Heute sind sie in Claims der Vogelnestsammler unterteilt, die sich todesmutig mit Hilfe von Rattan-Strickleitern auf die wackeligen Gerüste in bis zu 60 m Höhe wagen, um die Nester für die beliebte Vogelnestsuppe zu ernten. Schon die unzähligen Vögel und Fledermäuse machen die Gomatong-Höhlen sehenswert; feste Schuhe und Taschenlampe sind nötig.

Vor der Küste, an der Grenze zu den Philippinen, liegt der ★**Turtle Islands Park** ❸. Auf 17 km² sind die Inseln Selingan, Bakkungan Kecil und Gulisan geschützt. Im Turtle Island Sanctuary von **Pulau Selingan** werden die Gelege der Grünen Schildkröten (*Chelonia mydas*) und der Karettschildkröten (*Eretmochelys imbricata*), von Rangern bewacht. Der Nachwuchs kann ungestört schlüpfen und wird unter Schutz wieder ausgesetzt. Weibliche Meeresschildkröten gehen vorzugsweise in Vollmondnächten von August bis Oktober an Land, um jeweils bis zu 200 tischtennisballgroße Eier in den warmen Sand zu legen.

Oben: Dschungeltrekking in Sabah. Rechts: Die Rungus-Frauen stellen ihren Perlenschmuck selbst her.

Der Südosten

Die drei größeren Orte im südöstlichen Sabah sind nur durch die Luft oder zeitaufwändig über Land zu erreichen. **Tawau** ❷ ist die am schnellsten wachsende Stadt Sabahs und zählt inzwischen 380 000 Einwohner. Durch den Zuzug von Indonesiern und Philippinern hat der Ausfuhrhafen von Kakao, Hanf, Tabak, Kopra, Edelhölzern, Palmöl und Kautschuk Sandakan und Kota Kinabalu zahlenmäßig überflügelt. Noch weitgehend unberührt ist die Natur des **Tawau Hills Park** ❷, einem wichtigen Schutzgebiet im Quellgebiet zahlreicher Flüsse. An den Wochenenden suchen Einheimische die **Wasserfälle** und die **heißen Quellen** auf.

An der Küste der Celebes-See liegt **Semporna** ❷. Die vorgelagerten Inseln mit kilometerlangen Riffen sind für Unterwassertouristen interessant. Die besten **Tauchgründe** finden sich auf **Pulau Mabul** und ★**Pulau Sipadan** ❷. Das *Semporna Ocean Tourism Centre* (SOTC mit Dragon Inn Hotel) ist bei der Vermittlung der teuren Bootsfahrten dorthin behilflich. Auf der Insel Sipadan, wo im Jahr 2000 Tauchtouristen von Terroristen entführt wurden, unterhält *Borneo Divers* eine **Tauchbasis**.

Lahad Datu ❷, die Handelsstadt am Nordrand einer großen Meeresbucht, ist das Tor zum herrlichen **Regenwald im Danum Valley** ❷, einem Refugium für Flora und Fauna zwischen den Flüssen Danum und Segama. Die Sabah Foundation hat hier 440 km^2 ihres fast 10 000 km^2 großen Holzschlagareals als Schutz- und Forschungsgebiet abgezweigt. Die meisten der in Sabah beheimateten Pflanzen wachsen hier, und auch bedrohten Tierarten wie Orang-Utan, Sumatra-Nashorn und kleinem asiatischen Elefanten hofft man, so das Überleben zu ermöglichen. Für Besucher stehen Quartiere in der **Borneo Rainforest Lodge** zur Verfügung. Buchung über das Büro in Kota Kinabalu, Jl. Karamunsing Sadong Jaya Complex, Tel. (088) 267-637, www.borneonaturetours.com, oder das Büro in Lahad Datu, Tel. (089) 880-207.

SABAH

KOTA KINABALU (☎ 088)

Tourism Malaysia, Lot 1-7, Api-Api Centre, Tel. 248-698. **Sabah Tourism Board**, 51 Jl. Gaya, Tel. 212-121, Fax 212075, info@sabahtourism.com, www.sabahtourism.com.
Deutschsprachige Incoming Agentur: **Borneo Expeditions**, EONCMG Life Bldg., Jl. Sagunting, Tel. 266-353, Fax 260-353.

FLUG: Die **MAS** (Malaysia Airlines, Tel. 1-300-883-000, 239-713) verbindet Kota Kinabalu mit allen Flughäfen West- und Ostmalaysias. Internationale Verbindungen zwischen Kota Kinabalu und Bandar Seri Begawan, Hongkong, Kaohsiung, Manila, Singapur sowie Taipeh. **Hubschrauberflüge** innerhalb von Sabah: **Sabah Air**, Tanjung Aru, Tel. 484-733, Fax 484-387, www.sabahair.com.my.
SCHIFF: Von Kota Kinabalus Uferpromenade mehrmals tägl. Expressboote nach Bandar Seri Begawan und Labuan.
ZUG: Täglich von K. K. nach Tenom. Bahnhof im Vorort Tanjung Aru. Der interessantere Teil der Bahnfahrt ist die Padas-Schlucht zwischen Beaufort und Tenom.
BUSSE/ÜBERLANDTAXIS: Terminals für Fernbusse und -taxis in der Jl. Padang und im nördlichen Vorort Indnam; Minibusse von der Jl. Sembilanbelas.

INTERNATIONAL: Westliche Küche in den Restaurants einiger Luxus-Hotels.
MALAIISCH: **Sri Melaka Restaurant**, Jl. Laiman Diki. Essensstände neben Nachtmarkt/Filipino Market, auch Api-Api Centre.
CHINESISCH: **Nan Xing Restaurant**, Dim Sum und kantonesische Gerichte, Jl. Haji Saman.
SEAFOOD: **Sri Rafflesia Seafood Village**, hervorragendes Speise- und Ausflugslokal, abends Live-Musik und Folklore-Darbietungen, Lapangan Tertang Antarabangsa.

Sabah Museum, täglich außer Fr 9-17 Uhr, Jl. Penampang, Tel. 253-199 und 225-0333.

Centre Point Shopping Complex, Lebuh Raya Pantai Baru.
Wisma Merdeka Complex, Jl. Haji Saman.
Sabah Handicraft Centre, Bandaran Berjaya, Tel. 221-231. **Gaya Street Sunday Market**, 6.30-13 Uhr.

Sabah Medical Centre, Privatklinik, Lorong Bersatu Luyang, Tel. 322-199.

LEIHWAGEN: **Adaras Rent A Car**, Lot G-03, Wisma Sabah, Jl. Tun Fuad Stephens, Tel. 216-671. **Kinabalu Rent A Car**, Lot 3.60-3.61 Kompleks Karamunsing, Tel. 232-602.

Tiffiny, seit Jahren beliebte Disko mit philippinischen Live-Bands, tägl. ab 20 Uhr geöffnet, Block A, 9 Jl. Karamunsing.

Polizei, Jl. Karamunsing und Jl. Dewan, Tel. 212-222.

Indonesisches Konsulat, Lorang Kemajuan, Tel. 218-600. **Immigration Office**, Kompleks Pentadbiran Kerajaan Persekutuan Jalan UM5, Tel. 488-700.

NATIONALPARKS

Übernachtungen im Tunku Abdul Rahman National Park und im Kinabalu National Park werden gebucht über: Sutera Sanctuary Lodges, Lot G15, Wisma Sabah, 88000 Kota Kinabalu, Tel. (088) 308-914, Fax 308-482, www.suterasanctuarylodges.com.my, info@suterasanctuarylodges.com.my.

SANDAKAN / SEPILOK (☎ 089)

FLUG: **MAS**, Tel. 273-972, fliegt mehrmals täglich nach Kota Kinabalu und Tawau.
BUSSE: Fernbusse nach Kota Kinabalu und Ranau, Minibusse nach Lahad Datu und Tawau. Minibusse und Busse der Linie Batu 14 / Sepilok pendeln zwischen Sandakan und dem Sepilok Orang Utan Sanctuary.

Bolin Roof Garden Bar & Bistro, gute Küche bei guter Aussicht über Sadtt und Bucht, Nak Hotel,, Jl. Pelabuhan Lawa, Tel. 272-988.
XO Steak House, westliche Küche und Seafood, Hsiang Garden Estate.
Supreme Garden, vegetarisches Restaurant im Vorort Ramai Ramai.

SABAH

Tropischer Regenwald in Sabah.

Die Hassanil Bolkiah-Moschee von 1992 in Bandar Seri Begawan

BRUNEI

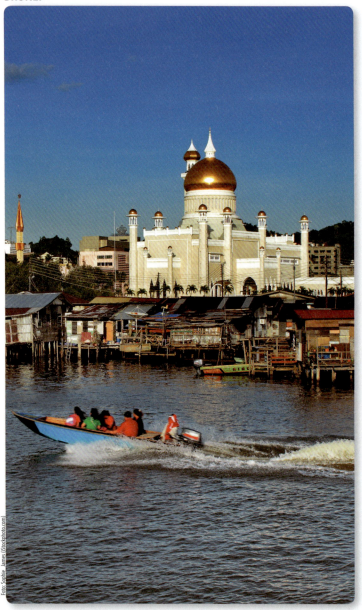

BRUNEI
Im reichsten Land Asiens

LANDESKUNDE BRUNEI
BANDAR SERI BEGAWAN

BRUNEI

Landeskunde Brunei

Das Sultanat **Brunei Darussalam** („Ort des Friedens") im Nordwesten Borneos ist mit nur 5765 km² ein kleiner Staat, aber immerhin achtmal so groß wie Singapur und besitzt 161 km Küstenlinie. Seine Geschichte lässt sich bis ins 5. Jh. zurückverfolgen, als es Seehandel mit China trieb. In seiner Blüte, im 14.–16. Jh., herrschten die Sultane Bruneis über ganz Borneo und den Süden der Philippinen. Dieses Reich zerfiel jedoch, als Portugiesen, Spanier Niederländer und Briten begannen, weltweit zu expandieren. Offiziell war Brunei nie Kolonie, stand jedoch seit 1888 unter britischem Protektorat und ließ sich in diplomatischen und Verteidigungsfragen bis zur Unabhängigkeit 1984 von Großbritannien vertreten. Obwohl Malaiisch die Amtssprache ist, wird Englisch von den Meisten gesprochen und verstanden.

Das kleine, aus zwei getrennten Landesteilen bestehende Sultanat profitiert von den seit 1929 geförderten Öl- und Gasreserven, die noch zwei Jahrzehnte reichen sollen. Dank dieser Ressourcen sind noch 70% des Landes mit ursprünglichem Regenwald bedeckt, da dieser noch nicht für Plantagen gerodet werden musste.

Die rd. 410 000 Einwohner sind zu 66% malaiischer und zu 11% chinesischer Abstammung. Der „Rest" umfasst 6% Protomalaien (Ureinwohner); Europäer, die meist die Förderung von Öl und Gas sicherstellen; Inder, Indonesier und Thais, die oft Gewerbe treiben oder als Hausangestellte arbeiten.

Öl und Gas sind der Grund, warum das Einkommen pro Kopf nominell eines der höchsten in Südostasien ist. Krankenbehandlung, Schule und Altersvorsorge sind für Staatsbürger kostenfrei, und das Land versucht, seinem Versprechen gerecht zu werden, jeder Familie eine subventionierte Wohnung preiswert zur Verfügung zu stellen – was jedoch an Grenzen stößt, weil 42% der Bevölkerung unter 25 Jahre alt sind. Aber selbst wenn die meisten Bruneier ein Auto besitzen: Wirklich reich ist nur einer – Sultan Hassanal Bolkiah, der 29. Sultan der Herrscherdynastie, der 1967 nach der Abdankung seines Vaters den Thron bestieg und rund 20 Milliarden $ besitzt.

Der Sultan regiert sein Land als absoluter Herrscher. In der islamisch-konservativen Tradition malaiischer Prägung ist er nicht nur Staatsoberhaupt, sondern zugleich auch Premierminister.

Links: Die 1958 erbaute Omar Ali Saifuddin-Moschee in Bandar Seri Begawan.

BRUNEI

Oben: Muslimische Brokatweberin im Arts and Handicrafts Centre von Bandar Seri Begawan

Er ist beliebt bei der Bevölkerung, die großteils im Staatsdienst beschäftigt ist.

Seit dem Finanzcrash in Asien in den 1990ern gibt sich Brunei immer sittenstrenger und so ist – offiziell – im ganzen Land kein Alkohol zu erwerben, und abgesehen von Kinos, Sportveranstaltungen oder Speiselokalen gibt es kein nennenswertes Nachtleben. Touristen sind in dem relativ teuren Sultanat eher selten. Da viele staatliche Leistungen an die Staatsbürgerschaft und die islamische Religionszugehörigkeit geknüpft sind, bekehren sich zunehmend mehr animistische Protomalaien, vor allem die Iban, zum Islam.

★Bandar Seri Begawan

Schon auf dem Weg vom Flughafen in die nahe Hauptstadt ★**Bandar Seri Begawan** ❶ im Distrikt **Brunei-Muara**, in dem ca. 230 000 Menschen leben, wird sichtbar, wie die Petrodollars investiert wurden: Auf der linken Seite der Schnellstraße vom Flughafen zur Stadt finden sich viele neue Regierungsgebäude, Residenzen, Geschäftszentren und auch ein Krankenhaus.

Direkt am **Sungai Brunei** (Brunei-Fluss) steht die **Mesjid Sultan Omar Ali Saifuddin** ❶, 1958 erbaut mit italienischem Marmor und ausgestattet mit belgischen Leuchtern. Jüngst renoviert, ist ihre goldene Kuppel schon von Weitem auszumachen. Neben der Moschee ruht in einem See eine steinerne **Barke**, die früher Koranlesewettbewerben diente und einem königlichen Boot aus dem 16. Jh. nachgebildet ist. Nicht-Muslime in gebührlicher Kleidung dürfen die Moschee außerhalb der Gebetszeiten besichtigen.

Beim Verlassen der Moschee erblickt man den **Taman Haji Sir Muda Omar Ali Saifuddien** ❷, einen weiten, grünen Platz, auf dem neben dem Nationalfeiertag auch Sultans Geburtstag zeremonielle Würdigung erfährt.

Der Jalan Elizabeth II folgend erreicht man eine Kreuzung mit **Uhrturm**. Folgt man nun der Jalan Sultan nach Norden, kommt man zum **Royal Regalia Building** ❸. Hier sind u.a. die Kutsche, Gewänder, Schmuck und Flaggen ausgestellt, die für die Krönungszeremonie des Sultans und dessen silbernes Thronjubiläum verwendet wurden. Auch eine verkleinerte Nachbildung des im Lapau (in der königlichen Zeremonienhalle gleich gegenüber) stehenden Throns ist zu sehen, wie auch vom Sultan empfangene Orden und Staatsgeschenke. Der **Lapau** und das rechts daneben liegende ehemalige **Dewan Majlis** (Ex-Parlamentsgebäude) sind nicht öffentlich zugänglich.

Vom Uhrturm auf der **Jalan Sultan** südwärts kommt man zum **Zentrum** der Hauptstadt. Hier befinden sich neben internationalen Banken auch kleinere Geschäfte, Restaurants sowie kleine Cafés (*kedai kopi*), von denen man das urbane Treiben beobachten kann.

Weiter auf der Jalan Sultan in Rich-

BRUNEI

tung Brunei-Fluss überquert man die Jalan McArthur und gelangt durch den Durchgang des alten **Zollhauses 4** (mit einer malaiisch beschrifteten **Ausstellung** zur Stadtentwicklung) zur neu gestalteten **Waterfront**, die abends in wechselnden Farben beleuchtet ist.

Hier öffnet sich der Blick auf **Kampong Ayer 5**, das „Wasserdorf" auf Pfählen im traditionellen Stil. Die Häuser bieten allen Komfort, auch Klimaanlagen. Zudem gibt es Krankenstationen, Moscheen und ein Gewirr von Stegen, die die Häuser verbinden. Die Autos der Bewohner parken entlang der Jalan Residency. Entdecken lässt sich Kampong Ayer am besten mit einem der zahlreichen Taxi-Boote (aber den Preis vorher aushandeln!). In manchem Haus werden noch traditionelle Handarbeiten hergestellt, die dann vor Ort und auf den Märkten – u.a. am **Tamu Kianggeh 6** – angeboten werden.

Per **Taxi-Boot** (ca. 1 Brunei-Dollar) von der Anlegestelle zwischen der **Waterfront** und dem Großkaufhaus **Yayasan Shopping Complex** zu erreichen ist die **Cultural & Tourism Gallery 7** im Kampong Ayer, die u.a. eine kleine **Ausstellung** über Funde aus Brunei, vor allem aber einen schönen Blick über das Wasserdorf von ihrem kleinen ★**Aussichtsturm** bietet.

Von dort ist auch das an der Jalan Residency gelegene **Arts & Handicrafts Centre 8** auszumachen, wo man Interessantes über die Herstellung von *kain Tenunan*, den traditionellen, mit Goldfäden durchwirkten Brokatstoffen und den Zeremonialdolch *keris* erfährt. Hier gibt es teure handgefertigte Souvenirs. Malaiische Delikatessen wie das beliebte *ambuyat* (Sago-Brei mit Dips) serviert das Restaurant **Tarindak d'Seni**; dazu genießt man den Blick über das Treiben auf den Brunei-Fluss.

Etwas weiter an der Jalan Residency steht der einstige Sitz des dort von 1907 bis 1959 residierenden britischen Residenten („Beraters" des Sultans), das **Bubungan Dua Belas 9** (Haus mit zwölf Dächern). Anhand historischer Fotos und Dokumente wird hier die Beziehung Bruneis zu Großbritannien do-

BRUNEI

kumentiert. Queen Elizabeth II hat die Ausstellung 1998 persönlich eröffnet.

Etwas mehr als drei Kilometer vom Stadtkern entfernt liegen in Kota Batu die **Grabstätten** ⑩ von **Sultan Bolkiah**, dem 5. Sultan, unter dem Brunei seine größte Ausdehnung erlebte, und von **Sultan Sharif Ali**, dem dritten Sultan von Brunei. **Kota Batu** ist seit 1000 Jahren besiedelt, das bezeugen Ausgrabungsfunde wie Münzen und Keramiken der chinesischen Tang Dynastie (z.T. ausgestellt in der Cultural & Tourism Gallery).

Etwas weiter, auf dem Scheitelpunkt des Hügels, liegt das ★**Brunei Museum** ⑪, das ebenfalls Königin Elizabeth II. persönlich eröffnete. Hier erfährt man viel über die in Brunei beheimateten Tiere und Pflanzen, die Entdeckung und Förderung der Bodenschätze, sieht einen Teil der Sammlung des jetzigen Sultans (u.a. Preziosen aus dem Orient, Schmuck, Münzen, Teppiche und Keramiken islamischer Herkunft), eine nachgestellte Szene einer traditionellen Hochzeit. Auch die Genealogie der Sultane Bruneis und die Geschichte des Landes werden erläutert.

Vom Brunei Museum ist das nur wenig besuchte **Malay Technology Museum** ⑫ zu Fuß erreichbar. Hier werden traditionelle Behausungen und Handwerkstechniken anschaulich dargestellt. Das benachbarte **Maritime Museum** wartet mangels Exponaten noch auf seine Eröffnung.

Entlang der Jalan Tutong das Stadtzentrum verlassend passiert man die Grabstätte der königlichen Familie, das **Royal Mausoleum** ⑬, wo u.a. die Eltern des gegenwärtigen Herrschers bestattet sind.

Weiter entlang der Jalan Tutong, ist der Wohnsitz des Sultans, ★**Istana Nurul Iman** ⑭, kaum zu übersehen: Dieser Palast mit 1788 Zimmern bietet u.a. Platz für 4000 Gäste in der Halle für (Staats-)Bankette und für 1500 Betende in den Gebetsräumen. Erbaut wurde er in den 1980ern für 400 Mio. US-Dollar.

Rechts: Steinerner Nachbau der Sultansbarke neben der Mesjid Sultan Omar Ali Saifuddin.

BRUNEI

Von der Straßenseite sieht man die bewachten drei **Eingangstore** (eins für den Sultan, eins für die Familie, ein weiteres für alle anderen). Einen guten Blick auf die Gesamtanlage – leicht auszumachen sind die goldene Kuppel und die langgestreckten Dächer – bietet sich von einem hierzu nahe der Waterfront gecharterten Taxi-Boot.

Eintritt in die Räumlichkeiten der Sultansfamilie, die hinduistische nepalesische Gurkhas beschützen, erhält ein Normalsterblicher nur bei den Feierlichkeiten *Hari Raya Aidilfitri* nach Ende des islamischen Fastenmonats Ramadan. Am ersten Tag von Hari Raya Aidilfitri werden im Palast die ausländischen Botschafter samt Ehepartnern empfangen, an weiteren vom Palast bestimmten Tagen darf sich dann jeder in die endlosen Schlangen derer einreihen, die die Gastfreundschaft des Sultans genießen (es werden Getränke und Speisen gereicht) und als Mann der männlichen, als Frau der weiblichen Seite der Monarchenfamilie die Hand reichen möchten.

Am Verkehrskreisel zwischen den Stadtteilen Gadong und Kiulap wurde Anfang der 1990er die **Jame' Asr Hassanil Bolkiah Moschee** in Zusammenhang mit dem silbernen Thronjubiläums des Sultans erbaut, die auch einen eigenen Gebetsraum für Frauen bereithält.

Einkaufen

In Gadong und Kiulap gibt es zahlreiche Geschäfte und Restaurants. Um die **Mall** (Einkaufszentrum) in **Gadong** gibt es abends oft Verkehrsstau, da viele zudem den nahen **Pasar Malam**, den ab Sonnenuntergang geöffneten Markt besuchen, dessen Angebot von Lebensmitteln und fertig zubereiteten Speisen bis zu Bekleidung und mancher Skurrilität reicht.

Von Singapur oder Kuala Lumpur verwöhnte Einkaufshungrige werden in Brunei keine vergleichbaren Luxusshoppingtempel finden, gerade der mitten in der Stadt gelegene **Yayasan Shopping Complex** enttäuscht hier etwas.

>> Stadtplan S. 216, Info S. 220-221

BRUNEI

Ausflüge

Noch innerhalb von Bandar Seri Begawan liegt der **Tasek Lama** (an der Jalan Tasek Lama, die aus der Jalan Sungai Kianggeh hervorgeht). Diesen Park schätzen besonders die Jogger, wegen der speziellen, mit dämpfendem Sportplatzbelag versehenen Wege. Gemunkelt wird, dass diese hauptsächlich für die sportliche Kronprinzessin so ausgeführt worden seien. Im Park findet sich auch ein kleiner, zum Verweilen einladender **Wasserfall**.

Außerhalb von Bandar Seri Begawan, unweit des Empire Hotel & Country Club, bietet der **Bukit Shahbandar Forest Recreation Park** ❷ kurz vor Jerudong Wanderern die Gelegenheit, ihre Ausdauer unter Beweis zu stellen und in der tropischen Hitze elf Hügel zu bezwingen, die inmitten des sekundären Regenwalds durch mehr oder wenig gut ausgebaute Pfade miteinander verbunden sind (gutes Schuhwerk, Sonnen- und Mückenschutz unverzichtbar; auch kürzere Routen wählbar). Verschiedene **Aussichtspunkte** bieten nicht nur einen Ausblick auf Fauna und Flora, sondern bei guter Sicht auch auf die Jame' Asr Hassanil Bolkiah Moschee. Da es – mit Ausnahme des Parkplatzes – keine Beleuchtung gibt, sollte man die Route so planen, dass man den Ausgangspunkt vor Einbruch der Dunkelheit wieder erreicht.

Der am Abend geöffnete, kostenpflichtige **Jerudong Park** ❸, am Rand einer weitläufigen Anlage direkt am Meer mit Golf- und Poloanlage und Privatklinik, war in den 1980er Jahren ein beliebter Freizeitpark mit verschiedenen Fahrgeschäften, die aber in jüngster Vergangenheit nach und nach an andere Freizeitparks verkauft wurden. Für Kinder gibt es jedoch noch ein paar Attraktionen, und der Teil des Parks mit den **Musical Fountains** (Wasserfontänen, die sich zur Musik bewegen) gibt eine Ahnung von seinen früheren

Oben: Kampong Ayer, das riesige „Wasserdorf" auf dem Brunei-Fluss. Rechts: Ausflug in den Regenwald.

Glanzzeiten, in denen u.a. Michael Jackson einen Auftritt hier absolvierte.

Zu den beliebtesten **Sandstränden** zählt der **Muara Beach** ❹, nahe der Hafenstadt Muara, 27 km nordöstlich der Hauptstadt. Hier sind Grillplätze, einfache Dusch- und Toilettenanlagen, ein Kinderspielplatz und (an Wochenenden und Feiertagen geöffnete) Getränke- und Essensstände vorhanden. Aber auch der Strand **Pantai Meragang** ❺ in der Nähe von Muara, der **Pantai Tunku** ❻ und **Pantai Jerudong** ❼ (mit einem Lokal, das Meerestiere fangfrisch zubereitet) und **Pantain Seri Kenangan** ❽ (nahe dem Ort Tutong am Tutong Fluß) sind populäre Meeresstrände, die sich besonders zum Sonnenuntergang mit Leben füllen.

Zwischen den Orten **Seria** ❾ und **Kuala Belait** ❿, an der Grenze zum malaiischen Bundesstaat Sarawak, konzentriert sich die **Erdölförderung** Bruneis auf dem Festland. So sind eine Vielzahl von Ölpumpen und das riesige Lagerareal für Rohöl und Erdgas zu sehen. Bei Dunkelheit sind vom Strand aus die erleuchteten Bohrplattformen im Meer besonders gut erkennbar. In Seria befindet sich das kostenpflichtige **Oil and Gas Discovery Centre**, das nicht nur die Gewinnung von Öl und Gas erläutert, sondern auch andere physikalische Phänomene anschaulich macht.

Bereits 1880 wurde nach Erdöl gebohrt, aber erst 1929 konnte mit Hilfe der *Royal Dutch Shell* dieses gefördert werden. *Shell* hat hierzu in Brunei eine eigene Gesellschaft gegründet und fördert noch heute mit Hilfe von ausländischen Geologen, Ingenieuren, Helikopterpiloten, Tauchern, Seeleuten und Arbeitern das schwarze Gold, das Brunei den Reichtum beschert hat. *Shell* ist auch die einzige Tankstellenmarke, die in Brunei zu finden ist – Diesel und Benzin werden zu ungefähr einem Viertel des entsprechenden Preises in Deutschland verkauft. Die bruneiische Gesellschaft der in Frankreich beheimateten *Total* fördert die Gasvorkommen unterhalb des Meeres, welches verflüssigt und mit einer eigenen Flotte hauptsächlich nach Japan verschifft wird.

» **Karte S. 215, Info S. 220-221**

BRUNEI

Von Seiten der Regierung wird auch in diesem Sektor immer mehr Wert darauf gelegt, dass zunehmend Einheimische als Spezialisten ausgebildet und beschäftigt werden. Ebenso dem Ziel einer besser ausgebildeten Bevölkerung dienen die im Land befindlichen Universitäten säkularer und islamischer Prägung. Auch wurde eine Freihandelszone auf einer vor Muara liegenden Insel eingerichtet und mehrere industrielle Anlagenbetreiber gewonnen, um der wachsenden Bevölkerung mehr Beschäftigungsmöglichkeiten außerhalb des Staatsdienstes zu bieten. Wie gut dies dem Sultan und seinem als Nachfolger bereits bestimmten Kronprinz Al-Muhtadee Billah gelingt, wird die Zukunft zeigen.

Das ursprünglichste Brunei kann man im separat gelegenen östlichen Landesteil **Temburong** erleben. Mittels Schnellfähre, von der Anlegestelle in Bandar Seri Begawan entlang der Jalan Residency (Ausweisdokument erforderlich), wird **Bangar** ⓫, die Distrikthauptstadt, erreicht. Von hier gelangt man per Auto oder Bus nach **Batang Duri** ⓬ und dann per **Langboot** (der Einfachheit die Tour am besten bei einer örtlichen Reiseagentur buchen) zum **Ulu Temburong National Park** ⓭. Hier, im ursprünglichen **Regenwald** mit seiner von Wissenschaftlern aus aller Welt erforschten immensen Vielzahl von Pflanzen und Tieren, besteht die Möglichkeit, den **Tieflanddschungel** intensiv auf zum Teil stegartig angelegten Wegen zu erkunden, entlang der Flussarme zu einem kleinen See mit Miniaturwasserfall zu waten oder über ein Gerüst inmitten der Bäume bis über die Baumkronen zu klettern (**Canopy Walk**) und die Natur von oben zu betrachten.

Im **Park Headquarter** des Ulu Temburong National Park gibt es weitere Informationen und es werden hier zudem auch – bei entsprechender Vorausbuchung – Übernachtungsmöglichkeiten angeboten.

SULTANAT BRUNEI (☎ 00673)
BANDAR SERI BEGAWAN (☎ 02)

EINREISE: Deutsche, Österreicher und Schweizer benötigen für einen Aufenthalt bis zu 30 Tagen kein Visum. **Botschaft** von Brunei Darussalam: Kronenstr. 55-58, 10117 Berlin, Tel (030) 2060760, Fax 20607666.

TOURISTENINFORMATION: **Tourism Brunei** unterhält die **Cultural & Tourism Gallery** (geöffnet von 9-17 Uhr, Tel. 238-2822) am Rande des Kampong Ayer in Bandar Seri Begawan (www.bruneitourism.travel). Weitere Informationen sind dem quartalsweise erscheinenden kostenlosen **BIG Magazin** (Borneo Insider's Guide www.borneoinsidersguide.com) zu entnehmen, das über Tourism Brunei, am Flughafen und in Hotels erhältlich ist.

FLUG: Royal Brunei Airlines fliegt täglich von London nach Bandar Seri Begawan. Büro der RBA in der Hauptstadt: RBA Plaza, Jalan Sultan, Tel. 221-2222. Außerdem fliegen **MAS**, Tel. 222-4141, **Singapore Airlines**, Tel. 224-4901 und **Thai Airways** (in code sharing mit RBA) Tel. 224-2991, Bandar Seri Begawan regelmäßig mit Verbindungen aus Europa an.
Fluginformation: Tel. 233-1747.
BUS: Das **Terminal** für sechs verschiedene Linien in und um die Hauptstadt, und für Überlandfahrten nach Sarawak, Seria und Kuala Belait befindet sich in der Jalan Cator (Nähe Brunei Hotel). Zu beachten ist, dass die Busse, die Ziele in und um Bandar Seri Begawan ansteuern, von 6:30, aber nur bis 18:00 Uhr unterwegs sind und keinem festen Zeitfahrplan folgen. Sollte man also eine Fahrt etaw vom Busterminal zum Brunei Museum oder zurück mit Bus Nummer 39 vorhaben, sollte man genug Wartezeit einplanen. Dafür ist der Preis günstig: In den lila Bussen kostet die Fahrt nur einen Brunei-Dollar.
TAXI: In Brunei sind zwar Taxis unterwegs und gerade am Flughafen anzutreffen. Die Preise sind je nach gewünschtem Zielort festgelegt, es wird also kein Taximeter verwendet. Es ist daher ratsam, den Preis vor Fahrtantritt zu erfragen und die Fahrt vorab zu arrangieren. Tel. 222-2214, 222-6853. Flughafen-Taxi Tel. 234-3671

BRUNEI

SCHIFF: Zahlreiche **Taxi-Boote** buhlen an der Anlegestelle rechts neben der Waterfront auf Höhe des Yayasan Shopping Complex um Kundschaft, der Preis sollte vor Fahrtantritt festgelegt werden. Tägliche Schnellbootfähren, die von der Anlegestelle an der Jalan Residency ablegen (7:45-16:00), verbinden Bandar Seri Begawan mit Bangar im Temburong Distrikt. Von Muara aus ist per Fähre (7:00-16:00) die Insel Labuan innerhalb von 1 bis 1,5 Stunden zu erreichen. Ebenfalls gibt es Verbindungen nach Limbang und Lawas in Sarawak.

MIETWAGEN: Lokale und internationale Anbieter ermöglichen die Anmietung eines Autos mit einem gültigen Führerschein. Die Hotels sind bei der Vermittlung behilflich. **Avis**, Tel. 222-7100, **Hertz**, Tel. 245-2244, **Jasra**, Tel. 223-5100, **Qawi**, Tel. 265-5550.

RESTAURANTS: Tarindak d'Seni, malaiische Küche, im Brunei Arts and Handicrafts Centre, Jalan Residency, Bandar Seri Begawan, Tel. 224-0422.
I-Lotus, chinesische Küche, No. 20, Spg. 12-26, Perumahan Rakyat Jati, Kampong Rimba, Tel. 242-2466.
Pondok Sari Wangi, indonesische Küche, Unit 12&13, Block A, 1. Stock, Abd Razak Complex, Gadong, Tel. 244-5043. Über weitere Restaurants informiert das BIG Magazin.
Entlang der **Jalan Roberts** und **Jalan McArthur** in Bandar Seri Begawan finden sich viele kleinere Restaurants. Nahebei, am Beginn der Jl. Residency, locken die Garküchen des **Gerai Makan**, wo man einfache, aber sehr gute Gerichte im Freien direkt am Brunei-Fluss genießt.

MUSEEN: Generell sind die staatlich verwalteten Museen ohne Eintrittsgebühr zugänglich. Öffnungszeiten sind in der Regel: Sonntag bis Donnerstag: 9:00-17:00, Freitag: 9:00-11:30 und 14:30-17:00, Samstag 9:45-17:00.

MOSCHEEN: Die geltenden Kleidervorschriften sind zu beachten (Beine und Schultern/Oberkörper bedeckt, Schuhe ausgezogen), es werden in der Jame' Asr Hassanil Bolkiah Moschee und der Sultan Omar Ali Saifuddin Moschee entsprechende Umhänge bereitgestellt. Besuchszeiten für Nicht-Muslime: Samstag bis Mittwoch: 8:00-12:00, 14:00-15:00 und 17:00-18:00.

AUSFLÜGE: Die größten Anbieter von englischsprachigen Touren sind **Freme Travel Services** (www.freme.com) und **Sunshine Borneo Tours** (www.exploreborneo.com). Es gibt jedoch zahlreiche kleinere Anbieter, die auch individuellere Touren anbieten.

FEIERTAGE: Offizielle Feiertage sind der 1. Januar, das chinesische Neujahrsfest, der Geburtstag des Propheten Mohammed, der Nationalfeiertag am 23. Februar, der Royal Brunei Armed Forces Day am 31. Mai, der Geburtstag des Sultans am 15. Juli, Hari Raya Aidilfitri am Ende des Fastenmonats, Hari Raya Aidiladha am Ende der Hadsch nach Mekka, und Weihnachten am 25. Dezember.

POSTAMT: General Post Office, Jalan Elizabeth II, Bandar Seri Begawan, Montag bis Sonntag 8:00-11:00 und 14:00-16:00

KRANKENHAUS: RIPAS Hospital, Jalan Putera Al-Muhtadee Billah, Bandar Seri Begawan, Tel. 224-2424. **Jerudong Park Medical Centre**, Jerudong, Tel. 261-1433. **Gleneagles JPMC** (Herzklinik), Jerudong. Tel. 261-1212. **Temburong Hospital**, Bangar, Temburong, Tel. 522-1526 Ext. 127.

NOTRUF: Krankenwagen: Tel. 991. **Polizei:** Tel. 993. **Feuerwehr:** Tel. 995.
DIPLOMATISCHE VERTRETUNGEN: Deutsche Botschaft, zweiter Stock im Yayasan Sultan Haji Hassanal Bolkiah Complex, Jalan Pretty, Bandar Seri Begawan, Tel. 222-5574, ist auch für österreichische Staatsangehörige zuständig.
Konsulat der Schweiz: Unit 402-403A, Wisma Jaya, Jalan Pemancha, Bandar Seri Begawan, Tel. 236-601.

Blick auf Singapurs Marina Bay, mit Marina Bay Sands und Sky Park sowie Gardens by the Bay mit Supertrees und Supergewächshäusern

SINGAPUR

SINGAPUR

**GESCHICHTE
SEHENSWÜRDIGKEITEN**

★★SINGAPUR

GESCHICHTE

Die Straße von Malakka („Straits"), die Meerenge zwischen Sumatra und Malaysia war seit je der wichtigste Seehandelsweg zwischen Indien und China. Ein Srivijaya-Prinz soll dem günstig gelegenen Hafenort im 13. Jh. den Namen *Singapura*, „Löwenstadt", gegeben haben. Portugiesen zerstörten es 1613, und nach der Inbesitznahme Indonesiens durch die Niederlande geriet es vollends ins Abseits: Die Niederländer unterbanden den Gewürzhandel anderer Völker und segelten selbst auf einer südlicheren Route nach Java.

Als die Niederlande in der napoleonischen Zeit politisch ins französische Fahrwasser geraten waren, eroberten die Briten vorübergehend deren Kolonie Indonesien. Der hochbegabte **Stamford Raffles**, der für dieses Interregnum von 1811-1816 britischer Gouverneur auf Java war, bedauerte danach den Verlust des strategisch günstigen Batavia (Jakarta) und sorgte für die Briten für Ersatz: Am 29. Januar 1819 ging er an der Mündung des Singapore River an Land, schloss einen Vertrag mit dem örtlichen Feudalherrscher, und die British East India Company durfte nun eine Handelsstation errichten.

Der Vertrag von London 1824 bestätigte dann die Briten als Herrscher über Singapur, das sich zu dieser Zeit mit 11 000 Einwohnern schon in der ökonomischen Gewinnzone befand. Als Freihafen zog Singapur reiche Unternehmer an, aber auch viele arme männliche Einwanderer, v. a. aus dem übervölkerten China. Diese heirateten oft malaiische Frauen und gründeten so die Mischkultur der *peranakan* (malaiisch für „Halbkaste"); weibliche Peranakan werden *nonya* oder *nyonya*, männliche *babas* genannt. Die Zinngewinnung in Malaya, die Plantagenwirtschaft und die Eröffnung des Suezkanals ließen Ende des 19. Jh. den Wohlstand der Hafenstadt kräftig ansteigen.

Die exotische, etwas verträumte Atmosphäre, in der Kolonialbeamte und Geschäftsleute ihren britischen Lebensstil so fern der Heimat zelebrierten, wurde für Anfang des 20. Jh. von den literarischen Größen jener Zeit beschrieben. 1942 setzten die Japaner dem ein jähes Ende: Sie marschierten in Singapur ein, und die Briten flohen.

Nach dem 2. Weltkrieg wollten die Asiaten das Kolonialjoch abschütteln. Um das zu verzögern, teilten die Briten 1946 die *Straits Settlements* in zwei Kronkolonien: die Malayan Union und

Links: Pagoda Street – eine überdachte Einkaufsstraße in Chinatown mit historischen Shophouses.

SINGAPUR

Singapur. 1957 wurde in London eine neue Verfassung verhandelt, die 1959 das Britische Parlament billigte. Der Generalsekretär der People's Action Party (PAP), Lee Kuan Yew, wurde Singapurs erster Premierminister, und leitete bis 1990 mit starker Hand den Stadtstaat. Die 1963 eingegangene Vereinigung mit Malaysia zur Malaysischen Föderation wurde am 9.8.1965 aufgelöst – Gründungstag der Republik Singapur und ihr Nationalfeiertag. Der Generationswechsel in der Führung des Landes mit seinen 59 Inseln, 700 km² und 5,4 Mio. Einwohnern – davon 76 % Chinesen, 13,9 % Malaien und 7,9 % Inder – ist geglückt. Seit 2004 regiert Lee Hsien Loong, der Sohn Lees, als Premierminister, aber weniger rigide: 2010 eröffneten die ersten Casino-Hotel-Komplexe wie das spektakuläre Marina Bay Sands; ein weiteres Casino entstand bald darauf auf der Vergnügungsinsel Sentosa.

Oben: Der Merlion, vor dem Financial Center.
Rechts: Ein Singapur Sling; charmant serviert an seinem Geburtsort, dem berühmten Hotel Raffles.

Das heimliche Motto der Handels- und Finanzdrehscheibe Singapur – früher eine spaßfreie Zone – scheint heute zu lauten: „Work hard, party hard."

SEHENSWÜRDIGKEITEN

★★Orchard Road

Die Hauptstraße Singapurs ist die ★★**Orchard Road** ①. Auf 2000 m zieht sie mit dem riesigen Angebot ihrer hochmodernen Einkaufszentren, wie dem *Ngee An City*, *Wisma Atria* oder *Plaza Singapura* Besucher aus aller Welt an. Selbst die U-Bahnstationen sind hier Konsumtempel: Die **Orchard Station** beherbergt Kaufhäuser, Restaurants und sogar ein Aquarium. Pausen beim Shoppen bieten sich an, so etwa im 55. und 56. Stock des Turms des **ION Orchard**, wo man aus 218 m Höhe auf die City blickt.

Am **Peranakan Place** ② lädt ein **Biergarten** ein, einer der schönsten der Stadt ein. Von hier führt die **Emerald Hill Road** – zwischen schön restaurierten ★**Peranakan-Häusern** im „Straits-Barock" – leicht bergan.

Etwa 700 nördlich der Orchard Road, an der Cavenaugh Road, liegt der **Istana** ③, der Palast des Präsidenten.

★Little India

Von der Orchard Road über Dhoby Ghaut und die Selegie Road wird die **Serangoon Road** ④ und somit ★**Little India** erreicht. Der Duft von Jasminblüten, Räucherstäbchen und Curry liegt in der Luft; die bindische Kleiderordnung, d. h. *dhoti* oder *lunghi* für die Herren und *sari* für die Damen, fällt ins Auge. Hier wird noch südindisch-vegetarisches Essen auf Bananenblättern serviert. Bis spät abends ist das Labyrinth kleiner Läden im ★**Zhujiao Centre** ⑤, auch **Tekka Market** genannt, geöffnet. Einige geschichtsträchtige Gebäude sind entlang und in der Nähe der Serangoon Road zu finden, so der Tempel **Sri Veer-**

» Stadtplan S. 228-229, Info S. 238-241

SINGAPUR

akaliamman ⑥, den 1881 südindische Arbeiter zu Ehren der Göttin Kali erbauten. In der Dunlop Street steht seit 1910 die kleine **Abdul-Gaffoor-Moschee** ⑦. Für Buddhisten ist der 1927 erbaute **Sakya Muni Buddha Gaya Temple** („Tempel der 1000 Lichter"; Race Course Rd. 366) wichtig – auch wenn abends nur 100 Lampen leuchten. **Leong San See**, der Drachenberg-Tempel von 1917 (Race Course Road 371), ist der 18-armigen Göttin Kuan Yin gewidmet.

★Bugis Street

Die heute in jeder Hinsicht „verkehrsberuhigte" ★**Bugis Street** ⑧ war einst eine sündige Amüsiermeile; heute, nach Radikalsanierung, kann man hier bis zum späten Abend unbelästigt bummeln oder in einem der Straßenlokale süßsauren Fisch probieren. Travestieshows veranstaltet das **Boom Boom Room Cabaret**.

★Arab Street

Die ★**Arab Street** ⑨ mit ihren Läden für Batik- und Seidenstoffe, Goldschmuck und Kunsthandwerk ist die Hauptschlagader des Muslimviertels, in dem v. a. Inder, Malaien und Araber leben; auffällig ist die goldglänzende Kuppel der großen ★**Sultan Mosque** von 1928. Die schönsten ★**Shophouses** stehen an der **Jalan Besar** ⑩.

Vom ★★Raffles Hotel zum Marina Square

Unter all den ehrwürdigen gastronomischen Institutionen aus der Kolonialzeit in Asien ist das stimmungsvolle ★★**Raffles Hotel** ⑪ an der Bras Basah die berühmteste. Von drei armenischen Brüdern namens Sarkies 1889 gegründet, beherbergte es bald so viele bekannte Schriftsteller – u. a. Somerset Maugham und Hermann Hesse –, dass es in die Weltliteratur einging. Anfang der 1980er Jahre retteten es Proteste

Foto: Peter Hinze

vor dem Abriss zu Gunsten des Großprojekts Raffles City. 1987 wurde es zum Nationalmonument erklärt und renoviert. So blieb der Ursprungsort des *Singapore Sling* erhalten, den man anderswo zwar günstiger, aber nicht so stilvoll serviert bekommt.

Das von Stararchitekt I. M. Pei entworfene Einkaufsparadies ★**Raffles City Centre** ⑫ liegt gegenüber dem Raffles Hotel an der Bras Basah Road; darüber erhebt sich mit 73 Stockwerken eines der höchsten Hotels der Welt, das **Fairmont**. Das Restaurant ganz oben mit seinem tollen ★★**Panoramablick** heißt **SKAI**.

Im **War Memorial Park** ⑬ erinnert das 1964 errichtete Monument an die zivilen Opfer der japanischen Besatzung. Die vier 70 m hohen Pfeiler symbolisieren die wichtigsten Volksgruppen Singapurs: Chinesen, Malaien, Inder und Eurasier.

Richtung Meer liegen die riesigen Shopping Center Singapurs, **Suntec City Mall** ⑭ und **Marina Square** ⑮, und das Kulturzentrum **Esplanade** mit

SINGAPUR

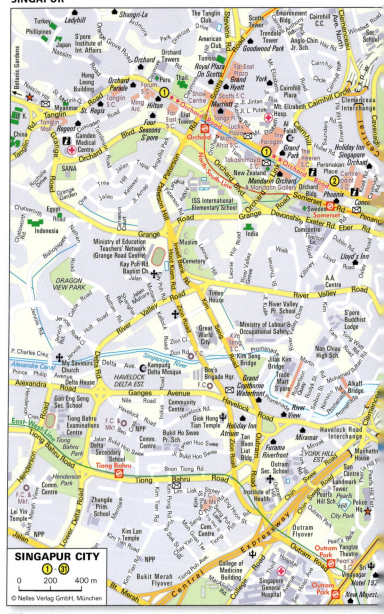

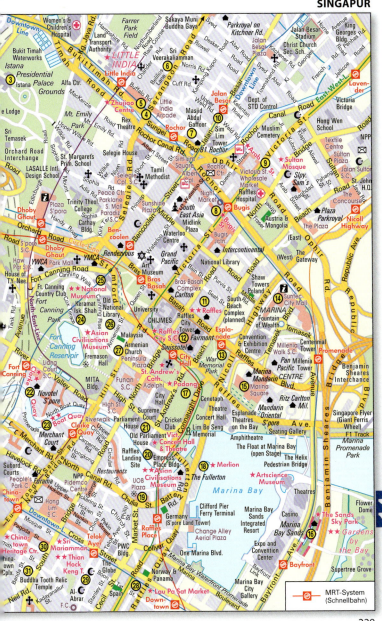

SINGAPUR

seiner spektakulären „Duriankuppel".

Weiter östlich, am Nordende der Benjamin-Sheares-Brücke, dreht sich das höchste Riesenrad der Welt: Der **Singapore Flyer** befördert seine Passagiere in 165 Meter Höhe!

Auf der anderen Seite der Marina Bay ragt der supermoderne Hotel-, Shopping- und Unterhaltungskomplex ⑯ **Marina Bay Sands** auf, mit einem **Spielcasino**, einem ★★**Skypark** samt spektakulärem **Infinity Pool** in 191 m Höhe, und der Luxus-Mall **The Shoppes** mit Gondel-Kanal. Nebenan locken die ★★**Gardens by the Bay** u. a. mit zwei riesigen **Gewächshäusern** (faszinierend: Cloud Forest); bis zu 50 m hohen stählernen **Supertrees**, die als Rankhilfe dienen; und einem Skyway. Das wie eine Lotusblume gestaltete ★**ArtScience Museum** zeigt interessante Wechselausstellungen.

Am ★Padang

Am ★**Padang** ⑰ – der Name bedeutet im Malaiischen „Große Grünfläche" – liegen die wichtigsten Gebäude aus der Kolonialzeit. 1942 versammelten hier die Japaner die Europäer, um sie ins Internierungslager Changi zu bringen.

Ganz in Weiß erstrahlt zwischen alten Bäumen die 1862 eingeweihte ★**St. Andrew's Cathedral**. Täglich werden mehrere Gottesdienste in verschiedenen Sprachen abgehalten – in Singapur leben 700 000 Christen.

Auf den repräsentativen Stufen der **City Hall** von 1929 übergab am 12. September 1945 der japanische General Itagaki die Stadt wieder an die Engländer, und Lee Kuan Yew verkündete dort 1959 die Unabhängigkeit Singapurs von England.

Der **Supreme Court** (Gerichtshof) mit antikisierender Säulenfassade und Kuppel wurde 1927 fertiggestellt.

Der alte **Cricket Club** am Padang symbolisierte einst das Fortbestehen britischer Lebensart an fernen Gesta-

---

Oben: Infinity Pool des Marina Bay Sands in 191 m Höhe. Rechts: Stadtgründer Raffles vor dem von Bars gesäumten Boat Quay am Singapore River.

SINGAPUR

den und hat heute immer noch sein strenges Reglement.

★**Victoria Theatre and Concert Hall** ist der Sitz des Sinfonieorchesters der Stadt. Davor steht die Originalstatue von **Sir Stamford Raffles**, sie wurde von Thomas Whooner 1887 in Bronze gegossen. Eine Kopie davon prangt wenige Schritte weiter am Singapore River, an der Stelle, an der Raffles im Jahr 1819 gelandet sein soll, um Singapur zu gründen – der **Raffles' Landing Site**.

Entlang dem ★Singapore River

An der Flussmündung thront Singapurs originelles Wahrzeichen, der ★**Merlion** ⑱ – er symbolisiert als wasserspeiender „Schuppenleo" die aus dem Meer geborene Löwenstadt.

Weiter flussaufwärts erhebt sich das 280 m hohe **UOB Plaza** ⑲ mit einer Skylobby im 37. Stock und dem Restaurant **Si Chuan Don Hua** im 60. Stock: eine fantastische ★★**Aussicht** auf den Singapore River und das historische Zentrum ist von dort garantiert!

Auf der anderen Flussseite, neben der **Raffles' Landing Site**, dokumentiert das ★★**Asian Civilisations Museum** im **Empress Place Building** ⑳ mit qualitätvollen Kunstwerken wie Skulpturen, Handschriften, Malereien und Bronzen zahlreiche Kulturen Asiens; deren Vielfalt auch die regelmäßigen Wechselausstellungen eindrucksvoll vor Augen führen.

Das älteste Haus Singapurs, als Privathaus geplant, diente nach seiner Fertigstellung 1827 als Gericht und war von 1963-99 **Parlament** ㉑. Der Bronzeelefant davor ist ein Geschenk des Thai-Königs Chulalongkorn im Jahr 1871.

Weiter flussaufwärts am ★★**Clarke Quay** ㉒ und auf der gegenüberliegenden Seite des Singapore River am ★★**Boat Quay** ㉓ ist nach der Renovierung der alten Handelshäuser mit einer langen Reihe von Restaurants und Bars entlang der **Uferpromenade** eine attraktive Flaniermeile entstanden.

Im Fort Canning Park

Zwischen Hill Street und Clemenceau Avenue liegt der **Bukit Larangan**, der ehemals „Verbotene Berg". In strategisch günstiger Position standen hier einst die Paläste der malaiischen Herrscher Singapurs. Iskandar Shah, der letzte Sultan von Singapur (um 1400), soll in der Grabstätte **Keramat** ㉔ bestattet sein. Raffles kümmerte sich wenig um die alten Verbote und baute an dem zum Government Hill umbenannten Platz seine kleine Residenz und erfreute sich an der schönen Aussicht. An der Stelle des 1860 von den Briten errichteten **Fort Canning** befindet sich heute nur noch ein **Park** gleichen Namens und ein **Wasserreservoir**.

In einem renovierten neoklassizistischen Kolonialbau von 1887 ist das ★★**National Museum of Singapore** ㉕ eingerichtet. Dioramen veranschaulichen die Geschichte Singapurs. Neben den Hochzeitsbräuchen der verschiedenen Volksgruppen wird u.a. die Peranakan-Kultur mit einer kompletten

SINGAPUR

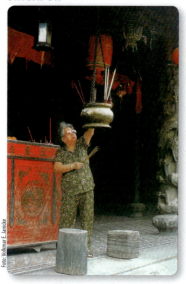

Standard Chartered und Hong Kong & Shanghai) des **Financial District** gewichen, der Rest wird zur Erhaltung von Lokalkolorit und als Touristenattraktion gepflegt. Der alte **Telok Ayer Market** wurde im viktorianischen Stil aus Gusseisenteilen in Glasgow vorgefertigt und 1899 nach Singapur verschifft. 1986 samt Uhrturm renoviert und in ★**Lau Pa Sat Market** ㉘ umbenannt, ist er mit seinen **Foodstalls**, voll von asiatischen Leckerbissen, auch am Abend belebt.

Die Telok Ayer Street, die man heute durch Häuserschluchten aus poliertem Granit erreicht, befand sich früher direkt an der Küste. Zu Beginn der Geschichte des „englischen" Singapur haben dort Chinesen aus Fukien einen Tempel errichtet, um der Göttin des Meeres, Ma-Chu-Po, für die glückliche Überfahrt zu danken. 1842 fertiggestellt, wurde er ★★**Thian-Hock-Keng-Tempel** ㉙ benannt. Das Baumaterial stammt aus China. Ma-Chu-Po wird von zwei vergöttlichten Admirälen flankiert. Links neben dem Altar sind Holzfiguren aufgestellt, die von den Prügeln der Opfer ihres Klatsches gezeichnet sind. In Säcke gekleidet stehen die Figuren zweier Brüder da, einer war Straßenräuber, der andere Bankier; ihnen opferten früher die Glücksspieler Opium.

Wohnungseinrichtung dokumentiert. Weltberühmt ist die **Jadesammlung** des Nationalmuseums.

In der nahen Armenian Street, in einer ehemaligen Schule, präsentiert die ★**Dependance des Asian Civilisations Museum** ㉖ v. a. die chinesisch-malaiische Peranakan-Kultur.

An der Hill Street steht die älteste Kirche Singapurs, die **Saint Gregory the Iluminator** ㉗, auch **Armenian Church** genannt. Die einstige Kirche der Armenier erbaute 1835 George D. Coleman, der bedeutendste Architekt Singapurs, der dort auch – neben den Brüdern Sarkies und Agnes Joaquim, der Namensgeberin der „Nationalblume" – begraben ist.

Mitten in Chinatown liegt der älteste Hindutempel Singapurs (1827), geweiht der Regen- und Pockengöttin ★**Sri Mariamman** ㉚. Sein farbenprächtiger Gopuram (Torturm) verweist auf den dravidischen Stil Südindiens. Beim Thimithi-Fest im Oktober gehen hier die Gläubigen über glühende Kohlen.

Um den Hindutempel herum sind Straßenzüge des alten Chinatown renoviert; die **Pagoda Street** (siehe Bild S. 224) ist teils überdacht, dort lohnt das ★**Chinatown Heritage Centre** einen Besuch. An der Sago Street verwahrt der große, neue **Zahntempel** ㉛ eine Buddhareliquie. Als exotischer Markt zieht der **Wet Market** im **Chinatown Complex** an der nahen Smith Street Kulinarier an.

★Chinatown und Financial District

Große Teile von ★**Chinatown** sind Wolkenkratzern und Banken gewichen (markant:

Oben: Im Thian-Hock-Keng-Tempel in Chinatown.
Rechts: Ein Panda mit seiner Lieblingsspeise im Singapore Zoo.

SINGAPUR

★★Botanischer Garten, ★★Zoo, ★★Vogelpark und ★Timah-Wald

Zwischen Holland Rd. und Cluny Rd. erstreckt der 1859 gegründete ★★**Botanische Garten** 32 mit rd. 2000 penibel beschrifteten Pflanzen- und über 250 Orchideenarten, darunter Singapurs Nationalblume, die *Vanda Miss Joaquim*-Orchidee.

Mit 2000 Tieren in Freigehegen gilt ★★**Zoo** 33 Singapurs als einer der besten der Welt. Von den rund 240 Arten gelten fast 50 als vom Aussterben bedroht, darunter der malaiische Tiger. Einer der Höhepunkte für Kinder ist „Frühstück mit Orang Utan" oder „High Tea mit Orangs". Zum Zoo gehört der ★**Night Safari Park** mit modernen, sehenswerten Freigehegen. Bis Mitternacht kann man hier rund 1200 nachtaktive Tiere beobachten – entweder zu Fuß auf Rundwegen oder in 45 Minuten von einer Kleinbahn aus.

In **Jurong** befindet sich der größte Vogelpark Südostasiens, der ★★**Jurong Bird Park** 34 mit etwa 9000 Tieren und über 600 Vogelarten, einem Avarium mit rund zwei Hektar Fläche, Tropenwald, einem künstlichen Wasserfall und der **All Stars Birdshow** mit Vogelkunststücken. Besondere Beachtung verdienen neben den für Südostasien typischen Nashornvögeln insbesondere auch die prächtigen Paradiesvögel.

Unberührte Natur bietet das ★**Bukit Timah Nature Reserve** 35 um den 162 m hohen Bukit Timah. 80 Hektar Dschungel sind hier zu erwandern.

★Chinesischer Garten und Japanischer Garten

Die Unterschiede ostasiatischer Gartenkunst lernt man in den ★**Chinese and Japanese Gardens** 36 inmitten des Jurong Lake kennen: Der Chinesische Garten ahmt mit Pagoden, Teehäusern, Teichen sowie einer stattlichen Bonsai-Sammlung die Pracht eines Sommerpalastes der Song-Dynastie (960-1279) nach. Dieser ist über eine 65 Meter lange Holzbrücke mit dem Japanischen Garten verbunden, beste-

SINGAPUR

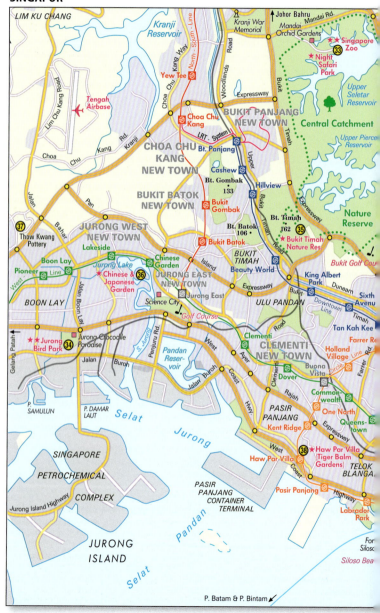

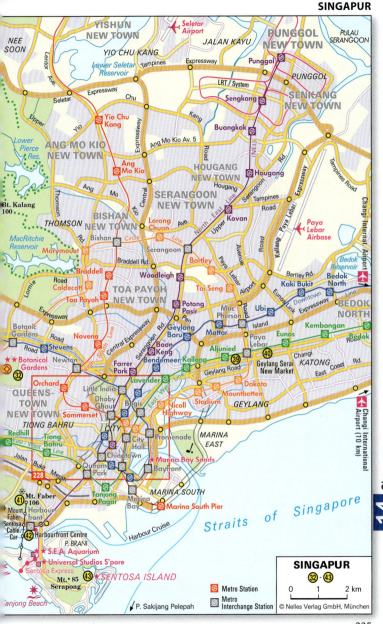

SINGAPUR

hend aus Steinlaternen, Koi-(Karpfen-)Teichen und einem Zen-Steingarten.

Chinesische Welten

In einem 36 m langen Drachenofen werden in der **Thow Kwang Pottery** ㊲ noch traditionelle chinesische Töpferwaren gebrannt. Man kann dort auch an Töpfer-Workshops teilnehmen.

Mit begehbaren Fabelwesen und Gruselkabinett werden in der ★**Haw Par Villa (Tiger Balm Gardens)** ㊳ alte chinesische Legenden präsentiert. Besucher können in der Unterwelt die „zehn Höfe der Hölle" erleben.

Entlang der Geylang Road

Ein 5 km langer Spaziergang führt durch die alten Peranakan-Viertel **Geylang** und **Katong**, von der MRT-Station Kallang entlang der **Geylang Road** ㊴, gesäumt von Lokalen, restaurierten Shophouses und Geschäften. Südlich der Geylang Road, zwischen Lorong 2 und Lorong 30, dehnt sich Singapurs **Rotlichtbezirk** aus. Nach 3 km erreicht man den **Geylang Serai New Market** ㊵ (Imbisse, Nahrungsmittel, Textilien), den Muslime sehr schätzen: Die **Foodstalls** bereiten preiswerte malaiische Speisen wie *nasi padang* oder *daging merah* frisch zu, das meiste ist *halal*. Dies ist eine malaiische Enklave.

In der nahen **Joo Chiat Road** und der **Koon Seng Road** stehen restaurierte chinesische ★**Shophouses**.

Mount Faber

Auf dem per **Seilbahn** von Sentosa oder Harbour Front erreichbaren **Mount Faber** ㊶ (106 m ü. M.) genießt man die ★**Aussicht** über Stadt und Inseln. Ein **Spazierweg**, der 9 km lange Trail ★**Southern Ridges**, führt durch sekundären Regenwald; am interessantesten sind die 4 km zwischen Mt Faber und Kent Ridge.

Oben: Chinesische Sagenwelt in der Haw Par Villa der „Tiger Balm-Brüder". Rechts: Musliminnen in Geylang; Aquarium auf Sentosa Island.

SINGAPUR

Harbour Front Centre

Gegenüber der Insel Sentosa beherbergt das **Harbour Front Centre** ㊷ Geschäfte sowie Lokale. Von hier verkehren **Fähren** nach Sentosa, St. John Island und dem indonesischen Riau-Archipel. Östlich des Harbour Front Centre lockt **Vivo City**, ein Shopping-Paradies mit Unterhaltungsangeboten.

★Insel Sentosa

Die ★**Insel Sentosa** ㊸ hat sich vom Piratenschlupfwinkel zum Freizeitpark entwickelt. Sie ist mit der **Seilbahn** (Cable Car) vom Mount Faber und von der Harbour Front oder mit der Magnetbahn **Sentosa Express** ab MRT-Station Harbour Front zu erreichen. Mit einer Kleinbahn fährt man dann zu den Attraktionen. Der 1,8 km lange **Nature Walk** führt durch sekundären Regenwald. Im **Butterfly Park** und **Insect Kingdom** kreucht und fleucht es tausendfach. Die **Underwater World**, wo man per Laufband einen über 80 m langen Acrylglastunnel inmitten von Meerestieren durchfährt, hat mit dem neuen ★★**S.E.A. Aquarium** im **Marine Life Park** überdimensionale Konkurrenz bekommen: Mit 100 000 Tieren und ca. 43 Mio. Liter Wasser ist dies das größte Aquarium der Welt. **Sentosa Luge & Skyride** ist ein Sessellift mit Downhill-Gocart-Abfahrt. Im **Fort Siloso** mit seinem Tunnelkomplex stellen Wachsfiguren Szenen aus der Gründungszeit und der japanischen Besatzung im 2. Weltkrieg nach. 2010 eröffnete das erste **Casino** Singapurs; im **Resorts World Sentosa** (RWS) stellt es eine von zahlreichen Attraktionen für eine wohlhabende Klientel aus dem In- und Ausland dar, wozu insbesondere der Themenpark ★**Universal Studios Singapore** mit Fahrgeschäften und 4-D-Kino zählt.

Wer nur sonnenbaden will, fährt mit der Strandbahn zum Siloso-, Palawan- oder Tanjong-Strand. Der **Siloso Beach** ist zu schön, um wahr zu sein: Den sauberen goldgelben Sand und die 300 Kokospalmen hat nämlich Indonesien geliefert.

» Karte S. 234–235, Info S. 238–241

SINGAPUR

SINGAPUR (☎ 0065)

Singapore Tourism Board (STB), Mo-Fr 9-18 Uhr, 1, Orchard Spring Lane, Singapore, 247729, Tel. 6736-6622, Fax 6736-9423. Weitere **Singapore Visitors Centres** im Suntec City, Liang Court und Plaza Singapura. Tourist Information Hotline 1800-736-2000.
DEUTSCHLAND: **Singapore Tourism Board**, Bleichstr. 43, 60313 Frankfurt, Tel. 069-9207700, 92077012, Fax 069-2978922, www.yoursingapore.biz.

FLUG: Der Internationale Flughafen Changi Airport hat drei Terminals, die durch den Changi Sky Train miteinander verbunden sind. Mit dem Taxi dauert die Fahrt in die Stadt ca. 30 Min. Unter dem Flughafengebäude befindet sich die Haltestelle der U-Bahn und des Flughafenbusses.
SCHIFF: Überseereisende kommen am Terminal nahe dem World Trade Center an.
BAHN: Über die Schiene kann man über Kuala Lumpur und Bangkok bis nach Chiang Mai in Nordthailand fahren.

HAWKER CENTRES / FOODSTALLS: Diese Ansammlungen von asiatischen Essensständen gehören zu den Highlights für Singapur-Besucher:
Lau Pa Sat am Raffles Quay, bis 24 Uhr, mit Kleinkunst, abends wird auch die benachbarte **Boon Tat Street** zum preiswerten Freiluftrestaurant.
Satay Club, leckere Hühnerspießchen mit Erdnusssoße, Clarke Quay.
Newton Circus Hawker Centre, beliebt bei Touristen und Einheimischen, bis 3 Uhr morgens geöffnetes Food Centre, an der MRT-Station Newton.

RESTAURANTS/ CHINESISCH: **Beng Hiang**, *Hokkien*-Küche, 112 Amoy St., Tel. 6221-6695.
Chang Jiang, *Shanghai*, Goodwood Park Hotel, 22 Scotts Rd., Tel. 6730-1752.
Canton Garden, *Kanton*, Raffles The Plaza, Stamford Rd., Tel. 6338-8585.
Cherry Garden, *Szechuan*, Mandarin Oriental, Marina Sq. Tel. 6338-0066.
Dragon City, *Szechuan*, Tipp: geräucherte Ente, raffinierte Desserts, Novotel Orchid Hotel, 214 Dunearn Rd., Tel. 6254-7070.
Si Chuan Don Hua, fantastische Aussicht auf das gesamte Zentrum, im 60. Stock des UOB Plaza am Singapore River, Tel. 6535-6006.
Fook Yuen, *Kanton* und *Meeresfrüchte*, 02-19 Raffles City Shopping Centre, Tel. 6333-1661.
Furama Palace, Spezialität: Haifischflossen und Abalone, Furama City Centre, 60 Eu Tong Sen St., Tel. 6533-3888.
Grand City, *Kanton* und *Szechuan*, elegant, beliebt bei chinesischen Hochzeitsgesellschaften, 11 Dhoby Gaut, Cathay Building 07-04, Tel. 6338-3622.
Peach Blossoms, *Kanton*, Marina Mandarin Hotel, Marina Sq., Tel. 6845-1111.
Imperial Herbal Restaurant, Metropole Hotel, 41 Seah St., Tel. 6337-0491.
Li Bai, *Kanton*, kreative Küche, westlich inspiriert, außergewöhnlich und teuer, Sheraton Towers, 39 Scotts Rd., Tel. 6839-5623.

NONYA: **Blue Ginger**, exzellente Gerichte in nett dekoriertem altem Shophouse, 97 Tanjong Pagar Rd., Tel. 6222-3928.
Ginas Peranakan Restaurant, ausgezeichnete Otak-Otak (Fischfrikadellen im Bananenblatt), 49 Boat Quay, Tel. 6222-4391.

INDISCH: **Annalakshmi**, vegetarisch aus versch. Regionen Indiens, kein Alkohol, Spende als Bezahlung, 20 Havelock Rd., 01-04 Central Square, Tel. 6339-9993.
Banana Leaf Apollo, 56 Race Course Rd., Tel. 6293-8682.
Delhi Restaurant, 60 Race Course Rd., Tel. 6296-4585.
Komala Vilas, *Vegetarisch*, preiswerte südindische Küche, Spezialität: Thali (Auswahl verschiedener Gerichte), 78 Serangoon Rd., Tel. 6299-4464.
Moghul Mahal, 177A River Valley Rd., Novotel Clarke Quay, Tel. 6336-7823.

MALAIISCH / INDONESISCH:
The Rice Table, gute indonesische Küche (auch Rijstaffel), 360 Orchard Rd., Tel. 6835-3783.
Aziza's, 180 Albert St., Albert Court Hotel, Tel. 6235-1130.
Sanur, 176 Orchard Rd., Nr. 04-16, Centre Point, Tel. 6734-2192.
Tambuah Mas, Tanglin Shopping Center, Level 4, Tel. 6733-3333.

SINGAPUR

JAPANISCH: **Inagiku**, Raffles The Plaza, Tel. 6339-7777.
Unkai Japanese Restaurant, Ana Hotel, 16 Nassim Hill, Tel. 6732-1222.

THAILÄNDISCH: **Sukothai**, 47 Boat Quay, Tel. 6538-2422.

VIETNAMESISCH: **Me Kong Restaurant**, KA Trengganu St., Tel. 6227-3282.
Pho Hoa, 18 Lorong Mambong, Holland Village, Tel. 6467-3662.

WESTLICHE KÜCHE: **Compass Rose**, Westin Stamford Hotel, 70. Stock, 2 Stamford Rd., Tel. 6431-6156.
Dan Ryan's, Tanglin Mall, 91 Tanglin Rd., Tel. 6738-2800.
Au Jardin, sehr exklusiv, Singapore Botanic Gardens, Eingang Visitors Centre, Tel. 6337-1886.
Raffles Grill, europäische Sterneköche geben hier „Gastspiele", exklusiv und teuer, Raffles Hotel, 1 Beach Rd., Tel. 6412-1816.

Hard Rock Café, Live-Musik, auch von bekannten ausländischen Bands, HPL Building, 50 Cuscaden Rd.
Ginivy's, amerikanisches Flair, Country & Western, „etwas für einsame Herzen", Orchard Rd., Orchard Towers.
Top Ten, In-Disco, kontaktfreudige Atmosphäre, gut und teuer, Orchard Rd., Orchard Towers.
Boom Boom Room Cabaret, gute Travestieshows, 130 Amoy St., Tel. 6435-0030.
Somersets, Live-Jazz der internationalen Szene, 2 Stamford Rd., im Westin Stamford.
Darüberhinaus kann man am **Clarke Quay** und am **Boat Quay** beim abendlichen Bummel die vielfältige Bar- und Restaurantszene erkunden.
Die jugendliche Szene trifft sich in der **Mohamed Sultan Road**. Im kostenlosen Infoheft *hotspots* (beim Tourism Board) und unter http://afterdark.hotspots.com findet man die neuesten Infos über die angesagtesten Nightlife-Adressen der Stadt.

Info zu Museen: http://de.visitsingapore.com/museen.html
National Museum, tgl. 10-18 Uhr, 93 Stamford Rd.
Asian Civilisations Museum, Di-So 9-18, Fr bis 21 Uhr, 1 Empress Place und 39 Armenian St.
Singapore Art Museum, Mo-So 10-19, Fr 10-21 Uhr, 71, Bras Basah Rd. In allen 3 Museen finden tägl. kostenlose Führungen um 11 und 14 Uhr statt.
Royal Selangor Pewter Museum, Zinn, täglich 8.30-17.30 Uhr, 32, Pandan Rd.
The Substation, Galerie, Café, Theater, Treffpunkt junger Intellektueller, tägl. 9-21 Uhr, 45 Armenian St., www.substation.org.

PARKS: **Zoological Gardens**, „Frühstück bzw. Tee mit Orang", 8.30-18 Uhr, Mandai Lake Rd., Reservierungstel. 6269-3411. Anfahrt: Zoo Express am Wochenende ab Orchard Hotel, 13 Uhr; MRT bis Ang Mo Kio Station, dann Bus 138.
Night Safari, Nachtzoo, angeschlossen an Tagzoo, 19.30-24 Uhr, nachts sind übrigens auch die Moskitos aktiv!
Botanic Gardens, alter Baumbestand, u. a. Nebelwald- und Gewürzpflanzen, Orchideenschau. Eintritt frei, 5-24 Uhr, Cluny Rd., Tel. 6471-7361, Busse 7, 105, 123, 174.
Chinese and Japanese Gardens, Eintritt frei, 1 Chinese Garden Road, tägl. 9-18 Uhr, MRT Chinese Garden.
Jurong Bird Park, größte Sammlung südostasiatischer Horn Bills (Nashornvögel), Birdshow mit Vogelkunststücken, 2 Jurong Hill, MRT Boon Lay Station, dann Busse 194 und 251, www.birdpark.com.sg.
Bukit Timah Nature Reserve, 80 ha Primärwald mit Wildtieren am 164 m hohen Timah-Berg, markierte Wanderwege, Eintritt frei, 8.30-18 Uhr, Hindhede Drive (via Bukit Timah Rd.), MRT bis NS21, dann Bus 171.
Haw Par Villa Dragonworld, tägl. 9-19 Uhr, Eintritt frei, 262 Pasir Panjang Rd., MRT bis Buona Vista Station, dann Bus 200.
Underwater World, tägl. 9-21 Uhr, Fütterungszeiten der Haie um 11.30 und 16.30, auf der Insel Sentosa, www.underwaterworld.com.sg.
S.E.A. Aquarium, tgl. 10-19 Uhr, Tel. 6577-8888.
CHINESISCHE OPER: Info: Chinese Opera Teahouse, 5 Smith St., Tel. 6323-4862; Telok Ayer Performing Arts Centre, 182 Cecil St., Tel. 6222-6551, www.chineseoperainstitute.com.sg.

EINKAUFEN: Eine lange Liste von Fachgeschäften beinhalten die kostenlosen

SINGAPUR

Broschüren „Singapore – a guide to shopping" und den „Official Guide Singapore" verwiesen. Geschäfte mit guter Qualität und Service werden vom STB mit einem weißen Löwen (Merlion) ausgezeichnet.

Wer sich beim Shopping betrogen fühlt, kann für S$ 10,- das **Retail Promotion Centre** einschalten, Tel. 6352-9909.

EINKAUFSZENTREN: **Far East Plaza**, preiswerte Kleidung im Tiefgeschoss (Metro), 14 Scotts Rd.
Marina Square,, mit über 300 Geschäften eine der größeren Shopping Malls der Stadt 6 Raffles Blvd.
Ngee Ann City, der gigantische Shopping-Komplex mit Restaurants und Schwimmbad, Orchard Rd..
Paragon, exklusive Mode, Zinnsachen, Sogo-Supermarkt, 290 Orchard Rd.
Tanglin Shopping Centre, Maßschneider, asiatisches Kunsthandwerk, Antiquitäten, Schmuck, Teppiche, Handeln ist hier nötig, 19 Tanglin Rd.
Funan Centre, ein Dorado für Computer-Freaks, North Bridge Rd. / High St.
Raffles City Centre, 252 North Bridge Rd.
Suntec City Mall und **Marina Square** haben enorme Ausmaße und große Auswahl moderner Bekleidung.
Thow Kwang Pottery, Töpferei mit altem Drachenbrennofen und Verkaufsausstellung, veranstaltet auch Workhops; No. 85 Lorong Tawas (via Clean Tech View), Tel. 6265 5808, https://thowkwang.com.sg.

MIETWAGEN: Innerhalb des Stadtstaates nicht lohnenswert aufgrund hoher Mietkosten und Straßengebühren. Für Fahrten nach Malaysia lohnt die Reservierung ab Johor Bahru/ Malaysia.
U-BAHN: **Singapore MRT**, sicher, perfekt und preiswert; Ticket bis zum U-Bahnausgang aufbewahren (Drehkreuze!).
BUS: Stadtbusse sind billig und bequem; exakt abgezähltes Fahrgeld bereit halten, es gibt kein Wechselgeld.
Farecard: Diese Mehrfachkarte, die es für S$ 10 (oder höhere Wertbeträge) am Schalter zu kaufen gibt, gilt sowohl für Busse wie auch für MRT.
TAXI: Klimatisiert und preiswert; die Fahrer schalten ohne Diskussion das geeichte Taxameter ein. Nachtzuschlag 50 % von 24-6 Uhr. Funktaxi: 6552-1111, 6552-2222.

STADTRUNDFAHRT: **HolidayTours**, Tel. 6734-1818. SIA Hop-on-Bus im 30-Minuten-Takt durch die City.

HAFENRUNDFAHRT: Ablegestelle am Clifford Pier; Nachmittagstouren mit „High Tea", Abendrundfahrten mit Buffet, teils auf umgebauten, großen Chinesischen Dschunken. **Watertours**, Tel. 6533-9811. **Eastwind**, Tel. 6533-3432.

INSELAUSFLÜGE: **INSEL KUSU**: Auf der kleinen Insel Kusu steht nicht viel mehr als ein muslimischer Schrein und ein chinesischer Tempel mit Schildkrötenteich.
Von den Stränden Kusus wie auch von der Hügelspitze bieten sich eindrucksvolle Ausblicke auf die Hauptinsel. Das ruhige Wasser der Lagune eignet sich zum Baden.
Fährverbindung (30 Min. Fahrzeit) vom Marina South Pier (Bus 402). Abfahrt 10 und 13.30 Mo-Sa sowie alle 2 Stunden von 9-17 Uhr an Sonn- und Feiertagen. Tel. 6275-0388.

PULAU UBIN: Die „Abenteuerinsel" von Singapur heißt Pulau Ubin; sie bietet einen willkommenen Kontrast zum Rummel der Hauptinsel. So sah ein Großteil von Singapur noch bis vor 40 Jahren aus: Schilfdächer, Hinterhofgärten, Feldwege, eine ungezügelte Vegetation und traditionelle Fischerhütten, so genannte *Kelongs*, die auf Stelzen über dem Wasser gebaut sind. Fledermäuse, Affen und Eichhörnchen leben in freier Wildbahn, und eine besondere Attraktion ist das *Purple Jungle Fowl*, der Vogel, von dem alle Haushühner der Welt abstammen.
Weitere Attraktionen auf Ubin: mehrere chinesische Tempel (einer davon in einer Höhle errichtet und nur bei Ebbe vom Strand aus zugänglich), eine Moschee in traditioneller Bauweise und ein buddhistisches Meditationszentrum.
Mit dem Fahrrad gelangt man auch zu den entlegeneren Gegenden der Insel; dort gibt es eine „Outward Bound"-Schule und mehrere Garnelen- und Fischfarmen. Fischgerichte sind denn auch eine Spezialität von Pulau Ubin. 10 Minuten Überfahrt vom Changi Point Jetty (MRT Tanah Merah, Bus 2, 29).

SINGAPUR

INSEL ST. JOHN'S: Einst eine Strafkolonie, ist dieses große, hügelige Eiland heute ein beschaulicher Ferienort mit Schwimmlagunen und weißen Stränden, Camping- und Picknickplätzen, Wanderpfaden, Ferienpensionen und Fußballplätzen, beliebt bei Wochenendausflüglern. Fährverbindungen wie Kusu (siehe oben).

PULAU HANTU, LAZARUS UND SISTERS ISLANDS: Diese winzigen Inseln im Süden sind genau das richtige für alle, die dem Trubel der Großstadt entfliehen wollen: entspannte Umgangsformen, Sandstrände und gute Bademöglichkeiten. Das Meer bei Lazarus und Sisters Islands eignet sich gut zum Tauchen, jedoch ist die Strömung recht stark und nur für erfahrene Schwimmer und Taucher geeignet. Die Inseln sind nur mit Wataxis zu erreichen, ab Marina South Pier, ca. S$ 200, Tel. 6225-1145.

BOTSCHAFTEN: **Deutsche Botschaft**, 50 Raffles Place, Singapore Land Tower, Singapore 048623, Tel. 6533-6002.
Österreichische Botschaft, 600 North Bridge Rd., Parkview Square, Singapore 188778, Tel. 6396-6350.
Schweizer Botschaft, 1 Swiss Club Link, Singapore 228162, Tel. 6468-5788.

DROGEN: Auf den Besitz von mehr als 15 g Heroin, 30 g Morphin, 30 g Kokain, 500 g Cannabis, 250 g „Ice" oder 1,2 kg Opium steht die Todesstrafe; ebenfalls drakonisch hohe Strafen bei synthetischen Drogen (Ecstasy, Yaba etc.).

FEIERTAGE: Neujahrstag: 1. Januar; Chinesisches Neujahr: Januar/Februar; Hari Raya Puasa: am Ramadanende; Karfreitag: März/April; Tag der Arbeit: 1. Mai. Vesak-Tag (wichtigster buddhistischer Feiertag): Mai; Hari Raya Haji: Pilgerzeit; Nationalfeiertag: 9. August; Deepavali (Lichterfest der Hindus): Oktober/November; Weihnachten: 25. Dezember.

GELDSTRAFEN: Kaugummibesitz ist verboten. Für Spucken und Wegwerfen von Abfall (Kippen!) zahlen Ersttäter S$ 1000,-, bei Wiederholung S$ 2000,-; für das Überqueren einer Straße bis zu 50 m vom Fußgängerübergang S$ 50,-; für das Rauchen in öffentlichen Gebäuden, Friseursalons etc. sowie in Restaurants mit Klimaanlage S$ 1000,-; für das Nichtbetätigen der Spülung in öffentlichen Toiletten S$ 150,- (im Wiederholungsfall S$ 500-1000,-).

In Singapur gibt es viele staatliche Krankenhäuser mit erstklassigem Standard. Auch Privatärzte haben einen guten Ruf. Zahnersatz und Augenlasern gibt es professionell und günstig; Adressen in den Yellow-Pages (Branchentelefonbuch).
General Hospital, Outram Rd., Tel. 6222-3322.
Notaufnahme, Tel. 6321-4311.

POLIZEI / NOTRUF: **Polizei**, Tel. 999. **Feuerwehr**, **Ambulanz**, Tel. 995

Orchard Post Office, 2 Orchard Turn, ION Orchard B2-62. Auf www.singpost.com werden alle wichtigen Postämter, Öffnungszeiten und Tarife genannt.

Auslandstelefonate: Internationale **Vorwahl** 001 + Ländercode ohne 0. Nach Malaysia 02 + Area Code mit 0.
Telefonauskunft national 100, international 104.

REISE-INFORMATIONEN

REISEVORBEREITUNGEN

Klima

Die Tagestemperatur in den tropischen Ländern Malaysia und Brunei variiert im Jahresdurchschnitt zwischen 21 (nachts) und 32 Grad Celsius. Allerdings kann es sich im Hochland bis 14 Grad Celsius, in den Gipfelregionen der höchsten Berge sogar bis knapp über den Gefrierpunkt abkühlen. Zu der heißen Tagestemperatur im Tiefland kommt die hohe Luftfeuchtigkeit von ca. 85 Prozent dazu.

Klimabestimmend sind die Monsune; der Nordostmonsun weht von Oktober bis Februar. Dann sind die Ostküste und Ost-Malaysia heftigen Regenfällen und mitunter Überschwemmungen ausgesetzt. Die Westküste bleibt, von manchen Ausläufern abgesehen, von derartigen Unwetterkatastrophen verschont. Hier fallen in der Zeit des Südwestmonsuns, von März bis Oktober, öfter kurze Niederschläge, vornehmlich zwischen August und Oktober.

Reisezeit

Während die Westküste der Malaiischen Halbinsel das ganze Jahr hindurch zu bereisen ist, sollte man als beste Reisezeit für die Ostküste Ende Februar bis Anfang Oktober, für Ost-Malaysia und Brunei März bis Anfang Oktober einplanen.

Bekleidung

Dem Klima entsprechend ist leichte, luftige Kleidung zu empfehlen. Baumwollstoffe sind vorzuziehen. Gegen die starke Sonnenstrahlung schützt eine Kopfbedeckung. Abends und in den extrem gekühlten Luxushotels, Restaurants und Einkaufszentren ist eine dünne Jacke angebracht. Formelle Gelegenheiten wie Einladungen zu einem „Offenen Haus" erfordern passende Kleidung. Dazu sollten neben langer Hose Sakko und Krawatte im Gepäck nicht fehlen. Vornehm gekleidet ist man in Malaysia auch ohne weiteres in einem farbenfrohen langärmeligen Batikhemd.

Frauen ziehen entsprechend dezente, möglichst wenig freizügige Kleider oder Blusen an. Allzu transparente Stoffe auf nackter Haut oder Miniröcke können besonders in islamischer Umgebung beleidigend wirken. Wer eine Moschee, Kirche oder einen Tempel betritt, zeigt Respekt durch seriöse Kleidung. Vorgeschrieben sind für Frauen bedeckte Arme und Beine, Männer müssen lange Hosen tragen. In der Moschee Schuhe ausziehen!

Wenn Ihre Reise auch in die Berge führt, dann sollten Sie einen warmen Pullover nicht vergessen, der schon in den von Kuala Lumpur nicht allzu weit entfernten Genting Highlands gute Dienste leistet. Am Mt. Kinabalu muss man mit plötzlichem Wetterumschwung rechnen. In seinen Gipfellagen sind warme, wetterfeste Jacken wichtig. Für Dschungel- und Gebirgstreks sind feste, wasserabweisende Bergschuhe erforderlich. Außerdem lange, robuste Hosen und langärmelige Hemden, die vor Moskitos und Blutegeln schützen.

Einreisebestimmungen/Visum

Für einen privaten oder geschäftlichen Aufenthalt in **Malaysia** bis zu drei Monaten benötigen Bürger der EU, der Schweiz und Liechtensteins bei Vorlage eines mindestens noch sechs Monate gültigen Reisepasses kein Visum. Bei der Einreise werden digitale Fingerabdrücke beider Daumen und Zeigefinger genommen. Für **Sarawak** (Malaysia) gelten Sonderbestimmungen: Bürger westeuropäischer Staaten erhalten dort bei Einreise ein separates Visum für 30 Tage Aufenthalt.

In **Brunei** können Besucher aus diesen Ländern 14 Tage ohne Visum bleiben, in **Singapur** 30 Tage.

Für eine Visum-Verlängerung sind die

REISE-INFORMATIONEN

in jedem Teilstaat Malaysias eingerichteten Einwanderungsbüros zuständig. Das zentrale **Immigration Department** befindet sich im Federal Goverment Administration Centre in Putrajaya, Tel. 8880-1000.

Währung

Der **Ringgit** ist Malaysias Währung, (RM bzw. MYR, im Volksmund auch *Malaysia Dollar* genannt), eingeteilt in 100 Sen oder Cent. Münzen gibt es im Wert von 5, 10, 20, 50 Sen und 1 RM. Banknoten erscheinen im Wert von 2,5, 5, 10, 20, 50, 100, 500, und 1000 RM. Der **Brunei-Dollar** (100 Cents) erscheint in der gleichen Quotierung, sein Wechselkurs entspricht dem des **Singapur-Dollars**.

Für 1 Euro erhält man ungefähr 4,70 Ringgit, ca. 1,50 Singapur $ bzw. 1,50 Brunei $; für 1 Schweizer Franken rund 4,20 RM, 1,40 SGD, 1,40 BND. Tagesaktueller Kurs: siehe www.oanda.com.

Mit Kreditkarte kann man in größeren Geschäften, Restaurants und Hotels bezahlen.

Kuala Lumpur hat mehrere international tätige Banken. Neben Hongkong Bank, Standard Chartered Bank und Maybank ist auch die Deutsche Bank AG, Menara IMC, 8 Jl. Sultan Ismail, mit einer Filiale vertreten.

Bargeld an Geldautomaten erhält man mit der EC-Karte (und PIN), wenn auf der Karte das Maestro- oder Cirrus-Logo abgebildet ist (nicht V-Pay).

Wechselstuben (Money Changer), die oft bessere Kurse bieten als die Banken, finden sich fast an jeder Straßenecke, insbesondere aber in den Einkaufszentren.

Gesundheitsvorsorge

Impfungen werden bei der Einreise in Malaysia, Singapur und Brunei nicht verlangt, es sei denn, Sie kommen aus einem Infektionsgebiet. Dennoch sollten Sie sich vor der Reise bei Impf- oder Tropeninstituten über mögliche Risiken der Ansteckung mit Cholera, Typhus und insbesondere Hepatitis informieren. Eine Impfung gegen Hepatitis ist empfehlenswert.

Eine nicht zu unterschätzende Gefahr in Südostasien stellt die **Malaria** dar. Zwar wird sie nur von der weiblichen Anopheles-Mücke übertragen, doch die eingesetzten Medikamente wie Malarone, Fansidar oder Lariam haben zu einer zunehmenden Resistenz der Moskitos gegen diese Mittel geführt. Welches der Präparate Sie einnehmen sollen, kann Ihnen nur ein kompetentes Tropeninstitut sagen. Zusätzlich sollten sie sich mit Insektenschutzmitteln, besonders in den Abendstunden und nachts, schützen. Tragen Sie helle, den Körper einhüllende Kleidung und schlafen Sie mit Klimaanlage oder unter einem Moskitonetz. Mückenschutzlotion ist auch tagsüber sinnvoll: als Schutz vor einer ebenfalls durch Mückenstiche übertragenen **Dengue-Fieber**-Infektion!

Wichtig sind (Auffrisch-) Impfungen gegen Polio (Kinderlähmung) und Tetanus (Wundstarrkrampf).

Harmlos scheinende **Hautverletzungen** können schnell in bösartige Tropengeschwüre übergehen. Scheuen Sie sich nicht, schon die kleinsten Kratzer mit antiseptischer Tinktur oder Salbe zu behandeln. Baden Sie nicht in stehenden Gewässern. Barfuß laufen am Strand ist gesund, ansonsten sollte man im Freien jedoch möglichst Schuhe, zumindest Sandalen tragen, um sich vor in der Erde lebenden Parasiten (z. B. Hakenwürmer) zu schützen.

Zu langes Sonnenbaden an den Stränden Malaysias sollten Sie vermeiden. Wenden Sie das **Hautschutzmittel** auch dann entsprechend dem jeweiligen Lichtschutzfaktor weiter an, wenn Sie den ersten Sonnenbrand überstanden zu haben glauben. Noch weniger setzen Sie sich der Gefahr der Melanombildung (Hautkrebs) aus, wenn Sie es erst gar nicht zur Rötung der Haut kommen lassen. Folgen Sie dem Beispiel der Einheimischen und meiden

REISE-INFORMATIONEN

Sie die Mittagssonne. Gönnen Sie ihrem Körper eine Eingewöhnungszeit. Dieses vorsichtige Verhalten ist auch für Magen und Verdauungsorgane vorteilhaft, gerade wenn Sie an die mitunter scharfen Speisen oder eiskalten Getränke nicht gewöhnt sind.

Sollten **Durchfall** und/oder Magenkrämpfe länger als drei Tage anhalten, ist eine ärztliche Behandlung notwendig. Ein Stuhltest kann Klarheit schaffen, ob es sich bei den Erregern eventuell um Einzeller, Würmer o.ä. handelt, gegen die Standardantibiotika wirkungslos sind. Meistens können die örtlichen Ärzte oder Apotheker für Abhilfe sorgen; mit Durchfall kennen sie sich bestens aus. *Loperamid* kann als „Notbremse" die Weiterreise ermöglichen. Apotheken (*pharmacy* oder *dispensary*) sind in der Regel gut sortiert. Überdies bieten chinesische Läden ein großes Angebot an Arznei und Kräutern, das auch völlig Gesunde faszinieren kann.

Anreise nach Malaysia und Brunei

Die nationale **MAS** (Malaysia Airlines) ist eine von rund zwei Dutzend internationalen Gesellschaften, die Malaysia bedienen. Der wichtigste Flughafen ist Sepang (KLIA) südlich von Kuala Lumpur. Vom Ausland werden außerdem Penang, Langkawi, Tioman, Kuantan, Kota Kinabalu und Kuching angeflogen. Beim Vergleich der Flugpreise lohnt es sich, die Tarife von MAS zu beachten, die für Inlandsreisen (einschließlich Borneo) günstige Pauschal- und Stopovertickets in Verbindung mit dem internationalen Langstreckenflug anbietet.

Wer aus Thailand oder Singapur nach West-Malaysia anreist, kann auch die Eisenbahn benutzen.

Personenschiffe verkehren zwischen Singapur und Pulau Tioman. Außerdem bestehen regelmäßige Routen von Sumatra nach Penang, Lumut, Port Kelang und Melaka. Von Sarawak und Sabah fahren Küstenschiffe nach Brunei.

REISEN IM LAND

Mit dem Flugzeug

Durch die preiswerten Inlandtarife mit Sonderkonditionen u. a. für Gruppen, Familien und Studenten ist das Flugzeug das bevorzugte Verkehrsmittel. Außer MAS bedienen Berjaya Air und Air Asia Inlandziele. Wer nicht schon im voraus fest gebucht hat, sollte in Malaysia die jeweils günstigsten Verbindungen auszukundschaften.

Die örtlichen **MAS-Vertretungen** in den wichtigsten Städten (für Reservierungen landesweit: Tel. 1300883000, Ausland: Tel. 378433000):

Kuala Lumpur: Bangunan MAS, Jl. Sultan Ismail, Tel. (03) 7846-3000, 1300-883000. Im Hauptbahnhof, Ankunftshalle, Level 01, Tel. (03) 2272-4248.

Georgetown: 38 Jl. Sultan Ahmad Shah, Tel. (04) 217-6321.

Johor Bahru: Persada Johor International Convention Centre, Mezzarime Floor, Jl. Salim / Jl. Abdullah Ibrahim, Tel. (07) 225-3509.

Kuantan: Ground Floor, Wisma Persatwan Bola Sepak Pahang, Jl. Gambut, Tel. (09) 538-4300.

Kota Bharu: Ground Floor, Kompleks Yakin, Jl. Gajah Mati, Tel. (09) 771-4711.

Kuala Terengganu: 13, Jl. Sultan Omar, Tel. (09) 662-6600.

Kuching: Bangunan MAS, Jl. Song Thian Cheok, Tel. (082) 244-144, 587-500.

Kota Kinabalu: Airport Office, Tel. (088) 413-676.

Langkawi: Langkawi Fair Shopping Mall, Jl. Persiaran Putra, Tel. (04) 966-8611, 955-6332.

Mit Eisenbahn und Bus

Keretapi Tanah Malaysia heißt die malaysische **Eisenbahn**. Ihr weitreichendes Schienennetz verdankt die Halbinsel den begehrten Exportgütern wie Zinn, Holz und Gummi. Eine kurze Bahnlinie verläuft zwischen Kota Kina-

REISE-INFORMATIONEN

balu und Tenom über Beaufort in Sabah.

In West-Malaysia verbindet die Südstrecke Singapur mit Kuala Lumpur über Johor, Keluang und Seremban. Von K.L gelangt man über Ipoh, Butterworth und Alor Setar bis Hatyai und Bangkok über den Grenzort Padang Besar.

Die Nordostlinie ab Gemas (als Abzweigung der Strecke Johor Bahru-Kuala Lumpur) via Jerantut, Kuala Lipis und Kota Bharu führt nach Tumpat an der thailändischen Grenze. Von Kota Bharu gelangt man per Sammeltaxi zur Grenze, wo es auf thailändischer Seite ab Sungei Golok wieder Züge nach Hatyai gibt. Dort trifft sich die Bahnlinie mit der Nordstrecke nach Bangkok.

Die erste und zweite Wagenklasse sind sehr bequem und fast zu gut klimatisiert. Für die Nachtzüge muss man sich Schlafabteile reservieren. Wer Zeit hat, sollte einmal mit der Bahn von Singapur bis Bangkok fahren. Gerade weil die Geschwindigkeit wegen der Schmalspur nicht allzu hoch ist, kann man die abwechslungsreiche Landschaft und die vielfältigen Eindrücke auf der ganzen Strecke besonders genießen, zumal eine Bahnfahrt preisgünstig angeboten wird und die Waggons – selbst die der 2. Klasse – von den Zugbegleitern ständig peinlich sauber gehalten werden. Obendrein werden regelmäßig Getränke und Snacks angeboten. Auf eigene Faust kann man so drei Länder Südostasiens auf dem Schienenweg erkunden. Rechtzeitige Platzbestellung ist notwendig.

Von Singapur über Kuala Lumpur nach Bangkok verkehrt auch ein Luxuszug, der **Eastern and Oriental Express** (Tickets ab 1500 €); Auskunft Singapur (0065) 6392-3500, in Deutschland 0221-3380300, www.orient-express. com.

In Kuala Lumpur verkehren Stadt- und Vorortbahnen, bekannt als **LRT** (Putra, Star, Monorail) und als **Komuter Train**.

Das weitreichendste Landverkehrsmittel ist der **Bus**. Malaysia verfügt über teilweise sehr gute Straßen und ein hervorragend organisiertes System von Express- und Lokalbussen (www.journey-malaysia.com/bus.htm). Expressbusse (*bas pesiaran*) verkehren zwischen allen wichtigen Orten, sind preiswert und, im Gegensatz zu den Lokalbussen, klimatisiert.

Mit Taxi, Rikscha, Mietwagen

Taxis (*Teksi*) sind in den größeren Städten zahlreich und relativ billig. Obwohl die Benutzung von Taxametern Pflicht ist, wird dem Reisenden geraten, sich vor Antritt der Fahrt über den ungefähren Preis zu erkundigen. In Penang und Ost-Malaysia muss der Preis ausgehandelt werden. Das gleiche gilt für längere Taxistrecken wie z. B. Tagestouren in die Umgebung.

An Flughäfen und am Hauptbahnhof von Kuala Lumpur bezahlt man den Fahrpreis am *Prepaid*-Schalter, der einen Coupon für den Fahrer ausstellt.

Zwischen den großen Orten verkehren **Sammeltaxis** (*Kereta Sewa*) von Terminals aus. Mindestens vier Fahrgäste teilen sich den Pauschalpreis für die gemeinsame Strecke.

Aushandeln muss man unbedingt den Preis für die Beförderung mit einer **Fahrradriksha** (*trishaw*); heute nur noch in Melaka, auf Penang und in einigen Ostküstenstädten im Einsatz.

Die guten Straßen laden auf der Halbinsel zum Selbstfahren ein. **Mietwagen** gibt es in den größeren Städten und an den Flughäfen Malaysias, Singapurs und Bruneis bei internationalen und lokalen Leihwagenfirmen mit und ohne Fahrer. Selbst steuern kann jeder, der seinen gültigen nationalen Führerschein vorzeigt, mindestens 21 und höchstens 65 Jahre alt ist. Im Auto muss man sich anschnallen, hohe Strafen bei Nichtbeachtung.

Für Motorradfahrer ist ein Sturzhelm Pflicht.

In Malaysia, Singapur und Brunei herrscht Linksverkehr. Die Höchstgeschwindigkeit in der Stadt ist 50 km/h.

REISE-INFORMATIONEN

Auf Landstraßen dürfen maximal 80 km/h, auf Autobahnen 110 km/h gefahren werden.

Bei Dunkelheit ist größte Vorsicht angesagt. Die in der Provinz kaum beleuchteten Straßen sind auch zu später Stunde Tummelplatz von Mensch und Tier, und Schlaglöcher oder Äste können die Piste blockieren. Lastwagen überholen riskant und pochen auf das Recht des Stärkeren.

Seit der Eröffnung der Nord-Süd-Autobahn sind Thailand und Singapur für Autofahrer nähergerückt.

PRAKTISCHE HINWEISE

Alkohol

In muslimischen Restaurants und den staatlichen Hotels der Ostküstenstaaten und in Brunei ist Alkohol nicht erhältlich. Es gibt in Malaysia mehrere Biersorten. Lokale Spirituosen sind *tuak* (Reiswein), *arak* (Palmschnaps), *toddy* (leicht vergorenes Palmbier), und *samsu* (chinesischer Schnaps).

Importierte alkoholische Getränke wie Wein, Whisky, Cognac etc. und selbst das lokal hergestellte Bier sind teuer und sollten eigentlich nur von Nicht-Muslimen wie z. B. hinduistischen Indern, Chinesen oder Touristen konsumiert werden.

Buchhandlungen

In Städten führen gut sortierte Buchläden, auch in Luxushotels und Museen zu finden, Zeitschriften und Bücher in englischer Sprache über Geschichte, Umwelt, Land und Leute an.

Einkaufen

Überall im Land haben die größeren Orte mittlerweile moderne Einkaufszentren. Auf den Flughäfen von Kuala Lumpur und Penang, auf Labuan in Sabah und in Langkawi gibt es Duty-Free-Zentren. Man sollte allerdings die heimischen Preise kennen, denn gerade Elektronik wird nicht unbedingt günstiger als in Europa oder den USA angeboten.

In größeren Geschäften gelten überwiegend Festpreise; man kann aber auch dort bei teuren Objekten nach „Discount" fragen. Auf Märkten und in kleineren Läden mit Antiquitäten oder Souvenirs hingegen wird direkt erwartet, dass man feilscht – jedoch freundlich lächelnd und höflich. Günstig sind Silberarbeiten, Batik, Zinnsachen sowie Flecht- und Schnitzwaren der *Orang Asli*.

Elektrizität

Netzspannung 220-240 Volt. Die Steckdosen sind, abweichend von der mitteleuropäischen Norm, dreipolig, entsprechend dem alten britischen System. Für mitgebrachte Geräte benötigt man einen Adapter.

Fotografieren

Fotografen haben in Malaysia kaum Probleme, frisches Filmmaterial und gute Motive zu finden. Die Menschen freuen sich oft, abgelichtet zu werden. Doch auch hier ist Respekt angebracht; Erwachsene, besonders ältere Leute, wollen um Erlaubnis gefragt werden, auch dann, wenn man ihre Kinder fotografieren will.

In religiösen Gebäuden und Privathäusern ist Zurückhaltung angebracht. Militärische Anlagen dürfen nicht fotografiert werden.

Geschäftszeiten

Behörden und öffentliche Institutionen sind von Montag bis Freitag von 8-12.45 Uhr und von 14-16.15 Uhr geöffnet. Die Banken bedienen von Montag bis Freitag von 10-15 Uhr, Postämter von Montag bis Samstag von 8-17 Uhr. Die meisten Ladengeschäfte, Supermärkte und Kaufhäuser sind wochen-

REISE-INFORMATIONEN

tags von 10 bis 22 Uhr geöffnet.

Etliche Geschäfte, vor allem in Städten und den Touristenzentren, haben auch am Sonntagvormittag geöffnet.

In den Staaten Kedah, Perlis, Kelantan, Terengganu und Brunei fällt das Wochenende gemäß islamischer Sitte auf Donnerstag/Freitag. Im restlichen Malaysia wird am Freitag eine verlängerte Mittagspause von 12.15-14.45 Uhr eingelegt.

Kaugummi

Um die Stadtreinigung zu erleichtern und Betriebsstörungen bei der U-Bahn zu verhindern, wurde die Einfuhr von Kaugummi nach Singapur untersagt, ebenso dessen Kauen an öffentlichen Plätzen.

Maße und Gewichte

In Malaysia gilt das metrische System. Nur hin und wieder stößt man in den ländlichen Regionen auf die aus der britischen Kolonialzeit stammenden Maße wie inches (1 inch = 2,54 cm), pound (1 pound = 0,45 kg), gallon (1 gallon = 4,55 ltr) oder miles (1 mile = 1,61 km). Auf den Straßenmärkten wird oft noch per Kati = 600 g verkauft oder pro Stück = Biji.

Medien

Eine begrenzte Auswahl englischsprachiger internationaler Presse ist in renommierten Buchhandlungen und in den Luxushotels erhältlich.

Die einflussreichsten unter den über 60 lokalen Zeitungen sind die *New Straits Times* und *The Star*, die auf englisch erscheinen und wie das Boulevardblatt *Malay Mail* und die *Business Times* von der regierenden Partei UMNO kontrolliert werden. Viele der chinesisch- und tamilsprachigen Organe sind im Besitz der Malaysian Chinese Association beziehungsweise des Malaysian Indian Congress.

Rundfunk und Fernsehen sind staatlich, unter direkter Kontrolle des Informationsministeriums. *Radio-Television Malaysia* besitzt mehrere Sendestationen, dazu kommen private Kanäle wie *TV3, NTV7, Metrovision,* und die Satellitenprogramme von *Astro*. Alle Sender strahlen Nachrichten- und Unterhaltungsprogramme auch in englischer Sprache aus. Wie alle Medienerzeugnisse sind Rundfunk und Fernsehen der staatlichen Zensur unterworfen.

Post, Telekom, Internet

Das Postwesen in Malaysia, Singapur und Brunei ist sehr effizient. Nur etwa vier bis acht Tage braucht ein Luftpostbrief nach Europa. Innerhalb Malaysias kostet eine Postkarte 15 Sen, ein Brief 60 Sen. Nach Europa beträgt das Postkartenporto 50 Sen, das für einen Luftpostbrief (bis 20 g) 2 RM. In Brunei zahlt man für einen Brief per Luftpost nach Europa 90 Cent, in Singapur 1,10 S$.

Telefonate nach Übersee kann man von allen größeren Hotels in Malaysia (meist im Selbstwählverkehr) führen. Günstiger sind die Tarife der amtlichen Telekom-Büros, wie STM (Syaricat Telecom Malaysia) und Kedai Telecom, die auch Fax-Service bereitstellen. Öffentliche Telefonzellen (für Münzen und Karten) findet man u. a. in Postämtern und Supermärkten.

Die amtliche Telekommunikationsstelle in Bandar Seri Begawan ist neben dem General Post Office in der Jl. Elisabeth Dua, Ecke Jl. Sultan.

Es gibt nahezu flächendeckend **Mobiltelefonnetze** mit GSM 900- und GSM 1800-Standard. Am Flughafen KL bekommt man **Prepaid Sim-Karten**; der größte Anbieter ist **Tune Talk**, gefolgt von Celcom, Maxis, Digi und Umobile.

Ländercode **Malaysia**: 0060, **Singapur**: 0065 und **Brunei**: 00673.

Fast alle Hotels und viele Cafés bieten Internetzugang per Wlan, und öffentliches Gratis-Internet per Wlan gibt es an vielen Plätzen.

REISE-INFORMATIONEN

Sicherheit

Stolz ist man in Malaysia auf die relativ niedrige Kriminalitätsrate. Dennoch ist Vorsicht geboten; also: Wertsachen nicht an den Strand mitnehmen, besser im Hotel- oder im Zimmersafe deponieren.

Wo sich viele Menschen aufhalten, ist mit Taschendieben und Trickbetrügern zu rechnen. Auch motorradfahrende Handtaschenräuber gibt es. Doch generell müssen sich Touristen nicht bedroht fühlen. Ferienzentren und mehrere größere Städte haben eine Touristenpolizei.

Das Verbot von **Drogenbesitz** (auch von kleinsten Mengen) und **Drogenhandel** ist sehr ernst zu nehmen: Verstöße können die Todesstrafe nach sich ziehen, auch für Ausländer! Manche Rikschafahrer in Penang, die Touristen Drogen anbieten, arbeiten angeblich mit der Polizei zusammen.

Mehrere bewaffnete Zusammenstöße zwischen Militär und muslimischen „Invasoren" im Auftrag eines (inzwischen verstorbenen) Sulu-Sultans aus den Süd-Philippinen machten 2013 den **Nordosten Sabahs** zum Krisengebiet. Von Reisen zu abgelegenen Orten an der **Ostküste Sabahs** sowie auf die vorgelagerten **Inseln** in der Region Kudat bis Tawau und generell vom **Meeresgebiet zwischen den Süd-Philippinnen und Sabah** wird abgeraten. Überfälle/Morde/Entführungen gab es bisher u. a. auf den Inseln Sipadan, Pom Pom und Mabul sowie in Semporna. Aktuelle Hinweise: **www.auswaertiges-amt.de**/DE/Laenderinformationen/00-SiHi/MalaysiaSicherheit.html?nn=332.

Aktuelle Hinweise zur gesundheitsgefährdenden **Luftverschmutzung** („Haze") durch **Waldbrände** unter www.doe.gov.my.

Zeit

Beide Hälften von Malaysia sowie Singapur und Brunei sind der Mitteleuropäischen Zeit (MEZ) um 7 Stunden, der Sommerzeit um 6 Stunden voraus. Da die Tage in den inneren Tropen das ganze Jahr über gleich lang sind, gibt es in Malaysia keine Sommerzeitumstellung.

Zoll

Die Einfuhr von 200 Zigaretten, 50 Zigarren, 225 g Tabak, einem Liter alkoholische Getränke, kleineren Geschenkartikeln, Kosmetika, von elektrischem Gerät und einer Kamera zum Eigenbedarf ist zollfrei. Für optische und elektronische Geräte kann eine Kaution (gegen Quittung) verlangt werden, die bei der Ausreise zurückerstattet wird.

Verboten ist die Einfuhr von Waffen, Pornoliteratur und Drogen. Für wertvolle Antiquitäten kann eine Ausfuhrgenehmigung des National Museum in K.L. verlangt werden.

Reisende über 15 Jahren dürfen abgabenfrei ins Heimatland einführen: 200 Zigaretten, 50 Zigarren oder 250 g Tabak, 1 l Spirituosen mit über 22 Vol.-% Alkohol oder 2 l Spirituosen unter 22 Vol.-% Alkohol (Schweiz: jeweils 15 Vol.-%), 4 l Wein und 16 l Bier, andere Waren bis zu einem Wert von maximal 430 € (Personen unter 15 Jahren 175 €) bzw. 300 CHF.

Hohe Strafen stehen auf die Ein- oder Ausfuhr von Produkten aus geschützten Tieren und Pflanzen nach dem **Washingtoner Artenschutzabkommen** (wie zum Beispiel Schildpatt oder Riesenmuscheln).

ADRESSEN

Botschaften in Europa

Botschaften von Malaysia:
Deutschland: Klingelhöferstr. 6, 10785 Berlin, Tel. (030) 885-7490.
Österreich: Floridsdorfer Hauptstr. 1-7, Florida Tower, 1210 Wien, Tel. (01) 505-1042.

REISE-INFORMATIONEN

Schweiz: Jungfraustrasse 1, 3005 Bern, Tel. (031) 350-4700.
Botschaft von Brunei:
Kronenstr. 55-58, 10117 Berlin, Tel. (030) 206-0760.
Botschaft von Singapur:
Voßstraße 17, 10117 Berlin, Tel. (030) 226-3430, www.singapore-embassy.de

Botschaften in Kuala Lumpur / Malaysia

Brunei: 19th Floor, Menara Tan & Tan, 207 Jl. Tun Razak, Tel. (03) 2161-2800.
Deutschland: 26th Floor, Menara Tan & Tan, 207 Jl. Tun Razak, Tel. (03) 2170-9666, www.kuala-lumpur.diplo.de
Indonesien: 233 Jalan Tun Razak, Tel. (03) 2116-4000.
Österreich: Wisma Goldhill, 67 Jl. Raja Chulan, Tel. (03) 2057-8969, Fax 2381-7160, www.aussenministerium.at/kualalumpur
Schweiz: 16 Pesiaran Madge, Tel. (03) 2148-0622, www.eda.admin.ch/kualalumpur
Singapur (High Commission): 209 Jalan Tun Razak, Tel. (03) 2161-6277.
Thailand: 206 Jalan Ampang, Tel. (03) 2148-8222, 2145-8004.

Botschaften in Brunei

Deutschland: Block A, 2nd Floor, Complex Yayasan Sultan Haji Hassanal Bolkiah, Jl. Pretty, Bandar Seri Begawan, Tel. (02) 2225-547.
Österreich: über Botschaft in Kuala Lumpur oder Konsulat (siehe Info Brunei).
Schweiz: über Botschaft in Singapur oder Konsulat (siehe Info Brunei).

Botschaften in Singapur

Deutschland: 50 Raffles Place, 12th Floor, Singapore Land Tower, Tel. (0065) 6533-6002.
Österreich: 600 North Bridge Road, Parkview Square, Tel. (0065) 6396-6350 (nur Passbefugnis; Visaangelegenheiten über die Botschaft in Kuala Lumpur).
Schweiz: 1, Swiss Club Link, Tel. (0065) 6468-5788.

Malaysische Tourismusbüros im Ausland/ Broschüren

Deutschland: Tourism Malaysia, Weißfrauenstr. 12-16, 60311 Frankfurt, Tel. (069) 460 9234 20; www.tourismmalaysia.de.
E-Broschüren zu KL und den Regionen: siehe **www.malaysia.travel**.
Singapur: Tourism Malaysia, 80, Robinson Rd., #01-01B & #01-01D, Ocean Building, Tel. (02) 6532-6321.

SPRACHFÜHRER

Guten Morgen . . . . *selamat pagi*
Guten Tag (Mittag) . . . .
 . . . . *selamat tengahari*
Guten Tag (Nachmittag) . . . .
 . . . . *selamat sejahtera*
Guten Abend . . . . *selamat petang*
Gute Nacht . . . . *selamat malam*
Wie geht es Ihnen (Dir)? . . . *apa khabar?*
Gut . . . . *baik*
Auf Wiedersehen (an
Zurückbleibende) . . . . . *selamat tinggal*
 (salopp: *jumpa lagi*)
Gute Reise . . . . *selamat jalan*
Herzlich willkommen. . . . .
 . . . . *selamat datang*
Wie heißen Sie? . . . . . *siapa nama encik?*
Ich heiße . . . . *nama saya*
Können Sie mir helfen? . . . .
 . . . . *bolehkah encik tolong saya?*
Was ist das / dies? . . . . . . *apakah ini / itu?*
Wieviel kostet es? . . . *berapa harganya?*
Wieweit ist es bis...? . . . .
 . . . . *berapa jauh ke...?*
Wie spät ist es? . . . . *berapa jam?*
Wie lange dauert es? . . . . . *berapa lama?*
Essen / Mahlzeit. . . . . *makanan*
Getränk . . . . *minuman*
Ich möchte essen / trinken . . . .
 . . . . *saya mau makan / minum*

REISE-INFORMATIONEN

Was möchten Sie essen / trinken?	makan / minum apa?
Ich möchte zahlen	saya mau bayar
Haben Sie ein Zimmer frei?	adakah bilik kosong?
Entschuldigung, es tut mir leid	saya minta maaf
ja	ya
nein	tidak
bitte	tolong / sila
keine Ursache	sama-sama
danke	terima kasih
wann	bila
wo	di mana
geradeaus	terus
links	kiri
rechts	kanan
wohin	ke mana
woher	dari mana
dort	di sana
warum	mengapa
wie	bagaimana
wer	siapa
ich	saya
du	anda, awak
Sie (respektvoll, Mr.)	encik
Sie (respektvoll, Ms. / Mrs.)	cik / puan
Herr	tuan
Frau (Dame)	puan
wir (angesprochene Person ausgeschlossen)	kami
wir (angesprochene Person eingeschlossen)	kita
er / sie	dia
sie (Mehrzahl)	mereka
gut / okay	baik
schlecht	tidak baik
groß	besar
klein	kecil
wenig	sedikit
viel	banyak
kalt	sejuk
heiß	panas
teuer	mahal
billig	murah
Preis	harga
Tag	hari
Woche	minggu
Monat	bulan
halb	setengah

0	kosong, nol
1	satu
2	dua
3	tiga
4	empat
5	lima
6	enam
7	tujuh
8	lapan
9	sembilan
10	sepuluh
11	sebelas
12	duabelas
20	duapuluh
30	tigapuluh
40	empatpuluh
50	limapuluh
100	seratus
500	limaratus
1000	seribu

Aussprache

e	zwischen zwei Konsonanten wird das e verschluckt; *selamat* = slamat
j	wie *dsch* in Dschungel
c	wie *tsch* in Klatschen

AUTOREN

Karl-Heinz Reger war Redakteur einer Münchner Tageszeitung und Autor einiger populärwissenschaftlicher und historischer Bücher. Jahrzehntelang bereiste er immer wieder Malaysia und Südostasien und veröffentlichte zahlreiche Reiseberichte darüber. („Reisen in Malaysia", „Essen in Malaysia", „Feste und Feiertage")

Albrecht G. Schaefer hat an diesem Buch als Project Editor, Redakteur und Autor mitgewirkt. Der Journalist, Fotograf und Ethnologe konnte dank seiner beruflichen Tätigkeit Malaysia ausgiebig kennen lernen. Die südostasiatische Region ist zu seiner zweiten Heimat geworden, was er auch durch den von ihm betreuten und mit verfassten *Nelles Guide Philippinen* bewiesen hat. („Landeskunde", „Geschichte", Mitverfasser des Reiseteils Malaysia und der Features „Essen" und „Feste"; Autor von „Pflanzen und Tiere", „Religionen")

Martin Kehr ist Ethnologe, lebte viele Jahre in Jakarta und leitet Studienreisen in Südostasien. Er ist Mitverfasser des Singapur-Kapitels.

Ralf Müller, Fachkraft für Rentenangelegenheiten, reist mehrmals pro Jahr nach Brunei und erkundet von dort aus die Sehenswürdigkeiten Südostasiens. Er hat den Großteil des Kapitels „Brunei" neu verfasst.

REGISTER

A

Abdul Rahman, Tunku, Premierminister 54, 55, 106
Ai, Fluss 186
Air Itam 122
Air Itam-Stausee 123
Air Keroh Recreational Park 138
Air Papan 165
Air Terjun Lumbong, Erholungspark 141
Air Terjun Sekayu, Park 157
Ajil 157
Albuquerque, Afonso d' 41, 133
Alor Setar 105
   Alter Sultanspalast 106
   Balai Besar 106
   Balai Nobat 106
   Masjid Zahir 105
Ampang 76
Anak Bukit 106
Andamanen-See 63, 149
Arau 107
Aur, Insel 168
Ayer Batang 166
Ayer Hitam 140

B

Baba-Nyonya 40, 136
Bachok 155
Badang 153
Bagan Serai 100
Bajau, Ethnie 195, 201
Bakar Kapor 124
Bak Bak, Strand 202
Bakkungan Kecil, Insel 206
Bako National Park 182
Bakun-Damm 187
Balik Pulau 124
Bandar Maharani (Muar) 139
Bandar Seri Begawan 177
Bandar Sri Aman 185
Banding, Insel 99
Banggi, Insel 202
Banjaran Titiwangsa, Gebirgskette 63
Baram, Fluss 178
Bario 188
Batang Ai 186
Batang Baleh, Fluss 187
Batang Lupar, Fluss 178
Batang Rajang, Fluss 186
Batu Caves 28, 77
Batu Ferringhi 123
Batu Gajah 94
Batu Maung 124
Batu Niah 190
Batu Pahat 140
Batu Sawar 41
Bau 181
Bayan Lepas 124
Beaufort 203
Bedong 105
Belaga 187
Belimbing 163
Beras Basah, Insel 110
Bera-See 64
Beray 188
Bernam, Fluss 95
Bertam, Fluss 90
Besar, Insel 94, 138, 168
Beserah 158
Beting Bras Basah 87
Bidong, Insel 156
Bidor 89
Bintulu 188
Birch, James 48, 87, 94
Borneo 16, 33, 34, 36, 55, 56, 63, 171, 173, 174, 175, 176, 183, 195
Bota Kanan 94
Brinchang 91
Briten 39, 42, 46, 47, 48, 51, 53, 54, 73, 87, 89, 94, 99, 103, 105, 107, 108, 115, 116, 127, 132, 134, 139, 151, 171, 175, 177, 196
Brooke, Charles 177, 178, 180, 182, 185, 187
Brooke, James 45, 177, 178, 182
Brunei Darussalam, Sultanat 34, 36, 38, 45, 171, 176, 178, 196, 203
Buddhismus 23, 37
Bugis 80, 87, 96, 115, 139
Bujang, Fluss 103
Bujang Valley 24, 103
Bukit Bendera (Strawberry Hill) 122
Bukit Chuping 107
Bukit Larut (Maxwell Hill) 100
Bukit Mertajam 149
Bukit Mutiara 123
Bukit Takun, Fels 76
Buloh, Insel 100
Bunuk 183
Butterworth 115, 116

C

Cabang Empat 155
Cameron Highlands 63, 89
Cameron, William 89
Carey, Insel 80
Chemor 98
Chendering 157
Chenderoh, See 98
Cheng Ho, Admiral 38, 39, 124, 137
Chen Ho, Admiral 131
Cherating 158
Chinesen 19, 21, 33, 40, 47, 48, 49, 50, 52, 54, 55, 64, 71, 87, 91, 95, 99, 103, 107, 115, 116, 118, 119, 127, 132, 136, 145, 174, 176, 177, 179, 187, 195, 196
Chini, Fluss 163
Chini, See (Tasik Chini) 162
Chukai 158
Chuping 107
Clarke, Andrew 48
Conrad, Joseph 69, 171
Crocker-Gebirge 203

D

Dampar-See 64
Dayak, Ethnie 33, 36, 45, 174, 175, 176, 177, 179, 183, 184
Dayang Bunting, Insel 110
Desaru 141
Dindings 95
Dungun 158
Dusun, Ethnie 195
Duyung, Insel 157

E

East India Company 43, 44, 46, 115
Endau-Rompin National Park 16, 145, 165
Enggor 98
Essen 18

F

Feste und Feiertage 25
Fraser, Louis James 89
Fraser's Hill 89

G

Gajah 94
Gaya, Insel 197, 198
Gayu 183
Genting 166
Genting Highlands 63, 77
Georgetown 115, 116
   Altstadt 119
   Ban Hood Pagode 122
   Botanischer Garten 123
   Cannon Square 119

REGISTER

Cheong Fatt Tze 119
Dewan Sri Penang 118
Dhammikarama Burmese Temple 121
Fort Cornwallis 117
Kapitan Keling-Moschee 121
Kedah Pier 117
Kek Lok Si, Tempel 122
Kongsi 119
Kuan Yin Tong, Tempel 120
Masjid Melayu 121
Muzium Pulau Pinang 118
Padang Kota, Perk 118
Sri Mariamman-Tempel 121
Staatsmoschee 121
Tempel der Penang Buddhist Association 121
Wat Buppharam 121
Wat Chaya Mangkalaram 121
Weld Quai 120
Gerik (Grik) 98, 149
Gertak Sanggul 124
Geschichte 35
Gomantong Caves 206
Gombak, Fluss 65, 68, 70
Gua Charah, Höhle 162
Guai 163
Gua Kelam, Höhle 107
Guar Chempedak 105
Gulisan, Insel 206
Gunung Angsi 129
Gunung Api 190, 191
Gunung Benom 64
Gunung Beremban 91
Gunung Besar 165
Gunung Bintang 63
Gunung Brinchang 91
Gunung Chali Pondok 91
Gunung Gading National Park 181
Gunung Hijau 100
Gunung Jasar 91
Gunung Jerai 103, 105
Gunung Kajang 167
Gunung Lawit 64
Gunung Ledang 139
Gunung Mulu 190
Gunung Mulu National Park 190
Gunung Murud 188
Gunung Perdah 91
Gunung Raya 109
Gunung Reng 149
Gunung Siku 91
Gunung Subis 188
Gunung Tahan 63, 145
Gunung Tasek 93
Gunung Telapak Burok 129

Gunung Yong Blar 91
Gurun 105

H

Haynut, Insel 139
Hinduismus 22, 24, 36, 37, 38, 103, 121
Holländer 41, 42, 43, 46, 87, 96, 116, 128, 131, 132, 133, 139, 175
Hubbock, A. B., Architekt 68
Hujong, Insel 168

I

Iban, Ethnie 185, 187
Inder 21, 33, 50, 54, 71, 103, 115, 116, 121, 127, 145
Indien 36
Ipoh 63, 92, 95, 99
Chinesenviertel 92
Japanischer Garten 92
Masjid India 92
Masjid Negara 92
Masjid Paloh 92
Muzium Geologi 92
New Town 92
Old Town 92
Pasar Besar, Markt 92
Prähistorische Felszeichnungen 92
St. John's Kirche 92
Wat Meh Prasit Sumaki 93
Islam 22, 33, 36, 38, 56, 57, 131, 151, 155

J

Jakun, Ethnie 64
Jambu 155
Japaner 51, 54, 89, 100, 103, 107, 153, 177, 201
Jawa, Insel 139
Jeli 149
Jeram 80
Jerejak, Insel 115
Jeriau Waterfall 89
Jerlun 97
Johor 38, 41, 49, 50, 127, 128, 139, 155
Johor Bahru 139, 140
Dewan, Rathaus 141
Istana Besar 140
Istana Bukit Serene 141
Masjid Sultan Abu Bakar 141
Johor, Fluss 141
Johor Lama 141
Johor-Straße 139

Jong, Insel 155
Juara 166

K

Kadazan, Ethnie 33, 36, 195, 198, 199, 200, 202
Kaki Bukit, Zinnmine 107
Kalah (Kedah) 103
Kampar 92
Kampong Raja 91
Kampung Budaya Sarawak 181
Kangar 107
Kangar Pulai 141
Kangsar, Fluss 98
Kantha Shashti 31
Kapas, Insel 157
Kapit 186
Kedah 18, 23, 24, 37, 38, 43, 63, 103
Kelang 68, 80
Kelang, Fluss 65, 68
Kelantan 23, 91, 141, 151
Kelantan, Fluss 64, 153
Kellie's Castle 93
Kenering-See 64
Keningau 203
Kenyah, Ethnie 188
Kenyir-See 64
Kepulauan Sembilan, Inseln 95
Kerian, Fluss 115
Kerteh 158
Kesang 139
Kinabalu, Mount 15, 33, 87, 195, 199
Kinta Valley 87, 92, 94
Kolok, Fluss 155
Kopfjagd 175
Kota Batu 141
Kota Belud 201
Kota Bharu 149, 151
Kota Kinabalu 195, 197
Kota Tampan 87
Kuah 109
Kuala Baram 191
Kuala Berang 157
Kuala Besar 153
Kuala Besut 156
Kuala Gula Bird Sanctuary 100
Kuala Kangsar 94, 97, 98
Kuala Kedah 105
Kuala Kelawang 129
Kuala Kemaman 158
Kuala Lumpur 28, 33, 54, 57, 63, 65, 95, 171
Bangunan Sultan Abdul Samad 69
Berjaya 75

253

REGISTER

Bintang Walk 75
Bukit Nanas 75
Carcosa 73
Chan See Shu Yuen-Tempel 72
Chinatown 68, 71
Chin Tat Sze Temple 76
Church of St. Mary The Virgin 70
Dewan Bandaraya, Rathaus 70
Istana Negara 75
Kampong Bharu, Stadtteil 75
Kandasamy-Tempel 31
Kelang, Fluss 75
Kompleks Dayabumi 70
Kuala Lumpur City Centre 75
Mahkamah Tinggi 70
Masjid India 73
Masjid Jamek 68
Masjid Negara 68, 74
Menara K. L. Tower 75
Merdeka Square 69
Muzium Negara 73
Old Railway Station 74
Pasar Malam, Nachtmarkt 71
Pasar Seni (Central Market) 70
Perdana-See 73
Petronas Twin Towers 75
Sri Mahamariamman Tempel 72
Star Hill 75
Taman Tasek Perdana (Lake Gardens) 73
Taman Tasek Titiwangsa, Park 75
Telekom Museum 71
Thean Hou Temple 75
Tungku Abdul Rahman-Brunnen 72
Kuala Muda 105
Kuala Nerang 107
Kuala Perlis 107, 109
Kuala Pilah 129
Kuala Puteh 147
Kuala Selangor 80
Kuala Tahan 146
Kuala Tembeling 146
Kuala Terengganu 45, 156
Kuala Teriang 110
Kuala Terla 91
Kuantan 149, 161
Kublai Khan 195
Kuching 178, 183
Brooke Memorial 180
Court House 179
Dewan Tun Abdul Razak 178
Fort Margherita 180
Guan Thian Siang Ti Tempel 180
Islamic Museum 179
Istana 180
Markt 179
Masjid Kuching 179

Sarawak-Museum 178, 188
Square Tower 180
St. Joseph's Cathedral 179
St. Thomas Cathedral 179
Tua Pek Kong, Tempel 180
Kudat 201, 202
Kukup 141
Kulim 149
Kundasang 201

L

Labis 165
Labuan, Insel 203
Labu Sayong 98
Lahad Datu 207
Langgar 106
Langhäuser 175, 183, 186, 202
Langkawi-Archipel 103, 105, 108
Larut (Taiping) 99
Lata Iskandar Waterfalls 90
Lenggeng, Waldschutzgebiet 129
Likas Bay 198
Long Pa Sia 204
Long Seridan 188
Luak Bay 188
Lubok Antu 186
Lumut 95
Lundu 181
Lupar, Fluss 185

M

Mabul, Insel 207
Magellan, Ferñao de 176, 196
Mahathir bin Mohammed 56, 69, 195
Mah Meri, Ethnie 77, 80
Malakka (Melaka, Malacca) 38, 39, 40, 41, 42, 44, 45, 56, 68, 96, 127, 130, 131, 155
A Famosa, Fort 41, 43, 132, 133
Baba Nyonya Heritage Museum 136
Bukit China 137
Cheng Hoon Teng Tempel 136
Christus-Kirche 132
Dutch Square 132
Independence Memorial Hall 134
Kampong Keling Moschee 136
Malacca Historical Museum 132
Malacca Sultanate Palace 133
Medan Portugis 135
Muzium Budaya 133
Padang Pahlawan 134
Perkampungan Portugis 134

Porta Santiago 133
Poyyatha Vinayagar Moorthi Tempel 136
Sam Po Kong Tempel 138
Stadthuys 132, 136
St. Francis Xavier-Kirche 132
St. John's Fort 134
St. Paul's Hill 132, 133
Tourist Information Centre 132
Tranquerah Moschee 136
Malakka-Straße 34, 36, 37, 38, 41, 63, 64, 75, 105, 127, 131, 139, 225
Mamutik, Insel 198
Mansur Shah, Sultan 164
Manukan, Insel 198
Marang 157
Marco Polo 38, 105
Marudi 191
Larut (Taiping) 99
Mat Salleh 203
Maugham, Somerset 69, 119, 171, 185, 227
Melawi 155
Mengkabong 201
Merang 156
Merbok 105
Merbok, Fluss 24
Mersing 141, 165, 166
Minangkabau, Ethnie 44, 127, 129
Minangkabau-Stil 128, 129, 130
Mini Asean Park 138
Miri 188, 191
Monkey Beach 166
Monsopiad, Kopfjäger 199
Morak 153
Morib 80
Muda, Fluss 115
Mukut 166
Murud, Mount 178
Murut, Ethnie 195, 203
Muzium Orang Asli 77

N

Nami 107
Nam Thian Tong, Höhlentempel 93
Naning, Insel 44
Nattukotai Cherriar, Hindu-Tempel 123
Negeri Sembilan 63, 127, 128
Niah-Höhlen 174, 188
Niah National Park 188
Nilam Puri 155
North Borneo Company 196, 197, 203

REGISTER

O

Omar Ali Saifuddin, Sultan 177
Om Sai Ram, Höhlenschrein 92
Orang Asli 22, 33, 35, 64, 80, 91, 98, 100, 146, 147, 162, 163
Orang Asli Village 138
Orang Ulu, Ethnie 173, 174, 178, 187
Ostindienkompanie, holländische 42
Ost-Malaysia 45, 171
Overbeck, Baron von 196

P

Padang 147
Padang Besar 107
Padang Endau 165
Padang Matsirat 109
Padas-Schlucht 203
Pahang 38, 49, 89, 91, 161
Pahang Darul Makmur 145
Pahang, Fluss 64, 161, 163, 164
Paka 158
Pancing 162
Pangkor, Insel 44, 95
Pantai Bari, Strand 156
Pantai Chendor 158
Pantai Dalam Rhu, Strand 155
Pantai Dasar Sabak, Strand 153
Pantai Irama, Strand 155
Pantai Kok 110
Pantai Merdeka, Strand 105
Pantai Sri Tujuh, Strand 155
Papar 201, 203
Parameswara, Hindu-Prinz 39, 131
Parit 94
Pasir Gudang Port 141
Pasir Salak 94
Paya 167
Payar, Insel 110
Pedas 130
Pekan 163, 164
Pelagus Rapids 187
Pemanggil, Insel 168
Penambang 153
Penampang 203
Penang 18, 23, 40, 43, 44, 56, 68, 76, 105, 149
Penang Hill 122
Penang, Insel 20, 43, 115
Penarek 156
Pengkalan Kempas 131
Pengkalan Kubor 155
Penyabong 165
Perak 35, 40, 48, 54, 63, 87, 95, 98
Perak, Fluss 64, 87, 92, 94
Perhentian Besar, Insel 156
Perhentian Kecil, Insel 156
Perlak 38
Perlis, Bundesstaat 18, 23, 103, 107
Perlis, Fluss 107
Petaling Jaya 77
Pokok Sena 107
Pontian Kecil 141
Poring Hot Springs 200
Port Dickson 130
Port Kelang 80
Portugiesen 40, 131, 132, 134, 137, 139
Proto-Malaien 35, 64, 148, 174
Pulau Pinang (Penang, Insel) 115
Punan, Ethnie 174, 189
Puteh 153
Putrajaya 78

R

Raffles, Sir Stamford 15, 43, 44, 133, 225
Rajang, Fluss 187
Ranau 200
Rantau Abang 158
Rantau Panjang 151
Rawa, Insel 168
Redang, Insel 156
Rembau 130
Renek 156
Rengis, Insel 167
Repek 155
Rimau, Insel 115
Ringlet 90
Robinson-Wasserfall 91
Rusila 157

S

Sabah 15, 33, 34, 36, 49, 171, 195
Sagil 139
Salang 166
Sam Poh Tong, Höhlentempel 93
Sandakan 201, 204, 205
Santubong-Halbinsel 180
Santubong (Küstenort) 181
Sapulut 204
Sarawak 15, 34, 36, 45, 46, 49, 171, 174, 176, 177, 178, 182, 184, 196
Sarawak, Fluss 178, 180
Sarikei 186
Segamat 165
Sekerang, Fluss 185
Selangor 49, 68, 69, 77, 80
Selingan, Insel 206
Semai, Ethnie 148
Semang-Negritos, Ethnie 35, 64, 147
Sematan 181
Sembilan, Insel 165
Semerak 155
Semporna 207
Senoi, Ethnie 35, 64, 98, 148
Sepilok 205
Seremban 127, 128, 130
Serenok 124
Seribuat, Insel 165
Setindan, Insel 165
Shah Alam 77
Sibu 186
Sibu, Insel 168
Sikuati 202
Similajau Nationalpark 188
Simpang Empat 107
Sim Sim 205
Singa Besar, Insel 110
Singapur 40, 43, 44, 46, 49, 51, 63, 68
 Arab Street 227
 Armenian Church 232
 Asian Civilisations Museum 231, 232
 Boat Quay 231
 Botanischer Garten 233
 Bugis Street 227
 Bukit Timah Nature Reserve 233
 Chinese und Japanese Gardens 233
 City Hall 230
 Clarke Quay 231
 Empress Place Building 231
 Financial District 232
 Fort Canning 231
 Fort Canning Park 231
 Fort Siloso 237
 Geylang 236
 Geylang Road 236
 Geylang Serai Market 236
 Haw Par Villa (Tiger Balm Gardens) 236
 Istana 226
 Jalan Besar 227
 Jurong Bird Park 233
 Katong 236
 Keramat Iskandar Shah 231
 Little India 226
 Merlion 231
 Ming Village 236
 Mount Faber 236
 National Museum of Singapor 231

REGISTER

Night Safari Park 233
Orchard Road 226
Padang 230
Parlament 231
Peranakan Place 226
Raffles City Centre 227
Raffles Hotel 227
Raffles' Landing Site 231
Saint Gregory the Iluminator 232
Sentosa, Insel 237
Serangoon Road 226
Shophouses 227, 236
Siloso Beach 237
Sir Stamford Raffles Statue 231
Sri Mariamman-Tempel 232
St. Andrew's Cathedral 230
Sultan Mosque 227
Thian-Hock-Keng-Tempel 232
Underwater World 237
UOB Plaza 231
Victoria Theatre and Concert Hall 231
War Memorial Park 227
Zhujiao Centre 226
Zoologischer Garten 233

Sipadan, Insel 207
Slim, Fluss 89
Sri Menanti 129
Straits Settlements 44, 46, 56, 95, 116, 136, 196, 203, 225
Südchinesisches Meer 34, 63, 64, 149, 151, 165, 178
Südliche Ostküste 164
Sukarno, ehem. indonesischer Staatspräsident 197
Sultan Abu Bakar Lake 90
Sumatra 23, 39, 40, 42, 87, 116, 127, 131
Sungai Batu Pahat 107
Sungai Golok 151
Sungai Lembing 162
Sungai Limau 105
Sungai Petani 105
Swettenham, Frank 65

T

Taiping 95, 99
Taman Negara, Nationalpark 16, 64, 145, 163
Taman Rekreasi Batu Hampar 105
Taman Tasek S. M. Nor, Tierpark 94
Tambunan 203
Tamparuli 202
Tampin 130

Tanah Merah 149
Tanah Rata 91
Tangkak 140
Tanjong Piai 141
Tanjung Aru 198
Tanjung Batu 188
Tanjung Bidara 131
Tanjung Bungah 123
Tanjung Gelang 161
Tanjung Leman 168
Tanjung Rambutan 93
Tapah 89, 92
Tasik Chini, See 162
Tasik Kenyir, Reservoir 157
Tawau 207
Tawau Hill 207
Tekek 166
Teluk Assam 182
Teluk Bahang Forest Reserve 124
Teluk Batik 95
Teluk Dalam 97
Teluk Dalam, Bucht 156
Teluk Gedung 97
Teluk Intan 94
Teluk Kecil 97
Teluk Kumbar 124
Teluk Nipah 97, 166
Temengor-See 64, 98
Temerloh 163
Temiar, Ethnie 148
Templer Park 76
Tengah, Insel 168
Tengah, Sultan 176
Tenom 203
Teranum 89
Terengganu 64, 155
Thai 87, 103, 107, 108, 109, 115, 151
Thaipusam 28
Tikam Batu 105
Tikus, Insel 115
Tinggi, Insel 168
Tioman, Insel 145, 161, 165, 166
Titiwangsa-Berge 63, 90
Trengganu-Stein 157
Trengganu (Terengganu) 155
Tringkap 91
Tuaran, Dorf 201
Tulai, Insel 167
Tumpat 155
Tunku Abdul Rahman National Park 198
Turtle Islands Park 206

U

Ulu Bendul, Waldreservat 129

Ulu Melaka 109
Undan, Insel 139
Upeh, Insel 139

Nelles Verlag

Malaysia
Singapur, Brunei

Hotelverzeichnis

MALAYSIA – UNTERKUNFT

HOTELVERZEICHNIS

Malaysia und Singapur, die sich sehr um den Tourismus bemühen, bieten Besuchern Unterkünfte in jeder Preisklasse.

😊😊😊 Hotels der Luxuskategorie warten mit Komfort und Service auf, der von vergleichbaren Häusern in Europa nicht immer erreicht wird. Es gibt Hotels wie das E & O (Eastern & Oriental) in Penang, das wie das berühmte Raffles in Singapur oder das Oriental in Bangkok auf eine über 100jährige Geschichte zurückblicken kann. Entsprechend vornehm sind dort auch die Zimmerpreise (um 450 RM-2000 RM für das Doppelzimmer). In der Regel geschmackvoll, wenn auch nicht billig (ca. 250 RM-450 RM), sind die staatlich geförderten First Class-Hotels in den touristischen Regionen wie Penang, Langkawi oder an der Ostküste der Halbinsel.

😊😊 Die Mittelklassehotels bieten durchweg guten Komfort und saubere Ausstattung für erschwingliche Preise (ca. 80 RM-250 RM).

😊 In einfachen Chalets oder Bungalows kann man schon für ca. 30 RM-80 RM recht gut übernachten, wenn sie gepflegt sind. In Kuala Lumpur, Cameron Highlands, Fraser's Hill, Kuantan, Penang, Kota Bharu, Port Dickson, Kota Kinabalu und auf der Insel Pangkor stehen Jugendherbergen oder ähnlich einfache Unterkünfte zur Verfügung. Die staatlichen Rasthäuser (*Rumah Rehat*) sind für durchreisende Beamte errichtet worden. Wenn Zimmer frei sind, können dort auch andere Gäste günstig (ca. 40 RM-70 RM) unterkommen. Billigunterkünfte in den Städten (ca. 20 RM-40 RM) sind meist Absteigen ohne großen Sauberkeitsanspruch.

Unter *Home-Stay-Packages* versteht man zwei- bis dreitägige Aufenthalte bei malaysischen Familien. Organisiert werden sie von örtlichen Reiseagenturen und kosten ungefähr 300 RM einschließlich voller Verpflegung.

Für Bruneibesucher, die nicht private Unterkunftsmöglichkeiten nutzen können, stehen in und um Bandar Seri Begawan nur die teuren Luxushotels und Strandresorts zur Auswahl.

3 KUALA LUMPUR

Kuala Lumpur (☎ 03)

😊😊😊 **The Ritz Carlton**, wohl das sympathischste 5-Sterne-Haus in der City, neben dem beliebten Bummel-Boulevard Bukit Bintang gelegen, 168 Jl. Imbi, Tel. 2142-8000, Fax 2143-8080.
JW Marriott, von Einkaufszentren umgeben, 183 Jl. Bukit Bintang, Tel. 2715-9000, Fax 2715-7000.
Renaissance, im Zentrum des Goldenen Dreiecks, 9 Restaurants, großer Pool, Ecke Jl. Sultan Ismail / Jl. Ampang, Tel. 2162-2233, Fax 2163-1122, pr@renaissance.kul.com.
Shangri-La, zählt zu den besten Häusern von K.L., mit 662 Zimmern, 11 Jl. Sultan Ismail, Tel. 2032-2388, Fax 2070-1514, slkl-resv@shangri-la.com.
Doubletree Hilton, das ehemalige Crown Princess wurde 2010 renoviert, Jl. Tun Razak, Tel. 3162-5522.
Concorde Hotel, mit mehreren Restaurants, dem Hard Rock Café, und der wohl lebhaftesten Lobby, 2 Jl. Sultan Ismail, Tel. 2144-2200, Fax 244-1628, chkl@ppp.nasionet.net.

😊😊 **The Federal**, mit toller Aussicht vom Drehrestaurant im 18. Stock, 35 Jl. Bukit Bintang, Tel. 2148-9166, Fax 2148-2877, fedhot@po.jaring.my.
Bintang Warisan, kombiniert mit gutem Restaurant im Kolonialstil, modern, gepflegtes Haus, 68 Jl. Bukit Bintang, Tel. 2178-8111.
Puduraya Hotel, für Durchreisende sehr praktisch im 4. Stock des zentralen Pudu Raya Busbahnhofs in Chinatown gelegen, Tel. 2072-1000, Fax 2070-5567, puraya@tm.net.my.
Citin Hotel, modern eingerichtet, gegenüber Pudu Raya Busstation, 38 Jl. Pudu, Tel. 2031-7777, Fax 2031-7911, www.citinhotels.com.
Heritage Station Hotel, Nostalgie und Patina garantiert, etwas abgewohnt, aber sauber, Old Railway Station, Jl. Sultan Hishamuddin, Tel. 2273-5588, Fax 2273-7566.
Classic Inn, sauberes, ruhig gelegenes Haus, freundliches Personal, 52 Lorong 1/77a, Changkat Thambi Dollah, Tel. 2148-8648.
Nova, liegt, von Garküchen umgeben, in Bukit Bintang, 16-22 Jl. Alor, Tel. 2143-1818, Fax 2142-9985, info@novahtl.com.

😊 **Travellers Station**, sehr einfach, aber ideal für Rucksackreisende, freundliche Atmosphäre, im ehemaligen Bahnhof, Tel. 2272-2237.

MALAYSIA – UNTERKUNFT

Hotel City, saubere kleine Zimmer, gute Matratzen, TV, WLAN, 118-120A Jl. Petoling, Tel. 2026-6288.
Das **Katari**, etwas anspruchsvoller, liegt dem Pudu Raya Busbahnhof gegenüber, Tel. 2031-7777, Fax 2031-7911.
YMCA, nahe Monorail KL Sentral, relativ ruhig, saubere Zimmer, 95 Jl. Padang Belia / Jl. Kandang Kerbau, Tel. 2274-1439.
YWCA, von Garten umgeben, auch für verh. Paare u. Familien, 12 Jl. Hang Jebat, Tel. 2070-1623.
Equator Hostel, nette Atmosphäre, 70 Lorong 1/77A, Changkat Thambi Dollah, Tel. 2145-2120. Weitere Billighotels in Chinatown, Jl. Masjid India und der Jl. Tuanku Abdul Rahman.

UMGEBUNG VON KUALA LUMPUR (☎ 03)

Sepang, KLIA

☺☺☺ **KLIA Pan Pacific**, direkt am Flughafengebäude, Tel. 8787-3333, Fax 8787-5555, resvns@ppklia.com.my.

Petaling Jaya

☺☺☺ **Petaling Jaya Hilton**, Business-Hotel, 15 km von K.L, 45 km von KLIA entfernt. 2 Jl. Barat, Tel. 7955-9122, Fax 7955-3909, petaling-jaya@hilton.com.

☺☺ **Crystal Crown**, angenehmes 4-Sterne-Haus, Tel. 7958-4422, Fax 7958-8408, cchpj@crystalcrown.com.my.

Kelang (Klang)

☺☺ **Histana Hotel**, komfortabel, 10 Min von Shah Alam, 10 Jl. Batu Tiga Lama, Tel. 3343-8999, Fax 3341-8000.

Genting Highlands

☺☺☺ **Genting Hotel**, **First World Hotel** und **Highlands Hotel**, auf 1800 m gelegen ist die pompöse Anlage eines der weltweit größten Hotels, Tel. 2718-1118, Fax 2718-1888.
Awana Golf and Country Resort, eindrucksvolle Architektur, umgeben von 16-Loch-Golfkurs und Regenwald, Tel. 6436-9000, Fax 6101-3535.

4 PERAK

Fraser's Hill (☎ 09)

☺☺☺ **Ye Olde Smokehouse**, wo „the good old Colonialstyle" lebendig gehalten wird, Tel. 362-2226, Fax 362-2035.

☺☺ **The Quest Resort**, im Ortszentrum, Terrassenbau, Tel. 362-2300, Fax 362-2284. **Silverpark**, bei Malaysiern sehr beliebt, Condominiums, Tel. 362-2888, Fax 362-2185.

Cameron Highlands (☎ 05)

☺☺☺ **Concorde Lakehouse**, wunderschöne Lage, old-english Flair, Ringlet, Tel. 495-6152, Fax 495-6213.
Ye Olde Smokehouse, englische Atmosphäre, fast perfekt, sehr gepflegt, Tanah Rata, Tel. 491-1215, Fax 491-1214.

☺☺ **Heritage**, große komfortable Bettenburg, Tanah Rata, Tel. 491-3888, Fax 491-5666, www.heritage.com.my.
Casa de La Rosa, Golfresort, eines der zahlreichen neuen „alten" Hotels, Tanah Rata, Tel. 491-1333, Fax 491-5500.

☺ **Father's Guest House**, einfach, sauber, gute Infos, Restaurant, Tanah Rata, Tel. 491-2484.
Twin Pines Chalet, am Ortsrand, sauber, Restaurant, Tanah Rata, Tel. 491-2169.

Bukit Larut (Maxwell Hill, ☎ 05)

☺☺ **Furama Hotel**, nette Lage zwischen Zentrum und Lake Gardens, sauber, 30 Jl. Peng Loong, Tel. 807-1077.
Panorama Hotel, zentral, sauber, freundlich, Jl. Kota, Tel. 808-4111.

Ipoh (☎ 05)

☺☺☺ **Impiana**, bestes Haus der Stadt, 200 Zimmer, 18 Jl. Raja Dr Nazrin Shah, Tel. 255-5555, Fax 255-8177.

☺☺ **Majestic Hotel**, renoviertes Kolonialhotel mit Flair, Railway Station, Tel. 255-5607.

MALAYSIA – UNTERKUNFT

Excelsior, mit 3 Restaurants, Bäckerei und Disco, Frühstück inkl., Jl. Sultan Abdul Jalil, Tel. 253-6666, Fax 253-6912.

ⓢ **Embassy Hotel**, saubere, zur Straße laute Zimmer, 39 Jl. CM Yussuf, Tel. 254-9496.
New Caspian Hotel, gemütlich renoviertes chinesisches Haus, 20-26 Jl. Ali Pitchay, Tel. 255-1221.
YMCA, einfach, verkehrsmäßig etwas ungünstig, 211 Jl. Raja Musa Aziz, Tel. 254-0809.

Kuala Kangsar (☎ 05)

ⓢⓢ **Safari Sungai Perak**, Jl. Daeng Selili, Tel. 777-2020, Fax 777-2029, nördl. des Stadtzentrums, modernes Hotel am Fluss.

ⓢ **Rumah Rehat**, großzügige Zimmer mit schöner Sicht über den Fluss, Jl. Istana, Tel. 776-1514.
Double Lion, Hotel und Restaurant, in großem, alten Holzhaus nahe Busstation, 74 Jl. Kangsar, Tel. 776-1010, Fax 777-7643.

Taiping (☎ 05)

ⓢⓢ **Legend Inn**, geräumige Zimmer, zentrale Lage, 2 Jl. Long Jaafar, Tel. 806-0000, Fax 806-6666.

ⓢ **Cherry Inn**, saubere Zimmer in einem Haus, das an ein etwas kitschiges chinesisches Museum erinnert, 17 Jl Stesen, Tel. 805-2223.

Pulau Pangkor (☎ 05)

ⓢⓢⓢ **Pangkor Island Beach Resort**, über 750 Zimmer, große Anlage, mit großem Freizeit- und Wellness-Angebot, Teluk Belanga, Pulau Pangkor, Tel. 685-1091, Fax 685-1852.

ⓢⓢ **Vikri Beach Resort**, angenehme, schattige Anlage unter indischer Leitung, auch für Familien geeignet, Pantai Pasir Bogak, Tel. 685-4258.
Sea View Hotel, Zimmer und Chalets, mit Blick auf Meer oder Pool, chinesisches Restaurant, Pantai Pasir Bogak, Tel. 685-1605.

ⓢ **Purnama Beach Resort**, komfortable Unterkunft in Einzel- oder Doppelchalets, Frühstück möglich, Teluk Nipah, Tel. 685-3530, Fax 685-4269.
Nipah Bay Villa, gepflegte Anlage mit Bungalows und Zimmern, gutes Restaurant, Lot 4442, Teluk Nipah, Tel. 685-2198, Fax 685-2386. Viele weitere Billigunterkünfte an derselben Bucht (Teluk Nipah).

Lumut (☎ 05)

ⓢⓢⓢ **Orient Star**, großzügig angelegt, gute *Western*-Küche, Jl. Iskandar Shah, Tel. 683-3800.
Swiss Garden Damai Laut, sehr große Anlage nördl. von Lumut mit viel Natur, toller Meerblick, Jl. Dawai Laut, Tel. 684-3333, Fax 618-3388.

ⓢⓢ **Blue Bay Resort**, große Zimmer, con Restaurantterrasse Blick über den Hafen, Pool, Jl. Titi Panjang, Tel. 683-6939, Fax 683-6239.

ⓢ **Indah**, saubere Zimmer, die größeren mit Meerblick, Restaurant, 208 Jl. Iskandar, Tel. 683-5064, Fax 683-4220.

5 KEDAH UND PERLIS

Alor Setar (☎ 04)

ⓢⓢ **Holiday Villa**, Hochhaus über Einkaufszentrum, gepflegte Zimmer, 163 Jl. Tunku Ibrahim, Tel. 734-9999.
Grand Crystal, ruhig, zentral gelegen, 40 Jl. Kampung Perak, Tel. 731-3333, Fax 731-6368.
Samila Hotel, akzeptable Zimmer, freundliches Management, 27 Jl. Kanchut, Tel. 731-8888.
Star City, neues Haus für Geschäftsreisende, Cafeteria, 88 Jl. Pintu Sepuluh, Tel. 735-5888.

ⓢ **Grand Jubli Hotel**, saubere, geräumige Zimmer, gute Lage, 429 Jl. Kanchut, Tel. 733-0197.

Gunung Jerai (☎ 04)

ⓢⓢ **Regency Jerai Hill Resort**, großzügige Doppelbingalows und Chalets in kühler Höhenlage (1000 m), Restaurant mit Terrasse, Tel. 466-7777.

Insel Langkawi (☎ 04)

ⓢⓢⓢ **Berjaya Beach & Spa Resort**, weitläufige Anlage, 2011 renoviert, Teluk Burau, Tel. 959-1888, Fax 959-1886, resvn@b-langkawi.com.my.
Sheraton Langkawi Beach Resort, Luxus pur an kleinem Strand, aber großer Pool, Teluk Nibong, Tel. 952-8000, Fax 952-8050.

MALAYSIA – UNTERKUNFT

Pelangi Beach Resort, traumhafte Lage am Strand, Pantai Cenang, Tel. 955-1001, Fax 955-1122, pelangi.pbl@meritus-hotels.com.
Tanjung Rhu, schönes Resort mit viel Freizeitangebot und exquisitem Restaurant, Tel. 959-1033, Fax 959-1899, resort@tanjungrhu.com.my.
The Datai, von tropischem Wald umgeben, eigener Strand, super Spa, Tel. 959-2500, Fax 959-2600, datai@ghmhotels.com.

😊😊 **Pangipani Langkawi Resort & Spa**, teure Luxusanlage mit Ökoanspruch, Pantai Tengah, Tel. 955-2020, 955-1511, Fax 955-1531.
Nadias Inn, nicht am Strand, Pool, inkl. Frühstück, Pantai Cenang, Tel. 955-1403.
The Cabin, nett eingerichtete Zimmer in stilvoll konvertierten Containern, gepflegter Garten rundherum, Pantai Cenang, Tel. 417-8499.
Beach Garden, beliebtes Restaurant mit deutscher und malaysischer Küche, deutsche Leitung, Pantai Cenang, Tel. 955-1363, Fax 955-1221.

😊 **Rainbow Lodge**, ruhige Lage, netter Besitzer, unterschiedlich ausgestattete Zimmer, Tel. 012-513-6103.
AB Motel, Pantai Cenang, Tel. 955-1300. Weitere Einfachunterkünfte am Pantai Cenang und Pantai Tengah.

Kangar (☎ 04)

😊😊😊 **Putra Palace**, komfortable Zimmer, 2 Restaurants, Pool, ca 2 km außerhalb, 135 Persiaran Jubli Emas, Tel. 976-7755, Fax 976-1049.

😊 **Federal Hotel**, saubere Zimmer, gutes Restaurant, 104 Jl. Kangar, Tel. 976-6288.

Kuala Perlis (☎ 04)

😊😊 **Putra Barasmana**, modern, zweckmäßig, mit Restaurant, und Biergarten, größtes Hotel vor Ort, Jl. Kampung Perak, Tel. 985-5900, Fax 985-2900.
Seaview Hotel, renoviert, sauber, Frühst. inkl., Jl. Persiaran Putra Timur, Tel. 985-2171.

6 PENANG

Georgetown (☎ 04)

😊😊😊 **Eastern & Oriental (E & O)**, eines der legendären Hotels Asiens, komplett restauriert, 10 Lebuh Farquhar, Tel. 222-2000, Fax 261-6333, hotel-info@e-o-hotel.com.
Bayview Hotel, 4-Sterne-Komfort mit Pool und Drehrestaurant, 25 Lebuh Farquhar, Tel. 263-3161, Fax 263-4124.

😊😊 **Segara Ninda**, restauriertes Kolonialhaus mit 16 Zimmern, zahlreiche Bars in der Nähe, 20 Jl. Penang, Tel. 262-8748.
Hotel Jen, über 400 Zimmer, nahe KOMTAR Bldg., Außenpool, Shuttle zum Batu-Ferringi-Strand (freier Gastzugang zum Hotel Golden Sands Resort), Jl. Magazine, Tel. 262-2622, Fax 261-6526, www.hoteljen.com.
Banana Boutique Hotel, angenehme, bunte Zimmer und Suiten, freundliches Personal, 422 Lebuh Chulia, Tel. 261-0718.
Cititel, komfortables Businesshotel, großes Buffet, 66 Jl. Penang, Tel. 370-1188.
Continental, komfortable 230 Zimmer mit Meer- oder Stadtblick, Pool, 5 Jl. Penang, Tel. 263-6388.
Towne House, saubere Zimmer, 70 Jl. Penang, Tel. 263-8621.
Malaysia, renoviert, angenehme Zimmer, von oberen Etagen gute Aussicht, 7 Jl. Penang, Tel. 263-3311, Fax 263-1621.
Hotel Penaga, neues Boutiquehotel mit geräumigen, künstlerisch eingerichteten Zimmern, Restaurant, Pool und Spa, Jl. Hutton/Lebuh Clarke, Tel. 261-1891,

😊 **Cathay Heritage**, in schönem Kolonialgebäude, 15 Lebuh Leith, Tel. 262-6271, Fax 263-9300.
Hutton Lodge, ehemaliges Wohnhaus, originalgetreu restauriert, kleine, saubere Zimmer, auch Schlafsaal, kleiner Garten, Frühstück inkl., 17 Jl. Hutton, Tel. 263-6033.
1926 Heritage, von den 4 Heritage-Hotels das beste, freundlich, 227 Jl. Burma, Tel. 228-1926.
Waldorf, sauber, Restaurant, Health Centre, 13 Lebuh Leith, Tel. 262-6141.
Star Lodge, einfache, sehr saubere, unterschiedlich große Zimmer, Air Condition gegen Aufpreis, 39 Lebuh Munki, Tel. 262-6378.
Zahlreiche Billighotels findet man in den Straßen

MALAYSIA – UNTERKUNFT

Lebuh Leith, Lebuh Chulia und Lorong Love.

Batu Ferringhi (☎ 04)

🌑🌑🌑 **Holiday Inn Penang**, direkt am Melacca Straights, Tel. 0800-181-6068, Fax 881-1389, hirp@tm.net.my.
Shangri La's Rasa Sayang Resort & Spa, Luxus, Wellness, tolle Lage am Meer, Tel. 888-8888, Fax 881-1800.
Shangri La's Golden Sands, parkähnliche Anlage, mehrere Pools, Tel. 881-1911, Fax 881-1880.
Lone Pine, ältestes Hotel vor Ort, wurde im Boutique-Stil umgebaut, Tel. 222-2000.

🌑 **Ali's Guesthouse**, im malaiischen Stil, kleines Restaurant am Strand, 2012 nach Brand neu gebaut, 53 + 54B Jl. B. Ferringhi, Tel. 552-3877, alisguesthouse@hotmail.com. Weitere Billigunterkünfte in der Nachbarschaft.
Baba Guesthouse, sauber freundlich, einfache Zimmer, 52 Jl. B. Ferringhi, Tel. 881-1686.

Tanjung Bungah (☎ 04)

🌑🌑 **Crown Prince**, günstig gelegenes 4-Sterne-Haus, Tel. 890-4111, Fax 890-4777.

7 SÜDEN

NEGERI SEMBILAN (☎ 06)

Seremban

🌑🌑🌑 **Royale Bintang Resort & Spa**, 4-Sterne-Anlage mit großem Restaurant-Angebot, Jl. Dato A.S. Dawood, Tel. 766-6666.

🌑🌑 **Seri Malaysia**, Jl. Sungai Ujung, westl. der Innenstadt, Tel. 764-4180, Fax 764-4179.

🌑 **Carlton Star**, saubere Zimmer in älterem Gebäude, 47 Jl. Dato Sheikh Ahmad, Tel. 763-6663.

Port Dickson

🌑🌑🌑 **Avillion**, auf Stelzen ins Meer hinaus gebaut, Km 6, Jl. Pantai, Tel. 647-6688, Fax 647-7688.

Corus Paradise Lagoon Resort, Resorthotel mit gutem Ruf, Km 4, Jl. Pantai, Tel. 647-7600, Fax 647-7630.

🌑🌑 **Seri Malaysia**, am Wochenende überteuert, Zugang zu weitem Strand, Km 6, Jl. Pantai, Tel. 647-6070, Fax 647-6028.

🌑 **Kong Ming Hotel**, Km 13, Jl. Pantai, Tel. 662-5683. Weitere einfache Hotels und Bungalowanlagen am Strand.

Kuala Pilah

Government Resthouse, schöne Aussicht von Zimmer und Chalets, Jl. Bukit, Tel. 481-1018.

Tampin

Government Resthouse, Jl. Seremban. Tel. 441-1924.

Bahau

Government Resthouse, Jl. Pegawai. Tel. 454-4788.

Melaka (☎ 06)

🌑🌑🌑 **Ramada Plaza Melaka**, Luxus, modern, freundlich, relativ zentral, Jl. Bendahara, Tel. 284-8888, Fax 284-9269.
The Majestic, beste Adresse vor Ort, hinter dem alten Kolonialhotel (jetzt Baba-Nyonya-Restaurant) ragt 10stöckiges Boutique-Hotel empor, 188 Jl. Bunga Raya, Tel. 289-8000.
The Sterling, Luxus-Boutiquehotel mit 37 angenehmen Zimmern, Rooftop-Restaurant, umweltbewusste Energieversorgung, Jl. Temenggeng, Tel. 283-1188.

🌑🌑 **Heeren Inn**, freundlich geführtes Haus mit netten kleinen Zimmern, Fahrradverleih, Tel. 281-4241.
Casa del Rio, neues Hotel, spanisches Ambiente, am Melaka River, direkt bei Jonkers Street, 85 Jl. Kota Laksamana, Tel. 289-6888, Fax 289-6999.
Equatorial, nahe der historischen Gebäude am Padang, Bandar Hilir, Tel. 282-8333, Fax 282-9333.
Courtyard@Heeren, attraktives Boutiquehotel in restauriertem Kolonialhaus, 91 Jl. Tun Ton Cheng Lock, Tel. 281-0088, Fax 282-4888.
Hotel Mimosa, angenehme Zimmer mit Kühl-

MALAYSIA – UNTERKUNFT

schrank, 108 Jl. Bunga Raya, Tel. 282-1113, Fax 282-9122.
Baba House, traditionelles Flair, einige Zimmer ohne Fenster, 125 Jl Tun Tan Cheng Lock, Tel. 281-1216, Fax 281-1217.

🅢 **River View Guesthouse**, kleines chinesisches Haus mit sauberen Zimmern, freundlich, , toller Fluss-Blick, 94/96 Kg. Pantai, Tel. 012-327-7746.
Sama-Sama Guest-House, renoviertes 300 Jahre altes Haus mit 7 Zimmern, ruhige Lage in der Altstadt, beliebter Traveller-Treff, 76 Jl. Tukang Besi, Tel. (012) 305-1980.
Apa Kaba Homestay, altes Haus in zentraler, ruhiger Lage, schöner Garten, 7 Zimmer, teils mit Gemeinschafts-WC/Dusche, Kampung Banda Kaba, Tel. 283-8196.
In der Jl. Bunga Raya befinden sich mehrere Billigunterkünfte und Guesthouses.

FERIENRESORTS: **Paradise Malacca Village Resort**, Air Keroh, Tel. 232-3600.
Air Keroh Country Resort, Air Keroh, Tel. 232-5211, Fax 232-0422. Beide Anlagen befinden sich in der Nähe eines gepflegten 18-Loch-Golfplatzes.
Shah's Beach Resort, 50 Chalets, Pool, Garten, Batu 6,5 (miles), Tanjong Kling, Tel. 315-2120.
Tanjung Bidara Beach Resort, Tanjung Bidara, 40 km nördl. von Melaka, Tel. 384-2990, Fax 384-2995.

Johor Bahru (☎ 07)

🅢🅢🅢 **Puteri Pan Pacific**, 500 Zimmer, zentrale Lage, großes Sport- und Restaurantangebot, Jl. Abdullah Ibrahim, Tel. 219-9999, Fax 219-9998.
Zon Regency, liegt innerhalb der Duty Free Zone, mehrere Restaurants, Pool, Spa, 88 Jl. Ibrahim Sultan, Tel. 221-9999.
Mutiara Johor Bahru, viel Komfort auf 14 Stockwerken, etwas nördl. des Zentrums, Jl. Datu Suleiman, Tel. 332-3800, Fax 331-8884.

🅢🅢 **Tropical Inn**, angenehmes Haus, zentral, 15 Jl. Gereja, Tel. 224-7888.
J. A. Residence, komfortables Hochhaushotel, zentrale Lage, 18 Jl. Wong Ah Fook, Tel. 221-3000.
🅢 **Straits View**, tolle Lage über Meerenge, Jl. Abu Bakor, Tel. 224-1400, Fax 224-2698.
Footloose Homestay, ruhig gelegenes Gästehaus, 44 Jl. Ismail , Kg. Gestak Merah, Tel. 224-2881.

Desaru (☎ 07)

🅢🅢🅢 **The Pulai Desaru Beach**, weitläufige, angenehme Anlage, sehr kinder- und familienfreundlich, Tel. 822-2222.
🅢🅢 **Desaru View**, strandnah gelegen, Tel. 822-1680, Fax 822-1237.

8 TAMAN NEGARA

Nationalpark Taman Negara (☎ 09)

Man kann die Unterkunft im Parkhauptquartier in Kuala Tahan und die Bootsfahrt ab Kuala Tembeling über Reisebüros oder direkt beim K.L. Büro des Taman Negara Resort im Istana Hotel buchen. In der Ferienzeit kann es zu Engpässen kommen.

🅢🅢🅢 - 🅢 Im Park bietet nur das **Mutiara Taman Negara Resort** Unterkünfte an, vom Suite Bungalow über Chalets bis hin zu Dormitory und Campingplatz. Internat. Reserv. Tel. 00618-529-8033, Tel. 266-2200, Fax 266-1500, info@tamannegararesort.com. Reservierung in Kuala Lumpur unter Tel. (03) 2141-9822.

🅢🅢 **Rainforest Resort**, geräumige Zimmer, Restaurant, Innenhöfe, Tel. 266-7888, Fax 267-2352, Reservierung in Kuala Lumpur unter Tel. (03) 4270-6633.

🅢 **Hütten** außerhalb des Parks, auf der „privaten" Flussseite; dort, etwas flussaufwärts, auch das **Nusa Holiday Village**, Tel. 266-2369, Fax 266-4369.

Jerantut (☎ 09)

Übernachtungsmöglichkeit bei der Anreise zum Taman Negara Nationalpark:
🅢🅢 **Wan Hotel & Café**, 16 moderne, komfortabel eingerichtete Zimmer mit TV, Klimaanlage, Frühstück inkl., in der Nähe des neuen Busterminals, Jl. Singai Jan, Tel. 260-2255.
🅢 **Indraputra**, neues Hotel am neuen Busterminal, unterschiedlich große Zimmer, Tel. 260-1989.

MALAYSIA – UNTERKUNFT

Gerik (Grik, ☎ 05)

⑤ **Government Resthouse**, Tel. 791-1454. Man kann auch in einfachen chinesischen Hotels in der Jl. Takong Datok übernachten.

9 NÖRDLICHE OSTKÜSTE

Kota Bharu (☎ 09)

⑤⑤⑤ **Perdana Resort**, 10 Min. von der Stadt, großes Angebot an Aktivitäten an tollem Strand, Jl. Kuala Pak Amat, PCB, Tel. 774-4000, Fax 744-4980.
Perdana Hotel, zentral gelegenes Luxushotel für Business- und Urlaubsgäste, Jl. Mahmood, Tel. 748-5000, Fax 774-7621, perdana@tm. net.my.

⑤⑤ **Temenggong**, gute Adresse in der Nähe vieler Sehenswürdigkeiten, Jl. Tok Hakim, Tel. 748-3844, Fax 744-1481.
Dynasty Inn, sauberes Haus mit schöner Dachterrasse, Blick auf Fluss, 2865-D Jl. Sultanah Zainab, Tel. 747-3000.
Crystal Lodge, kleine, saubere Zimmer, Dachterrasse mit Fluss-Blick, 124 Jl. Che Su, Tel. 747-0888.

⑤ **Ideal Travellers House**, ruhige Lage, Garten, freundlich, 3954-F Jl. Kebuan Sultan, Tel. 744-2246.
Tokyo Baru, 3945 Jl. Tok Hakim (in der Nähe vom Busterminal, hier befinden sich weitere Billighotels), Tel. 744-4511.

Kuala Terengganu (☎ 09)

⑤⑤⑤ **Primula Beach Resort**, großes Gebäude am Batu Buruk-Strand, gepflegte Zimmer, freundliches Personal, Jl. Persinggahan, Tel. 622-2100, Fax 623-3360, primul@tm.net.my.
Grand Continental, nicht weit vom Zentrum, am Meer, Jl. Sultan Zainal Abidin, Tel. 625-1888, Fax 625-1999.

⑤⑤ **Seri Malaysia**, am Flussufer, zentral, Lot 1640, Jl. Hilton, Tel. 624-1129, Fax 623-8344.
Ming Star Hotel, moderne, unterschiedlich große Zimmer, 217 Jl. Sultan Zainal Abidin, Tel. 623-9966.

⑤ **Seri Hoover**, in renoviertem Haus, freundliches Ambiente, 49 Jl. Sultan Ismail, Tel. 623-3833.

Pulau Perhentian (☎ 09)

⑤⑤⑤ **Perhentian Island Resort**, größte Inselunterkunft, eigener sauberer Sandstrand, schön in Landschaft integrierte Anlage, Pulau Perhentian Besar, Tel. 691-1111, Fax 961-1110, reservation@perhantianislandresort.net.

⑤⑤ **Abdul's Chalets**, an schönem, ruhigen Sandstrand, Einzel-, Doppel und Reihenbungalows, sehr beliebt, gutes Restaurant, P. Perhentian, hinter Marine Park Centre, Tel. 691-1610.

Pulau Redang (☎ 09)

⑤⑤⑤ **Redang Holiday Beach Villa**, angenehme Anlage am Nordende der Bucht, Tel. 624-5500, Fax 624-5511, redholi@pd.jaring.my.

⑤⑤ **Coral Redang Island Resort**, mit Tauchschule, nettes Personal, Tel. 622-7378.
Redang Beach Resort, gutes Restaurant, Top-Tauchbasis, Sportangebot, Tel. 623-8188, 690-2800.
Auf Redang kann ein Aufenthalt meist nur mit Vollpension gebucht werden.

Marang / Pulau Kapas (☎ 09)

⑤⑤⑤ **Gemia Island Resort & Spa**, Luxusanlage mit Tauchzentrum auf Nachbar-Island Gemia, Tel. 688-2505, in K.L. (03) 7727-9287.

⑤⑤ **Turtle Valley Chalet Resort**, kleine Anlage mit 6 Häuschen an sehr ruhigem Strand, niederländische Leitung, gutes Restaurant, Tel 013-354-3650.

⑤ **Capt's Longhouse**, einfach, nett, familiär, Essen mit Captain, Tel. 017-988-9046.

Dungun / Rantau Abang (☎ 09)

⑤⑤⑤ **Tanjong Jara Beach Hotel**, eines der schönsten Resorts der Ostküste, 10 km nördlich von Dungun, Tel. 845-1100, Fax 845-1200, Buchung aus Deutschland 0800-181-7599, aus der Schweiz 0800-9899-9999.

MALAYSIA – UNTERKUNFT

⑤⑤ **Villa Eden**, angenehme Anlage mit Restaurant und Ausflugsangeboten, einige Zimmer in Strandnähe, an Zufahrtsstraße zum Tanjung Jara Resort, Tel./Fax 844-2682.

⑤ **Merantau Inn**, zwischen Rantau Abang und Tanjung Jara, Tel. 844-1131.
Awang's, einfache Bungalows am Strand, preiswertes Restaurant, Rantau Abang, Tel. 844-3500.

Kemaman-Cukai (☎ 09)

⑤⑤ **Residence Resort**, Poka, trotz Nähe zu Raffinerie sauberer Sandstrand, gepflegte Anlage, Pool, Garten, Tel. 827-3366.

Cherating (☎ 09)

⑤⑤⑤ **Club Méditerranée**, am Südende des Strands, isoliert und teuer, Chendor Beach, Tel. 581-9133 und (03) 7957-5678.

⑤⑤ **Cherating Holiday Villa**, Zi. in mehreren Häusern um Pool herum, schöne Gartenanlage, Mukim Sungai Karang, Tel. 581-9500, Fax 581-9178.

⑤ Einfache Bungalows im „alten" Dorf Cherating. Am Strand: **Mini Motel**, Tel. 581-9335.

10 SÜDLICHE OSTKÜSTE

Kuantan (☎ 09)

⑤⑤⑤ **Hyatt**, alle 330 Zimmer zum Strand, Disko, Pool, Teluk Chempedak, Tel. 518-1234, Fax 567-7577.
M.S. Garden Hotel, moderner Hochhauskomplex, große Zimmer, Lorong Gambut, Kuantan, Tel. 517-7899, Fax 517-7986, msgarden@tm.net.my.

⑤⑤ **Mega View**, Hochhausblock am Flussufer, 105 nett eingerichtete Zimmer, gutes Restaurant, 567 Jl. Besar, Tel. 517-1888, Fax 556-3999.
Le Village Beach Resort, ideal für Wassersportler, Sg. Karang, 14 km nördlich von Kuantan, Tel. 544-7900.

⑤ Billighotels: in der Jalan Besar, in der Nähe des Busbahnhofs und in Jl. Teluk Sisek zahlreiche Stundenhotels.

Temerloh (☎ 09)

⑤⑤ **Green Park**, höchstes und bestes Hotel der Stadt, 1 Jl. Terkukur / bei Jl. Merbah, Tel. 296-3333, Fax 296-2517.

⑤ **Temerloh Resthouse**, ruhig auf einem Hügel gelegen, gutes Restaurant, 5 Min. vom alten Busbahnhof, Jl. Doto Hamzah, Tel. 296-3218.
Seri Malaysia, mit Pool, gute Fischgerichte, Jl. Hamzah, Tel. 296-5776.

Mersing (☎ 07)

⑤⑤ **Havanita**, modernes Haus mit charmant eingerichteten Zimmern, 88 Jalan Endau, Tel. 799-8666.

⑤ **Mersing**, unterschiedliche Zimmer, ordentliches Restaurant, 1 Jl. Dato' Timor, Tel. 799-1004.
Embassy Hotel, saubere, geräumige Zimmer, chinesisches Restaurant, 2 Jalan Ismail, Tel. 799-3545.
Country Hotel, 11 Jalan Sulaiman, Tel. 799-1799.

Kuala Rompin (☎ 09)

⑤⑤ **Rompin Beach Resort**, moderne ruhige Unterkunft in Strandnähe, Pool, Tennis, Fahrradverleih, 2 km außerhalb, Jl. Pantei Hiburan, Tel. 414-3333.

Segamat (☎ 07)

⑤ **Mandarin Inn**, 99 Jl. Genuang, Tel. 931-1013.

Lake Chini (Tasik Chini, ☎ 09)

⑤ **Rajan Jones Guest House**, 1 km entfernt vom See, 10 einfache Zimmer im Langhaus mit HP, Besitzer R. Jones bietet Dschungeltouren an, Tel. 017-913-5089 (Anmeldung ist ratsam).

Pulau Rawa (☎ 07)

⑤⑤ **Rawa Island Safaris Resort**, über das Büro am Anleger in Mersing buchbar, Tel. 799-1204, Fax 799-3848, relativ teuer.

Pulau Sibu (☎ 07)

⑤⑤ **Twin Beach Resort**, zwischen zwei Stränden, viel Wassersport, Tel. in K.L. (03) 2300-2270.

MALAYSIA – UNTERKUNFT

Sea Gypsy Village Resort, Tauchbasis, breites Sportangebot, Unterkünfte in verschied. Standards, Vollpension, Tel. 222-8642, www.siburesort.com.

Insel Tioman (☎ 09)

🟢🟢🟢 **Berjaya Tioman Beach Resort**, 400 angenehme Zimmer und Chalets mit AC, 18-Loch-Golfplatz, Tennis, Volleyball, Basketball, Tauchstation, Tel. 419-1000, Fax 419-1718.
Japamala Resort, exklusive Anlage mit Chalets und Zimmern, teilweise im Dschungel, in Strandnähe, 2 Restaurants, Pool; Kampung Nipah, Tel. 419-7777, in K.L. (03) 2161-0769.

🟢🟢 **Melina Beach Resort**, geschmackvoll eingerichtete Doppelchalets und Zimmer, Suites und Baumhaus sowie neu eröffnete Schildkrötenstation, 29 Min. (zu Fuß) südl. von Kampung Paya, Tel. 419-7080.
Swiss Cottage, attraktive Anlage im Grünen mit Schatten, 7 große adrette Chalets, 8 Zimmer mit AC im Langhaus, Tauchstation, Restaurant, Tel. 419-1642.

🟢 In **Tekek, Salang, Genting, Nipah** und in **Juara** gibt es zahlreiche einfache Bungalows und Chalets; empfehlenswert sind:
Nazri's Place II, gepflegte Anlage im Palmenhain, Bungalows und AC-Zimmer, unterschiedliche Preise, gutes Restaurant, nördl. vom Pier, Tel. 919-1379, 1329.
Bamboo Hill Chalets, tolle Aussicht, sehr gepflegt, kleiner Pool, nördl. vom Pier, Tel. 419-1339, in Air Batang (ABC).
Puteri Salang Inn, ruhig, gepflegt, einfache Ausstattung, nette Besitzer, Tel. 013-931-2953.

11 SARAWAK

Kuching (☎ 082)

🟢🟢🟢 **Hilton Kuching**, direkt an der Waterfront Promenade am Sarawak River, gehobener Komfort auch in älteren Zimmern, exzellente Restaurants; Jl. Tunku Abdul Rahman, Tel. 223-888, info_kuching@hilton.com.
Merdeka Palace, 5-Sterne-Komfort mit Nostalgie-Flair, Jl. Tun Abang Haji Openg, Tel. 258-000, info@merdekapalace.com.my.

Batik Boutique Hotel, modern-stylisches Haus mit 3 Etagen, nettes Personal, 38 Jl. Padungan, Tel. 422-845.
Riverside Majestic, Luxus in Glas und Chrom, mit Shopping Centre, Jl. Tunku Abdul Rahman, Tel. 247-777, Fax 425-858, kikch@po.jaring.my.

🟢🟢 **Telang Usan**, ruhige Lage, sauber, gutes Restaurant, Lot 72-73, Jl. Ban Hock, Tel. 415-588, Fax 425-316.
Harbour View, neben Tua Pek Kong-Tempel, einige Zimmer mit gutem Blick über den Fluss, Lorong Temple, Tel. 274-666.

🟢 **Fairview Guesthouse**, altes Haus mit 9 Zimmern, Garten, entspanntes Ambiente, 6 Jl. Taman Budaya, Tel. 240-017.
Three House B&B, kleines, nettes Guesthouse, ruhige Lage, 51 Upper China St., Tel. 013-835-1031.

Damai Beach (☎ 082)

🟢🟢🟢 **Damai Puri Resort & Spa**, moderne Anlage mit ca. 200 Zimmern, 2 Pools, Tennis, Frühstück inkl., Tel. 846-900.

🟢🟢 **Village House**, geschmackvoll eingerichtete, ruhig gelegene Boutique-Anlage, Pool und Restaurant, gutes Frühstück inkl., Kampung Santubong, Tel. 846-166.

🟢 **Lehdo Inn**, saubere, geräumige, moderne Zimmer, 21 Jl. Tukang Besi, Tel. 331-894.

Batang Ai / Bandar Sri Aman (☎ 083)

🟢🟢🟢 **Hilton Batang Ai Longhouse Resort**, im Stil der Iban-Langhäuser der Umgebung. Buchung über Hilton in Kuching, Lubok Antu, Sri Aman, Tel. 584-388, Fax 584-399.

🟢 **Alishan Hotel**, sauber, gutes Restaurant, 120 Jl. Council, Tel. 321-167.
Hoover Hotel, bessere Zimmer im 4. Stock, 139 Club Road, Tel. 321-985.

Sibu (☎ 084)

🟢🟢🟢 **RH Hotel**, neues 226 Zimmer-Haus mit Pool, Frühstück inkl., Jl. Kampung Nyabor, Tel. 336-

MALAYSIA – UNTERKUNFT

888.
Tanah Mas View, luxuriös, Pool, 277 Jl. kg. Nyabor, Tel. 333-188, Fax 333-288.

😊😊 **Premier**, in bester zentraler Lage, Komforthotel, Sarawak House Komplexs, Jl. Kampong Nyabor, Tel. 323-222, Fax 323-399.
Garden, die neuen Zimmer sind vorzuziehen, Frühstück inkl., am Rand der Altstadt, 1 Huo Ping Rd., Tel. 317-888, Fax 330-999.

😊 **Sarawak**, ziemlich zentral, 34 Cross Rd., Tel. 333-455, Fax 320-536.

Kapit (☎ 084)

😊😊 **Regency Pelagus Resort**, flussaufwärts von Kapit am Rajang-Fluss, Tel. 799-9050, Fax 799-051.
Meligai, einfache Zimmer, Restaurant, Lot 334, Jl. Lapang Terbang, Tel. 796-611, Fax 796-817.

😊 **Star Hill Inn**, 8 nette modern eingerichtete Zimmer, 31 Jl. Teo Chow Beng, Tel. 788-059.

Miri / Mulu (☎ 085)

😊😊😊 **Miri Marriott Resort & Spa**, großes Freizeitangebot, für Familien bestens geeignet, ca. 4 km südlich der Stadt, Jl. Temenggong Datuk Oyong Lawai, Tel. 421-121, Fax 420-199
Mulu Marriott Resort & Spa, Top-Hotel am Zugang des Gunung Mulu National Park, 2013 neu eröffnet, Pool, Bootsanleger, Sungai Melinau, Baram, Tel. 792-388, royalmulu@royalmuluresort.com., www.royalmuluresort.com

😊😊 **Meritz Hotel**, moderner 18-Etagen-Bau mit Drehrestaurant (17. Stock), Rooftop-Bar, freundliches Personal, Pool, Spa, Fitness, Jl. Miri Pujut, Tel. 417-888.
Kingwood Inn Miri, angenehme Ausstattung, 826 Jl. Yu Seng Utara, Tel. 415-888, Fax 415-009.

😊 **Today Inn**, kleine, saubere Unterkunft, Reservierung ratsam, 571 Jl. Lee Tok, Tel. 414-000.
Dragon Inn, angenehme Zimmer mit moderner Ausstattung, auch für Familien geeignet, ruhige Lage, 355 Jl. Masijd, Tel. 422-266

Bintulu (☎ 086)

😊😊 **Kemena Plaza** (ehem. Regency), kürzlich renoviert und komfortabel, Sunsetview vom 7. Stock, 116 Taman Sri Dagang, Jl. Abang Galau, Tel. 335-111, Fax 332-742.

😊 **River Front Inn**, saubere, nette Zimmer, teilweise mit Flussblick, 256 Taman Sri Dagang, Tel. 333-111, Fax 339-577..

Limbang (☎ 085)

😊😊 **Purnama**, angenehme Zimmer auf 10 Etagen, inkl. Frühstück, Jl. Buangsiol, Tel. 216-700.

😊 **East Asia Hotel**, saubere, teilweise renovierte Zimmer, am Fluss gelegen, Jl. Wong Tsap En/Jin Wayang, Tel. 215-600.

12 SABAH

Kota Kinabalu (☎ 088)

😊😊😊 **Pan Pacific Sutera Harbour Resort**, Golf- und Luxushotel, 1, Sutera Harbour Boulevard, Tel. 318-888, Fax 317-777, sutera@suterah.po.my.
Shangri-La's Tanjung Aru Beach Resort, erstklassiges und beliebtes Strandhotel unmittelbar vor den Toren der Stadt, Jl. Aru, Tel. 327-888, Fax 327-878, tah@shangri-la.com.
Hyatt Regency, zentral, 300 luxuriöse Zimmer, angeschlossenes Musik-Pub „Shenanigan's", Jl. Datuk Salleh Sulong, Tel. 221-234, Fax 285-972, sahrkk@tm.net.my.
The Palace Hotel, ruhig, im Grünen auf einem Hügel, Gebäude ähnelt einer Burg, innen ist es modern ausgestattet, Pool, schöne Aussicht, nahe am Stadtzentrum (ca. 15 Min. zu Fuß), 1 Jl. Tangki, Tel. 217-222.

😊😊 **Tang Dynasty**, ca. 200 gut eingerichtete Zimmer, Pool, Fitness Centre, 1-1 Lorong Plaza Wawasan, Tel. 263-389, Fax 263-989, tdbh@hoteltangdynasty.com.
Hotel Eden 54, 23 saubere, eher kleine Zimmer mit moderner Einrichtung, auch preiswertere Zimmer ohne Fenster, 54 Jl. Gaya, Tel. 266-054.
Jesselton, in den letzten Tagen der britischen Kolonialherrschaft erbaut, 26 Zimmer, 69 Gaya Street, Tel. 223-333, Fax 240-401, jesshtl@po.jaring.my.

MALAYSIA – UNTERKUNFT

Imperial Boutec Hotel, preiswerter Komfort, teilweise mit Meerblick, Jl. Tun Fuad Stephens, Tel. 525-969.

🟢 **Backpacker Lodge** (Bed & Breakfast), ruhige Lage, nettes Ambiente, Lot Nr. 25, Lorong Dewan, Australia Place, Fax/Tel. 261-495.
Sensi Backpackers Hostel, freundliches Haus mit 3 kleinen Zimmern, 2 Schlafsälen und 1 Zimmer mit 4 Betten, Kaffee, Tee und Frühstück inkl., 103 Jl. Gaya, Tel. 272-2796.

Tunku Abdul Rahman Park

Nur auf den Inseln, **Manukan** und **Gaya**, kann man in komfortablen Chalets übernachten.

🟢🟢🟢 **Gayana Eco Resort**, die hoteleigene Fähre pendelt von 7.15 bis 22.35 Uhr täglich zwischen der Pier an Kota Kinabalus Waterfront und Pulau Gaya, Pulau Gaya, Tel. 271-000, 380-390 (in Kota Kinabalu), www.gayana-eco-resort.com.

Kinabalu National Park / Kundasang (☎ 088)

Unterkünfte im vielbesuchten Nationalpark und entlang des Summit Trail sind rar, teuer und teils spartanisch ausgestattet; Reservierungen im voraus in Kota Kinabalu bei **Sutera Sanctuary Lodges**, Tel. 303-917, Fax 317-540, info@suterasanctuarylodges.com. Weitere Zimmer gibt es im nahen Thermalbad **Poring Hot Springs** und in **Ranau**.

🟢🟢 **Mount Kinabalu Heritage Resort & Spa**, von den Zimmern auf der Rückseite des Hotels kann man die spektakuläre Aussicht zum höchsten Berg Südostasiens am besten genießen; 18-Loch Golfplatz, W.D.T. No. 11, Kundasang, Tel. 889-511, Fax 889-101, perkasa@tm.net.my.

🟢 **Kinabalu Moutain Lodge**, neueres Hostel, ziemlich abgelegen, mit toller Aussicht, freundlichem Personal, einfachen Zimmern und Schlafsaal, Tel. 016810-4909.

Sandakan (☎ 089)

🟢🟢🟢 **Sabah Hotel**, komfortable Zimmer oberhalb der Hafenstadt, parkartiges Gelände mit Pool, Km 1, Jl. Utara, Tel. 213-299, Fax 271-271, sales@sabahhotel.com.my.

🟢🟢 **Nak Hotel**, freundliche Atmosphäre, saubere Zimmer, Dachgarten, schöne Aussicht, Jl. Pelabuhan Lama, Tel. 272-988..

🟢 **Rose Guesthouse**, einfache, günstige Zimmer mit Gemeinschafts-WC/Dusche, sehr freundlich, Lebuh Tiga, Block 20 (Harbour Square Complex), Tel. 676-442.
Myfair, Treff der Backpacker-Szene, saubere Unterkunft, 24 Jl. Pryer, Tel. 219-892, Fax 221-827.
Malaysia, sauber, beliebtes Restaurant, 32 Jl. Dua Elopura. Tel. 218-322, Fax 218-862.

Sepilok (☎ 089)

🟢 In der Nähe der Auswilderungsstation gibt es nur wenige Übernachtungsmöglichkeiten, u. a. das **Sepilok B&B**, Jalan Sepilok, Tel. 534-050 und das **Sepilok Resthouse**, neben dem Centre, Telefon 534-050.

Kota Belud / Tuaran (☎ 088)

🟢🟢🟢 **Shangri-La's Rasa Ria Resort**, in diesem Strandhotel können Kinder unter 18 Jahren im Zimmer der Eltern ohne Aufpreis übernachten, an das Hotel angeschlossen ist der Dalit Bay Golf & Country Club, ein 18-Loch-Golfplatz, Pantai Dalit, Tuaran, Tel. 797-888, Fax 792-777.

🟢 **Tang Dynasty**, neues, angenehmes Hotel nahe dem Markt (pasar besar), Block D, Lot D 20-24, Kompleks Alapbana, Tel. 975-111.
KB Resthouse Resort, etwas außerhalb, bei der Jl. Ranau auf einem Hügel gelegen, Tel. 976-128.

Kudat (☎ 088)

🟢🟢 **Greenland Hotel**, sauber nettes Personal, Block E, Sedco Complex, Tel. 613-211, Fax 611-854.

🟢 **Hotel Kinabalu**, gutes Stadthotel, Jl. Mekor, Pekan Tomborungus, Tel. 661-200.
Sunrise, gutes Seafood-Restaurant, gegenüber Busstation, 21 Jl. Low Thien Chok, Tel. 611-517.

MALAYSIA – UNTERKUNFT

Tampat Do Aman, Öko-Anlage, rustikal in wunderschöner Lage zwischen Urwald und Meer, leckere Gerichte und Getränke auf Bestellung, Tel. 013-880-8395, www.tampatdoaman.com.

Beaufort (☎ 087)

⑤⑤ **River Park Hotel**, neues, komfortabel ausgestattetes Haus hinter Flussbrücke, Block F, New Beaufort Jaya, Tel. 223-333.

⑤ **MelDe Hotel**, einfachere Unterkunft, ok für eine Nacht, Zimmer in oberen Etagen haben Fenster, gute Nudelsuppen im Restaurant, 19-20 Lechung Park, Tel. 222-266.

Tenom (☎ 087)

⑤⑤ **Perkasa**, auf einer Hügelkuppe oberhalb der Stadt gelegen, Tel. 735-812, Fax 736-134.

Tawau (☎ 089)

⑤⑤ **Belmont Marco Polo**, mit Restaurant und Bar, zahlreiche Gruppengäste, Jl. Klinik, Tel. 777-988, Fax 763-793.
Promenade, Deluxe-Zimmer (größer, teurer) mit Meerblick, neben Einkaufszentrum Eastern Plaza, Mile 1, Jl. Kuhara, Tel. 982-888.
Merdeka, Jl. Masjid, Tel. 776-655, Fax 761-743.
Walaitokov, modern, Restaurant mit schöner Terrasse, 1733 Jl. Masjid, Tel. 772-428.

⑤ **1st Hotel**, relativ moderne Ausstattung, Jl. Bunga, Tel. 778-989.
Soon Yee Hotel, beliebt als Traveller-Treff, 1362 Jl. Stephen Tan, Tel. 772-447.

Semporna (☎ 089)

⑤⑤ **Sipadan Inn**, adrettes Hotel mit 32 sauberen Zi. m. WLAN, Block D, Lot 19-24 Semporna Seafront Resort Township, Tel. 781-766.

⑤ **Dragon Inn**, auf Stelzen ins Meer gebaute Holzhäuser mit akzeptablen Zimmern, auch Schlafsaal und überteuerte Familienzimmer, Jl. Custom, Tel. 781-088.

Lahad Datu (☎ 089)

⑤⑤ **Hotel De Leon**, komfortable, gepflegte Zimmer in modernem Haus, Frühstück inkl., Block L, Lot 1-6, Darvel Bay Commercial Centre, Tel. 881-222.
Borneo Rainforest Lodge, Buchung über das Büro der Lodge in Kota Kinabalu, Block D, Lot 10, Sadong Jaya Complex, Tel. (088) 267-637, www.borneonaturetours.com, oder das Büro in Lahad Datu, Borneo Nature Tours, Block 3, Fajar Lorong 9, Fajar Centre, Tel. 880-207.

Insel Labuan (☎ 087)

⑤⑤⑤ **Tiara Labuan Hotel**, großzügig angelegte Luxusunterkunft auf einem Hügel, Pool, mehrere Restaurants, Jl. Tanjung Batu (südwestl. v. Golfclub), Tel. 414-300.
Manikar Beach Resort, Strandhotel mit einem parkartigen Garten, Pool und schönem Terrassenrestaurant, Jl. Batu Manikar, Tel. 418-700, Fax 418-732.

⑤⑤ **Victoria Hotel**, zentrales Stadthotel; die Anlegestellen der Fähren nach Brunei, Sabah und Sarawak können bequem zu Fuß erreicht werden, Jl. Tanjong Kubong, Tel. 412-411, Fax 412-550.

13 BRUNEI

SULTANAT BRUNEI (☎ 00673)

Bandar Seri Begawan (☎ 02)

⑤⑤⑤ **The Empire Hotel & Country Club**, in Jerudong, ca. 10 km nordwestlich des Zentrums, verfügt über einen eigenen Strand am südchinesischen Meer, verschiedene Restaurants und mehrere Pools; 18-Loch Golfanlage; Sportmöglichkeiten für Tennis, Squash, Basketball, Badminton; Fitnessstudio; Wellness-Spa mit Massagen und anderen Anwendungen, Tel. 241-8888, www.theempirehotel.com
Radisson Hotel, am Rand der Innenstadt gelegenes Hotel mit Pool und Spa; Jalan Tasek, Tel. 224-4272, www.radisson.com/brunei.
Riverview Inn, außerhalb des Stadtzentrums, eigener ärztlicher Notdienst, Km 1 Jalan Gadong, Tel. 223-8238, Fax 223-7999.
Centrepoint, gepflegte Zimmer, mehrere Restaurants, Pool, Fitness, Tennis, im Einkaufszentrum

MALAYSIA – UNTERKUNFT

gelegen, Abdul Razak Complex, Jl. Gadong, Tel. 243-0430.

😊😊 **The Brunei Hotel**, 2010 renoviertes Hotel mitten in der Stadt, Jalan Pemancha, Tel. 224-4828, www.bruneihotel.com.bn.
Terrace, zentral, preisgünstig, Jalan Tasek Lama, Tel. 224-3554 bis 224-3557, Fax 222-7302.
Jubilee Hotel, günstig, sauber, Frühstück und Airport-Transfer inklusive, Jl. Kg. Kianggeh, Tel. 222-8070, Fax 222-8080.

😊 **Le Gallery Suites**, sehr angenehme Zimmer, auch Suites und Apartments, Airporttransfer und Frühstück inkl., ca 2 km westl vom Zentrum, inmitten von Einkauszentren, Jl. Tutong, Crown Princess Seri Complex, Tel. 222-1228.
Pusat Belia, (Youth Hostel), preisgünstige Mehrbett-Zimmer, Pool und Cafeteria, Jalan Sungai Kianggeh, Bandar Seri Begawan, Tel. 857-3066, jbsbelia@brunet.bn.

Kuala Belait (☎ 03)

😊😊 **Hotel Sentosa**, nahe Busbahnhof und Moschee, Frühstück inkl., 92, Jalan McKerron, Tel. 333-4341, Fax 333-1129.
Hotel Seaview, mit Restaurants, Pool und Strand, Frühstück inkl., Jalan Maulana, Tel. 333-2651, Fax 334-2770.

14 SINGAPUR

Singapur (☎ 0065)

Nicht ausgebuchte Hotels bieten ermäßigte Zimmer über die **Last-Minute-Zimmervermittlung** im Flughafen an, Tel. 6542-6955.

😊😊😊 **Goodwood Park**, eleganter Kolonialstilbau mit Garten und Pools, 22 Scotts Rd., Tel. 6737-7411, Fax 6732-8558, enquiries@goodwoodpark-hotel.com.sg.
Grand Hyatt, großer Pool und Gartenanlage, 10-12 Scotts Rd., Tel. 6738-1234, Fax 6732-1696, reservations@hyattintl.com.
Mandarin Orchard, mit Drehrestaurant auf dem Dach, asiatische Spezialitäten im Coffee Shop Chatterbox, 333 Orchard Rd., Tel. 6737-4411, Fax 6732-2361, mandarin.tms@meritus-hotels. com.
Mandarin Oriental, gigantische Lobby und gläserne Lifte, Hafenblick, 5 Raffles Ave., Tel. 6338-0066, Fax 6339-9537, orsin@mohg.com.
Raffles, der Kolonialklassiker, edel restauriert und sündhaft teuer, etliche Restaurants, Bars und Geschäfte, 1 Beach Rd., Tel. 6337-1886, Fax 6339-7650, raffles@raffles.com.
Marina Bay Sands, neuer, architektonisch spektakulärer Hotel-, Freizeit- und Einkaufskomplex der Superlative mit Dachpark und Infinity Pool in 191 m Höhe, mit Spielcasino, 10 Bayfront Avenue, Tel. 9988-8868, 6688-8888, www.marinabaysands.com.
Shangri-La, Spitzenhotel, mit französischem Restaurant, schicker Disco und großem Garten, 22 Orange Grove Rd., Tel. 6737-3644, Fax 6733-1029, sls@shangri-la,com.
The Sentosa Resort & Spa; exklusives Strandhotel, Insel Sentosa, Bukit Manis Rd., Tel. 6275-0331, Fax 6275-0228, info@thesentosa.com.
Amara, mit exzellentem Thai-Restaurant und Pool, 165 Tanjong Pagar Rd., Tel. 6224-2767, Fax 6224-3910.
Carlton, zentrale Lage, 76 Bras Basah Rd., Tel. 6338-8333, Fax 6338-3208, roomreservation@carlton.com.sg.
Grand Park Orchard, frisch renoviert, 270 Orchard Rd., Tel. 6732-1111, Fax 6732-7018, cphs@cmihotels.com.
Resorts World Sentosa, Casinohotel und weitere Hotels, mit Themenpark, Insel Sentosa, Tel. 6577-8899, 6577-8888, Fax 6577-8890, enquiries@rwsentosa.com.
Holiday Inn Singapore Orchard City Centre, 4-Sterne-Luxus, Pool auf dem Dach, 11 Cavenagh Rd., Tel. 6733-8333, Fax 6734-4593, info@holidayinn.com.sg.
Concorde Hotel Singapore, viel gelobt, 100 Orchard Rd., Tel 6733-8855, Fax 6732-7886, meridien_sales@pacific.net.sg.
Orchard, liegt am Anfang der berühmten Einkaufsstraße, riesiger Pool, 442 Orchard Rd., Tel. 6734-7766, Fax 6733-5482, sales@orchardhotel.com.sg.
Shangri-La Rasa Sentosa Resort, Insellage, Ausstattung und Service top, 101 Siloso Rd., Insel Sentosa, Tel. 6275-0100, Fax 6275-0355, sen@shangri-la.com.
Fairmont, hoher Turm mit großen Zimmern, Erholung am Pool, 80 Bras Basah Road, Tel. 6339-7777, Fax 6337-1554, www.rafflescityhotels.com/raffles.
Swissôtel The Stamford, gilt mit 73 Stockwerken

MALAYSIA – UNTERKUNFT

als Südostasiens höchstes Hotel, 2 Stamford Rd., Tel. 6338-8585, Fax 6338-2862, emailus.singapore@swissotel.com.
Hilton Singapore, gute Ausstattung, 3 Min. bis Metro, 581 Orchard Rd., Tel. 6737-2233, Fax 6732-2917, hitels@pacific.net.sg.
The Fullerton, im stilvoll renovierten ehemaligen Hauptpostamt direkt am Singapore River, mit Pool, 1 Fullerton Square, Tel. 6733-8388, Fax 6735-8388, info@fullertonhotel.com.

😊😊 **The Duxton**, besteht aus 8 luxussanierten Chinatown-Häusern, stilvoll eingerichtete Zimmer, kein Pool, 83 Duxton Rd., Tel. 6227-7678, Fax 6235-1416.
Grand Pacific, günstige Lage, auch zu Art Centre und Kunstmuseum, 101 Victoria St., Tel. 6336-0811, Fax 6339-7019, allson.business@pacific.net.sg.
Holiday Inn Atrium, in Gehweite von Chinatown, 317 Outram Rd., Tel. 6732-8456, Fax 6732-7488, singapore@concorde.net.
Furama, mitten in Chinatown, mit Pool, 60 Eu Tong Sen St., Tel. 6533-3888, Fax 6534-1489, fhsg@furama-hotels.com.
Garden, zwei Pools, ruhige Lage, Zimmer mit Balkon, 14 Balmoral Rd., Tel. 6235-3344, Fax 6235-9730, garden@pacifik.net.sg.
Ladyhill, ruhige Lage, im exklusiven, grünen Wohnviertel Fernhill Gardens, Pool, Shuttleservice in die City, 1 Ladyhill Rd., Tel. 6737-2111, Fax 6737-4606.
Lloyd's Inn, ruhige Lage, Zimmer im Motel-Stil, 2 Lloyd Rd., Tel. 6737-7309, Fax 6737-7847.
Miramar, angenehm, mehrere Restaurants, Pool, Nähr zu Einkaufszentren, 401 Havelock Rd., Tel. 6733-0222, Fax 6733-4027, miramar@pacific.net.sg.
Orchard Parade, renoviert, mediterraner Stil, 1 Tanglin Rd., Tel. 6737-1133, Fax 6733-0242, reservations@orchardparade.com.sg.
New Majestic, 26 kleine Zimmer und 4 Suites in 3 ehemaligen chines. Ladenhäusern, eigenwilliges Dekor, komfortabel, modern eingerichtet, Pool, sehr gutes Restaurant (kantones.), 31-37 Bukit Pasoh Rd., Tel. 6511-4700.
Hotel 1929, Boutique-Stil, in ehemaligen chinesischen Geschäftshaus, sehr schön dekoriert (z. B. historische Fotos), kleine, angenehme Zimmer (teilweise ohne Fenster), auch Suites, 50 Keong Saik Rd., Tel. 6347-1929.

Riverview, am Singapore River gelegen, 382 Havelock Rd., Tel. 6732-9922, Fax 6732-1034, river382@singnet.com.sg.

😊 **Sloane Court**, kleines Fachwerkhaus mit Garten, westliche Küche, etwas außerhalb der City, 17 Balmoral Rd., Tel. 6235-3311, Fax 6733-9041.
Sleepy Sam's, ruhig gelegen, angenehmes Boutique-Hotel in Fußgängerzone, gute Infos, inkl. Frühstück, 55 Bussorah St., Tel. 9695-9331, www.sleepysams.com.
South East Asia, in Fußgängerzone gelegen, 190 Waterloo St., Tel. 6338-2394, Fax 6338-3480.
Metropolitan YMCA, eher Mittelklassehotel als Jugendherberge, 60 Stevens Rd., Tel. 6737-7755, Fax 6235-5528.
YMCA International House, zentrale Lage, Mittelklasseausstattung, Pool und Squash, Reservierung nötig, 1 Orchard Rd., Tel. 6336-6000, Fax 6337-3140.
Dragon Court, in renoviertem chines. Shophouse, 18 Mosque Street, Tel. 6222-7227, Fax 6222-6116.
Hotel 81 Rocher, funktionell eingerichtete, adrette Zimmer mit Bad, zw. Little India und Bugis (MRT), 5 JI Besar, Tel. 6298-8151, www.hotel81.com.sg.
Rucksack Inn, vier gemischte Schlafsäle (6-12 Betten), einer nur für Frauen, saubere Gemeinschaftssanitäranlagen, Frühstück, 280 Lavender St., Tel. 6295-2495. Hat zwei weitere Filialen in: Hong Kong St., Tel. 6438-5146 (auch DZ); Temple Rd. (Chinatown), Tel. 6532-4990.

LIEFERBARE TITEL

– EUROPE –
Madeira 1:60,000

– ASIA –
Afghanistan 1:1,500,000
Burma ⇨ Myanmar
Bangkok and Greater Bangkok 1:15,000 / 1:75,000
Bangladesh — India North-East — Bhutan 1:1,500,000
Cambodia – Angkor 1:1,500,000
Central Asia 1:1,750,000
China:
  Central 1:1,750,000
  South 1:1,750,000
Hong Kong 1:22,500
Himalaya 1:1,500,000
India:
  India (Subcontinent) 1:4,500,000
  Ladakh – Zanskar 1:350,000
  North 1:1,500,000
  North-East ⇨ Bangladesh
  East 1:1,500,000
  West 1:1,500,000
  South 1:1,500,000
Indonesia:
  Indonesia 1:4,500,000
  Bali – Lombok 1:180,000
  Java – Jakarta 1:750,000 / 1:22,500
  Kalimantan ⇨ Malaysia-East
  Papua – Maluku 1:1,500,000
  Sulawesi – Nusa Tenggara — East Timor 1:1,500,000
Iran 1:1,750,000
Japan 1:1,500,000
Korea 1:1,500,000
Malaysia-East — Brunei — Indonesia-Kalimantan 1:1,500,000
Malaysia-West — Singapore 1:1,500,000 / 1:15,000
Myanmar (Burma) 1:1,500,000
Nepal 1:480,000 / 1:1,500,000
Pakistan 1:1,500,000
Philippines – Manila 1:1,500,000 / 1:17,500
Southeast Asia 1:4,500,000
Sri Lanka 1:500,000
Taiwan 1:400,000
Thailand 1:1,500,000
Vietnam — Laos — Cambodia 1:1,500,000

– AFRICA –
Egypt 1:2,500,000 / 1:750,000
Kenya 1:1,100,000
Namibia 1:1,500,000
South Africa — Namibia — Botswana — Zimbabwe 1:2,500,000
Tanzania — Rwanda — Burundi 1:1,500,000
Tunisia 1:750,000
Uganda 1:700,000

– AMERICAS –
Argentina:
  North — Uruguay 1:2,500,000
  South — Patagonia — Uruguay 1:2,500,000
Bolivia — Paraguay 1:2,500,000
Brazil:
  Amazon 1:2,500,000
  Central and South 1:2,500,000
Caribbean:
  Lesser Antilles 1:2,500,000
Central America 1:1,750,000 (Costa Rica 1:900,000)
Chile — Patagonia 1:2,500,000
Colombia — Ecuador 1:2,500,000
Cuba 1:775,000
Mexico 1:2,500,000
Peru — Ecuador 1:2,500,000
South America – The Andes 1:4,500,000
Venezuela — Guyana — Suriname — French Guiana 1:2,500,000

– AUSTRALIA / PACIFIC –
Australia 1:4,500,000
Hawaiian Islands:
  Hawaiian Islands 1:330,000 / 1:125,000
  Hawaii – The Big Island 1:330,000 / 1:125,000
  Honolulu – Oahu 1:35,000 / 1:150,000
  Kauai 1:150,000 / 1:35,000
  Maui – Molokai – Lanai 1:150,000 / 1:35,000
New Zealand 1:1,250,000
South Pacific Islands 1:13,000,000

Nelles Maps in europäischer Spitzenqualität!
Reliefdarstellung, Kilometrierung, Sehenswürdigkeiten.
Immer aktuell!